Marieluise Beck,
Jan Claas Behrends,
Gelinada Grinchenko und
Oksana Mikheieva (Hg.)

# Deutsch-ukrainische Geschichten

## Bruchstücke aus einer gemeinsamen Vergangenheit

# UKRAINIAN VOICES

Collected by Andreas Umland

66 *Roman Sohn, Ariana Gic (eds.)*
Unrecognized War
The Fight for Truth about Russia's War on Ukraine
With a foreword by Viktor Yushchenko
ISBN 978-3-8382-1947-9

67 *Paul Robert Magocsi*
Ukraina Redux
Schon wieder die Ukraine ...
ISBN 978-3-8382-1942-4

68 *Paul Robert Magocsi*
L'Ucraina Ritrovata
Sullo Stato e l'Identità Nazionale
ISBN 978-3-8382-1982-0

69 *Max Hartmann*
Ein Schrei der Verzweiflung
Aquarelle zum Krieg von Danylo Movchan und Gespräche mit ihm und Julian Chaplinsky
ISBN 978-3-8382-2011-6

70 *Vakhtang Kebuladze (Hrsg.)*
Die Zukunft, die wir uns wünschen
Essays aus der Ukraine
ISBN 978-3-8382-1531-0

The book series "Ukrainian Voices" publishes English- and German-language monographs, edited volumes, document collections, and anthologies of articles authored and composed by Ukrainian politicians, intellectuals, activists, officials, researchers, and diplomats. The series' aim is to introduce Western and other audiences to Ukrainian explorations, deliberations and interpretations of historic and current, domestic, and international affairs. The purpose of these books is to make non-Ukrainian readers familiar with how some prominent Ukrainians approach, view and assess their country's development and position in the world. The series was founded, and the volumes are collected by Andreas Umland, Dr. phil. (FU Berlin), Ph. D. (Cambridge), Associate Professor of Politics at the Kyiv-Mohyla Academy and an Analyst in the Stockholm Centre for Eastern European Studies at the Swedish Institute of International Affairs.

Marieluise Beck,
Jan Claas Behrends,
Gelinada Grinchenko und
Oksana Mikheieva (Hg.)

# DEUTSCH-UKRAINISCHE GESCHICHTEN

Bruchstücke aus einer gemeinsamen Vergangenheit

ibidem
Verlag

**Bibliografische Information der Deutschen Nationalbibliothek**
Die Deutsche Nationalbibliothek verzeichnet diese Publikation in der Deutschen Nationalbibliografie; detaillierte bibliografische Daten sind im Internet über http://dnb.d-nb.de abrufbar.

Bibliographic information published by the Deutsche Nationalbibliothek
The Deutsche Nationalbibliothek lists this publication in the Deutsche Nationalbibliografie; detailed bibliographic data are available on the Internet at http://dnb.d-nb.de.

Herausgegeben von Marieluise Beck, Prof. Dr. Jan Claas Behrends, Prof. Dr. Gelinada Grinchenko und Prof. Dr. Oksana Mikheieva

Übersetzung aus dem Ukrainischen: Christian Weise

Redaktion: Katharina Hinz

Redaktionelle Mitarbeit: Kathrin Wüst

Beratung: Dr. Iryna Solonenko (†)

Finanzkoordination und unterstützende Mitarbeit: Diana Tovma und Karina Schulte

Lektorat: Dr. Hermann Eisele

Illustrationen: Luca-Yannik Gierth

Die in diesem Sammelband verwendete Zitierweise ist Chicago Style.

LIB MOD Zentrum Liberale Moderne

Das **Zentrum Liberale Moderne** steht für die Verteidigung und Erneuerung der liberalen Demokratie, für den Aufbruch in die ökologische Moderne und für eine fundierte Osteuropaexpertise. Es versteht sich als politischer Think-Tank, Debattenplattform und Sammelpunkt für Freigeister unterschiedlicher Couleur.

ISBN (Print): 978-3-8382-2053-6
ISBN (E-Book [PDF]): 978-3-8382-8053-0


Printed in the EU

Gewidmet Iryna Solonenko

## In memoriam Iryna Solonenko, 10.02.1977 – 22.09.2024

Der Tod kann unbarmherzig sein.

Unsere Freundin und Kollegin Iryna Solonenko wurde mitten aus dem Leben gerissen. Sie starb nach kurzer, heftiger Krankheit, gegen die alle ärztliche Kunst nichts ausrichten konnte. Wir können es kaum fassen.

Iryna war eine der führenden europäischen Ukraineexpertinnen, klug, warmherzig, feinfühlig, bescheiden, voller Energie und immer hilfsbereit. Seit Beginn der russischen Großoffensive hat sie ihren nimmermüden Einsatz noch einmal verstärkt. Eine unabhängige, demokratische und europäische Ukraine war der Traum, an dessen Verwirklichung sie mit scharfem analytischen Verstand arbeitete. Iryna war eine Europäerin mit Leib und Seele, eine wichtige Stimme auf vielen internationalen Konferenzen, eine kenntnisreiche Autorin und geschätzte Beraterin. Für sie war LibMod mehr als ein Job – Iryna fühlte sich in unserem Kreis zuhause. Wir haben zusammen überlegt, diskutiert, gelacht und geweint.

Wir sind unendlich traurig.

Dein Team des Zentrums Liberale Moderne

# Inhalt

# Vorwort

## Die Ukraine und Deutschland – Geschichte, die nicht vergeht

*Marieluise Beck und Ralf Fücks*

Das vorliegende Buch entstand, während Putins Russland die Ukraine mit einem brutalen Vernichtungskrieg zu zerstören versucht. Kann ein Buch zur Ukraine und den Verflechtungen zwischen ihr und Deutschland Bestand haben, während noch unklar ist, wie dieser Feldzug enden wird? Sein Ausgang ist auch deshalb ungewiss, weil der Westen mit seinem chronischen »too little – too late« die Ukraine in einen verlustreichen Abnutzungskrieg zwingt. Weil er nicht sehen will, dass die Ukraine auch für unsere Freiheit kämpft, gegen die autoritäre Allianz aus Russland, dem Iran und Nordkorea mit China im Hintergrund.

Dieses Buch hat Bestand. Deutsche und ukrainische Historikerinnen und Historiker begeben sich auf Zeitreise und lassen uns entdecken, dass wir mehr gemeinsam haben, als weitgehend bekannt ist. Die gegenseitige Wahrnehmung zu spiegeln, eröffnet neue Perspektiven.

Der Band zeigt auf, dass die Ukraine kein »künstlicher Staat« ist, wie die russische Propaganda uns glauben machen möchte. Er belegt, wie vielfältig die deutsch-ukrainischen Beziehungen waren, auch über den Ersten und Zweiten Weltkrieg hinaus. Und er erinnert daran, dass bereits Hitler und Stalin – jeder auf seine Weise – einen Vernichtungsfeldzug gegen das Land führten.

Die Ukraine durchlief viele Metamorphosen, wie zahlreiche Nationen, deren heutiger Name nicht immer auf der europäischen Landkarte zu finden war. Mitnichten war sie immer Teil des Russischen Reichs. Kyjiw ist älter als Moskau. Ein ukrainisches Selbstbewusstsein bildete sich seit dem 17. Jahrhundert heraus; die erste ukrainische Republik wurde 1918 ausgerufen. Mit den wiederholten Kampagnen zur Russifizierung der Ukraine wurde die ukrainische Sprache in eine Nische gedrängt, mit der Schoah das Jiddische ausgelöscht. Unter Stalin wurden etwa 50.000 Angehörige der ukrainischen Intelligenz nach Sibirien deportiert; eine große Zahl kam in mehreren Säuberungswellen ums Leben. Der Holodomor, die auf Stalins Befehl herbeigeführte große Hungersnot der Jahre 1932/33, in der viele Millionen elend zugrunde gingen, zielte auch darauf, das ukrainische Nationalbewusstsein zu brechen. Parallel wurde die Ukrainische Autokephale Orthodoxe Kirche liquidiert.

Historiker sprechen von Deutschlands langem Weg nach Westen. Eine entscheidende Wendung war die Befreiung Westdeutschlands von außen am Ende des Zweiten Weltkriegs. Erst mit der Entlassung aus dem sowjetischen Klammergriff im Jahre 1991 stand dieser Weg für die Ukraine offen. Auf nach Europa! Das war die Botschaft des Maidan. Auch diese hartnäckige Orientierung nach Westen unterscheidet die Ukraine von Russland.

Umso befremdlicher ist die in Deutschland nach wie vor gepflegte Exkulpation des neokolonialen Krieges, den Russland gegen die Ukraine führt - als wäre sie auf ewig dazu verdammt, eine Domäne des russischen Imperiums zu sein.

Deutschland ist stolz auf die Bewältigung des Nationalsozialismus und seiner Verbrechen durch immerwährende Aufrechterhaltung der Erinnerung. Allerdings blendete der Blick auf die Verbrechen unserer Väter und Großväter die Ukraine weitgehend aus. Wehrmacht und SS hinterließen eine breite Blutspur in der Ukraine. Hitlers Ziel waren die Versklavung der zu »Untermenschen« herabgewürdigten Ukrainer und die Verwandlung des fruchtbaren Landes in eine deutsche Siedlungskolonie. Rund 1,5 Millionen Zwangsarbeiter (Männer wie Frauen) wurden aus der Ukraine ins »Reich« deportiert. Die Ukraine war ein zentraler Schauplatz der »Endlösung der Judenfrage«. Etwa zwei Millionen jüdische Kinder, Frauen und Männer wurden von Erschießungskommandos der SS und Wehrmacht ermordet.

Das Ausmaß von Tod und Zerstörung war höher als auf russischem Boden. Vielleicht wollte Nachkriegsdeutschland auch deshalb nicht so genau wissen, wer und was die Ukraine ist. Umso wichtiger ist dieser Band. Wer sich der Geschichte stellt, wird sich der heutigen deutschen Verantwortung gegenüber der Ukraine nicht entziehen können.

Wir danken allen Autorinnen und Autoren sowie dem Übersetzer Christian Weise, der die ukrainischsprachigen Beiträge ins Deutsche übertragen hat. Das Buch entstand im Ukraine-Programm des Zentrums Liberale Moderne, das bis zu ihrem viel zu frühen Tod von Iryna Solonenko geleitet wurde. Ihrem Andenken ist dieser Band gewidmet. Wir danken allen Beteiligten - insbesondere Katharina Hinz für die gute Betreuung und sorgfältige Redaktion.

Marieluise Beck und Ralf Fücks

Zentrum Liberale Moderne

# Einleitung

## Die Ukraine und Deutschland: jenseits von Krieg und Konflikt

*Jan Claas Behrends, Gelinada Grinchenko, Oksana Mikheieva*

*Die Ukraine ist im Krieg. Seit 2014 führt Russland einen Angriffskrieg gegen seinen Nachbarn – Putins Regime begann mit der Annexion der Krim, dann weitete es den Angriff auf den Donbas aus, und am 24. Februar 2022 begann der Kreml die Vollinvasion und überzog das gesamte Land mit einem genozidalen Angriff. Das Ausmaß der russischen Aggression und die schockierenden Fakten der Besatzung haben ein Umdenken in der mentalen Geografie ausgelöst und zu der Erkenntnis geführt, dass der Krieg nicht irgendwo in der Ferne stattfindet, sondern in einem Land in der Mitte Europas.*

*Der russische Angriffskrieg ist Anlass, aber nicht das Thema dieses Bandes über die Ukraine und Deutschland. Worum soll es hier gehen? Die Herausgeber laden die Leserinnen und Leser dazu ein, über die Ukraine und ihre Geschichte nachzudenken, und über ihre lange unsichtbar gebliebenen Verbindungen zu Deutschland und zu anderen europäischen Ländern.*

### Die Geschichte der Ukraine in ihren Kontexten

Seit dem Euromaidan und dem Beginn der russischen Aggression steht die Ukraine stärker als zuvor im Fokus der europäischen und deutschen Öffentlichkeit.[1] Es ist bedauerlich, dass es dieser Anlässe bedurfte, um das Interesse am größten Land Europas mit seiner vielfältigen Kultur und Geschichte zu wecken. Denn die Ukraine, ihre Geschichte und Kultur sind ein Thema *sui generis*. In seinen vielfältigen Verflechtungen mit dem Westen und Deutschland ist das Land auch ein Teil unserer Geschichte. Verschiedene Autorinnen und Autoren aus beiden Ländern erzählen hier von dieser geteilten Geschichte.

Dieser Fokus auf das Gemeinsame erscheint uns eine notwendige Ergänzung eines Ukrainebildes, das historisch und in der Gegenwart in vielerlei Hinsicht kontaminiert ist. Historisch gesehen stand die Geschichte der Ukraine lange im Schatten der des Russischen Reiches. Mit der *Translatio Imperii* von Kyjiw über Moskau nach Sankt Petersburg

1 Die im Folgenden genannten Werke erheben keinen Anspruch auf Vollständigkeit – sie dienen vielmehr als Anregung zum Weiterlesen. Deshalb beschränken wir uns auch auf Beiträge in westlichen Sprachen.

sollte die Legitimität und Anciennität des Russischen Reiches betont werden. Tatsächlich handelte es sich jedoch auch um den Versuch, die Ukraine nach ihrer Eroberung unter Katharina II. als Teil einer organischen Reichsgeschichte darzustellen. In dieser Erzählung treten die Gebiete der heutigen Ukraine nicht mehr als eigenständige historische Subjekte auf, sondern als Teil eines Reiches, das tatsächlich erst Jahrhunderte später in Moskau und Sankt Petersburg entstand.

In Deutschland und im gesamten Westen haben die imperialen Mythen Russlands lange Zeit den Blick auf die Vielfalt Osteuropas verstellt.[2] Die Erzählung von der organischen Einheit der »Großrussen«, »Kleinrussen« und »Weißrussen« suggerierte einen historischen Zusammenhalt, den es so lediglich unter der autokratischen Herrschaft Sankt Petersburgs und im 20. Jahrhundert in Stalins Sowjetunion gegeben hat. Tatsächlich waren die historischen Erfahrungen in der Ukraine, Belarus und in den Kerngebieten Russlands weitaus unterschiedlicher, als es die russisch-imperiale Sicht glauben machen wollte.[3] Eine Geschichte Osteuropas ist weit mehr als nur die Geschichte des Aufstiegs und Falls des Russischen Reiches. Unser Ziel ist es, Leserinnen und Leser dazu einzuladen, nicht nur über die Ukraine selbst und ihre Geschichte nachzudenken, sondern auch über ihre Kontakte und Verbindungen mit europäischen Ländern im Allgemeinen und Deutschland im Besonderen, die lange Zeit unsichtbar geblieben sind.

## Selbstbestimmung, Souveränität und Freiheit

Im 20. Jahrhundert brachten die Krisen des russischen Staates zweimal eine unabhängige Ukraine hervor: 1918 mit dem Zerfall des Zarenreiches unter dem Druck von Weltkrieg und Revolution und 1991, als die ukrainische Bevölkerung selbst mit ihrem Unabhängigkeitsreferendum der

---

2 Zum Wandel des russisch-imperialen Nationalismus bis in die Gegenwart siehe Serhii Plokhy, *Lost Kingdom. A History of Russian Nationalism from Ivan the Great to Vladimir Putin* (London: Allan Lane, 2018).

3 Zum Russischen Reich als Vielvölkerstaat siehe Andreas Kappeler, *Russland als Vielvölkerreich. Entstehung. Geschichte. Zerfall* (München: C.H. Beck, 1992). Siehe auch Timothy Snyder, *The Reconstruction of Nations. Poland, Ukraine, Lithuania, Belarus, 1569–1999* (New Haven: Yale University Press, 2003). Zur Verflechtung mit dem Russischen Reich: Martin Schulze Wessel, *Der Fluch des Imperiums. Die Ukraine, Polen und der Irrweg in der russischen Geschichte* (München: C.H. Beck, 2023); zum Kontext der Nationsbildung in Osteuropa: John Connelly, *From Peoples into Nations. A History of Eastern Europe* (Princeton: Princeton University Press, 2020).

UdSSR den Todesstoß mitversetzte.[4] Damit stehen die Ukrainer in einer Reihe mit anderen Nationen wie Finnen, Polen, Balten, Georgiern oder Kasachen, die sich im 20. Jahrhundert aus der imperialen Umklammerung Russlands zu lösen versuchten. Ukrainische Zeitgeschichte ist ein Teil der Neuordnung Osteuropas nach dem Zerfall der großen Imperien: des Russischen Reiches, Österreich-Ungarns, des Osmanischen Reiches, des Deutschen Reiches und schließlich der Sowjetunion. Wie finnische oder polnische Geschichte ist ukrainische Geschichte eine Erzählung vom Kampf um Selbstbestimmung, Souveränität und Freiheit.

Die Zugehörigkeit zum Russischen Reich bzw. zur Sowjetunion bedeutete für die Ukraine im 20. Jahrhundert, dass sie zum Schlachtfeld in den beiden Weltkriegen wurde.[5] Hinter diesen Schrecken verblassten deshalb häufig andere Aspekte ihrer Geschichte. Denn wie kaum eine andere europäische Landschaft wurde die Ukraine im Zeitalter der Weltkriege und Diktaturen von Ost nach West und von Nord nach Süd vollständig verheert. An den Ersten Weltkrieg schlossen sich die deutsche Besatzung, der Bürgerkrieg und die russische *Reconquista* unter bolschewistischen Vorzeichen an.[6] Nach einem kurzen Aufblühen ukrainischer Kultur im Zuge der sowjetischen Nationalitätenpolitik der 1920er Jahre kam es im Stalinismus zunächst zur Hungersnot des Holodomors, der Millionen von Ukrainerinnen und Ukrainern zum Opfer fielen, und dann zum Großen Terror Stalins, der auch in der Ukraine wütete. Sein Ergebnis war die Vernichtung und Unterwerfung der ukrainischen Eliten durch Stalins Regime, das Resultat des Holodomors war die Auslöschung, Unterwerfung und Traumatisierung der bäuerlichen Schichten

4 Als Überblick zur Geschichte der Ukraine siehe beispielsweise Andreas Kappeler, *Kleine Geschichte der Ukraine* (München: C.H. Beck, 1994); Orest Subtelny, *Ukraine. A History* (Toronto: University of Toronto Press, 1994); Paul Robert Magosci, *A History of Ukraine* (Toronto: University of Toronto Press, 1996); Serhii Plokhy, *The Gates of Europe. A History of Ukraine,* (London: Allan Lane, 2015); ders., *The Frontline. Essays on Ukraine's Past and Present* (Cambridge: Cambridge University Press, 2023). Zum von der Ukraine mitverursachten Zerfall der Sowjetunion: ders., *The Last Empire. The Last Days of the Soviet Union* (London: Oneworld Publications, 2014).

5 Siehe z.B. Timothy Snyder, *Bloodlands. Europe between Hitler and Stalin* (New York: Basic Books, 2010); Sean McMeekin, *Stalin's War* (New York: Basic Books, 2021); Alfred J. Rieber, *Stalin as Warlord* (New Haven: Yale University Press, 2022); Nick Lloyd, *The Eastern Front. A History of the First World War* (London: Viking, 2024).

6 Felix Schnell, *Räume des Schreckens. Gewalt und Gruppenmilitanz in der Ukraine* (Hamburg: Hamburger Edition, 2012).

in der Ukraine.[7] Im Zweiten Weltkrieg war auch die Ukraine Schauplatz des Holocaust - bis heute steht das Massaker von Babyn Jar als Symbol für diesen Völkermord.[8] Außerdem kam es auf dem Gebiet der Ukraine zu Partisanenkämpfen und zu Massakern an der polnischen Minderheit, die nach 1944 in der weitgehenden Vertreibung der Polen endeten.[9] Schließlich kämpften sowjetische Einheiten bis lange nach Kriegsende 1945 gegen ukrainische Partisanen. Die Ereignisse von der Revolution 1905 über die Weltkriege, Bürgerkriege, den Holodomor, den Holocaust sowie weitere Massaker und Partisanenkriege verdichten sich zu einer Gewalterfahrung über fünf Jahrzehnte, die die Ukraine bis in die Gegenwart prägt.

## ... mehr als die Geschichte ihrer Kriege

Die historische Forschung hat sich in den vergangenen Jahrzehnten - zu Recht - mit dieser europäischen Gewaltgeschichte auseinandergesetzt. Das Gedenken an die Opfer der ersten Hälfte des 20. Jahrhunderts prägt weiter den Blick auf Osteuropa und die Ukraine. Noch immer wissen die deutsche und die europäische Öffentlichkeit zu wenig über die Verbrechen, die in diesem Teil des Kontinents stattfanden. Weitere Aufklärung über die Verbrechen Lenins, Stalins und Hitlers, insbesondere über den Holocaust, bleibt notwendig. Osteuropa und die Ukraine sollten - stärker als bisher - in eine europäische Erinnerungskultur einbezogen werden.[10] Dabei sollten wir uns vergegenwärtigen, dass die Geschichte der Ukraine eng mit der Geschichtspolitik in Europa verflochten ist.[11] Die Schwerpunkte, die wir setzen, machen Historikerinnen und Historiker selbst zu politischen Akteuren in einem umstrittenen Feld. Gerade deshalb gilt es

---

7 Zur Hungersnot in der Ukraine siehe Robert Conquest, *Harvest of Sorrow: Soviet Collectivization and the Terror Famine*, (Oxford: Oxford University Press, 1986); Anne Applebaum, *Red Famine. Stalin's War on Ukraine* (London: Allan Lane, 2017).

8 Peter Longerich, *Holocaust. The Nazi Persecution and the Murder of the Jews* (Oxford: Oxford University Press, 2010), 179-258; für den Süden der Ukraine: Eric Steinhard, *The Holocaust and the Germanization of Ukraine* (Cambridge: Cambridge University Press, 2018); als Fallstudie aufschlussreich: Omer Bartov, *Anatomy of a Genocide. The Life and Death of a Town Called Buczacz* (New York: Simon & Schuster, 2018).

9 Władysław Siemaszko und Ewa Siemaszko, *Ludobójstwo dokonane przez nacjonalistów ukraińskich na ludności polskiej Wołynia 1939–1945* (Warschau: Wydawnictwo von Borowiecky, 2000); Catherine Gousseff, *Échanger les peuples. Le déplacement des minorités aux confines polono-sovietiques (1944–1947)* (Paris: Fayard, 2015).

10 Siehe z.B. Franziska Davies und Katja Makhotina, Hg., *Offene Wunden Osteuropas. Reisen zu den Erinnerungsorten des Zweiten Weltkrieges* (Darmstadt: wbg Theiss, 2022).

11 Georgiy Kasianov, *Memory Crash: Politics of History in and around Ukraine, 1980s-2010s* (Budapest: Central European University Press, 2022).

einfachen Erzählungen immer wieder Zeugnisse der Vielfalt und der Offenheit der Geschichte entgegenzuhalten. Dazu gehört ein multiperspektivischer Blick auf die Ukraine: Auch die Geschichte der Verbrechen und der Gewalt, an die es zu erinnern und die es zu erforschen gilt, sollte die Pluralität historischer Erfahrungen nicht verdecken. Vielmehr gilt es die Erinnerung an Krieg, Revolution und Völkermord durch weitere Perspektiven zu ergänzen. Die Geschichte der Ukraine ist mehr als die Geschichte ihrer Kriege. Und die Verbrechen, die in der Ukraine und Osteuropa begangen wurden, haben neben Millionen von Opfern auch das völkerrechtliche Instrumentarium hervorgebracht, das uns dazu dient, diese Taten zu beschreiben, zu klassifizieren und auch zu ahnden. So entstanden die Begriffe »Genozid« und »Verbrechen gegen die Menschlichkeit« auch als Reaktion auf das Gewaltgeschehen in Osteuropa, das vom klassischen Völkerrecht nicht mehr abgebildet werden konnte.[12]

In der Ukraine gibt es viel zu entdecken: von Städten wie Lwiw, Kyjiw, Charkiw und Odessa über die reiche Kultur und Literatur bis hin zu den Verflechtungen der Ukraine mit anderen Kulturen und Nationen.[13] So sind ukrainische Städte eben weit mehr als nur die Bezeichnungen für Schlachten und Konflikte. Sie sind nicht nur Orte des Urbizids und Genozids, sondern, wie Karl Schlögel bereits seit den 1990er Jahren schreibt, integraler Bestandteil der europäischen Stadtgeschichte und damit auch der europäischen Moderne.[14] Zugleich waren ukrainische Städte Orte des Austausches zwischen West und Ost, Räume der Begegnung und gegenseitigen Bereicherung, Plätze der Vielfalt und – jenseits der Katastrophen des 20. Jahrhunderts – auch Stätten zivilen Zusammenlebens. Die Geschichte der Ukraine war und ist die Geschichte der sich

---

12 Philippe Sands, *East West Street. On the Origins of Genocide and Crimes against Humanity* (London: Weidenfeld & Nicolson, 2016).

13 Zu ukrainischen Städten siehe z.B. Markian Propokovych, *Habsburg Lemberg: Architecture, Public Space, and Politics in the Galician Capital, 1772–1914* (West Lafayette: Purdue University Press, 2008); Natan M. Meir, *Kiev, Jewish Metropolis, 1859–1914*, (Bloomington: Indiana University Press, 2010); Yohanan Petrovskii Shtern, *The Golden Age Stetl. A New History of Jewish Life in Eastern Europe* (Princeton: Princeton University Press, 2015); Lutz C. Klevemann, *Lemberg. Die vergessene Mitte Europas* (Berlin: Aufbau Verlag, 2017); Andrii Portnov, *Dnipro. An Entangled History of a European City* (Boston: Academic Studies Press, 2022); Charles King, *Odessa: Leben und Tod in einer Stadt der Träume* (Berlin: Edition Tiamat, 2023).

14 Karl Schlögel, *Promenade in Jalta* (München: Carl Hanser, 2001); ders., *Marjampole oder Europas Wiederkehr aus dem Geist der Städte* (München: Carl Hanser, 2005); ders., *Entscheidung in Kiew. Ukrainische Lektionen*, (München: Carl Hanser, 2015).

wandelnden ukrainischen Nation. Sie ist aber zugleich auch eine Geschichte von Wandel und Begegnung, die immer wieder neu geschrieben werden muss.[15] So war ukrainische Geschichte eben nicht nur russisch-imperiale Geschichte, sondern auch polnische, jüdische, österreichische, tatarische oder deutsche Geschichte und noch vieles mehr.[16] Hinzu kommt die Geschichte des Exils und der Diaspora, die stets in die Ukraine zurückwirkte.[17] Erst wenn wir die Genese der modernen Ukraine in ihren vielfältigen Dimensionen besser begreifen, können wir verstehen, warum und wofür die Ukraine in diesen Tagen kämpft.

Russlands Angriffskrieg hat, wie oben erwähnt, das Interesse an der Ukraine neu geweckt. In den vergangenen Jahren sind beeindruckende Berichte über den Krieg erschienen.[18] Der ukrainische Historiker Serhii Plokhy hat eine erste Geschichte des russischen Krieges gegen die Ukraine vorgelegt, während Michael Kimmage die Gründe beleuchtete, die zum Krieg führten.[19] Auch die postsowjetische Gesellschaft und das politische System in Kyjiw sind in zahlreichen Studien neu vermessen worden.[20] Deshalb lässt sich feststellen: In Deutschland und darüber hinaus

---

15 Georgiy Kasianov und Philipp Ther, Hg., *A Laboratory of Transnational History. Ukraine and Recent Ukrainian Historiography* (Budapest: Central European University Press, 2009).

16 Zur jüdischen Geschichte siehe Yohanan Petrovsky-Shtern und Paul Robert Magocsi, *Jews and Ukrainians: A Millennium of Co-Existence* (Toronto: University of Toronto Press, 2016).

17 Siehe z.B. Nadia Zavorotna, *Scholars in Exile. The Ukrainian Intellectual World in Post-War Czechoslovakia* (Toronto: University of Toronto Press, 2020).

18 Luke Harding, *Invasion: Russia's Bloody War and Ukraine's Fight for Survival,* (London: Guardian Faber, 2022); Yaroslav Trofimov, *Our Enemies will Vanish. The Russian Invasion and Ukraine's War of Independence* (London: Penguin Press, 2024); Owen Mathews, *Overreach. The Inside Story of Russia's War in Ukraine* (London: 2023); Christopher Miller, *The War Came to Us. Life and Death in Ukraine* (New York: Bloomsbury Publishing, 2023); als Ego-Dokument: Serhij Zhadan, *Himmel über Charkiw. Nachrichten vom Überleben im Krieg* (Berlin: Suhrkamp, 2022).

19 Serhii Plokhy, *Der Angriff. Russlands Krieg gegen die Ukraine und seine Folgen für die Welt* (Hamburg: Hoffmann und Campe, 2023); Michael Kimmage, *Collisions. The Origins of the War in Ukraine and the New Global Instability* (Oxford: Oxford University Press, 2024).

20 Mykhailo Minakov, Georgiy Kasianov und Mathew Rojansky, Hg., *From "The Ukraine" to Ukraine. A Contemporary History, 1991–2021* (Stuttgart: ibidem, 2021); Bálint Malovic und Bálint Magyar, Hg., *Ukraine's Patronal Democracy and the Russian Invasion* (Budapest: Central European University Press, 2023).

stand wohl noch nie eine solche Vielzahl leicht zugänglicher und gut aufbereiteter Informationen über die Ukraine zur Verfügung.[21] Dennoch halten sich weiterhin tief verwurzelte Stereotype über die Ukraine in der Öffentlichkeit. Dem gilt es ein differenziertes Bild entgegenzustellen.

Eine Aufklärungsoffensive über die Ukraine ist aber auch aus einem anderen Grund dringend notwendig. Schließlich wird der russische (Des-)Informationskrieg gegen die Ukraine auch in Deutschland, Europa und letztlich weltweit geführt.[22] Gerade hier in Deutschland gibt es Parteien und Personen, die oft unwidersprochen die Erzählungen des Kreml weiterverbreiten. Dieser Band versucht in bescheidenem Rahmen, der Desinformation etwas entgegenzusetzen. Die historische und politische Aufklärung, aber auch der Widerspruch gegen die Narrative der russischen Propaganda gehören zum politischen Kampf für die Freiheit der Ukraine.

## Dieser Band und seine Beiträge

Im Zentrum der hier präsentierten Essays stehen nicht primär - wie sonst häufig in der Forschung - Konflikt, Krieg und Völkermord, sondern Begegnungen und Austausch in anderen Kontexten. Das bedeutet keinesfalls, dass wir Studien zur Geschichte der Kriege, ihren Opfern und die Erinnerung an sie abwerten. Unser Anliegen ist vielmehr, neue Kapitel aufzuschlagen, ohne die Katastrophen der Vergangenheit zu negieren. Denn so sehr die Kriege unseren Blick in die Geschichte bis heute prägen und prägen werden, so sehr gilt es auch die gesamte Beziehungsgeschichte zwischen der Ukraine, Deutschland und Europa neu zu lesen. Andere sollten uns in Zukunft nacheifern. Es gibt sicher noch viel zu entdecken. Aber dazu müssen wir auch sicherstellen, dass die Ukrainestudien nicht nur einen kriegsbedingten Aufschwung in Deutschland nehmen. Es gilt sie vielmehr als Teil der Osteuropaforschung fest zu etablieren und die einseitigen Perspektiven der Vergangenheit, vor allem den starken Fokus auf Russland, sukzessive zu überwinden. So wird der

---

21 Olena Palko und Manuel Férez Gil, Hg., *Ukraine's Many Faces. Land, People, and Culture Revisited* (Bielefeld: transcript, 2023); Franziska Davies, Hg., *Die Ukraine. Traum und Trauma einer Nation* (Darmstadt: WBG Theiss, 2023); Wolfgang Benz, Hg., *Die Ukraine: Kampf um Unabhängigkeit - Geschichte und Gegenwart* (Berlin: Metropol, 2023).

22 Zu russischen Medien und Propaganda ist aufschlussreich: Peter Pomerantsev, *Nothing is True and Everything is Possible, The Surreal Heart of the New Russia* (London: Faber & Faber, 2015).

Blick auf die Ukraine in ihren sich wandelnden historischen Kontexten frei.

Dieser Band ist in fünf Teile gegliedert. Im ersten Teil geht es um die gegenseitige Wahrnehmung und Entdeckung. Teil zwei handelt von den Reisen zu den Anderen und den Erfahrungen, die sich durch diese Reisen eröffneten. Vier Aufsätze im dritten Teil erzählen vom akademischen Austausch zwischen der Ukraine und Deutschland. Im vierten Teil geht es um die verschiedenen Horizonte des Kulturtransfers, die noch weiter untersucht werden sollten. Einige persönliche Erinnerungen von Grenzgängerinnen und Grenzgängern im 21. Jahrhundert runden den Band im fünften Teil ab. Sie erinnern uns daran, dass jede bilaterale Erfahrung konkret ist, dass es gilt auf die einzelnen Akteure zu schauen und ihre Befindlichkeiten und Erlebnisse ernst zu nehmen und zu rekonstruieren.

## Gegenseitige Wahrnehmung und Entdeckung

Den Auftakt macht *Gerhard Simon*, der in seinem Essay erklärt, warum die Ukraine für den deutschen Mainstream in Politik und Wissenschaft lange Zeit eine Leerstelle war. Er blickt zurück in die Geschichte und resümiert, dass die Beziehungen zur Ukraine aus ihrer strukturellen Zweitrangigkeit gelöst werden sollten. Der Bonner Historiker *Martin Aust* reflektiert in seinem Aufsatz die Bedeutung des russischen Angriffs auf die Ukraine für seine wissenschaftliche Arbeit. Zugleich vertritt er die These, dass eine stärkere Parallelisierung zwischen deutscher und ukrainischer Geschichte dazu beitragen kann, die Ukraine besser zu verstehen. Er argumentiert, dass die Ukraine letztlich – wie Deutschland in den Worten Heinrich August Winklers – auf einem »langen Weg nach Westen« sei. Die Historikerin *Anna Veronika Wendland* setzt sich analytisch, aber auch als kritische Zeitzeugin mit deutschen (Fehl-)Wahrnehmungen der Ukraine und ihrer Reproduktion in Politik, Medien und Wissenschaft auseinander. Wendland kann zeigen, wie wirkmächtig überkommene Klischees über die Ukraine sind und dass diese systematischen Fehlwahrnehmungen dazu beigetragen haben, dass große Teile der deutschen Öffentlichkeit von der russischen Vollinvasion im Februar 2022 überrascht wurden.

Im zweiten Teil des Bandes, der sich mit dem Blick auf die Anderen beschäftigt, umreißt *Dmytro Myeshkov* die wechselhafte Geschichte deutscher Kolonien in verschiedenen Teilen der Ukraine. Vom 18. Jahrhundert bis in das Zeitalter der Weltkriege waren die Deutschen eine wichtige Minderheit – häufig handelte es sich um religiöse Gruppen, die in der Heimat verfolgt wurden und in der Ukraine Zuflucht fanden. Den Blick deutscher Reisender im Zarenreich dokumentiert *Ostap Sereda* in seinem Aufsatz. Er verdeutlicht, dass auch Reisende im 19. Jahrhundert die spezifischen Differenzen zwischen Russland und der Ukraine durchaus wahrnahmen und diskutierten. *Frank Golczewski* beschreibt in seinem Beitrag die Beziehungen des Deutschen Reiches zur Ukraine während des Ersten Weltkriegs. Zwar erkannte Berlin im Januar 1918 die Ukraine als souveränen Staat an, doch mit der Niederlage des Reiches zum Jahresende wurden die Karten neu gemischt und Deutschland suchte im gemeinsamen Kampf gegen die Westmächte schon bald wieder die Nähe Russlands. Aus sowjetischen Geheimdienstakten rekonstruiert *Andriy Kohut* den Blick des sowjetischen Staates auf die Deutschen in der Sowjetukraine während des Holodomors in den Jahren 1932/33. Er zeigt, dass die deutschen Diplomaten hervorragend über die mörderische Hungersnot informiert waren und sich bemühten, dort, wo es möglich war, wenigstens der deutschen Minderheit in diesen Jahren der Not nach Kräften beizustehen. Den zweiten Teil beschließt *Katrin Boeckh* mit ihrem Blick auf das Schicksal der »Ostarbeiterinnen«, die während des Zweiten Weltkriegs ins Deutsche Reich zur Zwangsarbeit deportiert wurden und auch nach ihrer Rückkehr in die Sowjetunion gesellschaftlich geächtet blieben.

## Akademischer Austausch und kultureller Transfer

Der dritte Teil des Buches handelt vom akademischen Austausch zwischen Deutschland und der Ukraine. *Volodymyr Masliychuk* beschreibt den Anteil deutscher Gelehrter an der Etablierung der Kaiserlichen Universität Charkiw im Russischen Zarenreich. *Gelinada Grinchenko* und *Albert Venger* erzählen vom schwierigen Aufbau der Studien zur deutschen Geschichte an der Universität Dnipro – während der sowjetischen Epoche stand die Wissenschaft stets im Schatten der kommunistischen Ideologie. Nur langsam entstanden Freiräume für die Forschung. *Polina Barvinska* rekapituliert die Schwierigkeiten, unter denen die Ukrainestudien im Deutschen Reich entstanden. Letztlich blieben diese Forschungen zu stark von der politischen Großwetterlage abhängig – sie gediehen vornehmlich aufgrund der Konflikte mit Russland. Die letzten beiden Beiträge betonen wiederum die Subjektivität wissenschaftlicher Arbeit. *Vakhtang Kebuladze* erzählt von der besonderen Prägung durch die Auseinandersetzung mit der deutschen Philosophie. Ein Gespräch zwischen

*Liudmyla Posokhova* und *Julia Obertreis*, die sich trotz einer schweren Erkrankung, der sie wenige Wochen später leider erlag, bis zuletzt unermüdlich für die Ukraine einsetzte, dokumentiert die Möglichkeiten zur akademischen Zusammenarbeit, die nach dem Ende der Sowjetunion entstanden und intensiv genutzt werden.

Der vierte Teil des Bandes fragt nach dem Stellenwert kultureller Transfers für die deutsch-ukrainischen Beziehungen. *Andriy Mykhaleyko* schildert in seinem Beitrag die intellektuellen Verbindungen zwischen ukrainischen und deutschen Theologen seit dem Beginn der Moderne. Dabei konzentriert er sich auf den Austausch zwischen Metropolit Scheptytskyj und Prinz Max von Sachsen. *Olesia Lazarenko* und *Andrii Portnov* schreiben über Oswald Burghardt und Elisabeth Kottmeier, die im Zeitalter von Weltkriegen und Kaltem Krieg auf dem Gebiet der Übersetzungen und Literatur unter schwierigen Bedingungen Großes leisteten. Sie belegen, wie unterentwickelt das Interesse an ukrainischer Literatur in Deutschland lange war. Schließlich erläutert die Sozialwissenschaftlerin *Susann Worschech* anschaulich den Stellenwert von Städtepartnerschaften für das deutsch-ukrainische Verhältnis. Worschech argumentiert, dass gerade jenseits der großen Diplomatie – auf kommunaler Ebene – ein starkes Netzwerk des Austausches und im gegenwärtigen Krieg auch der praktischen Solidarität entstanden ist.

Abschließend dokumentiert dieses Buch im fünften Abschnitt einige subjektive Erfahrungen im 21. Jahrhundert. Die Menschenrechtsaktivistin *Oleksandra Bienert*, der Politikwissenschaftler *Andreas Umland* und der Pfarrer *Ralf Haska* stehen exemplarisch für die Tausenden von Ukrainerinnen, Ukrainern und Deutschen, die insbesondere nach 1991 in enge Beziehungen miteinander getreten sind. Ihre Erinnerungen berichten von den Mühen der Ebene, von Verständnis und Missverständnis und im Falle Haska auch von der Teilnahme eines deutschen Geistlichen an einem dramatischen Kapitel der postsowjetischen Geschichte – dem Euromaidan.

## Danksagung

Der vorliegende Band entstand auf Anregung und mit den Mitteln des Zentrums Liberale Moderne in Berlin, das sich seit Beginn seiner Arbeit wie kaum eine andere Institution um die deutsch-ukrainischen Beziehungen verdient gemacht hat. An seiner Spitze stehen mit Marieluise Beck und Ralf Fücks, die das Vorwort zum Band beigetragen haben, zwei verlässliche Partner der Ukraine – auch und gerade in diesen schweren

Tagen. An anderer Stelle wird in Zukunft sicher auch einmal die Geschichte ihres Einsatzes erzählt werden. Am Zentrum Liberale Moderne betreuten Iryna Solonenko und Katharina Hinz diesen Band. Die Herausgeber danken ihnen sehr für ihr Engagement. Unser Dank gilt ferner den Autorinnen und Autoren, die sich im akademischen Betrieb die Zeit nahmen, einen weiteren Text zu schreiben, und dem Übersetzer. Alle verbleibenden Fehler und Unzulänglichkeiten fallen allein auf die Herausgeber zurück.

Berlin, im September 2024

Jan Claas Behrends
Gelinada Grinchenko
Oksana Mikheieva

# I. Wahrnehmungen der Ukraine in Deutschland

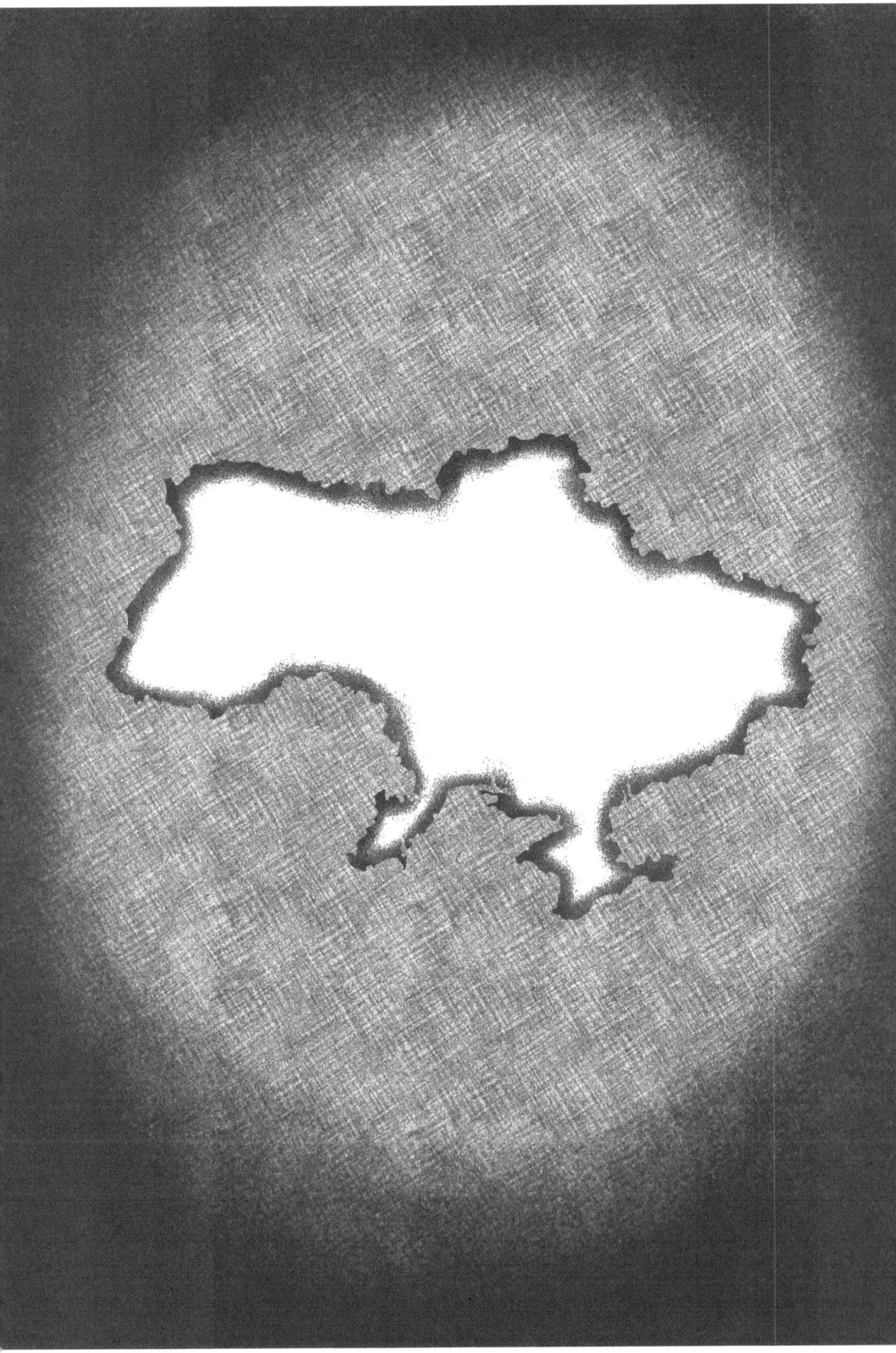

# Leerstelle Ukraine
## Die Wahrnehmung der Ukraine in Deutschland

*Gerhard Simon*

*Mit Beginn des russischen Angriffskrieges am 24. Februar 2022 rückte die Ukraine ins Zentrum der westlichen Aufmerksamkeit. Als Subjekt der Geschichte war sie jahrhundertelang auf der mentalen Landkarte ihrer europäischen Nachbarn inexistent, insbesondere in Deutschland. Der Ursprung dieser verhängnisvollen Nichtwahrnehmung reicht in die Zeit des russischen Zarenreiches zurück, das der Ukraine jegliche Eigenständigkeit verweigerte – lange vor Putins revisionistischen Expansionsbestrebungen. Ob sich die deutsche Wahrnehmungslücke nach der »Zeitenwende« nun tatsächlich dauerhaft geschlossen hat, bleibt abzuwarten.*

Ganz unerwartet ist die Ukraine mit dem Beginn des russischen Angriffskrieges am 24. Februar 2022 in das Zentrum der europäischen und westlichen Politik gerückt. Niemals zuvor hat das Land am Dnipro, das territorial größte Land Europas westlich von Russland, so viel Aufmerksamkeit und auch Sympathie in Europa und Amerika erfahren.

Die Ukraine ist durch den Krieg in ihrer Existenz bedroht. Das hat international Kräfte zu ihrer Unterstützung mobilisiert. Ob sie ausreichen werden, um die Existenz des Landes langfristig zu sichern, vermag derzeit niemand mit Sicherheit zu sagen. Etwas anderes steht dagegen fest: Die Ukraine ist über Jahrzehnte, ja Jahrhunderte von ihren europäischen Nachbarn kaum wahrgenommen worden, sie war als Subjekt der Geschichte auf der mentalen Landkarte weitgehend abwesend. Das hat dazu beigetragen, sie in den Augen Russlands als eine leichte Beute erscheinen zu lassen – ein verhängnisvoller Irrtum, wie sich inzwischen zeigt.

Die Annäherung und dann die Mitgliedschaft in NATO und EU haben den meisten Ländern Ostmitteleuropas und des Balkans einen erheblichen Schutz gegen den postkommunistischen Revisionismus verschafft. Die Ukraine ist das einzige und größte Land im östlichen Europa, dem dieser Schutz verweigert wurde – mit den Folgen, die seit dem 24. Februar 2022 für alle sichtbar sind. Der Ukraine wurde 2008 der Zugang zum Prozess der Annäherung an die NATO (*Membership Action Plan*) versagt. Das geschah gegen das Votum der amerikanischen Regierung und auf Drängen der Europäer, wobei Deutschland unter Angela Merkel die negative Vorreiterrolle spielte.

Wie lässt sich die Nichtwahrnehmung der Ukraine in Deutschland und damit verbunden die Missachtung ihrer Interessen erklären? Die Leerstelle Ukraine auf der deutschen mentalen Landkarte ist umso auffälliger, als sie in deutlichem Kontrast zur Wahrnehmung Deutschlands in der Ukraine steht. Die Wahrnehmung Deutschlands in der Ukraine ist eher überhöht und mit zu hohen Erwartungen befrachtet. Der Mythos Deutschland verschränkt sich mit dem Mythos Europa und verstellt in der Ukraine den Blick auf die reale Welt. Die Bedeutung Deutschlands, seine Möglichkeiten und insbesondere die deutsche Bereitschaft zum politischen Engagement werden in der Ukraine überschätzt. Im Gegensatz dazu werden die Bedeutung und das Gewicht der Ukraine in Deutschland unterschätzt.

## Die Wahrnehmung der Ukraine in der Vergangenheit

Noch immer trifft man in Deutschland auf Stimmen, die eine Existenz der ukrainischen Nation, Sprache oder Geschichte in Frage stellen. Dabei sind Ignoranz, Arglosigkeit und bewusste politische Positionierung oft nicht zu unterscheiden. Auch bei einem breiten intellektuellen Publikum herrscht häufig Unsicherheit darüber, ob es vor dem 20. Jahrhundert eine Ukraine gab oder ob dieser Staat aus dem Zerfall der Imperien zu Beginn des 20. Jahrhunderts hervorgegangen ist wie eine ganze Reihe anderer Staaten im Osten Europas.

Ein Blick in die Geschichte zeigt, dass die Ukraine im 17. und 18. Jahrhundert sehr wohl auf der kognitiven Landkarte Europas präsent war, und zwar sowohl unter ihrem Namen als auch als Land der Kosaken. Die Zeitgenossen identifizierten die Ukraine der Frühen Neuzeit zu Recht mit dem Hetmanat der Saporoger Kosaken. Das war jene autonome Staatsbildung im Rahmen des polnisch-litauischen Commonwealth (Rzeczpospolita), die sich für zwei Jahrhunderte zwischen Polen-Litauen und dem Moskauer Zarenreich als eigenständige Staatsbildung behaupten konnte. Die Rebellion des Hetmans Bohdan Chmelnyzkyj gegen den polnischen König Mitte des 17. Jahrhunderts und die nachfolgende erzwungene Unterwerfung der Kosaken unter die Herrschaft

Moskaus fanden in der europäischen Öffentlichkeit lebhafte Aufmerksamkeit.[1]

Im Laufe des 18. Jahrhunderts liquidierte das Zarenreich dann Schritt für Schritt die Autonomie der Kosaken und gliederte das Hetmanat in die Provinzverwaltung ein. Im 19. Jahrhundert verschwand der Terminus Ukraine von der kognitiven Landkarte Europas und wurde durch die russischen Begriffe »Kleinrussland« (*Malorossija*)und »Kleinrussen« ersetzt. Damit vollzog sich eine bis heute entscheidende Weichenstellung: Das Zarenreich verweigerte den Ukrainern Eigenständigkeit oder auch nur Autonomie. Das betraf die Kultur, die Sprache und die Religion. Ja, sogar ein eigener Name wurde den Ukrainern verweigert. Die Ukrainer galten im 19. Jahrhundert als integraler Bestandteil der einen russischen Nation. Diese terminologische Umwandlung der Ukrainer und Kosaken in Kleinrussen ist im Westen weithin übernommen worden, sodass die Ukrainer erst zu Beginn des 20. Jahrhunderts und im Zuge des Ersten Weltkriegs in der Wahrnehmung des Westens als etwas »Neues« erschienen.

## Konstruierte Einheit der Ostslawen

Die Konstruktion von der Einheit der Ostslawen war erstmals von gelehrten Mönchen des Kyjiwer Höhlenklosters im 17. Jahrhundert formuliert worden. Danach haben alle Ostslawen in der *Slavia orthodoxa* eine gemeinsame Vergangenheit und Zukunft. Dieses Konstrukt wurde die Grundlage für die imperiale russische Geschichtsschreibung des 19. Jahrhunderts, wonach es lediglich eine »allrussische« Nation gab. Kleinrussen und Belarussen galten als Teile dieser einheitlichen Nation mit einer einheitlichen, ununterbrochenen Geschichte seit dem 10. Jahrhundert.

Diese Leugnung jeder Eigenständigkeit der Ukrainer war in den letzten Jahrzehnten des Zarenreiches übergreifender Konsens und verband alle Schichten und politischen Richtungen der russischen Gesellschaft miteinander.[2] Die terminologische Auslöschung der Ukrainer wurde im Laufe des 19. Jahrhunderts immer radikaler und unerbittlicher,

1 Andreas Kappeler, „Im Schatten Russlands," *Frankfurter Allgemeine Zeitung*, 9. Juni 2015, 11.

2 Susanne Spahn, *Staatliche Unabhängigkeit – das Ende der ostslawischen Gemeinschaft?* (Hamburg: Kovač, 2011), 21-33; Ricarda Vulpius, „Konkurrenz, Konflikt, Repression. Russland und die ukrainische Nationsbildung," *Osteuropa* 72, Nr. 6-8 (2022): 105-116.

denn sie war auch die Antwort des russischen Nationalismus auf die entstehende nationale Erweckungsbewegung eines Volkes, das es angeblich nicht gab.

Der russische Staat und die Gesellschaft reagierten repressiv auf die – im Vergleich zur polnischen Nationalbewegung – gemäßigten und auf den Bereich der Kultur beschränkten Forderungen der ukrainischen Nationalbewegung. Einen eigenen Staat verlangten die Ukrainer erst seit Ende des 19. Jahrhunderts, und auch dann zuerst nur im österreichischen Galizien, nicht aber im Zarenreich. Durch ihre rigorosen Repressalien verschaffte die Zarenregierung der ukrainischen Nationalbewegung erst Durchschlagskraft, denn sie wurde in die Ausweglosigkeit getrieben: entweder Auflösung im Nichts der russischen Nation oder Rebellion und Widerstand.

Eine geplante Übersetzung der Bibel ins Ukrainische war der Anstoß für den Erlass des Innenministers Pjotr Walujew vom 18. Juli 1863 an die Zensurbehörden, der eine Periode des weitgehenden Verbots des gedruckten und öffentlich gesprochenen ukrainischen Wortes im gesamten Zarenreich einleitete. Das Verbot zum Druck von Büchern und Unterrichtsmaterial in »südrussischer Mundart« und das Verbot zum Gebrauch der »kleinrussischen« Sprache in allen Lehranstalten und Kirchen galt bis zum Jahr 1905 im gesamten Zarenreich. »Eine eigene kleinrussische Sprache hat es nie gegeben, gibt es nicht und wird es nicht geben. Der Dialekt, den das einfache Volk verwendet, ist Russisch, nur verdorben durch polnische Einflüsse«, konstatierte der Innenminister. Die Verbote wurden 1876 weiter verschärft. Der öffentliche Gebrauch der Termini »Ukraine« und »Ukrainer« wurde im Zarenreich verboten.[3] Vor diesem Hintergrund kann es nicht überraschen, dass die Ukraine aus der öffentlichen Wahrnehmung in Deutschland und generell im Westen Europas verschwand.

## Die Wahrnehmung der Ukraine im 20. Jahrhundert

1918 widerlegte die Wirklichkeit das Konstrukt von der ostslawischen Einheit und dem Verschwinden der Ukrainer und Belarussen im Russentum. Beide Völker riefen nach dem Zusammenbruch des Russischen Reiches unabhängige Republiken aus, die allerdings nur wenige Jahre Be-

3 Zirkular des Innenministers P. A. Walujew vom 18. Juli 1863. „Das Valuev-Zirkular (1863)," *Osteuropa* 72, Nr. 6-8 (2022): 103-104.

stand hatten. Dies hat nicht ausgereicht, um in Deutschland die Wahrnehmung von der Ukraine als Subjekt der Geschichte im öffentlichen Bewusstsein und in der Politik auf Dauer zu etablieren. Der Platz schien unwiderruflich von Russland besetzt. Die Ukrainische Volksrepublik geriet 1918 für wenige Monate unter den Einfluss von Hetman Pawlo Skoropadskyj, der sich auf die deutsche Besatzungsmacht stützte. Mit der Anlehnung an Deutschland setzte die unabhängige Ukraine 1918 auf das falsche Pferd und beschleunigte so ihr Ende. Skoropadskyj ging nach dem Zusammenbruch seiner Macht in der Ukraine mit seiner Entourage nach Deutschland ins Exil und trug dazu bei, dass die Ukraine nach 1918 ein Nischendasein im öffentlichen Bewusstsein in Deutschland behielt.

1926 wurde in Berlin das Ukrainische Wissenschaftliche Institut gegründet, das anfangs der Historiker und ehemalige Außenminister der Regierung Skoropadskyj, Dmytro Doroschenko, leitete. Das Institut bemühte sich darum, einem breiteren deutschen Publikum Kenntnisse über die Ukraine nahezubringen. Es bestand bis 1945. Während des Zweiten Weltkriegs hofften die Aktivisten der Organisation ukrainischer Nationalisten vergeblich, mit der Unterstützung der deutschen Besatzungsmacht ihrem Ziel der Schaffung eines selbständigen ukrainischen Staates näherzukommen.

## Ukrainer und Deutsche während des Zweiten Weltkriegs

Viele Deutsche dürften in den Katastrophen des Zweiten Weltkriegs erstmals in persönlichen Kontakt mit der Ukraine und Ukrainern gekommen sein: als Angehörige der Wehrmacht in den Jahren der Besatzung und danach als Gefangene in sowjetscher Kriegsgefangenschaft. Außerdem wurden mehr als zwei Millionen Zwangsarbeiter nach Deutschland deportiert, die überwiegende Mehrheit von ihnen waren Ukrainerinnen und Ukrainer. Diese Begegnungen im Krieg und am Rande des Todes dürften allerdings kaum dazu beigetragen haben, in Deutschland ein »normales« Bild der Ukraine und der Ukrainer entstehen zu lassen.

Nach 1945 sammelte sich eine recht zahlreiche Emigration von Ukrainern, zumeist DPs (*Displaced Persons*) in der amerikanischen Besatzungszone mit dem Zentrum in München, die einer zwangsweisen Rückführung in die Sowjetunion entkamen. Einen intellektuellen Mittelpunkt bildete die Ukrainische Freie Universität (UFU), die 1945 ihren Sitz von Prag nach München verlegte und bis heute besteht. Dennoch hat die ukrainische Diaspora nach 1945 erstaunlich geringe Spuren in der deutschen Wahrnehmung der Ukraine hinterlassen. Eine Begegnung mit der deutschen Wissenschaft hat kaum stattgefunden. Anregungen für eine wissenschaftliche oder publizistische Beschäftigung mit der Ukraine in Deutschland sind von der UFU nicht ausgegangen. Dafür müssen beide Seiten verantwortlich gemacht werden. Die UFU war in ihrem Selbstverständnis und aufgrund ihrer Finanzierung eine Einrichtung zur Betreuung der ukrainischen Diaspora. Die deutsche Wissenschaft sah in ihrer Arroganz auf die Emigranten herab, die als berufsmäßige Antikommunisten, aber nicht als Kollegen galten. So wurde die Chance für die Entwicklung eigener Ukrainestudien in Deutschland nicht genutzt. Stattdessen zog ein beträchtlicher Teil der ukrainischen DPs in den 1950er Jahren nach Nordamerika. Dort hatten insbesondere Angehörige der jüngeren Generation erheblichen Anteil am Aufbau einer Ukrainewissenschaft in Kanada und in den USA.

## Die Nichtwahrnehmung der Ukrainischen Sowjetrepublik

Die Bolschewiki waren klug genug, nicht zur Zarenpolitik gegenüber den Ukrainern zurückzukehren, als sie das Reich in Gestalt der Sowjetunion restaurierten. Zum ersten Mal seit dem 17. Jahrhundert wurde mit der Ukrainischen Sowjetrepublik für die Ukrainer eine Staatsbildung mit ihrem Namen geschaffen, ausgestattet mit einer Staatssymbolik und dem in der sowjetischen Verfassung festgeschriebenen Recht zum Austritt aus der Sowjetunion.

Zwar war der sowjetische Föderalismus kein Föderalismus im westlichen Sinn, denn er stand unter dem Vorbehalt der Anerkennung des Machtmonopols der Kommunistischen Partei und des Moskauer Zentralismus, aber er war dennoch ein großer Fortschritt im Vergleich zur Identitätsverweigerung im Zarenreich. Die Gebietsgewinne der Sowjetunion im Zweiten Weltkrieg brachten es mit sich, dass nach 1945 zum ersten Mal seit dem Mittelalter alle von Ukrainern bewohnten Regionen in einer, wenn auch sowjetischen, Staatsbildung vereinigt waren – ein paradoxer Erfolg des Ukrainer-Hassers Stalin.

Umso erstaunlicher ist, dass trotz dieser Tatsachen die Ukraine und die Ukrainer in Europa nicht wahrgenommen wurden. Natürlich hatte die Sowjetmacht kein Interesse daran, die Ukraine und die Ukrainer als Subjekte der Geschichte zu präsentieren. Subjektcharakter kam ausschließlich den Russen und ihrem Staat, der Sowjetunion, zu. Bemerkenswert bleibt dennoch, dass diese Täuschung in Deutschland und Westeuropa ohne Weiteres hingenommen wurde. Das galt nicht für Nordamerika. In Kanada und den USA gab es – nicht zuletzt wegen der regen nationalen Minderheiten aus der Sowjetunion – ein viel größeres Wissen und Verständnis für den Vielvölkerstaat Sowjetunion, in dem nur die Hälfte der Bevölkerung Russen waren.

Die Bundesrepublik Deutschland und die DDR waren hinsichtlich der Missachtung der Ukrainer gleichauf. Nirgendwo in der DDR wurde die ukrainische Sprache gelehrt, während Russisch Pflichtfach an Sekundarschulen war. In der Bundesrepublik wurde Ukrainisch nur an wenigen Hochschulen auf niedrigem Niveau als Fremdsprache angeboten. In beiden deutschen Staaten fristete Ukrainisch eine Nischenexistenz im Rahmen der Slawistik. In der Wahrnehmung der Menschen existierten die Ukraine und die Ukrainer allenfalls als Folklore. Die Krim war ein begehrtes touristisches Reiseziel für Bestarbeiter aus der DDR.

## Übernahme sowjetischer Narrative in der deutschen Forschung

In der Publizistik und Forschung der Bundesrepublik nach 1945 spielte die Ukraine keine Rolle. Ständige Auslandskorrespondenten in Kyjiw gab es nicht. Die historische Forschung war in provozierendem Maße auf Russland konzentriert. In Gesamtdarstellungen und Handbüchern wurden für das 20. Jahrhundert vielfach die Termini Sowjetunion und Russland synonym verwendet. Damit übernahm die westdeutsche Forschung ohne weiteres das sowjetische Narrativ, wonach in der Sowjetunion das nationale Problem »gelöst« sei. Im »entwickelten Sozialismus« existierte demnach weder eine ukrainische Frage noch gab es irgendwelche anderen nationalen Probleme, mit denen zu beschäftigen sich gelohnt hätte.

In einer »Geschichte Russlands im 20. Jahrhundert« rechtfertigt der Autor das Weglassen der »Nationalitäten« damit, dass ihr Aufnehmen in die Darstellung lediglich zu »Parallelgeschichten« geführt hätte.[4] Mit anderen Worten, nichtrussischen Völkern kommt kein Subjektcharakter in der Geschichte zu. Mit dieser Übernahme der sowjetischen Selbstdarstellung schnitt sich die Forschung selbst den Weg ab, wesentliche Fragen zu stellen sowie Entwicklungen und Konflikte innerhalb der Sowjetunion wahrzunehmen.

4 Dietmar Neutatz, *Träume und Alpträume. Eine Geschichte Russlands im 20. Jahrhundert* (München: C.H. Beck, 2013), 13.

Die Nichtwahrnehmung der Sowjetukraine in Publizistik, Wissenschaft und Politik hat dazu beigetragen, dass nichtrussischer Nationalismus und sein Pendant des russischen Imperialismus, die seit spätsowjetischer Zeit an die Stelle der maroden kommunistischen Ideologie traten, nicht erkannt wurden. Kann es sein, dass die deutsche moralische Überheblichkeit hier eine Rolle gespielt hat, wonach wir doch Nationalismus und Imperialismus seit Langem überwunden haben, Kräfte, die überhaupt ins 19. Jahrhundert gehören? Tatsächlich jedoch haben gerade diese Kräfte das Sowjetregime unterwandert und aus den Angeln gehoben.

## Die Wahrnehmung der postsowjetischen Ukraine - auf Putins Spuren

Die ukrainische Nation war am Ende der Sowjetzeit fester gefügt, selbstbewusster und handlungsfähiger als zu Beginn der sowjetischen Geschichte nach dem Ersten Weltkrieg. Natürlich stand dies im Gegensatz zu den Intentionen der sowjetischen Politik. Die Umkehrung aller Verhältnisse ist eindrucksvoll. Im Jahr 1920 reichten ein paar Bataillone der Roten Armee, um in Kyjiw die Moskauer Sowjetmacht zu etablieren. Jetzt, 100 Jahre später, hat die ukrainische Armee, mit der Unterstützung westlicher Waffen Aussicht, die russische Invasionsarmee aus der Ukraine zu vertreiben und das Land erfolgreich als unabhängigen europäischen Staat zu verteidigen.

Die Weltmacht Sowjetunion trat 1991 entgegen der Vorausschau und entgegen den Wünschen der westlichen politischen Führer, der Osteuropawissenschaft und der Publizistik ab. Das geschah ohne Krieg, vergleichsweise gewaltlos, ja eigentlich ohne Grund. Jedenfalls hat die Forschung bis heute keine zureichenden, überzeugenden Antworten präsentiert - ein ziemlich einmaliger Vorgang in der Weltgeschichte.

Aber - und das sollte sich erst in den folgenden Jahrzehnten herausstellen - Russland akzeptierte das Ende der Sowjetunion nicht. Putin, der neue Herrscher Russlands, erklärte 2005: »Der Zerfall der Sowjetunion war die größte geopolitische Katastrophe des 20. Jahrhunderts«.[5] Der russische Präsident und seine Gesinnungsgenossen haben diesen Satz

5 „Putins Botschaft zur Lage der Nation am 25. April 2005," *Russland-Analysen* Nr. 63 (April 2005): 13-14, https://laender-analysen.de/russland-analysen/63/russland analysen63.pdf.

seither in vielen Variationen wiederholt. Er ist zu einem zentralen Element russischer Staatsideologie geworden.

Eigentlich hätten in Deutschland und im Westen sämtliche Alarmglocken läuten müssen. Denn dies war ja nicht die Aussage eines Geschichtsforschers, sondern ein politisches Programm zur Revision dieser »Katastrophe«. Putins Revisionismus war in erster Linie gegen die Ukraine gerichtet, er stellte die Existenz einer unabhängigen Ukraine grundsätzlich in Frage. Denn eine Sowjetunion, oder wie immer eine Nachfolgeorganisation heißen würde, ist ohne die Ukraine undenkbar. Es gibt keine Großmacht Russland ohne eine von Russland abhängige Ukraine. Aus heutiger Sicht war dieser Satz bereits 2005 eine Kriegserklärung an die Ukraine.

## Orientierung an Russlands Interessen

In Deutschland wurde Putins Revanchismus jedoch vor dem 24. Februar 2022 keineswegs gesehen. Die Ukraine erschien 1991 zwar als ein ganz unerwarteter Staat auf der europäischen Landkarte, aber er wurde freundlich aufgenommen. Rasch erfolgte die völkerrechtliche Anerkennung. Das deutsche Generalkonsulat in Kyjiw wurde in eine Botschaft umgewandelt. Die Bundesregierung wurde nicht müde, der Ukraine wieder und wieder zu versichern, ihre »europäischen Aspirationen« seien willkommen. Das schloss auch Wirtschaftshilfe ein. Sehr bald wurde jedoch zweierlei deutlich: Politik und Öffentlichkeit in Deutschland waren sich darin einig, dass die Ukraine »draußen« bleiben müsse, in der »Nachbarschaft«. Mit anderen Worten, eine Mitgliedschaft in EU und NATO, die nach 2000 in der Ukraine immer deutlicher zum Programm erhoben wurde, kam aus Berliner Sicht nicht in Frage. Das folgte aus dem zweiten, weitgehend im Konsens von Politik und Öffentlichkeit geltend gemachten Vorbehalt gegenüber der Ukraine: Russland geht vor.

Russland aber widersetzt sich einer Mitgliedschaft der Ukraine in der EU und in der NATO, denn die Ukraine gehört nach russischer Weltsicht zum exklusiven Interessengebiet Russlands – der »Russischen Welt« (*Russkij Mir*). Neutralität und Nichtintegration nach Westen sind die russischen Minimalforderungen gegenüber der Ukraine.

Die deutsche Politik hat dies bei der Definition der deutschen Interessen berücksichtigt. Sie konnte sich dabei auf eine breite Öffentlichkeit stützen, die als traditionell russlandfreundlich charakterisiert werden kann. Daneben gibt es insbesondere in der sozialdemokratischen Linken eine lautstarke Einflussgruppe von Feinden der Ukraine. Zu ihr gehören mit Helmut Schmidt und Gerhard Schröder zwei ehemalige Bundeskanzler. Helmut Schmidt reagierte auf die russische Annexion der Krim 2014 mit der Feststellung, es sei ein »großer Irrtum«, »dass es ein Volk der Ukrainer gäbe, eine nationale Identität«.[6]

Weder die Politik noch die Öffentlichkeit in Deutschland haben die Ukraine vor 2022 als in ihrer Existenz von Russland bedroht wahrgenommen. Zwar wurde die Annexion der Krim durch Russland 2014 weithin als völkerrechtswidrig verurteilt, aber ein Ende der Appeasement-Politik bedeutete dies nicht. Der Kreml konnte jahrelang die deutsche und ukrainische Politik mit dem »Minsker Friedensprozess« an der Nase herumführen, bei dem die russische Politik vorgab, Russland würde sich freiwillig wieder auf die ukrainisch-russische Grenze von 1991 im Donbas zurückziehen. So wurde die Ukraine zwar in die Völkergemeinschaft integriert, aber sie verblieb aus deutscher Sicht im Schatten Russlands. Die Interessen der Ukraine blieben in dem Moment nachrangig, sobald sie mit russischen kollidierten. Deutsche Politik und Öffentlichkeit gingen mehrheitlich davon aus, dass Frieden und Sicherheit in Europa nur mit, aber nicht gegen Russland gewährleistet werden könnten.

## Schönfärbung der Grauzone

Der Ukraine wurden unterdessen von Deutschland verschiedene Placebo-Angebote gemacht: Sie sei doch bereits aufgrund ihrer geografischen Lage die ideale »Brücke« zwischen Russland und dem Westen, sie sei geradezu prädestiniert, in beide Richtungen zu vermitteln und beide Seiten zu integrieren. Solche Angebote zur Schönfärbung der Grauzone waren umso überzeugender, als sie ähnlichen Bestrebungen in der Ukraine selbst entgegenkamen. Auch hier gab es politische Kräfte, die glaubten, es sei im wohlverstandenen Eigeninteresse der Ukraine, sich nicht zwischen Russland und dem Westen zu entscheiden und sich situativ die Rosinen herauszupicken.

Die von Putin offen angekündigte Revision des Status von 1991 wurde bei uns nicht geglaubt oder nicht ernst genommen. Obwohl Putin seit 2014 terminologisch noch eins draufsetzte und ständig wiederholte, Russen und Ukrainer seien »ein Volk«. Mit besonderem Nachdruck bemühte er dieses Argument 2014 zur Rechtfertigung der Annexion der Krim. Tatsächlich markierte Putin hier die Rückkehr zur Nationalitätenpolitik des 19. Jahrhunderts. Die ostslawische Dreieinigkeit von einer

6 Zitiert nach: Sabine Adler, „Ukraine-Ignoranz," *Osteuropa* 72, Nr. 6-8 (2022): 165.

großen russischen Nation kehrte als die »neue« Staatsdoktrin von »einem Volk« zurück, zu dem selbstverständlich auch, so wie früher, die Belarussen gehörten. Das Zarenreich hatte versucht, die Identitätsverweigerung gegenüber den Ukrainern mit Verboten und Repressalien durchzusetzen. Putins Russland führt einen blutigen Krieg, der bereits Zehntausende Menschenleben gefordert hat. Heute stehen nicht nur die Ukrainer, sondern auch unsere Freiheit und das Völkerrecht auf dem Spiel.

## »Zeitenwende«?

Kein Zweifel, der Große Krieg seit dem 24. Februar 2022 hat die Wahrnehmung der Ukraine in Deutschland einschneidend verändert. Politik und Öffentlichkeit solidarisieren sich überwiegend mit dem angegriffenen Land. Der Aggressor Russland wird verurteilt. Mit der umfangreichen Waffenhilfe an die Ukraine überwindet Deutschland die jahrzehntelange Vogel-Strauß-Haltung, wonach unser Beitrag zum Frieden in der Welt darin bestand, keine Waffen in Spannungsgebiete zu liefern. Außerdem hat Deutschland neben anderer humanitärer Unterstützung etwa eine Million Kriegsflüchtlinge vorübergehend aufgenommen. Manche dieser Frauen und Kinder werden sich wahrscheinlich in Deutschland integrieren wollen. Es bleibt abzuwarten, ob eine neue ukrainische Diaspora bei uns entstehen wird. Auch das Russlandbild in der Öffentlichkeit wandelt sich, und zwar zum Negativen. Es war zuvor undenkbar, dass russischen Künstlern oder Wissenschaftlern in Deutschland das Auftrittsrecht oder eine Zusammenarbeit verweigert wurde.

Früher war die Aufmerksamkeit für die Ukraine wesentlich auf große Ereignisse gerichtet, wie auf die Orangene Revolution 2004, die Fußball-Europameisterschaft 2012 oder den Euromaidan 2013/14. In der Normalität verschwand die Ukraine weitgehend wieder aus den Medien und der öffentlichen Wahrnehmung. Der Krieg hat auch hier eine neue Realität geschaffen, und die Ukraine wird wohl auf Dauer mit öffentlicher Aufmerksamkeit auf einem recht hohen Niveau rechnen können.

Es bleibt abzuwarten, ob sich in der deutschen Osteuropaforschung eine Abkehr von der Engführung auf Russland und eine Erweiterung des Interesses auf die Ukraine und andere vernachlässigte Felder vollziehen wird. Bislang gab es in Deutschland kein wissenschaftliches Zentrum für Ukraineforschung. An der Europa-Universität Viadrina in Frankfurt an der Oder bestand ein halber Lehrstuhl für »Entangled History of Ukraine«. »Aber dieser halbe Lehrstuhl ist doch ein ganzer Skandal« - wie sarkastisch bemerkt worden ist.[7]

Inzwischen wurde der Kompetenzverbund Interdisziplinäre Ukrainestudien Frankfurt (Oder) - Berlin geschaffen. Damit ist jedoch keineswegs genug getan für den Aufbau einer angemessenen Forschung und Lehre zur Ukraine. Die entscheidende Frage lautet: Ist die seit Jahrzehnten etablierte Russlandforschung und Lehre in Deutschland bereit, ihr Feld der Forschung und Lehre teilweise aufzugeben und Kapazitäten umzuwidmen? Wir brauchen weniger Russlandforschung und -lehre.

## Nachhaltige Neupositionierung Deutschlands?

Offen ist, ob der Krieg auf Dauer zu einer emotionalen und rationalen Neupositionierung der deutschen Öffentlichkeit und Politik im Blick auf Osteuropa führen wird. Die Ukraine muss als ein gleichberechtigtes Subjekt in der europäischen politischen Landschaft wahrgenommen werden, nicht als der kleinere Bruder Russlands. Russlands Bedeutung für unser Wohl und Wehe wird nach wie vor überschätzt. Die angebliche Rohstoffabhängigkeit ist selbstverschuldet und keineswegs unüberwindbar. Das öffentliche Bewusstsein bei uns hat nicht verinnerlicht, dass es die Sowjetunion nicht mehr gibt und dass das Potenzial Russlands nur die Hälfte des sowjetischen ausmacht. Russland verfügt neben den Atomwaffen über ein großes Chaoskapital, vor allem aber über erfolgreiche Propagandainstrumente zum Bluff und zur Errichtung Potemkin'scher Dörfer.

Russland begreift sich nicht als Teil des Westens und strebt keine Integration nach Westen an. Deutsche Politik hat dies über Jahrzehnte verdrängt. Die Vorstellung von der Abhängigkeit von Russland ist tief in den politischen Traditionen und im deutschen Denken verwurzelt. Sie löst sowohl Ängste als auch die Überzeugung aus, man dürfe zu einem übermächtigen »Nachbarn« nicht auf Konfrontation gehen. Es gehört übrigens zu den Stereotypen, davon zu sprechen, Russland sei unser Nachbar, obwohl es bekanntlich gar keine gemeinsame Grenze gibt.

Der jetzige Krieg hat manche dieser Vorurteile ins Wanken gebracht. Aber ob dies Bestand haben wird, darf bezweifelt werden. Die Erfahrung zeigt, dass politische Mentalitäten und wertehaltige Traditionen stärker sind als Weltkriege und Staatszusammenbrüche. Die rhetorische Figur der »Zeitenwende« ist bislang noch nicht ausreichend mit Entscheidungen und Inhalten gefüllt.

7 Manfred Sapper, zitiert nach: Andreas Kappeler, „Raus aus dem Abseits. Die Ukraine als Subjekt der Geschichte," *Osteuropa* 72, Nr. 6-8 (2022): 76.

# Staaten und Nationen auf langen Wegen nach Westen
## Über die Geschichten Deutschlands und der Ukraine

*Martin Aust*

*Die deutsche Wahrnehmung der Ukraine und ihrer Geschichte ist noch oft die eines fragilen, fremdbestimmten Staates mit einer gespaltenen Gesellschaft. Deutschlands historisches Selbstbild hingegen ist das eines Landes, das auf dem kontinuierlichen Weg zur Nationalstaatlichkeit konfessionelle Hürden und den Einfluss fremder Mächte erfolgreich überwunden hat. Betrachtet man ausgehend von Winklers Standardwerk zur Geschichte Deutschlands die Entwicklungen genauer, zeigen sich die Parallelen zwischen beiden Ländern auf dem Weg zu Demokratie, Nationalstaat und westlicher Wertegemeinschaft. Blendet man die historische Verantwortung Deutschlands nicht aus und reflektiert die Osteuropaforschung auch eigene Versäumnisse und in der Rückschau falsche Grundannahmen, liegt in der Bewusstmachung der Gemeinsamkeiten eine große Chance zu einem vertieften Verständnis.*

Im Angesicht von Russlands Angriffskrieg gegen die gesamte Ukraine seit dem 24. Februar 2022 stellt sich der osteuropäischen Geschichte die dringliche Frage, was sie zum tieferen Verständnis und zur weiteren Verbreitung des Wissens über die Geschichte der Ukraine beitragen kann. Die Auswahl von neuen ukrainischen Themen für Forschung und Lehre und Vorträge vor öffentlichen Publika jenseits der Universität gehören sicherlich zu den Möglichkeiten erster Wahl. Doch mit einem Plus an reiner geschichtswissenschaftlicher Forschung und ihrer Verbreitung allein scheint es nicht getan.

Während russische Kultur ihren festen Platz in den Buchhandlungen und Spielplänen der Theater, Opernhäuser und Sinfonieorchester hat, stellt ukrainische Kultur in Deutschland mehr oder weniger einer Leerstelle dar. Wo immer sich die Vermittlung ukrainischer Geschichte mit derjenigen ukrainischer Kultur verknüpfen lässt, sollte auch die osteuropäische Geschichte diese Möglichkeit ergreifen.

Schließlich könnte eine weitere Möglichkeit, den Menschen in Deutschland die ukrainische Geschichte näherzubringen, auch darin liegen, sie in einer ungewohnten Weise in der deutschen Geschichte zu spiegeln. Vielleicht fällt die Aufnahme ukrainischer Geschichte in

Deutschland leichter, wenn es durch das Prisma deutscher Geschichte vertraute Facetten zu erkennen gibt. Das soll in diesem Text mit Ausführungen über Staats- und Nationswerdung in den Geschichten Deutschlands und der Ukraine und mit Beschreibung ihrer langen Wege nach Westen erfolgen. Diese Analogie ist jedoch voraussetzungsreich und verlangt eine Überprüfung der eigenen Grundannahmen über die Geschichte der Ukraine. Dieser Text geht somit in zwei Schritten vor. Zunächst erfolgt eine Reflexion der eigenen Grundannahmen, bevor im zweiten Schritt Heinrich August Winklers Geschichte Deutschlands als Geschichte von Staat und Nation auf einem langen Weg nach Westen als Blaupause für eine Geschichte der Ukraine gelesen wird.

## Meine Geschichte der Ukraine

Russlands Aggression gegen die Ukraine hat seit 2014 in zwei Etappen zu einer intensiveren Beschäftigung mit der Geschichte der Ukraine in der deutschen Osteuropahistoriografie geführt. Zunächst gründete sich 2015 die Deutsch-Ukrainische Historische Kommission, die seitdem den Austausch zwischen den Geschichtswissenschaften beider Länder fördert.[1] Russlands neuerlicher Angriff nun auf die gesamte Ukraine am 24. Februar 2022 hat Kolleginnen und Kollegen der osteuropäischen Geschichte in Deutschland in einem Ausmaß die Öffentlichkeit suchen lassen, um über die Geschichte der Ukraine zu informieren, das es in der Fachgeschichte so bislang nicht gegeben hat.[2]

Der tiefe Einschnitt von 2022 hat auch mich bewogen, neu über meine Arbeit zu den Geschichten der Ukraine und Russlands nachzudenken. In jenem Jahr wurde eine Illusion zerstört. Es scheint, dass jede Generation ihre eigene Illusion verliert. In meinem Geschichtsstudium in den 1990er Jahren gehörten Gesamtdarstellungen ukrainischer Ge-

1 Deutsch-Ukrainische Historische Kommission [Zugriff am 22.4.2023], https://www.duhk.org/uk/.

2 Einige Osteuropahistorikerinnen und -historiker vermitteln ihre Beschäftigung mit der ukrainischen Geschichte auf Twitter. Ohne Anspruch auf Vollständigkeit und mit der Bitte um Entschuldigung bei allen, die ich hier vergesse: Franziska Davies (@EFDavies), Anna Veronika Wendland (@VeroWendland), Bert Hoppe (@berthoppe), Guido Hausmann (@hausmann_guido), Kai Struve (@StruveKai), Frithoj Benjamin Schenk (@BenjaminSchenk6), Martin Schulze Wessel (@MSchulzewessel), Jan Claas Behrends (@jcbehrends), Martin Aust (@MartinAust6).

schichte von Anbeginn zur Einführungs- und fortlaufenden Vertiefungslektüre.[3] Ihre Lektüre wie auch eine erste Reise nach Kyjiw 1995 weckten nicht nur meine Faszination von der Geschichte der Ukraine. Sie führten auch zu der Illusion, diese Gesamtdarstellungen strahlten ein Grundwissen über die ukrainische Geschichte in die Öffentlichkeit aus. Die mediale Berichterstattung über den Maidan von 2004/05 vor allem in der Frankfurter Allgemeinen Zeitung und der Süddeutschen Zeitung verfestigten in mir den Eindruck, dass die Ukraine ihren festen Platz in der medialen Berichterstattung und damit auch der öffentlichen Wahrnehmung Deutschlands gefunden habe.

## Erinnerungsgeschichte und Erinnerungspolitik

Vor diesem Hintergrund erschien mir die Beschäftigung mit der ukrainischen Geschichte als etwas, das zur Routine der Geschichtswissenschaft gehört und deren fachlichen Regeln der Ausleuchtung neuer Themenfelder und Weiterentwicklung der Methodologie folgt. So arbeitete ich im ersten Jahrzehnt des 21. Jahrhunderts an meinem Habilitationsprojekt über die Erinnerung an längst vergangene Kriege im östlichen Europa des 20. Jahrhunderts. Anhand der verflochtenen Erinnerungen an Kriege des 17. Jahrhunderts in Polen, der Ukraine, Russland und der Sowjetunion im 20. und frühen 21. Jahrhundert hoffte ich, einen Beitrag zu einer transnationalen Weiterentwicklung der Geschichte von Erinnerungen zu leisten.

Der Clou der kulturellen und geschichtspolitischen Erinnerung an die russische Smuta, die Zeit der Wirren in Russland 1598 bis 1613, den polnischen Potop, die sogenannten Kriege der Sintflut in Polen in der Mitte des 17. Jahrhunderts und den Chmelnyzkyj-Aufstand 1648, das Abkommen von Perejaslaw 1654 und die anschließende Rujina, die Zeit des Ruins in der Geschichte der Ukraine, schien mir im 20. Jahrhundert vor allem von den 1930er Jahren bis zum Ende der Sowjetunion 1991 gerade darin zu liegen, dass in diesen Erinnerungen die Frage verhandelt wird, wem die Ukraine gehört.

3 Andreas Kappeler, *Kleine Geschichte der Ukraine* (München: C.H. Beck, 1994); Frank Golczewski, Hg., *Geschichte der Ukraine* (Göttingen: Vandenhoeck & Ruprecht, 1993); Orest Subtelny, *Ukraine: A History* (Toronto: University of Toronto Press, 1988); Paul Robert Magocsi, *A History of Ukraine* (Toronto: University of Toronto Press, 1996).

## Scheinbare Lösung der Erinnerungskonflikte nach dem Ende der Sowjetunion

Ukrainer erzählten diese Erinnerung als Geschichte eines eigenen Staatsgründungsversuchs, wohingegen Polen und Russen ihre Ansprüche auf die Geschichte der Ukraine formulierten. Nach 1991 schien sich mir dieser Erinnerungskonflikt aufzulösen. Ukrainerinnen und Ukrainer konnten jetzt unabhängig von polnischen und russischen Einflussnahmeversuchen ihre eigene Version der Kriege des 17. Jahrhunderts, des Chmelnyzkyj-Aufstandes 1648 und des Kosakentums erzählen. Polen war nun an einer einvernehmlichen, auf Ausgleich bedachten Erzählung der Kriege des 17. Jahrhunderts gelegen, die ihren prominentesten Ausdruck 1999 in Jerzy Hoffmans Verfilmung des Historienromans *Mit Feuer und Schwert* (*Ogniem i mieczem*) von Henryk Sienkiewicz fand. In Russland verschob sich im ersten Jahrzehnt des 21. Jahrhunderts der Fokus der Erinnerung an Kriege des 17. Jahrhunderts von den Fragen internationaler Politik zu inneren Angelegenheiten. War der sowjetischen Geschichtspolitik Perejaslaw 1654 wichtig, um eine Geschichte der Einheit von Russen und Ukrainern zu postulieren, so richtete sich in den ersten Präsidentschaften Putins der Blick mehr auf die Erinnerung an die Überwindung des Bürgerkrieges in Russland 1613 und das Potenzial, das diese Geschichte für die Darstellung einer starken Zentralgewalt in Russland bot. Als ich meine Habilitationsschrift 2009 als Buch mit dem Titel *Polen und Russland im Streit um die Ukraine* veröffentlichte, ging ich davon aus, es sei ein Buch über ein geschlossenes Kapitel der Vergangenheit.[4]

Doch bereits 2013 war offensichtlich, dass sich Erinnerungskonflikte um das Verhältnis zwischen Russen und Ukrainern nicht beruhigt hatten, sondern neuen Auftrieb erhalten sollten. Die Inszenierungen der Feierlichkeiten zum 1025. Jahrestag der Taufe der Rus 2013, bei denen die Präsidenten Putin, Janukowytsch und Lukaschenka gemeinsam in Kyjiw auftraten, ließen ahnen, dass die Vorstellung von der gemeinsamen Geschichte der drei ostslawischen Nationen und ihrer vermeintlich unzertrennbaren Brüderlichkeit Gestalt in Putins Kopf annahm.

4 Martin Aust, *Polen und Russland im Streit um die Ukraine: Konkurrierende Erinnerungen an die Kriege des 17. Jahrhunderts in den Jahren 1934 bis 2006* (Wiesbaden: Harrassowitz, 2009).

## Versagen der osteuropäischen Geschichte?

Ungeachtet dieser Beobachtung war Russlands Annexion der Krim überraschend und ein Schock. So erschütternd Russlands Annexion der Krim und nichterklärter Krieg im Donbas 2014 waren, führten sie mich doch nicht zu der Ansicht, dass uninformierte Einlassungen zum Zeitgeschehen wie die des Altkanzlers Helmut Schmidt und die eklatanten Auslassungen in der Darstellung der Geschichte der Ukraine seitens Jörg Baberowskis Anlass wären, der osteuropäischen Geschichte ein Versagen vorzuwerfen, wie es 2014/15 Anna Veronika Wendland sah. In ihren Augen hatte die osteuropäische Geschichte sich zu wenig mit der Ukraine befasst, und wenn sie sich denn mit der ukrainischen Vergangenheit beschäftigte, dies in transnationalen Zusammenhängen getan, die vermeintlich den Eindruck hervorriefen, eine eigene ukrainische Geschichte gäbe es gar nicht, in ihr hätten Polen und vor allem Russen ein gehöriges Wort mitzureden.[5] Das schien mir 2015 zu scharf formuliert. Ist der osteuropäischen Geschichte im Ganzen ein Vorwurf zu machen, wenn ein Altbundeskanzler historisch uninformiert spricht und ein Vertreter der osteuropäischen Geschichte es sich erlaubt, den Forschungsstand zur Geschichte der Ukraine, den Kolleginnen und Kollegen in Deutschland mit hervorgebracht haben, zu ignorieren? Mir schien damals, die Antwort könne nur nein lauten.

Nach Russlands neuerlichem Angriff auf die gesamte Ukraine stellt sich mir dies anders dar. Zwar spricht sich ein Großteil der Deutschen generell für die Unterstützung der Ukraine aus. Doch eine lautstarke Minderheit, die unterschiedliche wortgewaltige und medienwirksame Sprecherinnen und Sprecher in Politik und Publizistik gefunden hat, tut sich unfassbar schwer mit der Einsicht in den simplen Tatbestand, dass die Ukraine einen legalen Verteidigungskrieg gegen einen ruchlosen und völkerrechtswidrigen Angriff ihres Nachbarlandes Russland führt, dessen politische und mediale Spitze wiederholt ihre Verachtung für die

5 Anna Veronika Wendland, „Hilflos im Dunkeln. ‚Experten' in der Ukraine-Krise: eine Polemik," *Osteuropa 64, Nr. 9-10 (Oktober 2014):* 13-33. Siehe dort die Nachweise der Bemerkungen von Helmut Schmidt und Jörg Baberowski; Martin Aust, „Nicht wie im Leben des Brian. Replik auf Anna Veronika Wendlands Kritik," *Osteuropa* 65, Nr. 1-2 (Februar 2015): 193-201.

schiere Existenz der Ukraine als Staat und Nation wie auch ihre Geringschätzung ukrainischer Leben zum Ausdruck gebracht hat.[6]

## Wie lässt sich den Menschen in Deutschland die Geschichte der Ukraine näherbringen?

Der Wunsch, den Menschen in Deutschland die Geschichte der Ukraine näherzubringen, hat mich auf das Gedankenexperiment gebracht, eine breitenwirksame Gesamtdarstellung deutscher Geschichte, die bisweilen sogar als offizielle Geschichte der Berliner Republik gehandelt wird, als Folie zu nutzen, um Gemeinsamkeiten zwischen deutscher und ukrainischer Geschichte aufzuzeigen. Bevor ich diesen Gedanken jedoch weiter ausführe, muss ich auf die Grenzen dieses Experiments hinweisen. Die Suche nach Analogien zwischen den Geschichten Deutschlands und der Ukraine findet ihre Grenze in der Beziehungsgeschichte der beiden Länder vor allem in der ersten Hälfte des 20. Jahrhunderts. Damals geriet die Ukraine zweimal, im Ersten und im Zweiten Weltkrieg, in das Visier deutscher Imperiumsbildungen im östlichen Europa und im Zweiten Weltkrieg in den deutschen Vernichtungskrieg gegen die Sowjetunion.

Zwar war Deutschland mit den übrigen Mittelmächten Österreich-Ungarn, Bulgarien und Osmanisches Reich im Februar 1918 im Vertrag von Brest-Litowsk an der Gründung einer unabhängigen Ukraine beteiligt. Die Unabhängigkeit war aus deutscher Sicht jedoch eher eine Formalität, die die wahren Intentionen des Kaiserreichs verschleiern sollte. Unter dem alsbald auf deutschen Druck installierten Hetman Pawlo Skoropadskyj sollten die Ressourcen der Ukraine – Rohstoffe und Agrarpro-

6 Entsprechende Positionen wurden mit unterschiedlichen Akzenten in der Öffentlichkeit vertreten von dem Politologen Johannes Varwick, der Publizistin Gabriele Krone-Schmalz, Ulrike Guérot und Daniele Ganser. Erwiderungen darauf aus der osteuropäischen Geschichte finden sich hier: Franziska Davies im Blog der Zeitschrift Osteuropa, „Desinformationsexpertin: Russland, die Ukraine und Frau Krone-Schmalz“ [Zugriff am 4.5.2023], https://zeitschrift-osteuropa.de/blog/desinformation/; Universität Heidelberg (@UniHeidelberg), „Desinformation, Social Media und die Rolle von Expert:innen,“ YouTube [Zugriff am 4.5.2023], https://www.youtube.com/watch?v=Lw72t0ohfyQ; Klaus Gestwa, „Thesencheck: Diese 8 Behauptungen über den Krieg in der Ukraine sind falsch,“ YouTube [Zugriff am 4.5.2023], https://www.youtube.com/watch?v=6GqWDhHzRdo&t=1361s; Martin Aust bei hypotheses, „Absage an die Wissenschaft – zum Buch ‚Endspiel Europa' von Ulrike Guérot und Hauke Ritz“ [Zugriff am 4.5.2023], https://ostkreuzbn.hypotheses.org/author/ostk
reuzbn.

dukte – der deutschen Kriegswirtschaft zugutekommen. Deutsches Militär wachte über die Exporte. Formal war die Ukraine unabhängig, *de facto* von Deutschland besetzt und ausgebeutet. Die Ausbeutung des Landes war auch das Ziel der nationalsozialistischen Besatzung im Zweiten Weltkrieg. Neben den Rohstoffen stand nun auch die Arbeitskraft von Männern, Frauen und Kindern im Mittelpunkt der deutschen Ausbeutung. Millionen Menschen aus der Ukraine sind im Zweiten Weltkrieg zur Zwangsarbeit entweder vor Ort rekrutiert oder in das Deutsche Reich deportiert worden. Zugleich waren die Ukraine wie auch Belarus und die besetzten Regionen der russischen Teilrepublik dem deutschen Vernichtungskrieg gegen die Sowjetunion ausgeliefert. Der Holocaust durch Kugeln traf die ukrainischen Jüdinnen und Juden, etwa in Babyn Jar in Kyjiw im späten September 1941. Dem Vernichtungskrieg gegen die Sowjetunion fielen Tausende ukrainische Dörfer und ihre Menschen zum Opfer, die die Deutschen verbrannten.

## Historische Verantwortung Deutschlands

Aus diesen deutschen Besatzungs- und Vernichtungsgeschichten folgt eine historische Verantwortung Deutschlands gegenüber der Ukraine. Sie erfordert, dass die Geschichtswissenschaft ihren Beitrag zur Erforschung der ukrainischen Leidensgeschichte leistet und sich der Unterschiede zwischen der deutschen und der ukrainischen Geschichte bewusst ist. Wenn man unter Analogien jedoch nicht absolute Identität versteht, sondern sich Analogien als präzise Erkundung begrenzter und partieller Gemeinsamkeiten vorstellt, kann es lohnenswert sein, auf der Suche nach neuen Vermittlungen ukrainischer Geschichte in Deutschland die Schablone des Winkler'schen langen Weges nach Westen über die Vergangenheit der Ukraine zu legen.

## Staaten und Nationen auf langen Wegen nach Westen – die Reichsidee als Hürde

Dem Umzug von Parlament und Regierung von Bonn nach Berlin folgte das Erscheinen einer zweibändigen Geschichte Deutschlands von Heinrich August Winkler fast auf dem Fuß.[7] Es ist eine lineare und normative

7 Heinrich August Winkler, *Der lange Weg nach Westen. Deutsche Geschichte vom Ende des Alten Reiches bis zum Untergang der Weimarer Republik* (München: C.H. Beck, 2000), Bd. 1; Winkler, *Der lange Weg nach Westen. Deutsche Geschichte vom ‚Dritten Reich' bis zur Wiedervereinigung* (München: C.H. Beck, 2000), Bd. 2.

Geschichte, die ihre eigene Gegenwart als Erfüllung eines Entwicklungsprozesses beschreibt. Das Buch begreift die beginnende Berliner Republik als das Ziel eines langen Weges der deutschen Nation zu ihrer Vereinigung in einem Staat, der gekennzeichnet von Demokratie und Rechtsstaatlichkeit fest in die Wertegemeinschaft des Westens eingebunden ist. Auf dem Weg dahin identifiziert Winkler drei Hürden, die die deutsche Geschichte lange am Erreichen ihres Ziels im Westen aufgehalten haben.

Aus der mittelalterlichen Geschichte erbte die deutsche Geschichte eine Reichsidee, die dem Werden eines Nationalstaates lange Zeit im Weg stand. Bis zur Auflösung des Heiligen Römischen Reiches Deutscher Nation 1803 war das Reich die überwölbende, aber in Europa verhältnismäßig machtlose Verbindung einer Vielzahl von geistlichen und weltlichen Territorien und Herrschaften. Wenn die Kaiser in Europa machtvoll auftraten, dann eher aufgrund ihrer dynastischen Hausmacht und nicht kraft der Macht des Reiches. Nach der Auflösung des Reiches 1803 und der Neuordnung Europas auf dem Wiener Kongress 1814/15 blieb das Erbe der Reichsidee spürbar im preußisch-habsburgischen Dualismus und der Frage, ob er sich klein- oder großdeutsch auflösen ließe. Die kleindeutsche Lösung der preußisch geführten Reichsgründung von 1871 verbannte die Reichsidee nicht in die Vergangenheit, sondern aktualisierte sie in der globalisierten Welt des späten 19. und frühen 20. Jahrhunderts.

Das Kaiserreich strebte bald nach Kolonialbesitz in Afrika und Asien, den es in der Vernichtung der Herero und Nama 1904 mit erbarmungsloser Gewalt verteidigte. Im Ersten Weltkrieg zielte die deutsche Kriegsführung, wie oben bereits am Beispiel der Ukraine angesprochen, auf eine kontinentale Imperiumsbildung im östlichen Europa. Die Ostgrenze der damaligen deutschen Reichsbildung lag zwischen Frühjahr und Herbst 1918 östlicher als die heutige Ostgrenze der EU. Erweitert um einen beispiellosen Vernichtungskrieg zielten die Deutschen im Zweiten Weltkrieg ein weiteres Mal darauf, ein Reich in Europa zu errichten. Das östliche Europa galt dabei als Raum eines deutschen Siedlungskolonialismus. Woher all die deutschen Siedler kommen sollten, war eine ungeklärte Frage, die die Deutschen jedoch nicht davon abhielt, den Tod von Millionen Menschen im östlichen Europa zu planen und herbeizuführen. Mit der Kapitulation der Deutschen Wehrmacht am 8. Mai 1945 verschwand die Reichsidee zum Glück ein für alle Mal aus der deutschen Geschichte und Politik. Nachdem die Reichsidee in der ersten Hälfte des

20. Jahrhunderts aus der deutschen Nationsvorstellung geschöpft worden war, stand in der zweiten Hälfe des 20. Jahrhunderts die Teilung der Nation im Kalten Krieg der Einheit eines Nationalstaates entgegen.

## Konfessionelle Spaltung Deutschlands

Als einen zweiten Faktor, der in der deutschen Geschichte lange die Einheit der Nation in Frage stellte, benennt Winkler die konfessionelle Frage. Die Spaltung zwischen Protestantismus und Katholizismus im 16. Jahrhundert hat lange Zeit Politik und Gesellschaft in Deutschland geprägt, bis die Konfessionszugehörigkeit im 20. Jahrhundert ihre durchschlagende Bedeutung in fundamentalen politischen Fragen verlor. Sie ist nun ein Faktor kultureller Vielfalt und nicht mehr politisch-religiöser Gegensätzlichkeit. Schließlich haben Großmächte in der neueren und neuesten Geschichte Deutschlands ihre Spuren hinterlassen. Der Dreißigjährige Krieg war eine Konfrontation zwischen den Großmachtinteressen des habsburgischen Kaisers sowie Frankreich und Schweden, die vorrangig auf dem Territorium des Heiligen Römischen Reiches Deutscher Nation ausgetragen wurde. Die anfängliche Neuordnung Deutschlands nach der Auflösung des Reiches 1803 geschah wesentlich im Zeichen der europäisch ausgreifenden Politik Napoleons. Im Kalten Krieg wiederum war die Teilung Deutschlands hervorgerufen durch den ideologischen und machtpolitischen Gegensatz zwischen den Supermächten USA und Sowjetunion. Erst 1990 fand das wiedervereinigte Deutschland seinen souverän gewählten Platz in einem sich integrierenden Europa.

## Auf Unkenntnis der deutschen Geschichte beruhende Hybris

Wenn einigen in Deutschland die Geschichte der Ukraine als eine Geschichte von Zerrissenheit, innerer Spaltung und der Übermacht anderer Mächte über die ukrainische Nation erscheint und dies alles in einem verächtlichen Blick auf die Ukraine zusammenfließt, liegt darin nicht nur eine Verkennung der ukrainischen Geschichte, sondern auch eine Hybris, die auf Unkenntnis der deutschen Geschichte beruht. Anders formuliert: Was in der deutschen Geschichte als erfolgreiche Überwindung von Hürden auf dem Weg nach Westen und als innere Vielfalt reklamiert wird, wird im Fall der Ukraine auf einem defizitären Konto von Zerrissenheit, Verspätung und Fremdbestimmung verbucht.

So schreibt sich im Westen in Teilen ein Ukrainediskurs fort, an dessen Anfang in den 1990er Jahren Samuel Huntingtons Buch vom *Clash of Civilizations* stand. Huntington prognostizierte darin, die Konflikte des 21. Jahrhunderts würden Konflikte entlang kultureller Gräben sein. Die Grenze der westlichen Kultur legte Huntington in Nord-Süd-Richtung mitten durch die Ukraine an. In seinem Buch finden sich zwei Karten – die besagte Karte der Ostgrenze der westlichen Kultur inmitten der Ukraine und sodann noch eine Karte der Ukraine als Karte eines vermeintlich gespaltenen Landes.[8]

## Deutsche und ukrainische Geschichte: Gemeinsamkeiten

Dieses Bild der gespaltenen Ukraine lässt sich vielleicht aus einigen Köpfen bekommen, wenn durch das Prisma des Winkler'schen langen Weges nach Westen der Blick auf Gemeinsamkeiten zwischen der deutschen und der ukrainischen Geschichte fällt. Wie oben bereits beschrieben, hat dieser Analogieschluss Grenzen. Zu ihnen zählt auch die fehlende Analogie zum deutschen Reichskomplex in der ukrainischen Geschichte. Nationsbildung und Unabhängigkeit standen über die Jahrhunderte auf der Agenda ukrainischer Akteure, die Bildung eines Reiches allerdings nicht. Die Analogien zu Konfessionen und dem Einfluss auswärtiger Mächte auf Nations- und Staatsbildung zeichnen sich dafür umso kräftiger ab.

Zu einer Abspaltung von der ukrainischen Orthodoxie kam es im späten 16. Jahrhundert, als die katholische Gegenreformation ihre Ambitionen, Boden gegenüber der Reformation gutzumachen, auf die orthodoxen Untertanen der Ukraine ausweitete, deren Länder 1569 im Zuge der Realunion von Lublin vom Großfürstentum Litauen an die Krone Polen übergegangen waren. Die katholischen Avancen fanden bei einigen orthodoxen Bischöfen in der Ukraine Anklang, die sich 1596 dem Primat des Papstes unterstellten, sich jedoch die Beibehaltung des orthodoxen Ritus ausbaten. So entstand in der Ukraine die Unierte Kirche, die sich fortan in einem Gegensatz zur orthodoxen Kirche befand.

## Kirchengeschichte als Geschichte kultureller Vielfalt

Die Gründung der Unierten Kirche beförderte eine Renaissance der Orthodoxie in der Ukraine sowohl unter den Laien als auch der Geistlichkeit. Die Laien gründeten in den Städten orthodoxe Bruderschaften. Die

---

8 Samuel P. Huntington, *The Clash of Civilizations and the Remaking of World Order* (New York: Simon & Schuster, 1996), 159, 166.

Hierarchie der Orthodoxie wiederum schuf die institutionellen Grundlagen für die Auseinandersetzung mit dem Katholizismus und der Gegenreformation. In Kyjiw entstand eine geistliche Akademie, die sich am europäischen Bildungskanon orientierte. In ihr verfasste Petro Mohyla eine *Confessio Orthodoxa*.

Die dergestalt gestärkte ukrainische Orthodoxie geriet nach dem Abkommen von Perejaslaw 1654 – dazu noch weiter unten – unter die Oberhoheit des Moskauer Patriarchats. Im 20. Jahrhundert suchte die ukrainische Orthodoxie ihre kirchenrechtliche Unabhängigkeit von Moskau. Daraus gingen nach der Unabhängigkeit der Ukraine 1991 zwei orthodoxe Kirchen in der Ukraine hervor: eine, die als Kyjiwer Patriarchat auf ihre Unabhängigkeit pochte, und eine andere, die sich nach wie vor dem Moskauer Patriarchat unterstellte. Erst 2019 hat der Patriarch von Konstantinopel die Eigenständigkeit, die Autokephalie der Ukrainischen Orthodoxen Kirche anerkannt. Der Moskauer Zweig der ukrainischen Orthodoxie wiederum hat sich nach dem erneuten Überfall Russlands auf die Ukraine 2022 von Moskau losgesagt. In Analogie zur Geschichte der Konfessionen in Deutschland muss diese Religions- und Kirchengeschichte der Ukraine nicht als ewig währende Spaltung erzählt werden. Sie kann auch als eine Geschichte der kulturellen Vielfalt gelesen werden.

## Starker Einfluss auswärtiger Mächte

Mit der deutschen Geschichte teilt die ukrainische einen langen Weg zur Erlangung eines vereinigten und unabhängigen Staates, auf dem auswärtige Mächte jeweils starke Rollen spielten. Im Rahmen der Realunion von 1569 zwischen dem Großfürstentum Litauen und der Krone Polen gingen die ukrainischen Länder Kyjiw, Podolien und Wolhynien von Litauen an Polen über. In ihnen begann eine raumgreifende Ausweitung polnischen Großgrundbesitzes. In einem Aufstand unter ihrem Hetman Bohdan Chmelnyzkyj erhoben sich 1648 die Saporoger Kosaken gegen die polnische Adelsherrschaft und strebten eine Statuserhöhung in der Adelsrepublik an. Der Aufstand gilt als ukrainischer Staatsgründungsversuch, der jedoch scheiterte.

Im Abkommen von Perejaslaw mussten die Saporoger Kosaken 1654 die Unterstützung des Moskauer Zaren suchen. Sie sahen darin einen temporären Bündnisvertrag unter Gleichen. Moskau interpretierte den Vertrag als ewige Unterwerfung der Ukraine unter Moskauer Herrschaft. Jedenfalls engagierte Moskau sich nun militärisch gegen Polen. Die Kräfte der kriegführenden Mächte erschöpften sich, sodass sich Polen und Russland 1667 zu Andrusowo auf eine Aufteilung der ukrainischen Länder einigten. Die linksufrige, östlich des Dnipro gelegene Ukraine einschließlich Kyjiws fiel an Moskau, die rechtsufrige, westlich des Dnipro gelegene Ukraine verblieb bei Polen-Litauen.

Die Unterwerfung und Abhängigkeit der Ukraine hatten in der Neuzeit Bestand, änderten mit den Teilungen Polen-Litauens im späten 18. Jahrhundert jedoch ihre Gestalt. Nun annektierte das Habsburgerreich den westlichsten Teil der Ukraine als Kronland Galizien-Lodomerien, während die gesamte übrige Ukraine sich im Zarenreich wiederfand. Aussicht auf Änderung trat erst mit dem Ende der Monarchien im östlichen Europa 1917/18 ein. In den Ruinen des Habsburgerreiches und Zarenreiches folgten auf die ukrainischen Revolutionen mehrere Staatsgründungsversuche - zunächst als Westukrainische Volksrepublik in Lwiw, dem ehemaligen Lemberg, und als Unabhängigkeitserklärung Kyjiws vom sozialistischen Russland, schließlich als vereinigte Ukrainische Volksrepublik. Diesen Staatsgründungsversuchen wurden jedoch abermals die Ambitionen großer Mächte und Nachbarn zum Verhängnis. Das 1918 wiedergegründete Polen erhob Ansprüche auf seine alten östlichen Grenzen aus dem 18. Jahrhundert. Der polnische Staatswiederbegründer Józef Piłsudski ließ Lwiw militärisch einnehmen, das bis 1939 als Lwów zur Zweiten Polnischen Republik gehörte.

## Gescheiterte Versuche der Staatengründung auf dem Weg zum Nationalstaat

Wie oben bereits beschrieben hatte das Deutsche Kaiserreich 1918 weitreichende imperial-koloniale Ambitionen in der Ukraine. Nach der deutschen Weltkriegsniederlage 1918 suchte die Ukrainische Volksrepublik ein Auskommen mit Polen, um sich gemeinsam der Ansprüche der Bolschewiki auf Kyjiw und die Ukraine zu erwehren. Im polnisch-ukrainisch-sowjetrussischen Krieg 1920 ging die ukrainische Unabhängigkeit verloren. In Riga einigten sich Polen und Sowjetrussland abermals auf eine Aufteilung der ukrainischen Länder. Einige westliche Regionen der Ukraine blieben bei Polen. Ukrainische Minderheiten gehörten ausgangs des Ersten Weltkriegs zu den Staatsvölkern der Tschechoslowakei, Ungarns und Rumäniens. Die Mehrzahl der Ukrainerinnen und Ukrainer jedoch fand sich in der Ukrainischen Sowjetrepublik wieder, die 1922 zu den Gründungsmitgliedern der Sowjetunion gehörte.

Ein weiterer ukrainischer Staatsgründungsversuch scheiterte im Zweiten Weltkrieg. Die Organisation Ukrainischer Nationalisten verfolgte den Plan, den Einmarsch der Deutschen Wehrmacht in die Sowjetunion für die Gründung eines ukrainischen Staates an der Seite Nazideutschlands zu nutzen. Die Ausrufung der ukrainischen Unabhängigkeit erfolgte noch in den späten Junitagen 1941. Hitler unterband diese Staatsgründung jedoch umgehend. Für einen ukrainischen Staat war in seinem rassistischen Entwurf des Vernichtungskrieges gegen die Sowjetunion kein Platz. Im Untergrund versuchte die Ukrainische Aufstandsarmee UPA 1943 zwischen den Fronten von Wehrmacht und Roter Armee die Voraussetzungen eines ethnisch homogenen ukrainischen Staates zu schaffen, indem sie in Wolhynien Zehntausende Polinnen und Polen ermordete. Schließlich musste sich die UPA der Roten Armee geschlagen geben.

Erst das Unabhängigkeitsreferendum von 1991 ebnete den Weg zu einem demokratischen ukrainischen Nationalstaat. Die Proteste auf dem Maidan 2004/05 und 2013/14 sowie regelmäßige Wechsel des Präsidenten und der Parlamentsmehrheit bei Wahlen haben seitdem gezeigt, wie sich Zivilgesellschaft und Demokratie in der Ukraine etabliert haben.

All jenen, die von Deutschland aus die Ukraine als wahlweise fragilen Staat oder als gespaltene Gesellschaft betrachten, könnte es helfen, den Blick auf Gemeinsamkeiten zwischen den Geschichten Deutschlands und der Ukraine zu richten. Es gibt dann keinen Grund mehr, der Ukraine vorzuenthalten, was im Falle Deutschlands mit größter Selbstverständlichkeit in Anspruch genommen wird: die Auffassung der eigenen Geschichte als langen Prozess der Erlangung von Demokratie und Rechtsstaatlichkeit in einem vereinigten Nationalstaat, der sich der westlichen Wertegemeinschaft zugehörig fühlt.

# Ukrainebilder im Schatten des deutsch-russischen Verhältnisses

*Anna Veronika Wendland*

*2014 wurden mit der russischen Annexion der Krim in Europa erstmals nach Ende des Zweiten Weltkriegs völkerrechtlich anerkannte Grenzen gewaltsam verschoben. Diese als »Zeitenwende« deklarierte Erkenntnis kam in Deutschland jedoch erst acht Jahre später mit der russischen Großinvasion in der Ukraine – und hat noch immer keinen umfassenden Paradigmenwechsel zur Folge. Eine detaillierte Analyse der fatalen Ursachenkaskade zeigt, warum auch in Deutschland die Ukraine noch immer nicht als historischer Akteur aus eigenem Recht wahrgenommen wird. Die Gründe reichen von historischer Unkenntnis und Übernahme russischer Geschichtssichten über Selbsttäuschung, linke Fehlwahrnehmungen und Priorisierung wirtschaftlicher Beziehungen bis hin zu Versäumnissen der Osteuropaforschung. Ein wirklicher Perspektivwechsel mag unbequem erscheinen, ist jedoch dringend notwendig.*

Als Russland am 24. Februar 2022 seinen Krieg gegen die Ukraine, der zu diesem Zeitpunkt bereits acht Jahre andauerte, mit einer Großinvasion auf eine neue Eskalationsstufe hob, erklärten Deutsche diese Ereignisse zur »Zeitenwende«. Erst diese Eskalation – nicht der Beginn des Krieges 2014 – ließ die russischen Illusionen einer ganzen Reihe von Akteuren in Politik und Öffentlichkeit zusammenbrechen, die auch nach 2014 mit Russland *business as usual* betrieben hatten. Die SPD hatte in Mecklenburg-Vorpommern der russischen Fossilokratie eine Stiftung unter falscher Klima-Flagge auf den Leib geschneidert, um US-Sanktionen gegen die Vollendung der Nord-Stream-2-Pipeline zu umgehen;[1] die CDU-Kanzlerin Angela Merkel ließ das Gasprojekt gegen die Warnungen der ostmitteleuropäischen Länder vorantreiben und verlautbarte, es handle sich um eine privatwirtschaftliche Angelegenheit. Und der damalige CDU-Ministerpräsident und Kanzlerkandidat Armin Laschet feierte noch 2019 die Russen als Partner der deutschen Energiewende.[2]

1 Reinhard Bingener und Markus Wehner, *Die Moskau-Connection: Das Schröder-Netzwerk und Deutschlands Weg in die Abhängigkeit* (München: C.H. Beck, 2023).

2 Festrede Armin Laschets anlässlich des Treffens des Petersburger Dialogs auf dem Bonner Petersberg am 19. Juli 2019, bei der die Verfasserin im Publikum anwesend war. Vgl. Anna Veronika Wendland, Facebook, 19. Juli 2019, https://m.facebook.com/story.php?s

Die Feministin Alice Schwarzer, die damalige Linken-Politikerin Sahra Wagenknecht und die Journalistin Gabriele Krone-Schmalz, die seit 2014 ihrem Publikum immer wieder vom übervorteilten, aber friedenswilligen Russland gekündet hatten, mussten nun zerknirscht konstatieren, sie hätten das nicht kommen sehen oder sich »in Putin geirrt«.[3] Aber auch der seriöse Politologe Herfried Münkler setzte die epochale Zäsur des Endes der Nachkriegsordnung nicht 2014 an, sondern 2022.[4] Diese Fehleinschätzung, nicht den März 2014 als Zeitenwende begriffen zu haben, das heißt jenen Zeitpunkt, als erstmals seit Ende des Zweiten Weltkriegs internationale Grenzen in Europa gewaltsam ausradiert wurden,[5] sondern erst den Februar 2022, als es längst zu spät war – das ist die Hypothek, die auf dem deutsch-ukrainischen Verhältnis lasten wird, sollte es nicht zur Restituierung dieser Grenzen kommen.

## Grundkonstellationen der deutschen Wahrnehmung

Der um acht Jahre verspätete deutsche Erkenntnisschock, der alsbald, nach den Massenmorden der russischen Besatzer in Mariupol, Butscha und Irpin, in ein blankes Entsetzen umschlug, hat eine zentrale Ursache. Was hätte zur Warnung gereichen können, nämlich der Beginn des russischen Krieges gegen die Ukraine im Jahr 2014 und die schon damals begangenen exzessiven Gewalttaten in der Ostukraine, hat nie die Grundkonstellationen des deutschen Verhältnisses zur Ukraine aufgebrochen, hat nicht die etablierten eindimensionalen Bilder der Ukraine wirklich erschüttert. Das ist erst 2022 unter großen Schmerzen nachge-

---

tory_fbid=pfbid02982ZuzBR54tkVHz16wXdEZnfbkQVU6CLGDpmGTHSFFcbfFPtAhY8U7D1TTWmMMzel&id=100004967587919.

3 Gabriele Krone-Schmalz, „Putin-Kennerin Gabriele Krone-Schmalz: ‚Ich habe mich geirrt'," *Berliner Zeitung*, 27. Februar 2022, https://www.berliner-zeitung.de/welt-nationen/putin-kennerin-gabriele-krone-schmalz-ich-habe-mich-geirrt-li.214288; „Wagenknecht gesteht Irrtum zu russischer Invasion ein," *Spiegel online*, 24. Februar 2022, https://www.spiegel.de/politik/deutschland/krieg-in-der-ukraine-sahra-wagenknecht-gesteht-irrtum-bei-russland-ein-a-99852df3-f581-47be-ba0e-ab972a0d581a.

4 Herfried Münkler, „Die europäische Nachkriegsordnung. Ein Nachruf," *Aus Politik und Zeitgeschichte* 72, Nr. 28-29 (Juli 2022): 4-9.

5 Das Beispiel des völkerrechtswidrigen bzw. zumindest völkerrechtlich umstrittenen NATO-Angriffs auf Serbien 1999, das von russischer Seite als Präzedenzfall angeführt wird, ist von der gewaltsamen Invasion und Grenzrevision in der Ukraine zu unterscheiden (begrenzte Zielsetzung mit begründeter humanitärer Motivation; Übergangsverwaltung unter UN-Aufsicht). Vgl. Uwe Halbach, Solveig Richter und Christian Schaller, *Kosovo – Sonderfall mit Präzedenzwirkung? Völkerrechtliche und politische Entwicklungen nach dem Gutachten des Internationalen Gerichtshofs* (Berlin: SWP, 2011).

holt worden, ohne dass dies allerdings wirklich einen Paradigmenwechsel erzeugt hätte. Nach wie vor ist die deutsche Gesellschaft in dieser Frage gespalten. Im dritten Kriegsjahr gibt es einen wahrnehmbaren Überdruss, sich weiter mit diesem Krieg befassen zu müssen, in dem tagtäglich europäische Großstädte bombardiert werden.

Betrachtet man das Wählerreservoir von AfD und BSW (Bündnis Sahra Wagenknecht) bei den Europawahlen am 9. Juni 2024, so kann man daraus ableiten, dass ein Fünftel der Deutschen, das den außenpolitischen Programmen dieser Parteien folgt, wider alle Evidenz überzeugt ist, es handle sich keinesfalls um einen völkisch oder imperial grundierten Landnahmekrieg Russlands, sondern um einen Stellvertreterkrieg um Einflusszonen zwischen den USA und Russland, in den sich Deutschland nicht hineinziehen lassen dürfe. Die Rufer nach »Verhandlungen« mit Russland aus SPD, BSW und AfD ignorieren sämtlich, dass die russische Regierung nicht von ihrem ursprünglichen Kriegsziel der vollständigen Unterwerfung der Ukraine abrückt.

Diese Grundkonstellation lässt sich historisch erklären. Man kann sie mit ein paar Eckpunkten skizzieren: Erstens fiel es deutschen Entscheidern schwer, nach der Auflösung der Sowjetunion die Ukraine als souveränen Staat und historischen Akteur aus eigenem Recht wahrzunehmen – was sie mit den russischen Eliten gemein hatten. Zweitens beruhte das Bild der Ukraine als russische Provinz, Verfügungsmasse der Großmächte oder als unfertige Nation, in der erst der Krieg den Nationsbildungsprozess in Gang gebracht hätte,[6] auf Unkenntnis der ukrainischen Geschichte und auf einer nicht reflektierten Übernahme russisch-imperialer Geschichtssichten auf das östliche Europa. Drittens galt die Pflege des deutsch-russischen Verhältnisses in einer von neorealistischen Schulen und deutschen Industrieinteressen geleiteten Außenpolitik stets als prioritär. Die ökonomische Dominanz des Exportweltmeisters Deutschland in der *post cold war*-Welt seit den 1990er Jahren beruhte wesentlich auf dem Prinzip Despotenpumpe: Deutschland saugte günstige russische Energie und chinesische Elektronik für die deutsche Industrie an und produzierte hochwertige Güter in Deutschland, um sie dann in der Welt zu verkaufen – mit den neuen Mittelschichten und den Oligarchen Russlands und Chinas als Premiumkunden. Viertens, und das

6 Jörg Baberowski, „Krieg in der Ukraine: ‚Am Ende wird Putin bekommen, was er verlangt',“ Interview von Felix Bohr und Martin Pfaffenzeller, *Spiegel online*, 4. Juni 2024, https://www.spiegel.de/geschichte/ukraine-krieg-historiker-joerg-baberowski-am-ende-wird-putin-bekommen-was-er-verlangt-a-84a2554c-8dc3-4f0e-b725-c524aeba020a.

ergibt sich direkt aus der dritten Beobachtung, wurde die Ukraine in diesem Verhältnis als Störenfried auskömmlicher russisch-deutscher Verständigung wahrgenommen.

## Imperiale Perspektiven

Wir können also konstatieren: Die Ukraine stand im Schatten des deutsch-russischen Verhältnisses, und in diesem Schatten wurden die genannten Bilder der Ukraine produziert, die wiederum die Ukrainepolitik prägten, sobald eine solche gemacht wurde – etwa in den beiden für die Ukraine unvorteilhaften Minsker Abkommen oder bei der vermutlich kriegsbegünstigenden konsequenten Weigerung Deutschlands vor 2014, der Ukraine eine NATO-Perspektive anzubieten.

Diese deutschen Ukrainebilder haben tiefe Wurzeln in der Art, wie das deutsche Wissen über die Ukraine strukturiert war. Dieses Wissen wiederum informierte die Entscheider und die Kulturproduzenten. Ich komme also nicht umhin, als Osteuropaforscherin und Historikerin auch von der eigenen Zunft zu sprechen, die über lange Zeit imperiale Sichtweisen begünstigte. Die Wissensproduktion der deutschen Osteuropaforschung ordnete sich wie Eisenspäne in einem Magnetfeld entlang der Feldlinien, die entweder im russischen Gegenpol zusammenliefen oder aber noch ein anderes Kraftzentrum hatten, nämlich überkommene Definitionen deutscher Interessen im östlichen Europa. Während die erstgenannten Feldlinien die eigentliche Osteuropaforschung bestimmten, die im Kalten Krieg auch Gegneraufklärung war, gab es in der Ostmitteleuropaforschung in der frühen Nachkriegszeit auch noch die Legitimierung, die Erinnerung an die ehemaligen deutschen Ostgebiete hochhalten zu müssen. Während sich die Ostmitteleuropaforschung ab 1970 von diesem Erbe zu verabschieden begann – ein Beispiel ist der lange Weg des Herder-Instituts von einer Nachfolgeorganisation der NS-Ostforschung zum Träger der polnischen Auszeichnung »Ehrenbotschafter der Stadt Gdańsk« –, ist die eigentliche Osteuropaforschung auch während der Zeit der Entspannungspolitik stets der Zentrierung auf Russland verhaftet geblieben.

Das bedeutete, dass man selbstverständlich die Kontinuität einer russländischen Reichsgeschichte von der Kyjiwer Rus bis zur Sowjetunion und zum zumindest nominell demokratischen Russland der 1990er Jahre lehrte, während der Blick auf das ukrainische Erbteil der Rus versperrt blieb. Die vor allem ethnisch-sprachlich-territoriale, aber auch verfassungshistorische Kontinuitätslinie zwischen Alt-Kyjiw und moderner Ukraine, auf die sich die ukrainischen Historiker beriefen, stand im Gegensatz zur dynastischen Kontinuität zwischen Alt-Kyjiw und den Moskauer Fürsten und späteren Zaren, welche von den russischen Staatsgeschichten als alleinige Erblinie angenommen wurde. Die ukrainische Sichtweise, in der die Entwicklungsreihe von der Kyjiwer Rus über das Fürstentum Galizien-Wolhynien und Polen-Litauen zur Ukraine führte, hatte deswegen aber nicht weniger historische Plausibilität.[7]

Ukrainestudien, die diese Linie nachzeichneten oder zumindest eine Weitung des Blicks auf die russische Geschichte als die eines »Vielvölkerreichs« mit einer bedeutenden Rolle der Ukraine erlaubten, gab es in Deutschland nur dann, wenn einzelne Lehrstuhlinhaber sich aus eigenem Antrieb dafür starkmachten, wie Andreas Kappeler in Köln (seit 2001 in Wien) oder Frank Golczewski in Hamburg.[8] Doch in die breitere Öffentlichkeit, gar die Wahrnehmung der Politiker schafften es diese kleinen transnationalen und ukrainischen Schulen der deutschsprachigen Geschichtswissenschaft nicht.

Was man bis 2014 über die Ukraine wusste und tradierte, waren dunkle und schmuddelige Geschichten: Opas Zweiter Weltkrieg bei Charkiw und Odessa; die Kollaboration der einfachen ukrainischen Wachleute und Hilfspolizisten beim Judenmord, wie sie im Demjanjuk-Prozess ausgeleuchtet wurde, und die von manchen Deutschen als Möglichkeit eigener Exkulpation ausgenutzt wurde; der Reaktorunfall von Tschornobyl, der die Ukraine in Deutschland auf das Bild eines Katastrophen- und Opferlandes reduzierte; seit den 1990er Jahren dann zunehmend illegale Arbeitsmigration und Zwangsprostitution, kulminierend in der sogenannten Visa-Affäre. Seit 2014 nahmen auch russische Staatsmedien wesentlichen Einfluss auf das Ukrainebild der Deutschen.[9]

In dieser Zeit tauchten auch die bedeutendsten Imagologien der Ukraine auf, die bis heute das Bild vieler Deutscher vom Land prägen: die

---

7 Mychajlo Hruševs'kyj, „Zvyčajna schema ‚russkoï' istoriï j sprava racional'noho ukladu istoriï Schidn'oho Slovjanstva," in *Stat'i po slavjanovedeniju*, Hg. Vladimir Lamanskij (Sankt-Peterburg: Imperatorskaja Akademija Nauk, 1904), 289-304.

8 Andreas Kappeler, *Russland als Vielvölkerreich: Entstehung, Geschichte, Zerfall* (München: C.H. Beck, 1992); ders., *Kleine Geschichte der Ukraine* (München: C.H. Beck, 2014); ders. *Ungleiche Brüder. Russen und Ukrainer vom Mittelalter bis zur Gegenwart* (München: C.H. Beck, 2017); ders., *Die Kosaken* (München: C.H. Beck, 2013); Frank Golczewski, Hg., *Geschichte der Ukraine* (Göttingen: Vandenhoeck & Ruprecht, 1993).

9 Anna Veronika Wendland, „Bei Euch in den Europas. Europäische Leitbilder in Osteuropa," in: *Leitbild Europa? Europabilder und ihre Wirkungen in der Neuzeit*, Hg. Jürgen Elvert und Jürgen Nielsen-Sikora (Stuttgart: Steiner, 2009), 208-219; Susanne Spahn, *Das Ukraine-Bild in Deutschland: Die Rolle der russischen Medien. Wie Russland die deutsche Öffentlichkeit beeinflusst* (Hamburg: Verlag Dr. Kovač, 2016).

Ukraine als zerrissenes Korruptionsland und Störfaktor bei der reibungslosen Abwicklung von Erdgasgeschäften mit Russland. Erstaunlich wenig wurde hingegen von der russischen Korruption gesprochen. Auch wurde selten thematisiert, dass russisch-ukrainische Gasstreitigkeiten ihren Ursprung in einer bereits seit der Souveränitätserklärung Litauens 1990 beobachtbaren russischen Herrschaftstechnik hatten, nämlich mit der Gestaltung von Energiekontrakten, Preispolitik und Liefersperren politischen Einfluss auf Nachbarländer auszuüben.[10]

## Die ukrainische Zeitenwende

Wer Augen hatte, zu sehen, konnte aber bereits 2004/05 mit der Orangenen Revolution eine andere Ukraine entdecken – die der zivilgesellschaftlichen, vor allem von den urbanen Schichten getragenen Selbstorganisation und Selbstermächtigung im Kampf gegen die Laster der postsowjetischen Gesellschaft. An dieser politischen Mobilisierung der Ukrainer war neu, dass sich hier erstmals eine übersprachliche Staatsnation zu Wort meldete, die sich um andere Werte als die Rettung der ukrainischen Kultur und Sprache scharte, wie es noch in der Ruch-Volksbewegung für die Perestrojka von 1989 bis 1991 der Fall gewesen war. Dieser Prozess kulminierte in der Maidan-Revolution und dem Sturz des korrupten prorussischen Präsidenten Wiktor Janukowytsch im Februar 2014, welche den russischen Einmarsch in die Ukraine zur Folge hatte.

An diesem historischen Punkt brachen die Ukrainer zwar nicht völlig mit dem Oligarchensystem, wie an der Unterstützung der Revolution durch Oligarchen wie Petro Poroschenko und Ihor Kolomojskyj erkennbar war, aber sie brachen mit einer Konstante der nachsowjetischen Ukraine, nämlich der massiven russischen Einflussnahme, viele sagten auch schleichenden Übernahme der Ukraine in vielen Sphären der Gesellschaft, sei es das selbstverständliche Agieren russischer »Polittechnologen« und Beratungsfirmen auf ukrainischem Boden, sei es die Interessenverflechtung führender Politiker und Oligarchen (und ihrer Fernsehsender) mit Russland, sei es die Übernahme des Kinos oder Verlagswesens durch russische Konzerne oder auch die hohe Energieabhängigkeit von Russland. Auch in dieser Hinsicht war 2014 die Zeitenwende, nicht 2022.

---

10 Stefan Bouzarovski und Mark Bassin, „Energy and Identity: Imagining Russia as a Hydrocarbon Superpower," in: *Annals of the Association of American Geographers* 101, Nr. 4 (Juli 2011): 783-794.

## Die »künstliche« Nation

Doch dieser Prozess der aktuellen ukrainischen Nationsbildung blieb von den Deutschen fast unbemerkt. Als sich aber die deutsche Geschichtswissenschaft 2014 über den damals »Krimkrise« oder »Ukrainekrise« genannten russischen Krieg gegen die Ukraine zu Wort meldete, waren medial vernehmlich vor allem Gelehrte, die es gewohnt waren, die Ukraine, wenn überhaupt, durch die Brille Russlands oder von der Metaebene kontinentaler Interessenpolitiken zu sehen; die wenigsten waren in der ukrainischen Geschichte bewandert. So positionierten sich die Historiker Norbert Frei, Ulrich Herbert, Andreas Wirsching und Ute Frevert gegen eine verbale »Eskalation« gegen Russland; damals ging es um Aussagen des damaligen Bundespräsidenten Gauck, der es gewagt hatte, auf gewisse historische Parallelen zwischen 1938 und heute hinzuweisen, und vor Appeasement warnte.[11]

Der Russlandhistoriker Jörg Baberowski, viel beachtete fachliche Stimme dieser Zeit, wiederum vertrat die stark von imperialen Sichtweisen geprägte Interpretation einer unfertigen, künstlich geschaffenen, im Grunde nicht vollwertigen Nation Ukraine auf nicht gesichertem Territorium, deren Nationsidee nur von den nationalistischen Westukrainern formuliert worden sei und deren Grenzen die Ukraine der Sowjetzeit verdanke. Überdies sei die Ukraine entlang der Sprachenpräferenzen zwischen ukrainischsprachigen und russischsprachigen Ukrainern »gespalten«. Das implizierte, dass russische Schutzansprüche gegenüber »russischen« Bevölkerungen zumindest legitim, wenn auch nicht völkerrechtskonform seien. Viele dieser damaligen Einlassungen wurden in den Medien von einer suggestiven Kartografie begleitet, die eine längs des Dnipro in Ost und West geteilte Ukraine präsentierte.[12] Was dabei unerwähnt blieb, war, dass auch die Russländische Föderation ihre heute gültigen Grenzen erst in der Nachkriegsperiode erhielt und dass auch die russische Nationsbildung als noch nicht abgeschlossen betrachtet werden kann, da die auf das russische Territorium bezogene Identität bis

---

11 Jan Bielicki, „Vorwürfe gegen Russland: Historiker werfen Gauck Eskalation vor," *Süddeutsche Zeitung*, 8. September 2014, https://www.sueddeutsche.de/politik/vorwuerfe-gegen-russland-historiker-werfen-gauck-eskalation-vor-1.2117747; „Weltkriegs-Gedenken und Ukraine-Krise: Aus der Geschichte lernen," *Süddeutsche Zeitung*, 6. September 2014, https://www.sueddeutsche.de/politik/weltkriegs-gedenken-und-ukraine-krise-aus-der-geschichte-lernen-1.2115983.

12 Jörg Baberowski, „Zwischen den Imperien," *Die Zeit*, 13. März 2014, https://www.zeit.de/2014/12/westen-russland-konflikt-geschichte-ukraine.

heute mit einem imperialen Selbstverständnis konkurriert, das sich auf das Territorium der ehemaligen Sowjetunion bezieht, neuerdings auch ergänzt um einen sogar darüber hinausreichenden kulturimperialistischen Anspruch auf Vertretung sämtlicher russischsprachiger Menschen der Welt durch den russischen Staat (*Russkij Mir*).[13]

Bezeichnenderweise kamen die Gegenstimmen aus dem deutschsprachigen Ausland, aus Österreich und der Schweiz.[14] Ich selbst konstatierte in einer damaligen Erwiderung, dass solche Geschichtssichten völlig außer Acht ließen, dass sich die ukrainische Nationsbildung, was ihre Strukturen und Etappen angeht, völlig im Mainstream anderer europäischer Nationsbildungsgeschichten bewege, und dass die Bildung einer übersprachlichen ukrainischen Identität und eines territoriumbezogenen Landespatriotismus auch und gerade durch die Modernisierungserfahrung der Sowjetukraine befördert worden sei.[15]

## Linke Fehlwahrnehmungen

Fatal erscheint aus heutiger Sicht nicht nur die argumentative Nähe solcher Vorstellungen von der Ukraine als künstlicher Nation ohne Daseinsberechtigung zu den historischen Exkursen Wladimir Putins, mit denen dieser, mal in der Diktion des imperialen 19. Jahrhunderts, mal im Sound des Stalinismus, die Invasion der Ukraine legitimierte.[16] Erschreckend erscheint auch, wie viele gerade sozialdemokratische Politiker damals dieses Narrativ von der minderwertigen – sprich: nicht verteidigungswerten

---

13 Andreas Kappeler, „Bemerkungen zur Nationsbildung der Russen," in: *Die Russen: ihr Nationalbewusstsein in Geschichte und Gegenwart*, Hg. Andreas Kappeler (Köln: Markus-Verlag, 1990), 19-36; Igor Eidman, *Das System Putin: wohin steuert das neue russische Reich?* (München: Ludwig, 2016); Grigorij Judin, „Imperskaja formula prinjata oficial'no: Rossija nigde ne zakančivaetsja," Interview von Margarita Ljutova, *Meduza*, 24. Februar 2023, https://meduza.io/feature/2023/02/24/imperskaya-formula-prinyata-ofitsialno-rossiya-nigde-ne-zakanchivaetsya; Dmitrij Furman, „Ot Rossijskoj imperii k russkomu demokratičeskomu gosudarstvu," *Neprikosnovennyj zapas 73*, Nr. 5 (2010): 47.

14 Ulrich Schmied, „Das ist eine Nation," *Die Zeit*, 20. März 2014, https://www.zeit.de/2014/13/ukraine-contra-teilung; Andreas Kappeler, „Der grosse Bruder und die kleine Schwester," *Neue Zürcher Zeitung*, 19. März 2014, https://www.nzz.ch/der-grosse-bruder-und-die-kleine-schwester-ld.643270; ders., „In Kiew entstand die Nation," *Die Zeit*, 3. April 2014, https://www.zeit.de/2014/15/ukraine-plaedoyer-eigenstaendigkeit.

15 Anna Veronika Wendland, „Hilflos im Dunkeln," *Osteuropa* 64, Nr. 9-10 (2014): 13-24; Andreas Kappeler, Hg., *Die Ukraine. Prozesse der Nationsbildung* (Köln: Böhlau, 2011).

16 Anna Veronika Wendland, „Zur Gegenwart der Geschichte im russisch-ukrainischen Krieg," *Aus Politik und Zeitgeschichte* 72, Nr. 28-29 (Juli 2022): 28-34.

– Ukraine aufsagten, deren Beharren auf ihren völkerrechtlichen Grenzen gelegentlich auch als »Nationalismus« bezeichnet wurde.[17] Sie normalisierten damit die Ansprüche Russlands auf ukrainische Territorien in den Köpfen der Deutschen und wurden wesentlich mitverantwortlich für acht verlorene Jahre, in denen das bedrohte Land von Deutschland kaum Unterstützung bekam. Zu nennen sind hier neben dem inzwischen auf das Niveau einer Komplizenloyalität zu Putin herabgesunkenen Altkanzler Gerhard Schröder auch Sigmar Gabriel, Helmut Schmidt, Egon Bahr und vor allem Erhard Eppler, in den letzten Jahren hauptsächlich Rolf Mützenich und Ralf Stegner.

All diese Politiker begründeten ihre Sicht auf die Ukraine als bloße Funktion des deutsch-russischen Verhältnisses unter Berufung auf die Ost- und Entspannungspolitik Willy Brandts, allerdings häufig in verklärender Form. Während jenem in den 1970er Jahren präsent war, dass sowjetische Vertragstreue, etwa bei Abrüstungsverhandlungen oder im Helsinki-Prozess, ihre Voraussetzung in westlicher militärischer Stärke hatte, erkannten seine Epigonen diesen Konnex bis zur Zeitenwende-Dämmerung nicht mehr.[18] Mützenich signalisierte mit seinen Vorschlägen zum »Einfrieren« des Krieges auch 2024 weiterhin Kontinuität zu diesen Sichtweisen und traf damit in der SPD auf keinen wesentlichen Widerstand; russlandkritische SPD-Außenpolitiker wie Fritz Felgentreu oder Michael Roth wurden in der Partei kaltgestellt.[19]

---

17 So z.B. Sigmar Gabriel (@sigmargabriel) noch am 22. April 2019: „Man kann dem neuen ukrainischen Präsidenten Selensky nur Glück wünschen. Denn die Hoffnung seiner Wähler ist, dass er endlich Korruption und überzogenen Nationalismus bekämpft. Poroschenko stand für das Gegenteil. Und Deutschland und die Kanzlerin haben ihn zu lange unterstützt," Twitter/X, 22. April 2019, https://twitter.com/sigmargabriel/status/1120315691062710272?s=51&t=GGb9Np6ZWeyLJaNB2sZjVw.

18 „‚Putins Vorgehen ist verständlich'. Helmut Schmidt über Russlands Recht auf die Krim, die Überreaktion des Westens und den Unsinn von Sanktionen," Interview von Matthias Naß, *Zeit-Online*, 27. März 2014, https://www.zeit.de/2014/14/helmut-schmidt-russland; Sigmar Gabriel sagte im August 2014: „Die territoriale Integrität der Ukraine kann nur erhalten werden, wenn man den Gebieten mit russischer Mehrheit ein Angebot macht," in: „Dauerdruck macht krank," Interview von Stefan Aust, *Welt am Sonntag*, 24. August 2014, https://www.welt.de/print/wams/politik/article131531080/Dauerdruck-macht-krank.html.

19 Eckart Lohse, „Mützenich und die SPD: Alle stehen hinter ihm," *Frankfurter Allgemeine Zeitung online*, 21. März 2024, https://www.faz.net/aktuell/politik/inland/spd-und-muetzenich-einfrieren-von-russland-krieg-von-partei-unterstuetzt-19603058.html.

## Der Ukrainekrieg als Krise Russlands

Dass der Krieg gegen die Ukraine ab 2014 keine »Ukrainekrise«, sondern Ausdruck einer Russlandkrise war, nahmen damals die wenigsten wahr. Darauf wiesen aber bereits damals russische und ukrainische Kollegen hin, die sich die innenpolitischen Verhältnisse in Russland genau angeschaut hatten und bereits seit der Wirtschaftskrise 2008 auf Zusammenhänge zwischen schwindender Rohstoffrente, sozialer Instabilität und Mobilisierung der Gesellschaft von oben durch Kampagnen gegen vorgebliche äußere Feinde hingewiesen hatten. Auch die extrem gewalthaltige Lösung von Konflikten gehörte vom Beginn der Regierungszeit Putins an zu seinem Arsenal, wie der Zweite Tschetschenienkrieg bewies.[20] Dass es sich bei den »Volksrepubliken« im ukrainischen Donbas eben nicht um die Ergebnisse separatistischer Selbstermächtigung handelte, sondern um die gezielte Injektion von Gewalt durch irreguläre russische Kämpfer und die russische Armee, während prorussische Ukrainer in dem Geschehen eine subalterne Rolle spielten, wollte man in Deutschland nicht wahrhaben: Das Bild der »gespaltenen« Ukraine ließ auch einen authentischen »Separatismus« prorussischer Ukrainer plausibel erscheinen.[21]

## Zankapfel und Störenfried

Gerade in der deutschen Linken wurde dieses Bild dann überdies noch mit zwei Vorstellungen angereichert: der Vorstellung von der Ukraine als Zankapfel im Kampf der Imperialismen und dem Bild der Ukraine als eines nationalistischen Regimes. Im ersten Fall wird den Ukrainern abgesprochen, historische Akteure aus eigenem Recht und mit eigenem Antrieb zu sein; im zweiten billigt man ihr wenigstens Handlungsträgerschaft zu, aber nur in einem negativen Sinne, als ethnozentrische Gesellschaft, welche mit ihren Sonderinteressen vor allem das deutsch-russische Verhältnis störe und trübe.

---

20 Lev Gudkov, „Putinskij recidiv totalitarizma," *Pro et Contra 63, Nr. 3-4* (Mai bis August 2014): 129-147, http://carnegieendowment.org/files/ProEtContra_63_129-147.pdf; Nikolaj Petrov, „Legitimität, Repression, Kollaps. Entwicklungsstadien des Putin-Regimes", *Osteuropa* 64, Nr. 8 (2014): 85-94; Jan Claas Behrends, „Putins Meistererzählung - Geschichtspolitik als Instrument der Herrschaft," *LibMod Ukraine verstehen*, 5. Februar 2020, https://ukraineverstehen.de/behrends-geschichtspolitik-putins-meistererzaehlung.

21 Nikolay Mitrokhin, „Transnationale Provokation. Russische Nationalisten in der Ukraine," *Osteuropa* 64, Nr. 5-6 (2014): 157-174; ders., „Infiltration, Instruktion, Invasion. Russlands Krieg in der Ukraine," *Osteuropa* 64, Nr. 8 (2014): 3-16.

Im deutschen Stellvertreterkrieg-Narrativ kommt die Ukraine als Akteur eigentlich gar nicht vor; sie bleibt ein bloßer Durchgangsraum oder ein Container für Gaspipelines, Agrarprodukte und Rohstoffe, um die andere Mächte kämpfen. Das Hauptaugenmerk liegt hier auf den USA, denen man gegen Russland gerichteten Expansionismus vorwirft. Als Beleg gelten die Osterweiterungen der NATO und der EU, die aber sämtlich auf souveränen Entscheidungen der ostmitteleuropäischen Staaten beruhten. Diese bleiben genauso unberücksichtigt wie die Analyse des russischen Imperialismus und Expansionismus, wie er sich schon 2008 in Georgien entfaltete.

Die Frage nach der Berechtigung russischer Interessen in der Ukraine wird nicht gestellt, weil man diese Interessenverfolgung für ein hegemoniales Normalverhalten hält, unter Hinweis darauf, dass die USA in ihrem Hinterhof es auch nicht anders hielten. Westliche Akteure - die USA und die EU - werden als raumfremde Mächte beschrieben, deren Einmischung (»Putsch in Kiew«) Russland provoziere; das Ziel der USA sei es, die russisch-deutsche Zusammenarbeit zu hintertreiben und Deutschland in einem westlichen Bündnis zu neutralisieren, weil eine deutsch-russische Allianz eine Bedrohung für die US-Vorherrschaft in der Welt sei. Russland erscheint in solchen Darstellungen also als globaler Gegen-Hegemon der USA.[22] Auch der Angriff 2022 erscheint in diesem Lichte als von der Ukraine und den USA zumindest provoziert. Man tut den inzwischen rund 750.000 Unterstützern des von Sahra Wagenknecht und Alice Schwarzer ins Leben gerufenen »Manifest für Frieden« vom Februar 2023 sicherlich nicht Unrecht, wenn man einem großen Teil von ihnen eine USA-kritische Grundhaltung bescheinigt. Diese eint die zum Teil aus der Linken, zum Teil aus dem rechtspopulistischen Spektrum stammenden Unterstützer. Die signifikant häufige Befassung mit den USA in den Kommentaren zur Manifest-Petition legt das nahe; die Vorstellung, die USA torpedierten die deutsch-russischen Beziehungen, ist nicht nur in Teilen der Linken, sondern auch in rechtskonservativen Kreisen weit verbreitet.[23]

---

22 Hermann L. Gremliza, „Der neue Zar und der Dreck," *konkret* Nr. 10 (Oktober 2014): 3-4; Jörg Kronauer, *Ukraine über alles!: Ein Expansionsprojekt des Westens* (Hamburg: KVV konkret, 2014); Peter Strutynski, Hg., *Ein Spiel mit dem Feuer. Die Ukraine, Russland und der Westen* (Köln: PapyRossa, 2014).

23 Alice Schwarzer und Sahra Wagenknecht, „Manifest für Frieden," https://www.change.org/p/manifest-f%C3%BCr-frieden; vgl. die korpuslinguistische Auswertung von Michael Jankowski (@michaelj505), „Aus welchen Gründen unterstützen Leute

## Die Ukraine als »Neonazi-Staat«

Wesentlich problematischer sind die – durch die russische Propaganda systematisch geschürten – Vorstellungen, in der Ukraine 2014 hätten »Antifaschisten« gegen ukrainische »Neonazis« oder zumindest »Nationalisten« gekämpft, die den ukrainischen Staat dominierten und hier einen »Bandera-Kult« etabliert hätten, das heißt eine affirmative Erinnerungspolitik an die faschistische westukrainische Mobilisierung in den 1930er und 1940er Jahren. Das ging bis hin zu einer Diffamierung der Maidan-Programmatik durch Assoziierung mit dem NS-»Rassestaat« in einer linken deutschen Zeitschrift.[24] Diese Sichtweise übernimmt die russische Lesart eines Maidan-Putsches, eines angeblichen Aufstandes der Ostukrainer dagegen und eines nachfolgenden »Bürgerkrieges« in der Ukraine, in dem Russland lediglich als Schutzmacht für »Landsleute« aufgetreten sei.

Diese Grundhaltung hat sich bis heute nicht wesentlich geändert. Nach wie vor werden gerade im linken deutschen Spektrum Einwände gegen die Unterstützung der Ukraine mit der angeblichen Rolle von »Neonazis« in der ukrainischen Armee begründet. Dabei wird die Rolle von Neonazis in den 2014 hastig aufgestellten Freiwilligenbataillonen, allen voran dem Regiment Asow, in der Regel stark übertrieben dargestellt und auch unterschlagen, dass der Einfluss rechtsextremer Gruppierungen nach der Eingliederung der Bataillone in die reguläre Armee geschwunden ist. Vor allem wird nicht verstanden, dass der Mythos der – übrigens vorwiegend russischsprachigen – *Asowzi* in ihrer erfolgreichen Verteidigung der auf der Kippe stehenden Stadt Mariupol im Jahr 2014, aber auch auf der langen Verteidigung der belagerten Stadt 2022 beruht. Die vor der russischen Okkupation Entkommenen sehen im Regiment Asow vor allem diesen Aspekt. Es spricht viel dafür, dass die extreme Grausamkeit der russischen Attacke auf Mariupol von 2022 auch mit der Symbolik dieser Stadt zusammenhängt. Ein fester Bestandteil der Putin'schen Kriegsideologie ist die »Bestrafung« der widerständigen und in seinen Augen abtrünnigen Ukrainer; und nach dieser Logik ist es eine Strafaktion, was in Mariupol geschah.

---

die Petition von Schwarzer und Wagenknecht?," Twitter/X, 14. Februar 2023, https://twitter.com/michaelj505/status/1625572103779934217?s=51&t=GGb9Np6ZWeyLJaNB2sZjVw; Sebastian Beer, „Der Ami macht den Reibach," *Jungle World*, 09.03.2023, https://jungle.world/artikel/2023/10/der-ami-macht-den-reibach.

24 Erich Später, „Kriegsziel Rassestaat. Die ‚westlich orientierte' Opposition der Ukraine hat historische Vorbilder," *konkret* Nr. 2 (Februar 2014): 34-36.

## Muss sich die Ukraine unsere Unterstützung »verdienen«?

Nach wie vor liegt aber der obsessiven Befassung deutscher Debatten mit Stepan Bandera, Asow oder ukrainischen NS-Kollaborateuren keine gründliche Beschäftigung mit der ukrainischen Zeitgeschichte zugrunde, sondern es geht eher um die Suche nach Argumenten, warum die Ukraine es gar nicht wert sei, sie zu verteidigen, da sie in Wirklichkeit »unsere« Werte von Liberalität, Demokratie, Diversität, Klimaschutz, Geschlechtergleichheit etc. gar nicht teile. Diese Auffassung wurde längst durch die zivilgesellschaftliche und demokratische Entwicklung der Ukraine seit 2014 widerlegt, denn selbst unter den widrigen Bedingungen des vor sich hin köchelnden Konflikts mit Russland führte die Ukraine freie und international anerkannte Wahlen durch, durchlebte eine friedliche Machtübergabe von Poroschenko zu Wolodymyr Selenskyj und kam, wenn auch langsam, auf dem Weg der Korruptionsbekämpfung und der Dezentralisierung weiter.

Vor allem aber verkennt diese Argumentation, dass ein angegriffener Staat sein Verteidigungsrecht nicht durch politisches Wohlverhalten verdienen muss – er besitzt dieses Recht als Naturrecht. Man braucht also theoretisch gar nichts von der Ukraine zu kennen und zu wissen, ihr auch gar keine besonderen Sympathien entgegenzubringen, um doch zweifelsfrei festzustellen, dass sie unsere Unterstützung verdient, weil sie erstens ihr natürliches Verteidigungsrecht in einem völkerrechtswidrigen Angriffskrieg ausübt und weil zweitens in der Ukraine die Norm der Unverletzlichkeit von Grenzen verteidigt wird,[25] keinesfalls das Recht der Ukrainer, Stepan Bandera zu verehren. Schließlich ist diese Sicht auch prinzipiell problematisch für das deutsch-ukrainische Verhältnis, weil sie in der Ukraine immer wieder den Eindruck erweckt, Deutsche wollten ihre Verantwortung für ihre Gräueltaten während der Besetzung der Ukraine im Zweiten Weltkrieg auf ukrainische Trittbrettfahrer und Handlanger abwälzen.

## Geschichtspolitik

Hat man darüber Konsens hergestellt, dass die Diffamierung der Ukraine als »Neonazi-Staat« inakzeptabel und nicht evidenzbasiert ist, kann man

25 So der Völkerrechtler und Berater des Internationalen Strafgerichtshofs Claus Kreß, „Deutschland darf Waffen in erheblichem Umfang liefern," Interview von Christoph Heinemann, *Deutschlandfunk*, 5. März 2023, https://www.deutschlandfunk.de/interview-der-woche-kress-internationaler-strafgerichtshof-100.html.

selbstverständlich weitergehen und konstatieren, dass es in Teilen der ukrainischen Gesellschaft keine wirklich kritische Auseinandersetzung mit dem ukrainischen integralen Nationalismus (Organisation Ukrainischer Nationalisten unter Führung von Bandera) und der vor allem in der Westukraine etablierten Bandera-Erinnerungskultur gibt. Der russische Angriffskrieg hat im Gegenteil das ukrainische »right or wrong, my country«-Reaktionsschema noch verstärkt, demzufolge Bandera vor allem als Freiheitskämpfer verklärt wird, nicht aber als der faschistische Terrorist, der der historische Bandera war.[26] Um dieses Phänomen zu erklären, sollten Deutsche allerdings berücksichtigen, dass die Ukrainer sich in den 1930ern und 1940ern, wie heute, in einem antiimperialistischen Kampf wähnten. Das wiederum haben sie gemeinsam mit späteren Befreiungsbewegungen im globalen Süden, in denen gewalttätige und antidemokratische Führungsfiguren, etwa Che Guevara oder Mao Tsetung - Letzterer ein Massenmörder vom Range Stalins –, auf ähnliche Weise verehrt und verewigt wurden wie Bandera von einem Teil der Ukrainer. Deutsche Linke der 1968er-Bewegung leisteten diesen Erinnerungskulturen Vorschub.

Wer nach dem Mechanismus fragt, der Bandera auf ukrainische Erinnerungspodeste hob, betrachte nur die Debatte nach dem Hamas-Massaker vom 7. Oktober 2023: Die antiimperialistische Linke, darunter viele Staatenvertreter des globalen Südens und leider auch viele Deutsche, rechtfertigt einen von einer klerikalfaschistischen Terrorgruppe begangenen Judenpogrom inzwischen als notwendiges Übel eines antikolonialen Befreiungskrieges.

Die Geschichtspolitik der nationalliberalen Regierungen Wiktor Juschtschenko, Poroschenko und nun auch Selenskyj, welche die nationalistischen ukrainischen Partisanen des Zweiten Weltkriegs trotz ihrer Täterrolle in Massakern an der polnischen und jüdischen Zivilbevölkerung als Kriegsteilnehmer rehabilitierte, hat das Freiheitskampf-Interpretament auch staatspolitisch etabliert und um Gesetze ergänzt, welche Beobachtern zu Recht Sorgen machen, so die sogenannten Dekommunisierungsgesetze von 2015, die - wenn auch noch keine Anwendungsfälle bekannt sind - dazu beitragen können, dass Forschung über die Geschichte der Sowjetukraine immer unter der impliziten Drohung steht,

26 Wilfried Jilge, „Nationalukrainischer Befreiungskampf. Die Umwertung des Zweiten Weltkrieges in der Ukraine," *Osteuropa* Nr. 6 (2008): 167-186; ders., „The Politics of History and the Second World War in Post-Communist Ukraine (1986/1991-2004/2005)," *Jahrbücher für Geschichte Osteuropas* 54, Nr. 1 (Monat 2006): 50-81.

sich wegen »Verharmlosung« eines »Okkupationsregimes« strafbar zu machen. Hinzu tritt unter dem Eindruck der Schrecken der russischen Kriegführung nun auch die rigorose Abräumung der Erinnerung an russische Geistesgrößen wie Puschkin, Tolstoj und Dostojewski, deren imperiale Denkweisen die Ukrainer erst jetzt entdecken, diskutieren und abstoßen. Über diese reaktiven Symbolhandlungen war die revisionistische Schule der ukrainischen Geschichtswissenschaft eigentlich schon hinweg, welche das russländische Reich, besonders aber die Sowjetukraine nicht nur unter dem Gesichtspunkt einer Unterdrückungs- und Opfergeschichte erforscht. Insbesondere mit Blick auf die sowjetischen 1920er Jahre und die Nachkriegszeit wird die Sowjetukraine nun auch als Laboratorium der ukrainischen Nationsbildung und Modernisierung beschrieben.[27] All diese ukrainischen Debatten sind Deutschen fast völlig unbekannt, insbesondere deutschen Linken, die lieber triumphierend den Ex-Botschafter Andrij Melnyk und seine unglückliche Verteidigung Banderas in einem deutschen Interview-Podcast vorführten.[28]

## *Preparedness* nach Lernprozess

Bereits 2015 meldete sich Karl Schlögel mit einem Eingeständnis zu Wort, dass er in seiner Russlandhistoriker-Karriere die Ukraine viel zu spät als Akteur aus eigenem Recht wahrgenommen habe, sie viel zu lange durch die Augen der Russen betrachtet habe. Auch Schlögel warnte mit Blick auf die westliche Zurückhaltung gegenüber Russland vor einer ähnlichen Situation wie 1938: »Ich spreche von der verständlichen Neigung, sehr lange die Augen zu verschließen und Entscheidungen hinauszuschieben und zu vermeiden«.[29] Hätte es mehr solche Stimmen auch außerhalb der Osteuropaexperten-Kreise gegeben, hätte das womöglich auch unsere Politik zu einer *preparedness* für mögliche Eskalationen angeleitet. Stattdessen hat man sich auch nach 2014 energiestrategisch immer stärker von Russland abhängig gemacht und versucht, zum *business as usual* zurückzufinden, obwohl Putins Regime die Repression nach innen stufenweise verschärfte und nach außen zunehmend drohende Signale gegen die Ukraine aussandte.

---

27 Ivan Lysjak-Rudnyc'kyj, *Istoryčni ese* (Kyïv: Osnovy, 1994); Jaroslav Hrycak, *Podolaty mynule: hlobal'na istorija Ukraïny* (Kyïv: Portal, 2022).

28 Andrij Melnyk, Botschafter der Ukraine, *Jung & naiv*, Folge 580, 29. Juni 2022, https://www.jungundnaiv.de/2022/06/29/andrij-melnyk-botschafter-der-ukraine-folge-580/.

29 Irina Scherbakowa und Karl Schlögel, *Der Russland-Reflex. Einsichten in eine Beziehungskrise* (Hamburg: Körber-Stiftung, 2015).

Auch Putins programmatischer Geschichtsartikel »Zur historischen Einheit von Russen und Ukrainern«[30] vom Sommer 2021 blieb außerhalb von Fachkreisen fast unbeachtet. Darin formulierte der Diktator ein Ukrainebild in der Tradition der russischen Reaktion in der zweiten Hälfte des 19. Jahrhunderts: Die Vorstellung einer souveränen, von Russland unabhängigen Ukraine sei erfunden worden, um Russland zu schwächen, ja die Ukraine werde vom Westen nachgerade zu einem »Antirussland« entwickelt. Unschwer erkennen wir hier die Diktion der russisch-imperialen Sprachendekrete gegen das Ukrainische und Michail Katkows Diktum von der ukrainophilen Bewegung als »polnische Intrige«.[31]

Wer die Zeichen also lesen konnte, las sie – und verwies darauf, wie die Ukrainebilder Gedanken vorprägen und irgendwann auch Taten. »Wenn Putin in der Kirche eine Kerze für *Novorossija* [Neurussland, gemeint sind die annektierten ukrainischen Gebiete] anzündet, diese nicht mit dem katharineischen Neurussland zu verwechselnde Fehlgeburt seines Russischen Frühlings, dann sollte man ihn nicht deswegen ernstnehmen und fürchten, weil er an *Novorossija* glaubte, wie Hitler an Großdeutschland bis zum Ural geglaubt hat. Man sollte ihn vielmehr ernstnehmen und fürchten, weil *Novorossija* nicht seine letzte Kampagne gewesen sein wird«[32], schrieb ich 2014. Die Deutschen, die ihr Bild von der Ukraine nicht nur in den Schatten des deutsch-russischen Verhältnisses stellten, sondern es auch direkt von Russland übernahmen, sahen diese Zeichen an der Wand damals nicht. Jetzt, im Juni 2024, ist *Novorossija* wieder da, in Form der jüngsten Territorialforderungen in dem »Friedensangebot« Putins. Es wäre zu wünschen, dass nun ein Lernprozess einsetzt, der mit Blick auf ähnliche Konstellationen, beispielsweise unsere Abhängigkeit von China, frühzeitige Vorbereitungen für eine mögliche Konfrontation trifft.

30 Vladimir Putin, „Ob istoričeskom edinstve russkich i ukraincev," 12. Juli 2021, http://kremlin.ru/events/president/news/66181.

31 Wendland, „Zur Gegenwart der Geschichte," 33; Andreas Kappeler, „Revisionismus und Drohungen. Vladimir Putins Text zur Einheit von Russen und Ukrainern," *Osteuropa* Nr. 7 (2021): 67-76.

32 Wendland, „Hilflos im Dunkeln," 32.

# II. Der Blick auf die Anderen

# Die deutschen Kolonien in der Ukraine (Ende des 18. bis Mitte des 20. Jahrhunderts)

*Dmytro Myeshkov*

*Die Masseneinwanderung von Deutschen in ukrainische Gebiete vollzog sich über fast hundert Jahre – vom Ende des 18. bis zum Ende des 19. Jahrhunderts. Religiöse Diskriminierung und wirtschaftliche Not, aber auch die Aussicht auf Land und Privilegien in den neuen Territorien des Russischen und des Habsburgerreiches brachten zahlreiche Deutsche dazu, ihre Heimat zu verlassen. Bevölkerungswachstum, landwirtschaftliche und ökonomische Expansion der deutschen Siedler führten zu Konflikten mit der ukrainischen Bevölkerung, brachten aber auch eine Entwicklung von Handwerk und Industrie mit sich. Markierte der Erste Weltkrieg bereits eine Zäsur, bedeuteten Umsiedlung und Vertreibung während des Zweiten Weltkriegs schließlich das Ende der deutschen Kolonien in der Ukraine.*

Die geopolitischen Veränderungen, die im späten 18. Jahrhundert in den Gebieten zwischen dem Schwarzem Meer und der Ostsee stattfanden, hatten weitreichende Folgen für die weitere Entwicklung der ukrainischen Gebiete. Infolge der Teilungen Polens wurde das rechte Ufer der Ukraine Teil des Russischen Reiches, und Galizien wurde Teil der habsburgischen Länder. Darüber hinaus gelang es den Romanows im Zuge der Russisch-türkischen Kriege, die Osmanen aus der nördlichen Schwarzmeerregion zu vertreiben und die Kontrolle über einen weiten Landstrich von Bessarabien im Westen bis zu den Ländern der Saporoger Sitsch im Osten, einschließlich der Halbinsel Krim, zu erlangen. Nach dem Abzug der russischen Truppen im Jahr 1775 kam die ehemals osmanische Bukowina als Teil des Königreichs Galizien und Lodomerien (bis zu dessen Abtrennung im Jahr 1849) unter österreichische Kontrolle.

Obwohl die Expansionspolitik der europäischen Imperien sie zu Konkurrenten machte, waren sowohl die österreichische als auch die russische Politik gegenüber neuen Gebieten von den Ideen des aufgeklärten Absolutismus geprägt und wiesen viele Gemeinsamkeiten auf. Die Regierungen in Wien und St. Petersburg betrachteten eine beschleunigte Besiedlung der neuen Gebiete als eine der Voraussetzungen für eine erfolgreiche Integration und versuchten daher, ihre eigenen Bürger und Ausländer durch Garantien für Religionsfreiheit, Steuererleichterungen und andere Privilegien zum Zuzug zu bewegen. Dies beruhte auf den Erfahrungen früherer Kolonisationskampagnen, bei denen ein großer Teil der Einwanderer aus deutschen Fürstentümern stammte, die unter Landmangel oder Missernten litten.

## Der Beginn der deutschen Ansiedlung

Die Geschichte der deutschen Kolonisierung der heutigen ukrainischen Gebiete begann 1767, als sich eine Gruppe von Einwanderern aus Hessen, der Pfalz, Preußen und anderen Regionen in der Nähe von Tschernihiw niederließ und dort sechs Siedlungen gründete - die sogenannten Belowescher Kolonien. Später zogen Gruppen von Einwanderern nach Süden: In den 1780er Jahren entstand in der Nähe des damaligen Jekaterinoslaw/Katerynoslaw (heute Dnipro), Aleksandrowsk/Oleksandriwsk (heute Saporischschja), Berislaw und einiger anderer Städte eine Reihe von Kolonien, deren Bewohner verschiedene Dialekte des Deutschen sprachen. In den Jahren 1788 und 1789 ließen sich mennonitische Einwanderer aus der Gegend von Danzig auf den Ländereien der zerstörten Saporoger Sitsch in der Kolonie Chortyzja nieder, und ihre Glaubensgenossen, die zwischen 1804 und 1806 ankamen, erhielten Land im Gouvernement Taurien an der Molotschna zugewiesen.

Zwischen 1803 und 1809 kamen auf Einladung der russischen Regierung auch große Gruppen von Protestanten und Katholiken aus Südwestdeutschland, dem Elsass und der Schweiz, deren Dörfer am Westufer der Molotschna, in der Nähe von Odessa, Mykolajiw und auf der Krim verstreut lagen. In den Jahren 1816 bis 1818 veranlassten apokalyptische Erwartungen und wirtschaftliche Not viele Menschen aus Württemberg, sich auf den Weg zum Berg Ararat zu machen. Viele von ihnen nahmen jedoch später das Angebot der Regierung an und blieben in der Nähe von Odessa. In den späten 1810er Jahren wurde das russische staatliche Programm zur Aufnahme und Unterstützung der Einwanderer eingeschränkt, und die letzte große Gruppe von Siedlern, die Anfang der 1820er Jahre nördlich von Mariupol Land erhielten, waren Lutheraner und Katholiken aus Westpreußen, Baden und Hessen.[1] In der Folgezeit war das rasche Wachstum der deutschen Bevölkerung in der Steppenukraine fast ausschließlich auf eine natürliche Zunahme zurückzuführen.

1 Detlef Brandes, *Von den Zaren adoptiert. Die deutschen Kolonisten und die Balkansiedler in Neurußland und Bessarabien 1751–1914* (München: Oldenbourg, 1993).

## Rechte und Vergünstigungen für deutsche Einwanderer

Der Großteil der deutschen Einwanderer kam mit staatlicher Unterstützung im letzten Drittel des 18. Jahrhunderts nach Galizien, wobei die meisten Umsiedler Mitte der 1780er Jahre kamen, als ihnen zusätzliche Rechte und Vergünstigungen gewährt wurden. Insgesamt wurden in den letzten beiden Jahrzehnten des 18. Jahrhunderts über 15.000 registriert. Später, während der Herrschaft von Kaiser Franz II., zogen Bewohner der Rheinprovinzen und der deutschsprachigen Gebiete Österreichs nach Galizien.[2] Einige kleine Gruppen von Arbeitern aus Böhmen zogen bis zur Mitte des 19. Jahrhunderts auf private Grundstücke in den Karpaten. Bei den deutschen Einwanderern in der Bukowina handelte es sich dagegen hauptsächlich um Handwerker, Bergleute und Arbeiter, die versuchten, sich in Czernowitz oder anderen Städten der Region niederzulassen. Im Gegensatz zu den Kolonien in der Südukraine und in Galizien wurden die deutschen Bauern in der Bukowina zunächst in bestehenden Dörfern mit einheimischer Bevölkerung angesiedelt, um dort fortschrittliche landwirtschaftliche Methoden zu verbreiten.

Die Zuwanderung der deutschen Bevölkerung nach Wolhynien erfolgte nicht im Rahmen staatlicher Programme, sondern auf Initiative privater Grundbesitzer. Nach der Aufhebung der Leibeigenschaft brauchten die Grundbesitzer dringend Arbeitskräfte und verpachteten oder verkauften Grundstücke an deutschsprachige Einwanderer, die meist aus den benachbarten polnischen Gouvernements kamen. Infolge dieser Umsiedlungen wuchs die deutsche Bevölkerung der Region, die in den frühen 1860er Jahren nur etwa 10.000 betrug, rasch auf 180.000 im Jahr 1890 an. So wurde Wolhynien in den letzten dreißig Jahren des 19. Jahrhunderts zu einem der größten deutschen Siedlungsgebiete in der Ukraine und damit im Russischen Reich.[3]

## Das Jahrhundert der Masseneinwanderung

Die Masseneinwanderung von Deutschen in ukrainische Gebiete innerhalb beider Reiche dauerte fast hundert Jahre – vom Ende des 18. bis zum Ende des 19. Jahrhunderts. In dieser Zeit veränderten sich die soziopolitischen Verhältnisse in den Abwanderungsgebieten und in den Orten der

2 Isabel Röskau-Rydel, Hg., *Galizien, Bukowina, Moldau*, Deutsche Geschichte im Osten Europas, Bd. 10. (Berlin: Siedler, 1999).

3 Mychajlo Kostjuk, *Die deutschen Kolonien in Wolhynien: im 19. Jahrhundert und am Anfang des 20. Jahrhunderts* (Wiesentheid: Histor. Verein Wolhynien, 2006).

Ansiedlung, die Gründe und Ziele für die Ansiedlung der Auswanderer und ihr rechtlicher Status erheblich. Aus diesen und vielen anderen Gründen stellten die »Ukrainedeutschen« lange Zeit nur sehr bedingt eine Gemeinschaft dar - die je nach geografischer Herkunft, konfessioneller oder sozialer Zugehörigkeit verschiedene isolierte Gruppen umfasste. Deutschstämmige Fachkräfte, Lehrer, Beamte, Unternehmer oder Militärangehörige in den großen Städten hatten mit den deutschen Bauern, die zudem verschiedene lokale Dialekte sprachen, nur wenig gemeinsam. So blieb beispielsweise die deutsche Kultur in Lemberg (dem heutigen Lwiw), die sich zu Beginn des 19. Jahrhunderts rasch entwickelte (Universität, Zeitschriften, Theater), allein der Stadtgemeinschaft vorbehalten, nicht aber den Bewohnern der zahlreichen umliegenden deutschen Dörfer.

Nicht nur wegen ihrer Zugehörigkeit zu verschiedenen Staaten, sondern auch wegen der großen Entfernungen zwischen ihnen hatten die Deutschen des Russischen und des Österreichisch-Ungarischen Reiches wenig oder gar keinen Kontakt zueinander. So hatten beispielsweise die Deutschen der Südukraine (die sogenannten Schwarzmeerdeutschen) nicht nur keinen Kontakt zu den Deutschen von Wolhynien, sondern oft auch nicht untereinander zwischen den einzelnen Gruppen in ihrem eigenen Umfeld.

## Verbindungen zwischen deutschstämmigen Gemeinschaften

Erst am Vorabend des Ersten Weltkriegs begann sich unter den Nachkommen der deutschen Kolonisten im Russischen Reich eine Schicht von Intellektuellen zu bilden, ihr allgemeines Bildungsniveau stieg und die Verbindungen zwischen deutschen Dörfern und Städten verstärkten sich. Die deutschen Gemeinden in den Städten wurden durch Einwanderer aus den landwirtschaftlichen Kolonien des Südens, aus Wolhynien und anderen Siedlungsgebieten aufgefüllt. Die Entwicklung von Kommunikationsmitteln förderte die Herausbildung einer Selbstidentifikation als Gruppe und politischer Präferenzen der Deutschen.

In den ukrainischen Gebieten des Russischen Reiches spiegelten sich diese Prozesse bei den Wahlen zur Staatsduma sowie während der ukrainischen Revolution, der deutsch-österreichischen Besatzung und des Bürgerkrieges wider. Ähnliche politische Prozesse unter den Bukowinadeutschen waren der Entwicklung weit voraus. Aufgrund der Existenz eines mächtigen Politik- und Bildungszentrums, Czernowitz, existierte dort bereits im späten 19. Jahrhundert ein umfangreiches Netzwerk deutscher Organisationen in Politik, Genossenschaften, Bildung usw. In Galizien erfolgte die Gründung von Massenorganisationen für die Entwicklung und den Schutz der deutschen Sprache und Kultur, für gegenseitige Hilfe usw. vor allem im ersten Jahrzehnt des 20. Jahrhunderts.

## Wie viele Deutsche lebten in der Ukraine?

Der ersten russischen Volkszählung von 1897 zufolge lebten in den Gouvernements Cherson, Jekaterinoslaw und Taurien 377.800 Deutsche, im sogenannten Südwestterritorium (in den Gouvernements Kyjiw, Podolien und Wolhynien) 190.100, davon 171.300 im Gouvernement Wolhynien. Nach der Aufteilung Wolhyniens zwischen der UdSSR und Polen und der Eingliederung der Krim in die Russische Föderative Sowjetrepublik belief sich die deutsche Bevölkerung der Ukrainischen SSR (1926) auf insgesamt 392.600 und blieb bis zum Ausbruch des Zweiten Weltkriegs ungefähr auf diesem Stand.[4]

Bei der Betrachtung der Statistiken über die deutsche Bevölkerung des Habsburgerreiches müssen zwei Faktoren berücksichtigt werden. Erstens wurde die Bevölkerung, wie bei der russischen Volkszählung von 1897, nach Sprache und Konfession erfasst. In Galizien und insbesondere in der Bukowina wurde Deutsch jedoch auch von vielen Menschen jüdischer Herkunft gesprochen, so dass die sprachlichen Gemeinschaften in diesen Regionen nicht mit den ethnischen identisch waren. Das Gleiche gilt für die katholischen Deutschen, die statistisch gesehen in der allgemeinen Gruppe der Katholiken enthalten sind. Zweitens muss bei der Bestimmung der Zahl der Deutschen in den heutigen ukrainischen Gebieten berücksichtigt werden, dass nur der östliche Teil Galiziens und der nördliche Teil der Bukowina zur heutigen Ukraine gehören.

Im Jahr 1851 lebten in der Bukowina 25.000 Deutsche, davon mehr als 7.000 in Czernowitz. Im Jahr 1919 betrug die deutsche Bevölkerung der Bukowina fast 70.000 Personen und der Anteil der Deutschen an den Einwohnern von Czernowitz erreichte 16 Prozent. Im Jahr 1812 lebten in Galizien 26.000 Deutsche, und 1846 gab es bereits fast 50.000 deutsche

4 *Nemcy Rossii. Ėnciklopedija*, Hg. V. Karev und O. Kubickaja. 3 Bände. Moskva: ĖRN, 1999–2006.

Kolonisten (etwa ein Prozent der Bevölkerung), von denen fast zwei Drittel Lutheraner aus der Pfalz und ein Drittel Katholiken waren.[5]

## Sozioökonomische Merkmale der deutschen Kolonien

Die zahlenstärkste Gruppe von Deutschen, die auf dem Gebiet der heutigen Ukraine lebten, waren die Deutschen der Südukraine. Der größte Teil von ihnen hatte bis 1871 einen privilegierten Status als Kolonisten, und ihre zahlreichen Siedlungen lagen verstreut zwischen Odessa, Jekaterinoslaw, Mariupol und der Krim und bildeten in den ehemaligen Kolonistenbezirken (insbesondere entlang des Flusses Molotschna, in der Nähe von Odessa, Chortyzja usw.) Gebiete mit kompakten Wohnsiedlungen. Bis Anfang der 1870er Jahre wurden die Deutschen, wie auch einige andere Gruppen von Siedlern, von speziellen staatlichen Fürsorgeeinrichtungen betreut, die ihnen Hilfe leisteten, aber auch eine staatliche Kontrolle ausübten.

Unter den Schwarzmeerdeutschen gab es Katholiken und Protestanten, und unter den Letzteren ragten die Mennoniten heraus, deren Gemeinden nicht nur in der Steppenukraine, sondern auch in der Bukowina und in Galizien bedeutende Erfolge in der wirtschaftlichen Entwicklung erzielen konnten. Insbesondere der landwirtschaftliche Verein an der Molotschna führte die Vierfelderwirtschaft und andere fortschrittliche Methoden der Bewirtschaftung des Bodens ein. Ab den 1820er Jahren spezialisierten sich die mennonitischen Bauernhöfe an der Molotschna auf die Produktion von Merinowolle und ab Mitte des 19. Jahrhunderts machten sie unter Ausnutzung der günstigen Weltmarktbedingungen große Gewinne mit dem Verkauf von Getreide, vor allem über den Hafen von Berdjansk.

Die lutherischen und katholischen Kolonisten brauchten länger, um sich an die Lebensbedingungen in der Steppe anzupassen. Der Mangel an Lebensmitteln und brauchbarem Trinkwasser sowie das Fehlen einer guten Bleibe in den ersten Monaten und Jahren nach der Ansiedlung kosteten viele von ihnen ihre Gesundheit oder sogar ihr Leben. Gute Ernten verhalfen den Siedlern jedoch schnell zu wirtschaftlichem Wohlstand.

## Bevölkerungswachstum und Expansion

Das Bevölkerungswachstum führte zu einer landwirtschaftlichen Expansion der deutschen Kolonisten: Seit dem Krimkrieg 1853 bis 1856 kauften

---

5 Röskau-Rydel, *Galizien, Bukowina, Moldau.*

ihre Gemeinschaften aktiv Land in der Nähe der alten Kolonien sowie außerhalb der Ukraine auf und gründeten darauf sogenannte Tochterkolonien. Obwohl die Ausweitung des deutschen Landbesitzes auch für andere ukrainische Gebiete, insbesondere Galizien, typisch war, fand dieser Prozess im Süden am stärksten statt und führte zu zunehmenden sozialen Spannungen, da es für die ukrainischen Bauern schwierig war, mit den wohlhabenden und gut organisierten Kolonistengemeinschaften zu konkurrieren. Während es Anfang des 19. Jahrhunderts in der Südukraine noch etwa 220 deutsche Dörfer gab, so kamen am Vorabend des Ersten Weltkriegs mehr als 350 neue Siedlungen auf gekauftem Land und über 200 Höfe auf gepachtetem Land hinzu. Die Landfläche verdoppelte sich und überstieg eine Million Desjatinen (bzw. gut eine Million Hektar).[6]

## Entwicklung von Industrie und Handwerk

Eine weitere Folge des wirtschaftlichen Wachstums der deutschen Kolonisten war die Entwicklung von Handwerk und Industrie in ihren Kolonien und später darüber hinaus. Ehemalige Kolonisten, vor allem Mennoniten, bauten Dampfmühlen in ihren Dörfern, Gouvernements- und Bezirkszentren. In Jekaterinoslaw waren mehr als die Hälfte der Mühlen im Besitz von Mennoniten. Deutsche Handwerker im ländlichen Raum nutzten die gestiegene Nachfrage nach landwirtschaftlichen Geräten und Wagen und verkauften diese ab den 1850er Jahren nicht nur an ihre eigenen Landsleute, sondern auch an Angehörige anderer Nationalitäten.

Als die Regierung Zölle auf importierte Geräte erhob, stieg die einheimische Produktion von landwirtschaftlichen Maschinen. Die Südukraine übertraf die westlichen und baltischen Gouvernements und steigerte ihren Anteil an der Produktion von landwirtschaftlichen Geräten und Maschinen auf fast 50 Prozent im Jahr 1911. Die Werkstatt des ehemaligen Schmieds Johann Höhn in Odessa wuchs zum größten Pflughersteller des Reiches heran und beschäftigte 1.200 Arbeiter. Mennonitische und lutherische Unternehmer gründeten eine Reihe von Landmaschinenfirmen in den deutschen Kolonien oder in benachbarten Städten wie Aleksandrowsk und Jekaterinoslaw. In Galizien waren einige Kolonien für ihre hochwertigen Industrieprodukte bekannt. In Brigidau bei Stryj beispielsweise stellte man Schubkarren her, und der Ort Weinbergen (Wynnyky) bei Lemberg war für seine Tischler bekannt.

---

6 Brandes, *Von den Zaren adoptiert.*

## Die Geschichte der Wolhyniendeutschen

Die Geschichte der Wolhyniendeutschen hatte ihre eigenen Besonderheiten, die wiederum durch die Geschichte der Region und den Verlauf ihrer Einwanderung bestimmt wurden. Die Deutschen, die sich ab den 1860er Jahren vor allem als Pächter in Wolhynien niederließen, profitierten von der antipolnischen Regierungspolitik, so wie die Deutschen und Mennoniten des Südens auf Kosten der Tataren, Nogaier, Duchoborzen und anderer diskriminierter Gruppen profitiert hatten. Doch anders als die Schwarzmeerdeutschen waren sie von den Modernisierungsprozessen kaum berührt. Die Gründe dafür waren die Überreste der Leibeigenschaft in der Region, das niedrige Bildungsniveau der Bevölkerung und die Rückständigkeit der Städte, die die wirtschaftliche und soziale Entwicklung des Gouvernements Wolhynien behinderten. Neben dem Fehlen von Modernisierungsmaßnahmen wie der verspäteten Semstwo-Reform[7] behinderten auch Überbevölkerung und Landmangel die dynamische Entwicklung dieser großen Region.

Im Gegensatz zu den Gebieten Kyjiw und Podolien erhielt Wolhynien erst spät Zugang zu einer modernen Verkehrsinfrastruktur; deshalb sowie aufgrund natürlicher und klimatischer Faktoren verlief die landwirtschaftliche Entwicklung nicht so dynamisch wie in den Nachbarregionen. Die Zersplitterung der deutschen Bevölkerung sowie die hohe Fluktuation und Instabilität der deutschen Gemeinden erschwerten die soziale Entwicklung und waren ausschlaggebend für ihre vergleichsweise Rückständigkeit.

## Das religiöse Leben der deutschen Kolonisten

Den deutschen Kolonisten in Russland wurde Religionsfreiheit garantiert, aber die Missionierung der orthodoxen Bevölkerung war streng verboten. Die Regierung verpflichtete die weltlichen Führer und die Geistlichkeit, für die Frömmigkeit der Kolonisten zu sorgen, die ein nüchternes und arbeitsames Leben führen sollten, das ihrem sozialen Status entsprach. Die geistliche Betreuung war vor allem in den ersten Jahren und sogar Jahrzehnten nach der Ansiedlung aufgrund des Mangels

---

7 Semstwo leitet sich vom russischen Wort »semlja« (Erde, Land) ab und bezeichnet Selbstverwaltungseinheiten im Russischen Reich. Das Semstwo-System wurde 1864 durch Zar Alexander II. im Zuge liberaler Reformen eingeführt und hatte bis zu seiner Auflösung durch die Bolschewiki Bestand. Jedes Semstwo wählte eine eigene Verwaltung bestehend aus Adligen sowie einfachen Stadt- und Landbewohnern – darunter auch die 1861 aus der Leibeigenschaft befreiten Bauern.

an Geistlichen sehr begrenzt. Die meisten deutschen Dörfer wurden nur wenige Male im Jahr von Pfarrern besucht. Die katholischen Kolonien des Südens wurden anfangs hauptsächlich von polnischen und litauischen Geistlichen betreut, erst 1857 wurde in Saratow ein Priesterseminar gegründet, das deutsche Priester für die Kolonien ausbildete.

Die Mennoniten praktizierten die Erwachsenentaufe, die Wahl von geistlichen Lehrern und Ältesten und die Gemeindeautonomie. Sie weigerten sich, einen Eid abzulegen und Militärdienst zu leisten. Die Mennoniten des Gouvernements Taurien unterhielten aktive Beziehungen nicht nur zu ihren Glaubensgenossen in Preußen, sondern auch zu den kleinen mennonitischen Gemeinden in der Nähe von Lemberg, obwohl Letztere nicht aus Danzig und Umgebung, sondern aus der Pfalz stammten. Anfänglich war das religiöse Leben der Galiziendeutschen von dem Versuch der Protestanten geprägt, sich vor der Einmischung der Verwaltung und der Unterdrückung durch die katholische Kirche zu schützen und eine Seelsorge und ein Schulleben aufzubauen.

## Konfessionelle Gleichberechtigung

Die Gleichberechtigung der protestantischen Gemeinden mit der katholischen Kirche im Habsburgerreich war eine der Hauptforderungen während der Revolution von 1848. Aber selbst die Verbesserung der Situation der Protestanten nach der Verabschiedung der Konfessionsgesetze von 1868 erwies sich als vorübergehend, da die katholische Kirche am Ende des 19. Jahrhunderts die Kontrolle über das Schulwesen zurückgewann. Dies war einer der Gründe für die verstärkte Abwanderung der galizischen Protestanten nach Preußen. Die lutherische Kirche in Galizien erlebte ihre zweite Geburt dank Pastor Theodor Zöckler, des Gründers einer Reihe von diakonischen Einrichtungen in Stanislau (heute Iwano-Frankiwsk).

Die religiöse Diskriminierung war einer der Gründe für die Einwanderung der Deutschen in die ukrainischen Gebiete. Einige der künftigen Kolonistengemeinden waren vom Pietismus oder anderen Ideen geprägt, während das religiöse Leben anderer Gemeinden schon vor der Zuwanderung lebendig war. Dies führte zum Entstehen neuer religiöser Bewegungen unter den Schwarzmeerdeutschen, zu Spaltungen in den Religionsgemeinschaften usw. Diesen Prozessen gingen in der Regel soziale Konflikte voraus, wie zum Beispiel bei den Mennoniten an der Molotschna und von Chortyzja in der Mitte des 19. Jahrhunderts. Auch unter den ukrainischen Bauern verbreiteten sich neue religiöse Ideen. Daher waren die Mitglieder der neu gegründeten »Stundisten«-Gemeinschaften oft nicht nur Angehörige der deutschen Kolonisten, sondern auch anderer ethnischer Gruppen.

## Schulen und Bildung

Auf Initiative der russischen Regierung wurden 1834 in den Kolonistenbezirken »Zentralschulen« eingerichtet, in denen die begabtesten Kinder nach Abschluss der dörflichen Grundschulen ausgewählt wurden, um als Lehrer und Beamte ausgebildet zu werden. Das Interesse der Schwarzmeerdeutschen an der Ausbildung ihrer Kinder in öffentlichen Sekundarschulen nahm erst nach der Einführung der Rekrutierung im Jahr 1874 zu, da den Absolventen solcher Schulen eine Verkürzung beim Militärdienst gewährt wurde.[8]

In Galizien gab es für die etwa 25.000 protestantischen Deutschen 94 Schulen; dabei handelte es sich meist um ein- oder zweiklassige Schulen. Die lutherischen Schulen in Lemberg und anderen galizischen Städten hatten einen guten Ruf, sodass auch Kinder von Katholiken und Juden dort zur Schule gingen. Die katholischen Deutschen in Galizien waren bei der Organisation ihrer Grundschulen einem viel stärkeren Assimilationsdruck ausgesetzt. Nachdem Ende der 1860er Jahre Polnisch als Unterrichtssprache in den katholischen Schulen eingeführt worden war, hatten 1910 bereits zwei Drittel der Schulen den Übergang vollzogen.

## Lokale Selbstverwaltung und Interessenvertretung

Die Einführung der Semstwo-Selbstverwaltung im Russischen Reich ermöglichte es den Kolonisten zum ersten Mal, sich an der lokalen Verwaltung außerhalb ihrer eigenen Kolonien zu beteiligen. Der Anteil der Deutschen in den Gouvernements- und Kreisversammlungen und -verwaltungen der Semstwos war viel höher als ihr Anteil an der Bevölkerung der drei südlichen ukrainischen Gouvernements. Während die Mehrheit der Schwarzmeerdeutschen bis in die frühen 1870er Jahre eine privilegierte und weitgehend isolierte soziale Gruppe blieb, erlebten die Galiziendeutschen aus erster Hand den Kampf der Polen und Ukrainer um ihre nationalen Rechte. Während der revolutionären Ereignisse von 1848 zeigte sich die kleine deutsche Minderheit besorgt über den drohenden Verlust ihres Status durch die Vertreter der dominierenden Sprach-

8 Brandes, *Von den Zaren adoptiert.*

gruppe. Diese Befürchtungen waren weitgehend berechtigt, als der galizische Sejm Ende der 1860er Jahre beschloss, die Unterrichtssprache in den Schulen auf Polnisch (im westlichen Teil) und Ukrainisch (im östlichen Teil) umzustellen. Aufgrund ihrer Verstreuung über ganz Galizien waren die Deutschen im Landes-Sejm überhaupt nicht vertreten und gaben ihre Stimmen in der Regel ukrainischen Kandidaten. Die fehlende politische Vertretung wurde teilweise durch die aktive Arbeit deutscher Organisationen und der deutschen Presse kompensiert. Zu den öffentlichen Vereinigungen gehörten der »Bund der christlichen Deutschen in Galizien« und der »Deutsche Volksrat für Galizien«.

## Erster Weltkrieg und antideutsche Stimmung

Der Erste Weltkrieg beendete die konstante Entwicklung der deutschen Gemeinschaften auf beiden Seiten der Front. Im Februar 1915 verbot die russische Regierung unter dem Einfluss der kriegsbedingten antideutschen Stimmung allen deutschstämmigen Siedlern den Landerwerb. Die deutschen Bauern in einem 100 bis 150 Werst breiten Streifen entlang der Westgrenze und der Küste mussten ihr Land in den kommenden Monaten verkaufen. Die Wolhyniendeutschen wurden ins Landesinnere deportiert. Im russisch besetzten Galizien wurden die Bewohner der deutschen Kolonien, die ihre Häuser nicht rechtzeitig verlassen hatten, besonders hart verfolgt: 1914 und 1915 standen Vertreibungen, Zwangsarbeit und Geiselnahmen auf der Tagesordnung. Viele deutsche Dörfer wurden bei den Kampfhandlungen schwer beschädigt.

Im wiederhergestellten polnischen Staat waren die Rechte von etwa 60.000 Galiziendeutschen, von denen etwa 80 Prozent in der Landwirtschaft und im Handwerk tätig waren, seit 1919 durch internationale Abkommen und die polnische Verfassung geschützt. Nachdem Polen Ende 1937 aus dem internationalen Abkommen über den Minderheitenschutz ausgetreten war, verschlechterte sich die Lage der Deutschen, die wie andere Minderheiten in Galizien bereits zuvor unterdrückt worden waren, erheblich.

## Auswanderung ins Deutsche Reich?

Unter den Deutschen in der Nachkriegsukraine wurden verschiedene politische Projekte erwogen. Insbesondere diskutierten sie, ebenso wie die Deutschen in Galizien, über eine mögliche Auswanderung in das Deutsche Reich. Während der österreichisch-deutschen Besatzung der

Ukraine 1918 wurde auch der Plan gefasst, eine große deutsche Kolonie auf der Grundlage der Siedlungen um Odessa und in Taurien zu errichten. Schließlich verhandelte eine einflussreiche Minderheit gleichzeitig mit der ukrainischen Regierung über nationale und persönliche Autonomie. Nach dem Rückzug der österreichisch-deutschen Truppen wurde eine große Zahl deutscher Bauern Opfer der Gewalthandlungen von Nestor Machnos Banden sowie von den »Weißen« und den »Roten«.

Die sowjetische Minderheitenpolitik der 1920er Jahre war durch eine liberale Haltung gekennzeichnet. Die meisten deutschen Dörfer wurden in die sieben nationalen Bezirke einbezogen, und Ende der 1920er Jahre wurden mehr als 90 Prozent der Kinder in den Grundschulen in deutscher Sprache unterrichtet. In den Jahren 1928 bis 1929 wurde diese Entwicklung durch eine antireligiöse Kampagne und die Kollektivierung gestoppt. Nach Hitlers Machtübernahme 1933 wurden die Ukrainedeutschen zunehmend als Agenten des nationalsozialistischen Deutschlands betrachtet. Mitte der 1930er Jahre wurden die Wolhyniendeutschen zum zweiten Mal aus den Grenzgebieten deportiert, und 1937/38 fielen Tausende von deutschen Dorfbewohnern der sogenannten deutschen NKWD-Operation auf der Grundlage fingierter Anschuldigungen zum Opfer.

## Zweiter Weltkrieg: Vertreibung und »Heim ins Reich«

Nach Ausbruch des Zweiten Weltkriegs befanden sich die Deutschen in Ostgalizien und Wolhynien im sowjetischen Einflussbereich. Gemäß den Vereinbarungen zwischen Deutschland und der UdSSR wurden Regierungskommissionen eingesetzt, die die deutsche Bevölkerung der Regionen registrieren und ihre Umsiedlung »Heim ins Reich« vorbereiten sollten. Im Winter 1939/40 wurden 54.000 Deutsche aus Ostgalizien und mehr als 66.000 aus Wolhynien (hauptsächlich aus dem westlichen Teil) umgesiedelt. 10.000 weitere Wolhyniendeutsche verließen die Region unmittelbar nach Kriegsausbruch auf eigene Faust. Im Herbst 1940 siedelten 95.000 als Deutsche registrierte Einwohner der Bukowina in das Dritte Reich über. Nach dem deutschen Überfall auf die UdSSR wurden etwa 80.000 Schwarzmeerdeutsche, vor allem aus den Gebieten der linksufrigen Ukraine und von der Krim, in den Osten des Landes deportiert.

Etwa 350.000 Deutsche aus den von den Nazis besetzten sowjetischen Gebieten wurden vor der Befreiung 1943/1944 in die ehemaligen polnischen Gebiete oder ins Reich umgesiedelt. Die meisten von ihnen waren Ukrainedeutsche. Die Umsiedlung während des Zweiten Weltkriegs bedeutete das faktische Ende von fast zwei Jahrhunderten deutscher Geschichte auf ukrainischen Territorien.

Seit Ende der 1980er Jahre erlebt die Erforschung der Geschichte der Deutschen auf ukrainischem Boden sowohl in der Ukraine als auch im Ausland einen wahren Boom. Dieses verstärkte Interesse von Geisteswissenschaftlern, aber auch von Laien hat mit den vorherigen ideologischen Restriktionen der Sowjetzeit zu tun, die viele weiße Flecken hinterließ. Die Forschung der letzten vier Jahrzehnte hat wichtige Entwicklungsmerkmale dieser vielfältigen Minderheit in Bezug auf ihre konfessionelle und soziale Zusammensetzung aufgezeigt, die mancherorts starke Auswirkungen auf das Leben der lokalen multiethnischen Gemeinschaften hatten. Gleichzeitig war die deutsche Bevölkerung in Wolhynien, Galizien, der Bukowina oder der Steppenukraine selbst ein Produkt der historischen Bedingungen, die ihre Siedlungsgebiete prägten.

Unter den Nachkommen der Ukrainedeutschen, die nicht nur in der Ukraine, sondern auch in Deutschland, den Vereinigten Staaten und in vielen anderen Ländern der Welt leben, besteht heute ein starkes Interesse an der Geschichte ihrer Vorfahren, einzelner Kolonien und Gebiete mit deutscher Bevölkerung in der Ukraine.

# »Wir waren jetzt am Rande eines anderen Landes, eines anderen Volkes«[1]

## Deutsche Reisende und Politiker über die Ukraine in der Mitte des 19. Jahrhunderts

*Ostap Sereda*

*Die Reiseberichte von Johann Georg Kohl und Baron August von Haxthausen geben Einblicke in den ländlichen Alltag in der Ukraine in der Mitte des 19. Jahrhunderts. Während der Reiseschriftsteller Kohl für seine Prophezeiung einer unabhängigen Ukraine bekannt wurde, beschäftigte sich der Agrarhistoriker Haxthausen mit dem Idealtypus der bäuerlichen Dorfgemeinschaft und prägte so die Mythologie der russischen Slawophilen. Die Reiseberichte von Kohl und Haxthausen beeinflussten auch die politische Diskussion über die Position Preußens gegenüber dem Russischen Reich. Liberale Strömungen beriefen sich auf die Beschreibungen der kulturellen Eigenständigkeit der Ukraine. Trotz des vorherrschenden imperialen Denkens, das die Integrität des Russischen Reiches zu wahren suchte, tauchten so auf der deutschen mentalen Landkarte von Osteuropa allmählich die Grenzen der Ukraine auf.*

In den 30er und 40er Jahren des 19. Jahrhunderts entdeckten zwei prominente deutsche Reisende die Ukraine für sich und ihre Leser. Johann Georg Kohl (1808–1878), der aus Bremen stammte und mehrere Jahre als Hauslehrer in Kurland arbeitete, brach 1837 zu einer Reise nach Osteuropa auf: zunächst in die russischen Reichshauptstädte Sankt Petersburg und Moskau, dann nach Südrussland und schließlich in die Ukraine. Von Bilhorod aus erreichte er Charkiw, 1838 reiste er nach Poltawa. Noch im selben Jahr kehrte Kohl nach Deutschland zurück und ließ sich in Dresden nieder, wo er über seine Reise schrieb. Seine Eindrücke der Reisen durch die Ukraine wurden in mehreren Bänden veröffentlicht, die 1841 erschienen. Einer davon trug den Untertitel *Die Ukraine, Kleinrußland.*[2]

1 August von Haxthausen, *Studien über die innern Zustände, das Volksleben und insbesondere die ländlichen Einrichtungen Rußlands. Theil 2* (Hannover: Hahn, 1847), 115.

2 Johann Georg Kohl, *Reisen im Inneren von Rußland und Polen. Zweiter Theil. Die Ukraine, Kleinrußland* (Leipzig: Arnoldsche Buchhandlung, 1841); Kohl, *Reisen im Inneren von Rußland und Polen. Dritter Theil. Die Bukowina, Galizien, Krakau und Mähren* (Leipzig: Arnoldsche Buchhandlung, 1841); Kohl, *Reisen in Südrußland,* 3 Bd. Leipzig: Arnoldsche Buchhandlung, 1841.

## Johann Georg Kohl: Prophezeiung der Unabhängigkeit

Während Kohl unter westeuropäischen Lesern vor allem durch seine Beschreibung der Geografie und Geschichte Nordamerikas bekannt wurde, erhielt er in der intellektuellen Tradition der Ukraine dank seiner ukrainischen Reisen einen Ehrenplatz. Der Historiker Volodymyr Masliychuk bezeichnete Kohls Reisebeschreibung als »beispielhaft für die Darstellung der ethnischen und nationalen Eigenständigkeit der Ukrainer«.[3] Der Reisende erwähnte unter anderem saubere Bauernhäuser, die Liebe der Menschen zum Gesang, die moralische und kulturelle Überlegenheit der Ukrainer gegenüber den Russen und sogar die feindselige Haltung der Ukrainer gegenüber den Russen und ihre mangelnde Loyalität gegenüber dem Zaren. Im ukrainischen Diskurs wurde Kohl für seine Prophezeiung über die künftige Unabhängigkeit des ukrainischen Staates berühmt: »Es ist keine Frage, daß, wenn einmal der große Riesenleib des russischen Staates wieder auseinander fallen wird, Kleinrußland ein[er] der Theile sein wird, die sich daraus selbstständig lösen werden. Die Naht, wo dieser Bruch geschehen wird, ist schon sehr deutlich bezeichnet. Die Kleinrussen stehen als ein ganz eigenthümliches, sehr zahlreiches Volk mit ihrer eigenen Sprache und ihren eigenen historischen Erinnerungen da.«[4]

## Baron August von Haxthausen: Idealisierung des Volkslebens

Zwei Jahre nach der Veröffentlichung von Kohls Reiseaufzeichnungen kam im Jahr 1843 ein anderer berühmter deutscher Reisender und Forscher, Baron August von Haxthausen (1792–1866), in die Ukraine. Haxthausens Bericht über diese Reise, *Studien über die innern Zustände, das Volksleben und insbesondere die ländlichen Einrichtungen Rußlands*, wurde in drei Bänden 1847 bis 1852 und in einer gekürzten englischen Übersetzung in zwei Bänden 1856 in London veröffentlicht. Der erste Band und einige Fragmente von Haxthausens Notizen wurden auch in russischer

3 Eine Reihe von Autoren hat sich mit den Reisen Kohls beschäftigt. Die neueste und wohl interessanteste Analyse seiner Reisen ist zugänglich in den Publikationen des Historikers Volodymyr Masliychuk. Vgl. vor allem Volodymyr Maslijčuk, „'Peretynajučy kordon'. Johann Georg Kol' miž Bilhorodom ta Charkovom 1837 r.," *Historians.in.ua*, 8. Oktober 2017, https://www.historians.in.ua/index.php/en/statti/2299-peretinayuchi-kordon-jogann-georg-kol-mizh-bilgorodom-ta-kharkovom-1837-r.

4 Kohl, *Reisen im Inneren von Rußland und Polen. Zweiter Theil*, 323.

Sprache veröffentlicht; eine vollständige ukrainische Übersetzung liegt bis heute nicht vor.[5]

Baron von Haxthausen erwarb sich einen besseren Ruf als Experte für das Russische Reich als Kohl, obwohl sein Text Verweise auf seinen Vorgänger enthält. Als junger Mann interessierte sich Haxthausen für deutsche Volkskunde, studierte an der Universität Göttingen und war ein Mitarbeiter der Brüder Grimm. Der amerikanische Historiker Stephen Frederick Starr hat nachgewiesen, dass August von Haxthausens Weltbild in der postnapoleonischen Ära durch eine wachsende Faszination für die Romantik und eine Distanzierung von der Aufklärung geprägt wurde. Unter dem Einfluss seiner Lehrer war Haxthausen von der Notwendigkeit einer evolutionären Entwicklung der Gesellschaft überzeugt, reformatorische Eingriffe in ihre organische Entwicklung hielt er für unangemessen und unwirksam. Daher galt Haxthausens besonderes Interesse in Deutschland den traditionellen Institutionen auf dem Lande. Gleichzeitig entwickelte der Baron eine Weltanschauung, die viel mit den späteren, für Osteuropa charakteristischen Idealisierungen des Volkslebens gemein hatte, insbesondere mit der Idealisierung des Bauerntums, das allein die wahren Werte bewahren könne. Damit einher ging eine Verurteilung der verdorbenen Oberschichten, die nur durch ein Zusammenwirken mit dem Bauerntum moralisch und sozial wiederhergestellt werden könnten.[6]

In den 1830er Jahren untersuchte Haxthausen im Auftrag des preußischen Hofes die agrarischen Verhältnisse in Preußen, vor allem die kommunalen Elemente der Landnutzung, die er als Ergebnis slawischer Einflüsse auf die deutsche Gesellschaft ansah. Gleichzeitig formten sich seine Ansichten über die Bedeutung der bäuerlichen Gemeinschaft als mögliche Grundlage für ein republikanisches System und sein Interesse an der sozialen und rechtlichen Kultur der slawischen Völker, die er als von Europäisierung und moderner Zivilisation unberührt ansah. Auf der Suche nach einer solchen authentischen traditionellen Kultur faszinierte

5 August von Haxthausen, *Studien über die innern Zustände, Theil 1* (Hannover: Hahn, 1847); Haxthausen, *Studien über die innern Zustände, Theil 2*; August von Haxthausen, *Studien über die innern Zustände, Theil 3* (Hannover: In der Hahn'schen Hofbuchhandlung, 1847–1852); Baron von Haxthausen, *The Russian Empire, Its People, Institution and Resources*. Bd. 1-2 (London: Chapman and Hall, 1856); Avgust fon Gakstgauzen, *Issledovanija vnutrennich otnošenij narodnoj žizni i v osobennosti sel'skich učreždenij Rossii*, Bd. 1 (Moskva: Tip. A. N. Mamontova i K, 1870).

6 S. Frederick Starr, „August von Haxthausen and Russia," *The Slavonic and East European Review* 46, Nr. 107 (1968): 466.

ihn die Idee, in den Osten des europäischen Kontinents, ins Russische Reich, zu reisen.

Durch diese Ansichten geriet Haxthausen in Konflikt mit der liberalen Verfassungsgruppe am preußischen Hof und verlor seinen Platz im Staatsdienst. Zur gleichen Zeit begann er mit Hilfe der russischen Botschaft in Berlin eine Forschungsreise ins Reich der Romanows zu planen, um eine Bauernreform vorzubereiten. Der Konflikt mit den Liberalen verhalf ihm zu einem Ruf als konservativer und monarchistischer Mensch, was am russischen Hof wohlwollend aufgenommen wurde. Die konservativen Ansichten des Barons stimmten mit der Suche nach einer neuen Regierungspolitik gemäß der Ideologie der »Offiziellen Nationalität« überein. Obwohl das Regime von Nikolaus I. die Reise des Barons zunächst unterstützte, waren der russische Kaiser und sein Gefolge schließlich unzufrieden mit den Aufzeichnungen des Reisenden und versuchten sie zu zensieren.

Auf Einladung der russischen Regierung, mit einem Dolmetscher und einer Kutsche, die der Kaiser selbst zur Verfügung stellte, trat Baron Haxthausen 1843 seine Reise an und kam im Frühjahr in Sankt Petersburg und anschließend in Moskau an. Im April setzte er seine Reise fort und besuchte Kasan, Saratow, Tambow und Woronesch. Danach reiste er über Sloboschanschtschyna, Charkiw und die südliche ukrainische Steppe auf die Krim. Nach einem Abstecher in den Kaukasus und nach Transkaukasien kehrte der Baron in die Ukraine zurück und reiste im Oktober 1843 von Odessa über Podolien und Wolhynien nach Kyjiw und von dort nach Tschernihiw. Auf diese Weise besuchte er verschiedene ukrainische Gebiete, sowohl am linken als auch am rechten Ufer des Dnipro. Im November 1843 kehrte Haxthausen nach Moskau zurück, wo er Kontakte zu russischen Slawophilen knüpfte, darunter Konstantin Aksakow und Michail Pogodin.

## »Entdeckung« der russischen Bauernkommune

Selbst gebildete russische Kreise kannten laut Baron Haxthausen die volkstümliche Kultur ihres Landes nicht. Der Reisende versuchte, die Gesellschaft des Russischen Reiches mit neuen Augen zu sehen, und entdeckte dabei ganze Völker für sich. Den größten Ruhm brachte ihm jedoch die »Entdeckung« der russischen Landbevölkerung als patriarchalische Großfamilie mit gemeinsamem Eigentum und gleichen Rechten für ihre Mitglieder. Der deutsche Reisende sah in der »Dorfgemeinschaft«, in der Bauernkommune, eine soziale Institution, die das Bauerntum stärken und das unerwünschte Anwachsen des Proletariats eindämmen sollte. Viele Forscher glauben, dass Haxthausen damit die Mythologie der russischen Slawophilen geprägt hat. Haxthausen kritisierte den Utopismus der europäischen Revolutionäre, wurde aber selbst zur Quelle eines einflussreichen utopischen Mythos. Auf Grundlage der »Entdeckungen« von Baron Haxthausen entwickelten russische Nationalisten das Konzept eines Sonderweges für Russland, der die kapitalistische Entwicklung umgehen und zu einer gerechten, auf Gemeinschaftsprinzipien basierenden Gesellschaft führen sollte.

Tatsächlich hatten russische Autoren die Bauernkommune schon vor Haxthausen erwähnt, aber er war der Erste, der diese Institution in das europäische Sozialdenken einführte. Sein Einfluss auf den Verlauf der öffentlichen Debatte im Russischen Reich selbst war ebenfalls bedeutend, insbesondere unter den Russen. Die von Baron Haxthausen aufgetane Bauernkommune wurde zu einem zentralen Konzept des russischen öffentlichen Denkens. »Nach dem deutschen Haxthausen begannen in Russland gelehrte Männer, die alten und gegenwärtigen sozialen Ordnungen unter den Moskauern zu studieren (Bauernkommune, Mir-Dorfgemeinschaft)«, schrieb Mychajlo Drahomanow 1878 in seinem »Vorwort« zur Genfer Zeitschrift *Hromada* und kritisierte ukrainische Forscher, die den öffentlichen Haushalten und sozialen Ordnungen nicht dieselbe Aufmerksamkeit schenkten.[7] Später, bei der Veröffentlichung von Drahomanows Werken, erwähnte Iwan Franko auch den Einfluss von Haxthausen. Seine Entdeckung, so Franko, löste eine lange Diskussion unter den russischen Progressiven über den richtigen Weg der Entwicklung ihres Landes aus: »Sowohl Herzen als auch Tschernyschewskij rätselten darüber; der eine klammerte sich an die von dem Deutschen Haxthausen entdeckte russische ›Gemeinschaft‹, um sich und andere davon zu überzeugen, dass Russland aufgrund dieser Gemeinschaft dem sozialistischen System bereits näher sei als Westeuropa; der zweite verdrehte die logischen Dreiklänge Hegels (›Briefe ohne Adresse‹), um zu beweisen, dass nicht die ganze Menschheit alle Phasen der Entwicklung im gleichen Tempo durchlaufen muss; dass der eine Teil durch langwierige Arbeit hindurchgegangen ist, der andere, der von ihren Errungenschaften profitiert, in einem sehr verkürzten Tempo hindurchgehen

7 Mychajlo Drahomanov, „Perednje slovo [do 'Hromady' 1878 r.]," in *Vybrane („...mij zadum zložyty očerk istorii cyvilizacii na Ukraïni")*, Hg. Rostislav Miščuk und Valentyna Šandra (Kyïv: Lybid', 1991), 297.

kann; daher kann Russland, von seinem absoluten Regime und primitiven Zustand unter glücklichen Umständen mit weniger Gepäck zum sozialistischen System übergehen als westliche, traditionell überlastete Länder.«[8]

Tatsächlich erregten die Idealisierung Russlands und seine an der Bauernkommune ausgerichtete Gesellschaftstradition damals die Aufmerksamkeit vieler. Ein Zeitgenosse des Reisenden, der berühmte französische Historiker Jules Michelet, bezeichnete Baron Haxthausen als Pionier, als »Kolumbus von Russland«. Seine Reiseaufzeichnungen sind ein interessantes Zeugnis dafür, wie die osteuropäische Welt in der geistigen Vorstellung der Westeuropäer wahrgenommen wurde. Im Gegensatz dazu haben Haxthausens Schriften über die Ukraine bisher nur das Interesse weniger Forscher auf sich gezogen, obwohl seine Reiseaufzeichnungen voller interessanter Beobachtungen über die soziale und kulturelle Eigenständigkeit der ukrainischen Gesellschaft sind. Der slawophile und volkstümliche Ansatz, mit dem Haxthausen auch die Bauernkommune betrachtet hatte, ermöglichte es ihm, die kulturelle Eigenständigkeit der ukrainischen Gesellschaft zu erkennen.

## Kulturelle Unterschiede zwischen Ukrainern und Russen

Es ist bezeichnend, dass Haxthausen seine Einreise in die Ukraine als Eintritt in ein anderes Land darstellt. Während seiner gesamten Reise zeichnete er sorgfältig die ethnisch-kulturellen Unterschiede zwischen Ukrainern und Russen auf, und als er in die Provinz Orjol kam, stellte er erneut die Existenz einer ethnischen Grenze zwischen Ukrainern und Russen fest. Im Allgemeinen bezweifelte er jedoch nicht das imperiale Prinzip der Unteilbarkeit Russlands. In der Einleitung zu seinen Reiseberichten vertrat er die Ansicht, dass die Russen zwar aus zwei Zweigen, den »Großrussen« und den »Kleinrussen« bestünden, die sprachlichen Unterschiede zwischen ihnen aber ebenso unbedeutend seien wie die zwischen Hoch- und Niederdeutsch, und dass sie durch ein Gefühl der nationalen und religiösen Einheit verbunden seien. Im selben Jahr, in dem Taras Schewtschenko, Pantelejmon Kulisch und Mykola Kostomarow in Kyjiw zusammentrafen, was bald zur Gründung der Kyrill-und-Method-Gesellschaft führte, die 1847 von der Zarenregierung zerschlagen wurde,

8 Ivan Franko, „Peredne slovo," in *Ševčenko, ukraïnofily i socializm*, Hg. Mychajlo Drahomanov (L'viv: Ukraïns'ko-rus'ka vydačna spilka, 1906), https://www.i-franko.name/uk/HistLit/1906/DragomanovM-Shevchenko.html.

sah Haxthausen keinerlei Anzeichen für einen ukrainischen Separatismus. Offensichtlich orientierte sich der deutsche Reisende an der Stimmung unter den Ukrainern. Haxthausens Reisebeschreibung lässt erahnen, dass viele seiner Gesprächspartner dem Zarenreich gegenüber loyal waren. Dennoch machte der neugierige Reisende viele interessante Beobachtungen darüber hinaus.

Zunächst einmal war Haxthausen von der ukrainischen Landschaft beeindruckt.[9] Das Erste, was ihm bei der Einreise in die Ukraine auffiel, waren die, innen wie außen, sorgfältig weiß getünchten Bauernhütten. Seine Beschreibung enthält diesbezüglich viele poetische Verallgemeinerungen. Der ukrainische Bauer liebte laut Haxthausen seine kleine weiße Hütte mit Blumen und Kleidung in hellen Farben. Die ukrainischen Hütten sähen sauberer und ordentlicher aus als die russischen. Im Großen und Ganzen zog Haxthausen die ukrainischen Bauern den russischen vor: Er schrieb ihnen mehr Geschmack zu, eine reiche Fantasie, Poesie, Gesang, Musikalität, Begabung und Religiosität (»Die Kleinrussen sind ein poetisches, phantasiereiches Volk, man kann daher leicht denken, dass sich eine Menge Volkslieder, Volksmärchen und Volkssagen bei ihnen erhalten haben«[10]). Dem Reisenden fielen die bäuerliche Männer- und Frauenkleidung ebenso auf wie das Essen (Roggen- und Weißbrot, Speck, Borschtsch und Warenyky) und die Hochzeits- und Beerdigungsriten, einschließlich der Iwan-Kupala-Feiern (Feiern zur Johannisnacht). Das ukrainische Dorf ähnelte für ihn eher einem deutschen als einem russischen Dorf: mit seiner Straßenführung, der Struktur des Dorfplatzes und den Weihnachtsliedern. Haxthausen beschreibt den ukrainischen Weihnachtsabend und stellt fest, dass er wie in Deutschland »Heiligabend« (*Swjatwetschir*) genannt wird.

Auf dem Weg nach Jekaterinoslaw (dem heutigen Dnipro) machte der Reisende in dem Dorf Hubynycha Halt, wo er mit einem alten Einheimischen sprach, der einen äußerst positiven Eindruck auf den Baron machte.[11] Auch hier unterschieden sich die Lebensweise und der Alltag der Dorfbewohner deutlich von dem, was er in Russland gesehen hatte. Haxthausen wies oft auf die Ähnlichkeiten zwischen den ländlichen und städtischen Einrichtungen der Ukraine und denen in Europa hin. Bei der Beschreibung der Dörfer in Sloboschanschtschyna erwähnte er die alten Traditionen und Rechte der Kosaken. Obwohl die Kosaken zu friedlichen

9 August von Haxthausen, *Studien über die innern Zustände, Theil 2*, 158-163.
10 August von Haxthausen, *Studien über die innern Zustände, Theil 2*, 161.
11 August von Haxthausen, *Studien über die innern Zustände, Theil 2*, 163-164.

Bauern wurden und sich mit anderen Bauern mischten, blieben sie die Eigentümer ihrer Ländereien (*odnodworzi*). Nachdem er die zahlenmäßige Überlegenheit der Staatsbauern und der *odnodworzi* in den ukrainischen Dörfern hervorgehoben hatte, ließ Haxthausen die Frage offen, inwieweit die Wirtschaftsstruktur des ukrainischen Dorfes seinem idealisierten Modell der russischen Gemeinschaft entsprach und ob die für Russland entwickelten Reformrezepte in der ukrainischen Gesellschaft wirksam sein konnten.

Auf seiner Reise war Haxthausen in den wichtigsten ukrainischen Städten. In Charkiw besuchte er eine Universität und traf mehrere Professoren, die zuvor an deutschen Universitäten studiert hatten oder diese kannten. Der Reisende traf sich insbesondere mit dem Historiker Michail Lunin und dem Slawisten Ismail Sresnewskij, mit denen er über die erhaltenen Institutionen der traditionellen Dorfjustiz in ukrainischen Dörfern diskutierte. Er wies auf die niedrigen Gehälter der Professoren hin und erwähnte, dass die Ausbreitung politischer Gesinnungen überwacht werde. Haxthausen beschrieb die Rolle der Kosaken bei der Gründung Charkiws und schilderte sowohl die eleganten Häuser als auch die ungepflasterten, staubigen Straßen. Von den dort lebenden Deutschen hörte er Klagen über die intellektuelle Leere des gesellschaftlichen Lebens in Charkiw, das sich auf Kartenspielen und Tanzen beschränke, merkte aber sofort an, dass die gleiche Leere auch in den deutschen Provinzstädten herrsche.

In Kyjiw hatte Baron Haxthausen einen jungen Begleiter, wahrscheinlich handelte es sich um Baron Maximilien de Chaudoir, den Sohn von Stanislas de Chaudoir, einem Numismatiker und Archäologen. Dieser Begleiter wurde dem Reisenden vom Generalgouverneur Dmitrij Bibikow persönlich zur Verfügung gestellt, der für die systematische Unterdrückung vor allem von Polen berüchtigt war. Dennoch machte der Gouverneur einen positiven Eindruck auf Haxthausen. Es ist kein Zufall, dass Haxthausen eindeutig die russische Seite unterstützte, als er die Politik des russischen Kaisers gegenüber den polnischen Grundbesitzern beschrieb. Die Stadtrundfahrt umfasste Besuche des Kyjiwer Höhlenklosters, des Zarengartens, des Instituts der adligen Jungfrauen und der Universität, wo der deutsche Reisende den Juraprofessor Mykola I-wanyschew kennenlernte.

Im Allgemeinen war Haxthausen kein Kritiker, sondern eher ein wohlwollender Beobachter der Politik des russischen Kaisers. Seine positive Einstellung gegenüber den russischen Behörden kommt in seinen

Reisebeschreibungen wiederholt zum Ausdruck. So beschrieb er begeistert die russische Kolonisierung der Schwarzmeersteppen und die Russifizierung einheimischer Völker. Die wirtschaftliche Wechselwirkung der verschiedenen Regionen des Reiches, so Haxthausen, sollte dessen künftigen Wohlstand und die Überlegenheit gegenüber anderen Ländern in Europa sichern.

## Haxthausens Reiseberichte und die außenpolitischen Pläne Preußens

Baron Haxthausens Beschreibung seiner Reisen löste in den höchsten Kreisen der preußischen Diplomaten und Regierungsbeamten eine interessante Dynamik aus. Mit dem Ausbruch des Krimkriegs im Jahr 1853 wurden die Meinungsverschiedenheiten über die preußische Politik gegenüber dem Russischen Reich zwischen zwei Lagern deutlich: der liberalen Strömung, vertreten durch das *Preussische Wochenblatt zur Besprechung politischer Tagesfragen* (daher auch »Wochenblattpartei« genannt), und konservativen Gruppen, manchmal als »Kreuzzeitungspartei« bezeichnet (nach der *Neuen Preussischen Zeitung*, auch bekannt als *Kreuzzeitung*). Liberale Kreise, darunter der Politiker und Gelehrte Moritz August von Bethmann-Hollweg, verbreiteten Notizen über Preußen als mögliches Mitglied einer europäischen Koalition mit Frankreich und England, die Freiheitsbewegungen unterstützen, dem Russischen Reich entgegentreten und dessen Zersplitterung erreichen solle. Eine Gruppe von Konservativen unter der Führung der Brüder Leopold und Ludwig Gerlach, zu der auch der junge Diplomat Otto von Bismarck (1815–1898) gehörte, plädierte stattdessen für die Aufrechterhaltung enger Beziehungen und eine weitere Annäherung an Russland.

In seinen Erinnerungen schrieb Bismarck, die »Wochenblattpartei« habe vorgeschlagen, nicht nur den Anschluss der Ostseegouvernements, einschließlich der Hauptstadt Sankt Petersburg, an Schweden und Preußen zu erreichen, sondern auch den

> »Verlust […] des Gesammtgebiets der Republik Polen in ihrer größten Ausdehnung und die Zersetzung des Ueberrestes durch Theilung zwischen Groß- und Klein-Russen, abgesehn davon, daß fast die Mehrheit der Klein-Russen schon dem Maximalgebiet der Republik Polen gehört hatte. Zur Rechtfertigung dieses Programms wurde mit Vorliebe die Theorie des Freiherrn von Haxthausen-Abbenburg (Studien über die inneren Zustände, das Volksleben und insbesondere die

> ländlichen Einrichtungen Rußlands) benutzt, daß die drei Zonen mit ihren einander ergänzenden Producten den hundert Millionen Russen, wenn sie vereinigt blieben, das Uebergewicht über Europa sichern müßten.«[12]

Interessanterweise dienten Haxthausens Einschätzungen und Beobachtungen als Grundlage für die Ausarbeitung ehrgeiziger politischer Pläne. Im März 1854 verfasste der preußische Gesandte in London, Christian Karl Josias von Bunsen, eine Note, in der er vorschlug, Finnland, die baltischen Staaten, Polen und die Schwarzmeerländer (Krim, Bessarabien, Cherson und Taurien) von Russland zu trennen. Dem Historiker Mychajlo Schwahuljak zufolge war das Hauptziel dieser Pläne die Wiederherstellung des polnischen Staates als Verteidigungszone gegen Russland, während »die Ukraine und ihre Probleme kein eigenständiges Objekt der Aufmerksamkeit des ›Bethmann-Umfeldes‹ waren, sondern sie interessierten sie nur im Rahmen politischer Kombinationen, die darauf abzielten, Russland zu schwächen«[13].

Der konservative Bismarck stand diesen Plänen skeptisch gegenüber und hielt sie für »kindische Utopien«, die den außenpolitischen Interessen Preußens schadeten. Bismarck zufolge würde ihre Umsetzung zum Verlust der polnischen Besitztümer und zur Wiederherstellung eines unabhängigen Polens führen, das dazu neigen würde, sich mit Frankreich zu verbünden und kein stabiler Partner Preußens sein würde. Bismarck hielt das traditionelle Bündnis mit dem Russischen Reich für weitaus zuverlässiger, weshalb er die Pläne der Liberalen ablehnte und schließlich erreichte, dass sie aufgegeben wurden. Während des Krimkriegs schloss sich Preußen nicht der antirussischen Koalition an, sondern nahm eine neutrale Position ein.

Die bloße Erwähnung der genannten Vorschläge und Ideen führt jedoch heutzutage zu krankhaften Diskussionen im Umfeld russischer Propagandisten, die behaupten, Bismarck habe von der Notwendigkeit einer »Amputation der Ukraine« aus dem Russischen Reich gesprochen. Dabei gibt es, wie Historiker, die sich mit dem Nachlass des Reichskanzlers Bismarck befasst haben, bestätigt haben, »kein einziges Beweisstück – weder die eigenen Aufzeichnungen des Kanzlers, noch die Protokolle seiner Reden, noch Briefentwürfe, noch Memoiren seiner Zeitgenossen –,

---

12 Otto von Bismark, *Gedanken und Erinnerungen*. Volksausgabe. Band 1 (Stuttgart: J. G. Cotta'sche Buchhandlung Nachfolger, 1905), 131.

13 Mychajlo Švahuljak, „‚Schidna kryza' i zovnišn'opolityčni al'ternatyvy Prussiï: ukraïns'ki ‚punktyry' (1853–1854)," *Visnyk L'vivs'koho universytetu. Serija istoryčna* 37, Nr. 1 (2002): 391.

das irgendetwas in dieser Richtung erwähnen würde«.[14] Offensichtlich strebte Bismarck, der nach dem Krimkrieg nicht zufällig Botschafter in Sankt Petersburg wurde und 1862 an die Spitze der preußischen Regierung trat, eher an, das Gleichgewicht zwischen den Großmächten Russland und Preußen aufrechtzuerhalten, um so gemeinsam den osteuropäischen Raum zu kontrollieren.

Diese relativ unbedeutende Episode deutet jedoch darauf hin, dass deutsche Liberale in der Mitte des 19. Jahrhunderts es für notwendig hielten, bei der Befreiung der vom Russischen Reich unterjochten Völker zu helfen, und die Informationen, die sie von Reisenden unterschiedlicher politischer Ausrichtung wie Kohl und Haxthausen erhielten, unterstützten diese Position. Die konservative preußische Staatsräson, die mit der kaiserlichen Diplomatie Russlands verflochten war, verhinderte dies jedoch. Während des Krimkrieges tat Bismarck sein Bestes, um feindliche Beziehungen zum Russischen Reich zu vermeiden, und nach dem Krieg versuchte er, die österreichisch-russische Rivalität, die sich infolge des Krimkrieges deutlich manifestiert hatte, zur Durchsetzung der politischen Interessen Preußens zu nutzen.

Mehrere Jahrzehnte nach der Veröffentlichung von Baron Haxthausens Reiseaufzeichnungen, bis in die 1880er Jahre hinein, gab es im öffentlichen Diskurs in Deutschland kein nennenswertes Interesse an der »ukrainischen Frage«, obwohl von Zeit zu Zeit über die mögliche Schaffung eines eigenen Staates der Ukrainer (»Kleinrussen«, »Rusinen«) nachgedacht wurde. Der Historiker Oleksij Kurajew entdeckte eine 1870 in Breslau veröffentlichte Broschüre, deren Verfasser die Schaffung eines »Rusinenstaates« befürwortete, der als »Schutzwall gegen Russland« dienen sollte.[15] In den 1870er Jahren zeigten auch sozialdemokratische Blätter in Berlin und Leipzig (*Neuer Social Demokrat, Der Volksstaat*) großes Interesse an der ukrainischen demokratischen Bewegung als Reaktion auf den Emser Erlass von 1876,[16] möglicherweise unter dem Einfluss

14 „Fraza Bismarka pro amputaciju Ukraïny vyjavylasja propahandysts'kym fejkom," *Ukrinform*, 01.04.2015, https://www.ukrinform.ua/rubric-other_news/1831197-fraza_bismarka_pro_amputatsiyu_ukraiini_viyavilasya_propagandistskim_feykom_2038657.html.

15 Oleksij Kurajev, *Mychajlo Drahomanov i nimec'ka hromads'ka dumka ostann'oho tretyny XIX stolittja (u svitli nevidomych ta malovidomych nimec'komovnych džerel 1870–1895 rokiv)*, Zapysky Naukovoho tovarystva imeni Ševčenka, Bd. 274 (L'viv: Naukove tovarystvo imeni Ševčenka, 2011), 416.

16 Mit dem Emser Erlass von 1876 wurde im Russischen Reich die öffentliche Verwendung des Ukrainischen verboten.

der journalistischen Tätigkeit von Mychajlo Drahomanow im Exil. Eine neue Etappe in der Diskussion über die politische Rolle der Ukraine in Osteuropa markierte der Artikel »Russland und Europa« des deutschen Philosophen und Publizisten Eduard von Hartmann, der im Januar 1888 in der Berliner Wochenzeitung *Die Gegenwart* erschien. Darin wurde ein Projekt für die Gründung des Königreichs Kyjiw skizziert. Die Veröffentlichung zeugte davon, dass vor dem Hintergrund der sich verschlechternden deutsch-russischen Beziehungen eine neue politische Situation entstand, in der der ukrainische Faktor international an Bedeutung gewann.

Die erneute kritische Lektüre der Texte aus der Mitte des 19. Jahrhunderts ist heute von besonderer Relevanz, da Bismarcks politisches Kalkül bei den späteren Vertretern einer Realpolitik gegenüber der UdSSR und Russland nach wie vor Gültigkeit hat. Bislang sah man den Gedankenaustausch in preußischen Regierungskreisen über eine mögliche politische Abtrennung und Unabhängigkeit der Ukraine oft als eine frühe Manifestation deutscher imperialer Politik gegenüber Osteuropa an. Tatsächlich manifestierte sich Mitte des 19. Jahrhunderts das traditionelle imperiale Denken aber in dem Bestreben, die Integrität des Russischen Reiches zu wahren und die politische Bedeutung des ukrainischen Faktors herunterzuspielen. Doch trotz der vorherrschenden konservativen Traditionen tauchten auf der deutschen mentalen Landkarte Osteuropas allmählich die Grenzen der Ukraine auf.

# Gegenseitige Enttäuschung? Deutschland und die Ukraine im Ersten Weltkrieg

*Frank Golczewski*

*Die Beziehungen Deutschlands und der Ukraine während des Ersten Weltkriegs waren von strategischen Interessen und enttäuschten Hoffnungen geprägt. Deutschland betrachtete die Ukraine als potenziellen Verbündeten gegen Russland. Nach der Oktoberrevolution unterstützte Deutschland die ukrainische Unabhängigkeitsbewegung – in der Hoffnung, sich Getreidelieferungen zu sichern und die ukrainische Industrie ausbeuten zu können. Im Januar 1918 erklärte sich die Ukrainische Volksrepublik für unabhängig. Die Niederlage Deutschlands im Ersten Weltkrieg und die Wiedereingliederung der Ukraine in das sowjetische Einflussgebiet bedeuteten bereits wenig später das vorläufige Ende der deutschen Interessenpolitik in der Ukraine. Die Begehrlichkeiten nach der »Kornkammer« Ukraine waren jedoch geweckt.*

Sporadisch kamen die westeuropäische Politik und Öffentlichkeit schon vor dem Ersten Weltkrieg mit der Ukraine in Berührung – allerdings wurde die Bezeichnung »Ukraine« oder »ukrainisch« noch selten verwendet. So wurden etwa die vom Zarenmord ausgelösten und von ökonomischem Neid befeuerten Pogrome zwischen 1881 und 1905 als »russische« Pogrome wahrgenommen, obgleich sie nur vereinzelt im eigentlichen Russland, in Belarus und Russisch Polen stattgefunden hatten, sondern vor allem auf dem Gebiet der heutigen Ukraine. Selbst die zeitweise Lockerung der antiukrainischen Bestimmungen in Russland nach der Revolution von 1905 machte die deutsche Öffentlichkeit nicht auf die Ukraine aufmerksam und der Versuch, eine deutsche Ausgabe von Mychajlo Hruschewskyjs *Istorija Ukrajiny-Rusy*, die *Geschichte des ukrainischen (ruthenischen) Volkes*, 1906 bei Teubner in Leipzig herauszubringen, wurde nach dem ersten Band aufgrund mangelnder Nachfrage eingestellt.[1]

1 Michael Hruševśkyj, *Geschichte des ukrainischen (ruthenischen) Volkes. I. Band Urgeschichte des Landes und des Volkes. Anfänge des Kijever Staates* (Leipzig: B.G. Teubner, 1906). Vollständig zugänglich unter https://diasporiana.org.ua/wp-content/uploads/books/8572/file.pdf.

## Das österreichische Interesse

In Österreich stellten in Ostgalizien und der Bukowina als »Ruthenen« bezeichnete Ukrainer einen wesentlichen Bevölkerungsanteil. Das Militär begann, sich für eine politische Instrumentalisierung der Ukrainer zu interessieren, als 1914 die Kriegsgefahr immer größer wurde, vor allem aufgrund der seit 1908 wegen der Annexion Bosnien-Herzegowinas wachsenden Animositäten mit Russland. Da die österreichische Politik zumindest teilweise positive Erfahrungen mit Ukrainern hatte, findet sich hier 1914 ein erster Hinweis auf eine politische Instrumentalisierung jener Volksgruppe. Bis zum Ersten Weltkrieg war diese in »Moskalophile«, die sich als eigene Gruppe innerhalb des Russentums verstanden, und »Ukrainophile«, für die die Ukrainer ein eigenes Volk waren, gespalten.

In einer Denkschrift vom 2. April 1914 schrieb der damalige Generalkonsul in Warschau, Leopold Ferdinand Freiherr von Andrian zu Werburg, die »ukrainophile« Bewegung biete die Möglichkeit, »das jetzt so aggressionslustige russische Staatsgebilde zu sprengen, oder mindestens zu desaggregieren und zu einer notwendig friedfertigen und passiven Politik zu zwingen«.[2] Das klang noch defensiv, der Tonfall änderte sich jedoch, nachdem Konsul Emanuel Urbas, der 1913 aus Tiflis abberufen worden war, sich über die aus Russland geflohenen Ukrainer in Lemberg (dem heutigen Lwiw) informiert hatte:[3] Er hielt die »politische Jungfräulichkeit der ukrainischen Sache« für eine Quelle von »wunderbare[r] Kraft und Begeisterung«, was trotz fehlender Vorbereitung ihre Verwendung »ungleich hoffnungsvoller als die [...] polnische Bewegung« erscheinen lasse.[4] Der Kabinettschef des österreichischen Außenministers, Alexander Graf von Hoyos, dämpfte zwar die Begeisterung, die Urbas von seinen ukrainischen Gesprächspartnern mitgebracht hatte, war aber

2 Leopold Andrian, „Bedeutung des ukrainischen Problems in Galizien für die allgemeine äußere Politik," in *Ereignisse in der Ukraine 1914-1922, deren Bedeutung und historische Hintergründe*, Hg. Theophil Hornykiewicz (Philadelphia: Berger, 1966), Bd. 1 von 4, Dok. 1:2.

3 Engelbert Deutsch, *Die effektiven Konsuln Österreich(-Ungarns) von 1825–1918* (Köln: Böhlau, 2017), 665-666.

4 Urbas an Hoyos, 6.8.1914, in Hornykiewicz, *Ereignisse in der Ukraine 1914-1922*, Bd. 1, Dok. 2:4-7.

von der Idee einer ukrainischen Staatlichkeit in Anlehnung an Österreich angetan.[5]

Der anfängliche Enthusiasmus begann jedoch schon bald zu schwinden, denn die österreichische Seite merkte, dass die ukrainischen Flüchtlinge aus Russland nicht wie die Galizier weitgehend bürgerliche politische Ansichten vertraten, sondern Sozialisten waren. Urbas schrieb kritisch:

> »Eine vollkommen unabhängige Ukraine [...] würde sich aber gegen Rußland nicht halten können oder hätte die Tendenz, eine radikal-sozialistische Republik zu werden, was auch keine angenehme Nachbarschaft für uns wäre«.[6]

Auch die galizischen Ukrainer waren unsicher, wie sie handeln sollten. Einerseits kam ihnen die Gründung des Bundes zur Befreiung der Ukraine (BBU) Anfang August 1914 durch gerade einmal vier linke Ostukrainer ohne ein demokratisches Mandat nicht ganz geheuer vor, andererseits nutzte man die Gelegenheit, um ein gemeinsames Gremium - den Ukrainischen Hauptrat (*Holowna Ukrajinska Rada*) - ins Leben zu rufen, das nach außen die Zusammengehörigkeit von West- und Ostukrainern deutlich machte.[7]

Die Pläne für einen ukrainischen Aufstand nach dem österreichischen Einmarsch in Russland wurden bald obsolet, weil die Russen Galizien besetzten und sowohl die Österreicher als auch der BBU den russländischen Ukrainern wenig vertrauenswürdig erschienen. Im Januar 1915 wurden die österreichischen Geldmittel für die Ukrainer gesperrt, und das Außenministerium beschloss, sich vom BBU »à l'amiable« zu trennen.[8]

---

5 »[W]enn Russland besiegt wird, so werden wir die Gründung eines ukrainischen Staatswesens so weit als möglich fördern, aber es müsste unabhängig sein und nicht von uns regiert werden. Wir könnten den Zuwachs von 30 Millionen Ukrainer[n] nie vertragen.« Hoyos an Urbas, 11.8.1914, in Hornykiewicz, *Ereignisse in der Ukraine 1914-1922*, Bd. 1, Dok. 3:8.

6 Urbas an Hoyos, 20.8.1914, in Hornykiewicz, *Ereignisse in der Ukraine 1914-1922*, Bd. 1, Dok. 6:15.

7 Kost' Levyc'kyj, *Istorija vyzvol'nych zmahan' halyc'kych ukraïnciv z času svitovoï vijny 1914-1918*, Bd. 3 (L'viv: Selbstverlag, 1930), 13-15.

8 „Die Beziehungen des k. und k. Ministeriums des Äußern zu den ukrainischen Organisationen," Januar 1915, in Hornykiewicz, *Ereignisse in der Ukraine 1914-1922*, Bd. 1, Dok. 68:195-198; Wolfdieter Bihl, „Österreich-Ungarn und der ‚Bund zur Befreiung der Ukraina'," in *Österreich und Europa. Festgabe für Hugo Hantsch*, Hg. Institut für österreichische Geschichtsforschung, Wiener Katholische Akademie (Graz: Styria, 1965), 512-513.

## Der Wechsel zu Deutschland

Die Ukrainer nahmen daraufhin mit der deutschen Regierung Kontakt auf. Dabei ging es um eine Propagandakampagne, die die Ukraine mittels Broschüren und Zeitungsartikeln in das Bewusstsein der deutschen Öffentlichkeit und Politik rücken sollte. Bis zur Einschränkung der Publikationsfreiheit im Jahr 1916 erschienen zahlreiche Texte, in denen die Ukraine als lohnendes Kriegsziel geschildert wurde.

Bei einer zweiten Maßnahme sollten ukrainischstämmige Kriegsgefangene eine zentrale Rolle spielen - eine Idee, die Konsul Urbas bei seinen Sondierungen von ukrainischen Gesprächspartnern suggeriert worden war. Sie bestand darin, »die Ukrainer unter den Kriegsgefangenen besonders zu behandeln, sie aufzuklären, dass wir als ihre Freunde in ihr Land einrücken, und sie so weit zu gewinnen, dass man sie dann in die Freiwilligenkorps einteilen oder als Agenten in den nicht besetzten Gebieten der Ukraine verwenden kann.«[9]

Nun rückten die Österreicher aber nicht in der Ukraine ein. Im oberösterreichischen Freistadt wurde dennoch ein Kriegsgefangenenlager für Ukrainer eingerichtet, in dem ab 1915 ukrainische Gefangene »gut behandelt« und vom BBU betreut werden sollten.[10] Allerdings gab es anfangs Probleme, Gefangene zu finden, die mit dem Gegner zusammenarbeiten wollten. Daher wandte sich Oleksandr Skoropys-Joltuchowskyj im Namen des BBU stattdessen an die Deutschen und schlug ihnen ganz offen vor, »unsere gefangenen Landsleute mit Waffen zu versehen [und] zur Befreiung ihrer Heimat vom moskowitischen Joche gemeinsam mit den Truppen der Verbündeten heranzuziehen«.[11]

---

9 Urbas, Ukrainische Frage, 20.8.1914, Haus-, Hof- und Staatsarchiv Wien, P.A. 523 Liasse, in Hornykiewicz, *Ereignisse in der Ukraine 1914–1922*, Bd.1, 14.

10 Fritz Fellner, „Die Stadt in der Stadt. Das Kriegsgefangenenlager in Freistadt 1914-1918," *Oberösterreichische Heimatblätter* 43, Nr. 1 (1989), 21-22. Der Beitrag enthält nur wenige Worte dazu. Siehe auch Ihor Sribnjak, *Poloneni Ukraïnci v Avstro-Uhorščyni ta Nimeččyni (1914–1920 rr.)* (Kyïv 1999), 140; Ihor Sribnjak, Natalia Jakovenko, und Viktor Matvijenko, „Revolutionizing of Jewish and Ukrainian Prisoners of War in Freistadt Camp, Austria-Hungary (1915-1917): social dimension," *Przestrzeń Społeczna* 23, Nr. 1 (2022): 127-151; Social Space Journal, *Revolutionizing of Jewish and Ukrainian Prisoners of War in Freistadt Camp, Austria-Hungary (1915-1917): social dimension* [Zugriff am 5.1.2023], https://elibrary.kubg.edu.ua/id/eprint/43325/1/I_Sribnyak_N_Yakovenko_V_Matviyenko_PS_2022_1(23)_FSHN.pdf.

11 BBU an Auswärtiges Amt und Generalstab, 21.2.1915, National Archives Canada, MG30, C167, Bd. 10, Dok. 13. Sribnjak verweist immer wieder auf die späteren Behauptungen Skoropys-Joltuchowskyjs, man habe sich die Unabhängigkeit von den Mittelmächten bewahrt - dies sind jedoch reine Schutzbehauptungen gewesen (vgl. Sribnjak, *Poloneni*, 22-26.).

Die deutschen Stellen waren zu dieser Zeit noch nicht an Hilfstruppen, wohl aber an einer nationalen Revolutionierung ihrer Gegner bzw. an deren Anstachelung zu einer sozialen Revolution interessiert, und dafür schienen die Ukrainer geeignet. Am Ende sollte die Mobilisierung der Ukrainer - neben der der Finnen, die jedoch nicht als Kriegsgefangene rekrutiert wurden - das erfolgreichste Projekt dieser Art werden. Ähnliche Versuche mit Iren, Flamen, Georgiern und als »Moslems« zusammengefassten Indern und Arabern scheiterten hingegen.[12]

Was aber wollten die Deutschen wirklich? Der für das Auswärtige Amt tätige Journalist Paul Rohrbach stellte sich vor, man könne die ukrainischen Soldaten »präparieren und sie beim Einmarsch in das eigentliche ukrainische Gebiet mit dem Auftrage zu den Ihrigen [...] schicken, die Landzuweisung an die Bauern zu verkünden.« Danach wäre »die Möglichkeit [ge]geben, die Ukraine [...] vom übrigen Rußland getrennt politisch zu organisieren.«[13]

Jedenfalls machte man sich an die Arbeit. Die im Krieg nicht aktive, von Erich Keup geführte Gesellschaft zur Förderung der inneren Kolonisation in Frankfurt an der Oder, die den deutschen Osten germanisieren sollte, wurde mit der Organisation der »Gefangenenarbeit« im Einvernehmen mit dem BBU beauftragt. Für Keup war das nur folgerichtig und er schrieb später an Skoropys-Joltuchowskyj: »Deutschland brauchte im Osten eine wirtschaftlich starke selbständige Ukraine und ein politisches Gegengewicht gegen deren nächsten Feind Polen, das ein gemeinsamer Feind des deutschen und des ukrainischen Volkes ist.«[14]

## Die »Gefangenenarbeit«

Am 23. April 1915 wurden die ersten 29 Ukrainer als Betreuungspersonal aus Österreich nach Deutschland beordert. Im Mai 1915 wurde in Rastatt das Gefangenenlager als Ukrainerlager ausgewiesen, im September 1915

12 Frank Golczewski, „Zwischen Hochverrat und Nationalheldentum. Die Nutzung von Kriegsgefangenen durch die Mittelmächte im Ersten Weltkrieg," in *Erster Weltkrieg im östlichen Europa und die russischen Revolutionen 1917*, Hg. Alexander Trunk und Nazar Panych (Berlin: Peter Lang, 2019), 89-132.

13 Denkschrift Paul Rohrbach, „Bemerkungen über Rußland" (19.10.1915), zitiert nach Peter Borowsky, „Paul Rohrbach und die Ukraine. Ein Beitrag zum Kontinuitätsproblem," in *Deutschland in der Weltpolitik des 19. und 20. Jahrhunderts. Festschrift für Fritz Fischer*, Hg. Imanuel Geiss und Bernd Jürgen Wendt (Düsseldorf: Bertelsmann, 1973), 444-445.

14 Keup an Skoropys-Joltuchowskyj, 30.3.1920, Oleksandr Skoropys-Joltuchovs'kyj, „Moï zločyny," in *Chliborobs'ka Ukraïna*, kn. 2, zb. 2/4, Hg. V'jačeslav Lypyns'kyj (Viden': Vydannja ukr. sojuza chliborobiv deržavnykiv, 1920–21), 236-237.

in Wetzlar und im November 1915 in Salzwedel. Ende 1916 entstand ein separates Offizierslager in Hannoversch Münden. Der Erfolg der Mobilisierung hielt sich anfangs in Grenzen. Die Teilnahme an den Aktivitäten war freiwillig und blieb vor allem in der ersten Zeit auf eine kleine Minderheit beschränkt, die weder die Bedrohung durch russlandfreundliche Unteroffiziere fürchtete noch den angebotenen Unterricht scheute.[15]

Der vom BBU konzipierte Unterricht umfasste vor allem historische Themen, weitere Fächer waren Musik, Kunst und Handwerk. Man stellte aber bald fest, dass die Ukrainer weder an Geschichte noch an den anderen Themen interessiert waren. In den Vordergrund rückten daraufhin Alphabetisierungskurse, Deutschunterricht, Rechenkurse, ein Lehrerausbildungsseminar, ein staatswissenschaftlicher Kurs und ein Fotografiekurs. Daneben tagten in Rastatt eine »nationale Sektion« zur »Heranbildung von politischen und nationalen Agitatoren und Organisatoren« und eine »soziale Sektion« für »diejenigen, die in Russland einer sozialistischen Partei angehörten«. Ihr Zweck war die »Gewinnung der sozialistischen Elemente für die nationale Sache«. Einmal wöchentlich wurde eine »allgemein zugängliche Volksversammlung« abgehalten, daneben gab es fast täglich »Abend- und Tagesvorträge« - »alle Vorträge mit Diskussionen«.[16]

Wie bei der Unterstützung russischer Sozialisten mithilfe von Alexander Parvus und der Durchschleusung Lenins war ein Ziel der Deutschen die Anstiftung von Unruhen in Russland - genau diese soziale »Aufwiegelung« erwartete man auch von den national und parteipolitisch unterstützten Männern.

Es gab aber auch noch handfestere Ziele: In Rastatt wurde im Dezember 1915 eine »gymnastische Gesellschaft« mit 70 Mitgliedern unter dem Namen »Salisnjak« gegründet, die später in »Saporoschska Sitsch« umbenannt wurde.[17] In einem Bericht über die Besichtigung des Lagers am 27. April 1916 wurde die »Schaffung des sogenannten Turnvereins (Saporoschje)« erwähnt, der »nun allmählich in militärischer Hinsicht eine recht konkrete Form angenommen« habe: »[M]an nennt ihn bereits

---

15 Näher dazu Omeljan Terlec'kyj, „Istorija ukraïns'koï hromady v Raštati," *in Ukraïnci v Nimeččyni 1915–1918*, Bd. 1 (Kyïv: Ukraïns'ka nakladnja, 1919).

16 „Arbeits- und Organisationsprogramm des ukrainischen Unterrichtsausschusses des BBU in Rastatt," Januar 1916, Politisches Archiv des Auswärtigen Amtes (PAAA), Weltkrieg 11a Ukraine, Bd. 10, Bl. 13-15.

17 Terlec'kyj, *Istorija*, 140.

das Schützenregiment«.[18] Dass dies auch schon nach dem damaligen Kriegsrecht verboten war, war den Deutschen bewusst.[19] In den anderen Lagern folgte man Rastatts Beispiel.

So wie die Deutschen eine »Militarisierung« billigten, duldeten sie auch »revolutionäre« Haltungen unter den Gefangenen. Ende 1916 gerieten »Propagandisten der ukrainischen Sache« aus den Reihen der Gefangenen mit der »Lageraristokratie«, dem aus Emigranten und Galiziern bestehenden BBU-Unterrichtsausschuss, aneinander.[20] Ein Grund hierfür mag das autoritäre Gebaren der beteiligten Männer gewesen sein. Nicht ganz zu vernachlässigen ist gewiss auch die Tatsache, dass die häufig aus ärmeren Schichten stammenden Lagerinsassen auf Intellektuelle trafen, die sich im Gegensatz zu ihnen frei bewegen konnten - was Neid und andere psychologisch nachvollziehbare Animositäten erzeugt haben dürfte. Positive Hinweise auf die Revolution von 1905 im Unterricht und in den Lagerzeitungen haben sicherlich auch ihren Teil dazu beigetragen.

Es bestanden sehr unterschiedliche Interessen: Für die ukrainischen Emigranten stand der eigene Nationswerdungs- und Unabhängigkeitsprozess im Vordergrund. Auswärtiges Amt und Militär waren an der Revolutionierung bzw. an der Verbreitung revolutionären Gedankenguts interessiert, die Wirtschaft hingegen an der Ausbeutung der russländischen Randgebiete. Zu diesem Zweck wurde neben ähnlichen Neugründungen für andere Länder am 11. Dezember 1915 in München der »Verband deutscher Förderer der ukrainischen Freiheitsbestrebungen ›Ukraine‹« durch Konstantin Freiherr von Gebsattel mit finanzieller Unterstützung Alfred Hugenbergs und Emil Kirdorfs gegründet.[21] Nur ging es dabei nicht um die Freiheit der Ukrainer, was von Gebsattel deutlich machte: »Für Kreuzzüge irgendwelcher Art können wir kein Blut mehr zur Verfügung stellen; sie gehören für uns der geschichtlichen Erinnerung an. Wenn wir fechten, so tun wir es um eignen Vorteil, und wenn

18 Ebd.; Ihor Sribnjak, *Poloneni Ukraïnci v Avstro-Uhorščyni ta Nimeččyni (1914–1920 rr.)* (Kyïv 1999), 140.

19 »Amtlich weiß man nichts von einer solchen Verwendung! Oberst Friedrich [...] lege den größten Wert darauf, daß selbst der Schein einer späteren militärischen Verwendung vermieden würde«, Friedrich von Schwerin, „Bericht über die Verwendung der Geldmittel," 6.7.1916, PAAA, Weltkrieg 11a Ukraine, Bd. 10, Bl. 23.

20 Emilian von Terletzkyj, „Die Bedeutung der Novemberreform für die ukrainische Propaganda im Lager Wetzlar," 9.1.1917, PAAA, Weltkrieg 11a Ukraine, Bd. 11, Bl. 48-53.

21 Falk Schupp, „Bericht des Generalsekretärs über die Tätigkeit des Verbandes deutscher Förderer der ukrainischen Freiheitsbestrebungen ‚Ukraine' während des Sommerhalbjahres," 25.9.1916, PAAA, Weltkrieg 11a Ukraine, Bd. 16, Beilage 8.

wir gegen Russland in die Schranken treten, so tun wir es, um unserem Volk das zu schaffen, was es braucht, um nicht in der Enge zu verkümmern, um seinen Blutstrom wieder zu stärkerem Fließen zu bringen.«[22]

## Im Revolutionsjahr 1917

Mit der Februarrevolution in Russland änderte sich die Lage. Sehr schnell bildeten sich in der Ukraine autonome Organe, sodass sich die Interessen sowohl der Deutschen als auch der Emigranten und Gefangenen dem Gebiet zuwandten, das ja immer noch im Kriegszustand mit den Mittelmächten war. Bei den an der Schwächung Russlands interessierten Deutschen weckte die Februarrevolution Hoffnungen auf eine Revolutionierung, nicht nur durch Sozialisten, sondern auch durch ukrainische Separatisten. Zunächst waren es jedoch nur Randfiguren der ukrainischen Politik, die »die sofortige Errichtung einer selbständigen Ukraine im Anschluss an Deutschland« als »deutsche[n] Schutzstaat« mit dem Herrenmeister des Johanniterordens Eitel Friedrich Prinz von Preußen als König vorschlugen.[23] In den Gefangenenlagern erhoffte man sich, in Kyjiw Einfluss nehmen zu können, und Skoropys-Joltuchowskyj bemühte sich um ein Mandat der Gefangenen zur Vertretung ihrer Interessen in der Heimat.[24]

Die Deutschen verhinderten jedoch seine Reise nach Kyjiw. Angesichts der revolutionären Stimmung in Russland fürchteten sie ebenso wie die Österreicher, es könnten sich nun umgekehrt die österreichischen Ruthenen zu ihren »Stammesgenossen in Russland hingezogen fühlen«. Dies wäre indes riskant, da die Zentralrada, die große Teile der Ukraine verwaltete, »alles eher als [eine] der [K.-u.-k.-]Monarchie freundlich gesinnte politische Richtung einzuschlagen gesonnen« sei. Man habe sich daher zu einer »dilatorische[n] Behandlung der ukrainischen Frage« entschlossen.[25] Eine politische Unabhängigkeitsbewegung, die den Anschluss abgetrennter Gebiete an das Mutterland anstrebt, hatten die Deutschen im Unterschied zu den Österreichern nicht zu fürchten, sie

---

22 Konstantin Freiherr von Gebsattel, „Das Gebot der Stunde," *Der Panther* 3, Nr. 10 (Oktober 1915): 1187; zitiert nach S. Grumbach, *Das annexionistische Deutschland* (Lausanne: Payot, 1917), 209-210.

23 So schrieb der Bremer Kaffeehändler Ludwig Roselius an Hilmar Freiherr von dem Bussche-Haddenhausen, 26.3.1917, PAAA, Weltkrieg 11a Ukraine, Bd. 12, Bl. 36-38.

24 Omeljan Terlec'kyj, „Jak poloneni Ukraïnci u vecljars'komu tabori pryvytaly revoljuciju v 1917 roci?," *Litopys Červonoï Kalyny* Nr. 11 (1932): 6-8; Terlec'kyj, *Istorija*, 347-350.

25 K.u.k. Ministerium des Äußern an Ritter von Storck, 31.8.1917, in Hornykiewicz, *Ereignisse in der Ukraine 1914–1922*, Bd. 1, Dok. 88: 228-230.

blieben daher mit »ihren« Ukrainern in Kontakt, und ihre Absichten traten immer deutlicher zutage.

Die Deutschen hielten an ihren Plänen fest, die sie vorerst jedoch nur in Denkschriften formulierten: »Das deutsche Heer müsste als Befreier erscheinen, es müsste den Ukrainern die Selbständigkeit versprechen und gewährleisten«, schrieb der baltendeutsche Soziologe Hans Felix von Eckardt. Zudem sollte man sich in Verhandlungen mit den Russen für den ukrainischen Separatismus einsetzen. Das würde den Deutschen wegen ihres Eintretens für das Selbstbestimmungsrecht der Völker »moralisch eine glänzende Position schaffen« - und blieben solche Verhandlungen aussichtslos, könnte der Krieg immer noch »am einfachsten durch einen Einmarsch in die Ukraine« beendet werden.[26]

Wolodymyr Stepankiwskyj, ein ukrainischer Nationalist, der sich auch sonst im Krieg für die deutsche Politik engagiert hatte und den man getrost als Doppelagenten bezeichnen darf, machte sich am 19. August 1917 in die Ukraine auf, versehen mit 200.000 schwedischen Kronen vom Auswärtigen Amt. Er hatte den Auftrag, in Kyjiw eine »Sondergesandtschaft zusammenzubekommen, die mit uns zu verhandeln und abzuschließen bevollmächtigt ist«.[27] Damit war ein Sonderfrieden mit der Ukraine erstmals als deutsches politisches Ziel benannt. Bis Kyjiw kam Stepankiwskyj jedoch nicht,[28] er wurde im September 1917 in Petrograd verhaftet[29] und kam erst nach der Machtübernahme der Bolschewiki frei.

Inzwischen gab es erste vorsichtige Versuche, die nationalbewusst gewordenen Gefangenen im polnisch-ukrainischen Gebiet als eine Art deutschfreundlicher Ukrainisierer einzusetzen. Aber in den Lagern begannen die Gefangenen, Bedingungen für ihre Mitwirkung zu stellen. Am 30. April 1917 beschloss die Rastatter Gefangenenvertretung, sich darauf nur einzulassen, wenn die Gefangenen ausschließlich zu »Bildungs- und Kulturzwecken« eingesetzt würden, wenn die Deutschen die polnische Verwaltung des Gebiets beseitigen und wenn sie eine Verbindung zu anderen Lagern ermöglichen würden.[30]

---

26 Denkschrift Hans F. von Eckardt, „Die Ukraine und ihre Bedeutung für Deutschland," Mai 1917, PAAA, Weltkrieg 11a Ukraine, Bd. 13, Bl. 9, 37-38.

27 Von Hülsen an von Bergen, 13.8.1917, PAAA, Weltkrieg 11a Ukraine, Bd. 15, Bl. 39; Steinwachs an von Bergen, 12.8.1917, PAAA, Weltkrieg 11a Ukraine, Bd. 15, Bl. 47.

28 Von Romberg an Reichskanzler, 27.6.1917, PAAA, Weltkrieg 11a Ukraine, Bd. 13, Bl. 178.

29 Deutscher Gesandter Stockholm (Stobbe) an Reichskanzler, 6.10.1917, PAAA, Weltkrieg 11a Ukraine, ebd., Bd. 16, Bl. 81.

30 Terlec'kyj, *Istorija*, 350-352.

Die Gegner einer weiteren Zusammenarbeit hielten es für unmöglich, »Menschen in die besetzten Gebiete zu schicken, wenn Russland der Ukraine die Freiheit gibt«.[31] Naturgemäß hatten die Deutschen kein Interesse daran, dass die Ukrainer ihre Freiheit von den Russen bekommen würden. Die Planungen im Auswärtigen Amt liefen schon im Sommer 1917 auf einen Separatfrieden hinaus, der allerdings zu diesem Zeitpunkt illusorisch erschien:

> »Entschlossenes Zugreifen seitens Deutschlands unter Anerkennung der vollen ukrainischen Selbständigkeit, Zusicherung des Cholmgebiets und Ostgaliziens, [...] und Abgabe bestimmter Versprechungen, die die Sicherung der Ukraine gegen polnische Ansprüche gewährleisten würden, könnten zu einem Sonderfrieden mit der Ukraine führen [...].«[32]

Die Situation änderte sich mit der als »Oktoberrevolution« bezeichneten Machtergreifung durch die Bolschewiki. Während die Provisorische Regierung Russlands die ukrainische Autonomie notgedrungen akzeptiert hatte und sich die Rada-Ukrainer bereit erklärt hatten, in einer geplanten Russländischen Föderation zu verbleiben, war ihr Verhältnis zur bolschewistischen Führung von Anfang an vergiftet.

Im III. Universal vom 7./20.11.1917[33] - die Ukraine nannte ihre Dekrete in Anlehnung an Kosakentraditionen »Universale« - sprach die neugegründete Ukrainische Volksrepublik (UNR) der Petrograder Führung die Kompetenz als russische Zentralregierung ab (»Zentralnoho prawytelstwa nema« - eine Zentralregierung gibt es nicht) und erklärte, die Regierung und Verwaltung der Ukraine in die eigenen Hände zu nehmen.[34] Die Sowjetregierung schloss am 2./15. Dezember 1917 (mit Wirkung vom 4./17. Dezember) einen Waffenstillstand mit den Mittelmächten und richtete ein Ultimatum an die UNR. Im Falle der Nichteinhaltung des Ultimatums würde die Sowjetregierung am 5./18. Dezember den Krieg zwischen der Russländischen Sozialistischen Föderativen Sowjetrepublik (RSFSR) und der UNR erklären.

---

31 Terlec'kyj, *Istorija*, 352-354.

32 Schriftsatz Freytagh-Loringhoven, 27.7.1917, PAAA, Weltkrieg 11a Ukraine, Bd. 14, Bl. 86.

33 Der gregorianische Kalender wurde in Sowjetrussland erst am 14. Februar 1918 eingeführt. Bei zweifachen Datumsangaben entspricht das erste Datum dem damals in Sowjetrussland genutzten julianischen, das zweite dem gregorianischen Kalender.

34 III. Universal Ukraïns'koï Central'noï Rady, 7.11.1917 a. St., Central'nyj Deržavnyj Archiv Vyššych Orhaniv (CDAVO) Ukraïny, Fond 1115, Op. 1, Bd. 4, Bl. 9, https://uk.wikisource.org/wiki/Третій_Універсал_Української_Центральної_Ради.

Zwar rühmte sich manch ukrainischer Politiker später, die Rada-Ukrainer mit den Deutschen zusammengebracht zu haben, es waren aber wohl eher die erwähnte Haltung der Deutschen und die Probleme der UNR mit den Russen und den ukrainischen Bolschewiki, die damals den Ausschlag für eine Annäherung gaben.

## Russisch-ukrainischer Krieg, Unabhängigkeitserklärung und Sonderfrieden

Am 8./21. Dezember 1917 begannen die bolschewistischen Truppen unter Wladimir Antonow-Owsijenko und Michail Murawjow den Vormarsch gegen die Ukraine sowie das Dongebiet (unter der Führung von Aleksej Kaledin, der Lenin die Gefolgschaft verweigert hatte). In der Ukraine trafen sie zunächst nicht auf Widerstand, sie nahmen Charkiw ein und organisierten einen Räte-Kongress, der als Gegenveranstaltung zu einem gleichzeitig in Kyjiw tagenden Kongress gedacht war. Da die Bolschewiki in Kyjiw zunächst in der Minderheit waren, verließen ihre Deputierten die Stadt und schlossen sich den Charkiwern an. Am 12./25.12.1917 riefen sie die Ukrainische Volksrepublik der Arbeiter-, Bauern-, Soldaten- und Kosakendeputierten aus.

Der anschließende Feldzug gegen Kyjiw war erfolgreich, weil die Rada den Bolschewiki wenig entgegenzusetzen hatte. Symon Petljura, der die proukrainischen Verbände organisierte, hatte schon im Dezember 1914 geschrieben: »Wie schwer es auch ist, unter den Ihnen bekannten Bedingungen zu leben, aber in die Fänge Deutschlands zu geraten – danke schön«.[35] Nun trat er zurück, und sein Nachfolger Mykola Porsch war bereit, sich mit den Mittelmächten zu verständigen.

Am 14./27. Dezember 1917 signalisierte General Erich Ludendorff der deutschen Regierung, dass dem Militär ein Friedensschluss mit der Ukraine willkommen wäre.[36] Von diesem Datum an kann man also davon ausgehen, dass die Deutschen einen Separatfrieden mit der Ukraine anstrebten. Der deutsche Verhandlungsleiter bei den beginnenden Friedensverhandlungen in Brest-Litowsk, Richard von Kühlmann, eröffnete den Ukrainern am 4. Januar 1918, man sei unter Umständen bereit, mit

35 Petljura an Nasaruk, 18.12.1914, in *Symon Petljura: Statti, lysty, dokumenty*, Hg. A. Valijs'kyj *et al.* (N'ju-Jork: *Ukraïns'ka Vil'na Akademija Nauk v SŠA*, 1956), 188-190.

36 Ludendorff über von Winterfeldt an Reichskanzler, 27.12.1917, PAAA, Weltkrieg 11a Ukraine, Bd. 20, Bl. 15.

ihnen gesondert zu verhandeln.[37] Spätestens am 13. Januar erörterte General Max Hoffmann mit den ukrainischen Delegationsmitgliedern das Thema der Unabhängigkeit.[38]

Das war aber nicht ganz einfach. Im III. Universal hatte sich die UNR noch als Teil einer Russländischen Föderation bezeichnet und damit ihre völkerrechtliche Vertragsfähigkeit negiert. Als man den Ukrainern die Möglichkeit eines Separatfriedens eröffnete, stellten diese verklausuliert ihre Zustimmung in Aussicht: wenn »annehmbare Grundlagen gefunden würden«.[39] Taktisch geschickt forderten sie Zugeständnisse: den Anschluss von Chełm/Cholm und weiterer Gebiete bis südlich von Białystok sowie eine Volksabstimmung in Ostgalizien mit dem Ziel der Errichtung eines ukrainischen Kronlandes in Österreich. Kaiser Wilhelm II. war mit einer solchen Lösung sehr zufrieden, die Österreicher waren eigentlich dagegen, mussten sich aber angesichts ihrer Versorgungsprobleme und der Hoffnung auf ukrainisches Getreide mit allen Bedingungen einverstanden erklären.

Somit waren die Beteiligten beider Seiten an einem Friedensschluss interessiert. Die Österreicher wegen der Nahrungsmittel, auch wenn dies den Unmut der polnischen Österreicher weckte - die Deutschen hofften zudem, so den Sowjetrussen gegenüber einen »schärferen Ton anschlagen« zu können.[40] Und die Ukrainer? »[D]ie Ukrainer sind gerissen, hinterhältig und vollkommen maßlos in ihren Ansprüchen, wenn sie glauben, sich dies nach Lage der Sache leisten zu können«, telegrafierte von Kühlmann nach Deutschland.[41]

Der Vormarsch der Bolschewiki schien indes unaufhaltsam. In welchem Maße dies den Deutschen klar war, ist nicht genau nachzuvollziehen. Die Kleine Rada, eine Art Exekutivausschuss, verhandelte die Frage der Unabhängigkeit vom 22. Januar 1918 an und erklärte diese schließlich am 25. Januar im IV. Universal, wobei das Dokument auf den 22. Januar datiert wurde.[42] Dieser Tag wird heute in der Ukraine als Tag der Unabhängigkeitserlangung angesehen.

---

37 Von Kühlmann an Auswärtiges Amt, 4.1.1918, in *L'Allemagne*, Hg. André Scherer und Jacques Grunewald (Paris: Publications de la Sorbonne, 1976), Bd. 3, Dok. 141: 201-202.

38 Dmytro Dorošenko, *Istorija Ukraïny 1917-1923 rr.: Doba Central'noï Rady*, Bd. 1 (Kyïv: Tempora, 2002 [1930]), 218.

39 Von Rosenberg an Auswärtiges Amt, 13.1.1918, *L'Allemagne*, Bd. 3, Dok. 164:258-259.

40 Von Kühlmann an Hertling, 16.1.1918, *L'Allemagne*, Bd. 3, Dok. 171:270-271.

41 Von Kühlmann an Hertling, 16.1.1918, *L'Allemagne*, Bd. 3, Dok. 171:270-271.

42 Vollständiger Text auf Ukrainisch auf Wikisource. „Četvertyj Universal Ukraïns'koï Central'noï Rady" [Zugriff am 15.1.2023], https://uk.wikisource.org/wiki/Четверт ий_Універсал_Української_Центральної_Ради.

Denkmal für den Arsenal-Aufstand von 1918 in Kyjiw. Quelle: https://de.m.wikipedia.org/wiki/Datei:Monument_to_the_Arsenal_uprising_in_Kiev.JPG.

Nach der Unabhängigkeitserklärung versuchten die russischen Truppen, schnell nach Kyjiw zu gelangen. Am 16./29. Januar stellte sich ihnen in Kruty, nordöstlich von Kyjiw, eine vor allem aus Schülern zusammengewürfelte Abwehr entgegen, die den Vormarsch jedoch nicht verhindern konnte und hohe Verluste erlitt.[43] Am selben Tag unternahmen mit den Bolschewiki sympathisierende Kräfte in Kyjiw einen Aufstand, dessen Ausgangspunkt das Arsenal-Werk im Süden der Stadt war. Zwar konnte der Aufstand am 4. Februar durch die Sitsch-Schützen – einen aus österreichischen Kriegsgefangenen bestehenden Verband unter der Führung von Jewhen Konowalez – niedergeschlagen werden. Am 8. Februar besetzten die russischen Verbände jedoch die Hauptstadt, und die Regierung zog sich nach Westen zurück.

---

43 Vgl. R. D. Kyvac'ka, *Kruty. Krok u bezsmertja* (Drohobyč: 2018); Osyp Zinkevyč, Hg., *Kruty. Zbirka u pam'jat heroïv Krut* (Kyïv: 2008).

Als die ukrainische Delegation nach einer Verhandlungspause wieder nach Brest zurückkehrte, blieb ihr keine andere Option als ein Separatfrieden. Der Historiker und Politiker Dmytro Doroschenko betonte, dass die einzige Instruktion, die der neue Delegationsleiter Oleksandr Sewrjuk in Kyjiw erhalten habe, gelautet hätte: »Schließt schnellstmöglich Frieden«.[44] Bei den deutsch-österreichischen Regierungsverhandlungen am 5. und 6. Februar in Berlin fiel dann die Entscheidung, Frieden mit der Ukraine zu schließen. Die Lieferung von Lebensmitteln hatte man dabei schon fest eingeplant und militärische Hilfe erwogen.[45] Am 9. Februar 1918 wurde zwischen den Mittelmächten und der Ukraine der erste Friedensvertrag des Ersten Weltkriegs geschlossen. In einem Zusatzprotokoll versprach die Ukraine den Mittelmächten umfangreiche Lebensmittellieferungen.

Am 10. Februar bot der Abbruch der Gespräche durch Leo Trotzki einen Anlass, den deutschen Vormarschbefehl für Livland und Estland vorzubereiten, und in diesem Zusammenhang planten die Deutschen auch den Einmarsch in die Ukraine. Als nach der Sitzung des Kronrats in Homburg am 13. Februar die Wiederaufnahme der Feindseligkeiten gegen Russland beschlossene Sache war, waren sich alle einig, in die Ukraine einmarschieren zu wollen. Von Kühlmann telegrafierte nach Brest: »Bitte zu versuchen von Ukrainern Erklärung zu extrahieren und Berlin zu übermitteln, welche für angegebene Zwecke verwertbar ist«.[46] Am 18. Februar traf der Hilferuf der UNR-Regierung formal in Wien und Berlin ein - der deutsche Befehl zum Einmarsch stammte indes bereits vom 15. Februar. Die Deutschen brachen am 18. Februar den Waffenstillstand mit Sowjetrussland und marschierten in die Ukraine ein.[47]

---

44 Dorošenko, *Istorija Ukraïny 1917–1923*, 220.

45 Vgl. Włodzimierz Mędrzecki, *Niemiecka interwencja militarna na Ukrainie w 1918 roku* (Warszawa: DiG, 2000), 49; Frank Grelka, *Die ukrainische Nationalbewegung unter deutscher Besatzungsherrschaft 1918 und 1941/42* (Wiesbaden: Harrassowitz, 2005), 83-84; von Kühlmann an Reichskanzler: »Falls ein Hilferuf der Ukrainischen Rada-Regierung an uns erginge, wäre die Frage ernstlich zu prüfen, ob diesem Folge geleistet werden könnte, oder nicht«, von Kühlmann an Hertling, 1.2.1918, in *L'Allemagne*, Bd. 3, Dok. 207:319-320.

46 Von Kühlmann an Auswärtiges Amt, Brest, 13.2.1918, in *L'Allemagne*, Bd. 3, Dok. 248:389; siehe auch Protokoll der Beratungen im Großen Hauptquartier von Bad Homburg, 13.2.1918, Bundesarchiv, R43, Bd. 2403f, Bl. 85-93, zitiert bei Frank Grelka, „Selbständigkeitsbestrebungen und Besatzungsherrschaft" (Phil. Diss., Bochum, 2002), 85: »Reichskanzler: Wir wollen Odium nicht auf uns nehmen, daß wir Politik ändern und jetzt annexionsmäßig vorgehen. Wir müssen Hilferuf haben, dann lässt sich darüber reden«.

47 Vgl. Mędrzecki, *Niemiecka interwencja*, 49-51.

Da die Truppen der Mittelmächte die nördlichen Gebiete des Baltikums besetzten und die Bolschewiki auch in der Ukraine bekämpften, kehrten die Sowjetrussen an den Verhandlungstisch zurück und unterschrieben am 3. März einen Diktatfrieden. Die Ukraine und das Baltikum waren abzutreten.

> »Russland verzichtet auf jede Einmischung in die inneren Verhältnisse dieser Gebiete. Deutschland und Österreich-Ungarn beabsichtigen, das künftige Schicksal dieser Gebiete im Benehmen mit deren Bevölkerung zu bestimmen«,

hieß es in Artikel 3. In Artikel 6 wurde Sowjetrussland zur Anerkennung der Ukraine gezwungen:

> »Russland verpflichtet sich, sofort Frieden mit der Ukrainischen Volksrepublik zu schließen und den Friedensvertrag zwischen diesem Staate und den Mächten des Vierbundes anzuerkennen. Das ukrainische Gebiet wird unverzüglich von den russischen Truppen und der russischen Roten Garde geräumt. Russland stellt jede Agitation oder Propaganda gegen die Regierung oder die öffentlichen Einrichtungen der Ukrainischen Volksrepublik ein.«[48]

Für die Rada-Regierung war das die Rettung, auch wenn es noch einiger Gefechte bedurfte, um die russischen Verbände zu vertreiben. Die Erklärung des ukrainischen Ministerpräsidenten Wsewolod Holubowytsch vom 23. Februar 1918, mit den Deutschen gebe es »kooperative Beziehungen […] ohne irgendwelche Missverständnisse« und ihre Armee mische sich nicht in die inneren Angelegenheiten der UNR ein, war jedoch sowohl »wishful thinking« als auch die einzige Möglichkeit, das Gesicht zu wahren.[49]

Die »Retter« machten nämlich genau das, was Holubowytsch bestritt, da sie ja vor allem an Lebensmitteln und der Ausbeutung der ukrainischen Industrie interessiert waren. Dazu stoppten sie die begonnene Bodenreform, mit der die UNR-Regierung den Großgrundbesitz aufteilen wollte. Die deutsche Politik stand vor einem Dilemma: Revolutionen wollte sie ausschließlich in verfeindeten Staaten anstacheln, um Unruhe zu stiften. In der Ukraine war sie aber nun auf die Kooperation eben jener »Revolutionäre« angewiesen. Als Bauern gegen den Stopp der Bodenreform revoltierten, erließ Feldmarschall Hermann von Eichhorn am 6. April 1918 einen »Feldbestellungsbefehl«, der aber kaum Wirkung zeigte. Daraufhin entschied Ludendorff: »Wir müssen […] unseren Vertretern

48 Vollständiger Text des Vertrages siehe Ungarisches Institut, *Friedensvertrag von Brest-Litowsk* [Zugriff am 18.1.2023], http://www.forost.ungarisches-institut.de/pdf/19180303-1.pdf.

49 Vgl. Grelka, *Nationalbewegung*, 107.

ohne Zaudern freie Hand lassen, wie sie ohne jede Rücksicht, nötigenfalls mit Gewalt, die Getreideausfuhr in Fluss bringen«.[50]

## Die Besetzung der Ukraine durch die Mittelmächte

Zunächst wurden jedoch die ukrainischen Gefangenen aus den deutschen Lagern in die Ukraine geschickt. In Rastatt meldeten sich 800 Freiwillige, aus denen das Iwan-Bohun-Regiment gebildet und am 17. Februar 1918 in Marsch gesetzt wurde. Am 3. März 1918 folgte das aus weiteren 1.200 ehemaligen Kriegsgefangene bestehende Iwan-Wyhowskyj-Regiment. Die Deutschen ließen diese Truppen in blaue Uniformen gekleidet (*synjoschupannyky* – »Blauröcke«) in Kyjiw auf dem Sophienplatz paradieren: Man wollte demonstrieren, dass die Zuverlässigkeit der Truppen nicht in Frage stand, und den Einmarsch als eine ukrainisch-nationale Angelegenheit darstellen.

Die Parade der »Blauröcke« in Kyjiw. Quelle: https://ru.m.wikipedia.org/wiki/%D0%A4%D0%B0%D0%B9%D0%BB:%D0%9A%D0%B8%D1%97%D0%B2_1918.png.

Die Deutschen selbst hielten die Verbände jedoch für unzuverlässig, und auch der Rada-Regierung erschienen die von den Deutschen ausgerüsteten Truppen problematisch. Die ukrainischen Minister, die inzwischen erkannt hatten, dass ihre eigenen Interessen mit denen der Deutschen kollidierten, sahen sie eher als deutsche Hilfstruppe denn als Verteidiger

50 Oberbefehlshaber Ost Heeresgruppe Kiev (Abschrift), undatiert (1918 I V 25 Bundesarchiv Militärarchiv Freiburg, Nachlaß Groener, H 08-46/172), zitiert nach Winfried Baumgart, *Deutsche Ostpolitik 1918* (Wien: Oldenbourg, 1966), 127.

der legitimen Regierung. Auch die Deutschen akzeptierten die ukrainischen Soldaten nicht auf Dauer. Sie hatten inzwischen beschlossen, die Rada-Regierung abzusetzen. Am 25. April erteilte der Militärminister der UNR, Oleksandr Schukiwskyj, den Befehl zur Auflösung der Truppe, mit dem Hinweis auf eine Vereinbarung mit dem deutschen Oberkommando.[51] Am 27. April wurden die Verbände von den Deutschen entwaffnet und in die Freiheit entlassen – was sicherlich der Absicht des BBU entsprach, konnten sie doch nun die Ukrainisierung und ihre revolutionären Ideen selbst in das Land hineintragen. Die Rada-Regierung beraubte sich damit jedoch der einzigen Truppe, die sie vielleicht verteidigt hätte.

Am 29. April 1918 brachen die Deutschen die Verbindungen zur Rada-Regierung ab. Eine Grundbesitzerversammlung diente als Vorwand, um den Umsturz nicht als deutsche Angelegenheit erscheinen zu lassen. Nach mehreren Reden gegen die Rada rief die Grundbesitzerversammlung zwischen 14 und 15 Uhr General Pawlo Skoropadskyj zum Hetman der Ukraine aus – die Bezeichnung des neuen Staatsoberhaupts knüpfte an kosakische Traditionen an. Skoropadskyj ergebene Truppen lösten daraufhin die parallel tagende Rada auf. Für die Mittelmächte galten »Revolutionäre« als negativ, als staatsschwächend, weshalb man sie ausschließlich auf der gegnerischen Seite zu fördern suchte. Auf der eigenen waren ordnungsliebende, einer produktionsorientierten Ruhe zugeneigte Führer erwünscht. Der Umsturz war daher für die Deutschen die geradezu logische Folge ihrer Instrumentalisierung von »Revolutionären«.

Das Vorgehen erwies sich jedoch als wenig erfolgreich. Die Deutschen sahen sich im ganzen Land mit Bauernunruhen konfrontiert[52] und auch der wirtschaftliche Erfolg ließ auf sich warten: Nach Deutschland kamen kaum mehr als zehn Prozent der erwarteten landwirtschaftlichen Produkte, Kohle musste gar in die Ukraine exportiert werden. Am 22. Oktober 1918 schrieb der Staatssekretär im Reichsschatzamt, Siegfried Graf von Roedern, an den Generalstabschef des Feldheeres:

> »Die finanziellen Lasten, die das Ukraine-Unternehmen dem Reiche und der deutschen Wirtschaft auferlegt, stehen in keinem Verhältnis zu den wirtschaftlichen Vorteilen, die uns die Ukraine bisher geboten hat und uns voraussichtlich für eine

---

51 Viktor Zelins'kyj, *Syn'ožupannyky* (Berlin: Ukrainische Nationale Vereinigung e. V., 1938), 70.

52 Siehe auch Marian Luschnat-Ziegler, *Die ukrainische Revolution und die Deutschen 1917–1918* (Marburg: Herder-Institut, 2021).

> absehbare Zukunft bieten kann. [...] Im übrigen ist [...] das bisherige Ergebnis der Getreideeinfuhr aus der Ukraine aus sachlichen Gründen ganz verschwindend gering und für die deutsche Ernährungswirtschaft ohne jede Bedeutung gewesen, ohne daß für die Zukunft nach den Ausführungen Getreide-Sachverständiger mit einer irgendwie beträchtlichen Besserung zu rechnen ist.«[53]

Mit der deutschen Kapitulation im Westen zeichnete sich auch in der Ukraine eine Wende ab. Die Rada-Politiker organisierten sich neu und positionierten sich gegen das Hetman-Regime. Die Deutschen erklärten ihre Neutralität im innerukrainischen Konflikt, der bald zugunsten der nun als Direktorium der UNR fungierenden Gruppe unter Wolodymyr Wynnytschenko - ab Februar 1919 unter Symon Petljura - entschieden wurde.

Der Hetman und seine Regierung traten am 14. Dezember 1918 zurück, die Deutschen verhalfen ihren Marionetten zur Flucht und zogen sich innerhalb von etwa sechs Wochen aus der Ukraine zurück. Die Führung der Russländischen Sozialistischen Föderativen Sowjetrepublik erklärte nach der deutschen Kapitulation den Brester Friedensvertrag für ungültig und griff die Ukraine erneut an. Am 5. Februar 1919 wurde Kyjiw besetzt, das Direktorium floh in den äußersten Westen des Landes, und Petljura versuchte vergeblich, im Bündnis mit Polen wieder in Kyjiw Fuß zu fassen. Polen und Sowjetrussland teilten am 18. März 1921 in Riga das ukrainische Gebiet untereinander auf.

Die an der Schaffung eines eigenen ukrainischen Staates gescheiterten Politiker gingen ins Exil, nach Polen, Deutschland und in die österreichischen Nachfolgestaaten. Hier bereiteten sie sich auf einen neuerlichen Versuch vor, der Ukraine zu einer nichtsowjetischen Staatlichkeit zu verhelfen. Die Unabhängigkeitsbestrebungen der Ukrainer regten die deutschen Vorstellungen an, man könne politische, strategische, vor allem aber wirtschaftliche Vorteile aus einer erneuten Besetzung der Ukraine ziehen. Die Ukrainer - bedroht durch die Bolschewiki und mehrfach enttäuscht durch das Desinteresse der Entente-Mächte - sahen keinen anderen Ausweg als sich darauf einzulassen. Keine Seite konnte auf Dauer davon profitieren, beide Seiten wurden letztlich voneinander enttäuscht. In Deutschland blieb das Interesse an der »Kornkammer« Ukraine auch in der Zwischenkriegszeit bestehen. Als »Lebensraum« für die »Herrenrasse« war die Eroberung der Ukraine eines der Kriegsziele der Nationalsozialisten - und die Ukrainer wurden erneut getäuscht.

---

53 Staatssekretär des Reichsschatzamts (Graf Roedern) an Chef des Generalstabes des Feldheeres, 22.10.1918, PAAA, Ukraine Nr. 1 Allgemeines, Bd. 25.

# Deutsche Konsulate unter Überwachung des sowjetischen Geheimdienstes
## Die Ukraine während des Holodomors

*Andriy Kohut*

*Das deutsche Auswärtige Amt war in den Jahren 1932/33 eine der Institutionen, die besonders gut über den Holodomor informiert waren. Die Konsulate in Kyjiw, Odessa und Charkiw berichteten Berlin regelmäßig über die von den sowjetischen Behörden bewusst geschaffene Hungerkatastrophe. Die Konsuln und ihre Besucher wurden dabei von der sowjetischen Geheimpolizei streng überwacht, zumeist durch Agenten. Die Berichte aus den »KGB-Archiven« geben heute wertvolle Einblicke in die Arbeit und den Alltag der Konsuln. Vor allem aber sind sie Grundlage einer detaillierten Analyse darüber, wie Angehörige der deutschen Minderheit in der Sowjetukraine als Betroffene die Hungersnot beschrieben – und wie sich diese Augenzeugenberichte in der Korrespondenz der Konsulate an das Auswärtige Amt niederschlugen.*

In der Nacht vom 2. auf den 3. Februar 1933 rissen Ratten aus dem Kyjiwer Postamt in der Woroschylowstraße 14 ein großes Loch in die Verpackung eines Diplomatenpostpakets.[1] Das mit fünf Wachssiegeln verschlossene Paket war vom örtlichen Konsulat an die deutsche Botschaft in Moskau adressiert. Es war nicht der erste Vorfall dieser Art, daher schrieb Konsul Rudolf Sommer am 4. Februar eine Beschwerde an das Volkskommissariat für Auswärtige Angelegenheiten der UdSSR.[2]

Der Vorfall wurde sofort dem regionalen sowjetischen Geheimdienst GPU in Kyjiw gemeldet.[3] Die Tschekisten leiteten eine Untersuchung ein und verhörten Anastassija Bilenka, eine Postangestellte, und

1 Heute heißt die Straße »Jaroslawiw Wal«. Die Postfiliale Nr. 12.U.6 befand sich gegenüber der Niederlassung des Deutschen Konsulats in Kyjiw.

2 Kopie des Briefes von Rudolf Sommer an den Agenten des Volkskommissariats für Auswärtige Angelegenheiten, Genosse Schenschew vom 4. Februar 1933 (Kopija lysta vid Rudol'fa Zommera do ahenta Narodnoho komisariatu zakordonnych sprav tov. Šenševa, 4 ljutoho 1933 r. HDA SBU, f. 13, spr. 429, tom. 18, ark. 275).

3 Die GPU – Gosudarstwennoje politischeskoje uprawlenije (Staatliche politische Verwaltung) – war der damalige sowjetische Geheimdienst auf Republikebene.

Grigorij Parschykow, den Postvorsteher.[4] Auf Vorschlag der GPU wurden beide bestraft.[5] Bilenka wurde am 3. Februar entlassen, am selben Tag, an dem das Paket zum Umpacken an das Konsulat zurückgeschickt wurde. Sie suchte das deutsche Konsulat auf, weil sie glaubte, sie sei auf Wunsch des Konsuls entlassen worden, und bat darum, wieder arbeiten zu dürfen. Bei ihrer späteren Vernehmung durch die GPU war Bilenka gezwungen, nicht nur ihr nachlässiges Verhalten im Zusammenhang mit der Korrespondenz, sondern auch den Grund für ihren Besuch im Konsulat zu erklären.[6] Detailliertere Informationen über den Inhalt des Pakets lieferte Postvorsteher Parschykow, der gerügt wurde. Am 7. Februar sagte er dem GPU-Kommissar Schuster, dass durch das Loch mehrere Brotstücke mit Notizen in deutscher Sprache zu sehen gewesen seien. Er stellte fest, dass das Brot die gleiche Qualität wie das in Kyjiwer Geschäften hatte, aber trocken war.[7]

Dieser Umstand war der Schlüssel für den Bericht über die Beschädigung des diplomatischen Pakets, das am 13. Februar von Kyjiw nach Charkiw und am 3. März nach Moskau geschickt wurde. In ihrem Sonderbericht stellte die GPU fest:

> »Offensichtlich wurden diese Brotproben von SOMMER an die Botschaft weitergeleitet, um seine Einschätzung des schlechten Zustands unserer Landwirtschaft und der seiner Meinung nach entwürdigenden und ›schrecklichen Situation der deutschen Kolonisten‹ zu untermauern. Die Tatsache, dass SOMMER diesen Standpunkt sowohl vor der Botschaft als auch vor dem deutschen Auswärtigen Amt vertritt, wurde unserer Quelle wiederholt mitgeteilt.«[8]

---

4 »Tschekisten« war die allgemeine Selbstbezeichnung der Mitarbeiter der sowjetischen Geheimdienste.

5 Nachricht des Leiters der Regionalabteilung für Kommunikation Denissow. 3.03.1933 (Povidomlennja načal'nyka oblasnoho upravlinnja zv'jazku Denisova. 3.03.1933 r. HDA SBU, f. 13, spr. 429, t. 18, ark. 273; Raport na im'ja Denisova. b/d. HDA SBU, f. 13, spr. 429, t. 18, ark. 274; Sondernachricht der GPU »Über die Beschädigung des Pakets des Deutschen Konsulats im Postamt der Stadt Kyjiw«. 25.02.1933 (Specpovidomlennja HPU »Pro poškodžennja paketu Nimec'koho konsul'stva v poštovomu viddilenni m. Kyjeva«. 25.02.1933 r. HDA SBU, f. 13, spr. 429, t. 20, ark. 85).

6 Protokoll der Vernehmung von Anastassija Bilenka durch den Beauftragten Schuster der OO KOV der GPU. 08.02.1933 (Protokol dopytu Anastasiï Bilen'koï upovnovaženym OO KOV HPU Šusterom. 08.02.1933. HDA SBU, f. 13, spr. 429, t. 18, ark. 270-272).

7 Protokoll der Vernehmung von Grigorij Parschykow durch den Beauftragten Schuster der OO KOV der GPU. 07.02.1933 (Protokol dopyty Grigorija Paršykova upovnovaženym OO KOV HGPU Šusterom. 07.02.1933 r. HDA SBU, f.13, spr. 429, t.18, ark. 289).

8 Sondernachricht der Sonderabteilung der GPU der UdSSR „Über die Beschädigung des Diplomatenpakets des Deutschen Konsulats". 03.03.1933 (Specpovidomlennja osoblyvoho viddilu HPU USSR „Pro poškodžennja dyplomatyčnoho paketa Nimec'koho konsul'stva". 3.03.1933 r. HDA SBU, f. 13, spr. 429, t. 20, ark. 89-90).

## Die Akte »Herrenhaus«

Der Fall des von Ratten beschädigten Diplomatenpostpakets wurde als wichtig eingestuft und alle entsprechenden Untersuchungsunterlagen wurden in die Akte mit dem Codenamen »Herrenhaus« aufgenommen. Dies war der Deckname, den die sowjetischen Geheimdienste deutschen diplomatischen Einrichtungen gaben.

Das damalige Deutsche Konsulat in Kyjiw (Aufnahme von 1944). Quelle: Sektorales Staatsarchiv des ukrainischen Sicherheitsdienstes (HDA SBU).

Das Staatsarchiv des ukrainischen Sicherheitsdienstes (HDA SBU) besitzt mehr als 60 Bände von Dokumenten in drei Akten über das »Herrenhaus«. Sie decken den Zeitraum von 1923 bis 1940 ab, also die gesamte Zeit, in der deutsche Konsulate in Kyjiw, Odessa und Charkiw geöffnet waren: von ihrer Gründung bis zur Schließung am Vorabend des Zweiten Weltkriegs. Fast die Hälfte der Akten enthält Informationen über die bewusst herbeigeführte Massenhungersnot 1932/33, den Holodomor.

Holodomor ist die Bezeichnung für den vom Sowjetregime organisierten Massenmord an der ukrainischen Bauernschaft durch Verhungern. Unter den Millionen von Menschen, die umkamen, waren neben Ukrainern auch Angehörige anderer Nationalitäten, insbesondere Deutsche. Die Hungersnot von 1932/33 wurde nicht durch unveränderliche Umstände wie Dürre oder andere Naturkatastrophen verursacht. Der

Holodomor war das Ergebnis einer bewussten und gezielten Politik des kommunistischen Sowjetregimes.

## »Archivmord« - Dokumente aus den Jahren 1932/33

Die wissenschaftliche Literatur zum Holodomor umfasst heute Zehntausende von Publikationen, darunter Dissertationen und Monografien.[9] Jedes Jahr steigt die Zahl der Veröffentlichungen dank der Öffnung ukrainischer Archive und internationaler Forschungsförderungsprogramme. Die Diskussionen über die Fakten des Holodomors werden jedoch höchstwahrscheinlich unvollständig bleiben. Der Historiker Hennadij Borjak nennt den Umgang mit Archivdokumenten aus den Jahren 1932/33 einen »Archivmord«.[10] Seine Forschungen zeigen, dass von Ende 1933 bis in die 1960er Jahre hinein in den sowjetischen Archiven systematisch Dokumente vernichtet wurden, die das staatliche »Verbrechen an der ukrainischen Bauernschaft« bezeugten. Eine Analyse der vorhandenen Akten offenbart erhebliche Lücken in den Archivdokumenten über die Katastrophe auf dem Land. Beim Vergleich der Bestände russischer und ukrainischer Archive kommt Borjak zu dem Schluss, dass in der Ukraine nur die Hälfte des »Holodomor-Archivs« erhalten geblieben ist. Er ist überzeugt, »Stalins unheilvolles Lächeln begleitet jeden, der in die ukrainischen Archive der 1930er Jahre eintaucht«.[11]

Bis zur ersten »Archivrevolution« gegen Ende der Perestrojka Mitte der 1990er Jahre war der Zugang zu Dokumenten über den Holodomor gesperrt. Die Sowjetunion versuchte zunächst generell abzustreiten, dass es eine Hungersnot gegeben hatte. Als dies nicht mehr möglich war, begann der sowjetische In- und Auslandsgeheimdienst KGB die Tatsache zu leugnen, dass das Massensterben bewusst herbeigeführt worden war.[12] Die letzten diesbezüglichen KGB-Pläne stammen vom Januar

9 Viktor Gudz', *Istoriohrafija Holodomoru 1932–1933 rokiv v Ukraïni.* (Melitopol': FOP Odnoroh T. V., 2019), 15-16.

10 Hennadij Borjak, „'Archivocyd' v Ukraïni 1934–1960-ch rr. jak naslidok Holodomoru," in: *Holod v Ukraïni u peršij polovyni XX stolittja: pryčyny ta naslidky (1921–1923, 1932–1933, 1946–1947). Materialy Mižnarodnoji naukovoji konferenciji,* Hg. Anna Radčenko u. Anna Hvelesiani (Kyïv: Instytut istoriï Ukraïny, Kyïvs'kyj nacional'nyj universytet imeni Tarasa Ševčenka, Nacional'nyj universytet Kyjevo-Mohyljans'ka akademija, 2013): 13-18.

11 Ebd.

12 KGB ist die Abkürzung für »Komitet gosudarstwennoj besopasnosti« (Komitee für Staatssicherheit).

1990,[13] als bereits mehrere Dokumentensammlungen aus nichtsowjetischen Archiven veröffentlicht worden waren.[14] Zu ihnen gehörte ein 1988 von Dmytro Zlepko herausgegebenes Buch, das 23 Dokumente der deutschen Diplomatie über den Holodomor enthielt.[15] Später wurden einige von ihnen auch in ukrainischer Übersetzung veröffentlicht.[16] Gleichzeitig stellte Paolo Fonzi, der auf Grundlage deutscher Archive mehrere Studien über den Holodomor verfasste, fest, dass nach Zlepkos Veröffentlichung in der deutschen Geschichtsschreibung nur noch wenig Archivforschung zu dem Thema betrieben wurde – und das, obwohl Deutschland aufgrund seiner zahlreichen diplomatischen Vertretungen, insbesondere der drei Konsulate in der Ukraine, zu den Ländern gehörte, die am besten über die Ereignisse in der UdSSR informiert waren.[17]

## Deutsche Archivquellen zum Holodomor

In der ukrainischen Geschichtsschreibung kommen deutsche Archivquellen auf zweierlei Art vor: erstens als Übersetzungen deutscher Archivdokumente, zweitens als deutsche Dokumente aus den Archiven der sowjetischen Geheimdienste.[18] Die bekannteste Sammlung solcher Dokumente wurde vom Staatsarchiv des ukrainischen Sicherheitsdienstes und dem Institut für Nationales Gedenken in Polen veröffentlicht.[19] Die Archive aus der Zeit des Holodomors sind gut erschlossen. In Studien über

13 Bericht „Über die Verstärkung der antisowjetischen Hysterie im Ausland im Zusammenhang mit der Frage der Massenhungersnot in der Ukraine" 24.01.1990 (Dopovidna zapyska „Ob usilenii antisovetskoj šymichi za rubežom v svjazi s voprosom o massovom golode na Ukraine". 24.01.1990. HDA SBU, f. 16, op. 1, spr. 1284, ark. 32).

14 Paolo Fonzi, „Non-Soviet Perspectives on the Great Famine: A Comparative Analysis of British, Italian, Polish, and German Sources," *Nationalities Papers* 48, Nr. 3 (Mai 2020): 444.

15 Dmytro Zlepko, Der ukrainische Hunger-Holocaust (Sonnenbühl: Helmut Wild, 1988).

16 Paolo Fonzi, „‚No German Must Starve': The Germans and the Soviet Famines of 1931–1933," *Harvard Ukrainian Studies*, Nr. 1–2 (2021): 14-15.

17 Fonzi, „‚No German Must Starve'," 15-16, 42; Fonzi, „‚A Trial of Strength against the Restive Peasantry': What the Germans Knew about the Great Famine in the USSR and How They Perceived It," *Ukraïna moderna*, Nr. 30 (April 2021): 194. Die Gründe für diese Situation in der deutschen Historiografie werden im folgenden Beitrag näher erläutert: Guido Hausmann und Tanja Penter, „Instrumentalisiert, verdrängt, ignoriert: der Holodomor im Bewusstsein der Deutschen," *Osteuropa* 70, Nr. 3-4 (2020): 193-214.

18 Andrij Kudrjačenko (Hg.), *Holodomor v Ukraïni 1932–1933 rokiv za dokumentamy Polityčnoho archivu Ministerstva zakordonnych sprav Federatyvnoï Respubliky Nimeččyna* (Kyïv: NISD, 2008), 340.

19 Das Buch erschien in zwei Versionen: einer zweisprachigen ukrainisch-polnischen (mit Dokumenten auf Russisch) und in einer englischen Übersetzung: Diana Bojko, *Holodomor v Ukraïni: 1932–1933* (Varšava: Haluzevyj deržavnyj archiv Služby bezpeky Ukraïny,

die deutschen konsularischen Vertretungen in der Ukraine wird dem Holodomor große Aufmerksamkeit geschenkt.[20] Der vielleicht einzige Artikel, der sich mit der Reaktion der deutschen Diplomatie auf die Ereignisse des Holodomors befasst, ist jedoch recht kurz. Der Historiker Wassyl Marotschko verfasste ihn vor der vollständigen Öffnung der Archive der sowjetischen Geheimdienste.[21] Er nutzte die damals zugänglichen Quellen und Informationen aus dem kommentierten Nachschlagewerk über den Holodomor im Staatsarchiv des ukrainischen Inlandsgeheimdienstes.[22] In den Jahren 2020/21 erschienen mehrere Artikel des Historikers Paolo Fonzi, der ausgehend von deutschen diplomatischen Dokumenten detailliert analysiert, was in Deutschland über den Holodomor bekannt war und welche Haltung das offizielle Berlin einnahm.[23]

Der vorliegende Beitrag zeigt anhand von Archivmaterial aus Akten über das »Herrenhaus«, dass deutsche Einwohner von Dörfern und Städten in der Sowjetukraine eine wichtige Informationsquelle für die Konsulate in Kyjiw, Odessa und Charkiw waren. Ihre Angaben über die Hungersnot 1932/33 bestimmten den Ton der Berichte deutscher Diplomaten an Berlin. Die sowjetischen Geheimdienste überwachten die Aktivitäten der deutschen Konsulate genau, sodass mithilfe ihrer Aufzeichnungen die Informationsquellen der Diplomaten analysiert werden können.

Die Mitarbeiter des sowjetischen Geheimdienstes GPU berichteten, dass Deutsche - Kolonisten aus Wolhynien - dem Konsulat Brot aus Presskuchen und anderen Surrogaten brachten, um die schrecklichen

---

2008); Diana Boyko, *Holodomor: The Great Famine in Ukraine, 1932–1933* (Warsaw: Institute of National Remembrance, Commission of the Prosecution of Crimes against the Polish Nation, 2009).

20 Ljudmyla Vovčuk, Iryna Habro, Oleksandr Tryhub, „,Holovnyj sovjetoloh' Tret'oho Rechu: Andor Henke - konsul Nimeččyny v USSR.", *Storinky istorï. zbirnyk naukovych prać*, vyp. 50 (2020): 166-186; Ljudmyla Vovčuk, Serhij Kornovenko, „Holodomor 1932-1933 rr. očyma inozemnych diplomativ". *Eminak: naukovyj šokvartalnyk*, Nr. 4 (28) (hruden'/Dezember 2019): 71-82; Vasyl' Maročko, „Nimec'ki dyplomaty i Holodomor 1932-1933 rr. v Ukraïni". *Kyïvs'ki istoryčni studiï* Nr. 1 (2015): 62-66.; Iryna Matjaš, „Nimec'ke konsul'stvo v Kyjevi (1924-1938): miž dyplomatijeju i polytykoju," *Ukraïna dyplomatyčna*, vyp. 21 (2020): 41-50.

21 Eines der sogenannten Dekommunisierungsgesetze, die von der Werchowna Rada am 9. April 2015 verabschiedet wurden, war das Gesetz der Ukraine „Pro dostup do archiviv represyvnych orhaniv komunistyčnoho totalitarnoho režymu 1917-1991 rokiv.", https://zakon.rada.gov.ua/laws/show/316-19.

22 V. M. Danylenko, L. L. Aulova, V. V. Lavrenjuk (Hg.), *Holodomor 1932–1933 rr. v Ukraïni za dokumentamy HDA SBU: anotovanyj dovidnyk.* (L'viv: Centr doslidžen' vyzvol'noho ruchu, 2010).

23 Fonzi, „,No German Must Starve',"; Fonzi, „,A Trial of Strength against the Restive Peasantry'".

Umstände ihres Lebens zu veranschaulichen. Der Kyjiwer Konsul erzählte dem Agenten »Zet«, einem »geheimen Mitarbeiter«[24] der sowjetischen Geheimpolizei, wiederholt davon.[25]

## Überwachung durch die sowjetischen Geheimdienste

Leonid Sorando, der im März 1931 als Rechtsberater im deutschen Konsulat in Kyjiw zu arbeiten begann, wurde sofort von der GPU angeworben. Er operierte zunächst unter dem Decknamen »Zet«, ab April 1935 unter dem Decknamen »Kiewer«. Die GPU-Beamten, die sämtliche Besucher des Konsulats registrierten, gaben ihm das Pseudonym »Aist« (Storch). Von Beginn seiner Tätigkeit an erstellte Sorando fast täglich Berichte über das Geschehen im Konsulat in der Woroschylowstraße 3. »Zet« zeichnete auf, wer ins Konsulat kam, was die Konsulatsmitarbeiter taten, mit wem sie in Kontakt standen und welche Gespräche sie führten. In einem Bericht vom 19. Dezember 1932 schrieb Agent »Zet«:

> »Ferdinand LICHT erzählte SOMMER sehr viel über den Hunger usw. und brachte ein Fladenbrot aus Leinsamen, Rinde, Sägemehl usw. mit, von dem er sagte, es sei ein Brotersatz für die Bauern. SOMMER nahm dieses Fladenbrot mit, um es an die Botschaft zu schicken.«[26]

In einem Bericht vom 8. Mai 1932 vermerkte Agent »Zet«, dass Konsul Sommer zahlreiche Meldungen über Lebensmittelprobleme erhalten und ihm sogar ein Stück Brotersatz gezeigt habe. »Zet« listete mögliche Besucher auf, die dieses Brot mitgebracht haben könnten: »Bürgerin ARWELD aus Korostyschew«, die über die Hungersnot berichtete, und »Friedrich SCHIWYJ aus Semenowka«, der dem Konsulat einen Hungertoten in seinem Dorf meldete.[27]

Über die Brotstücke, die Konsul Sommer eingesammelt hatte, berichteten auch andere Agenten. Die Agentin »Kitajanka« (Chinesin) gab an, der Koch des Konsulats, Zhu-Ji Liang, habe festgestellt, dass das Brot

24 In den 1930er Jahren verwendeten die sowjetischen Geheimdienste den Begriff „sekretnyj sotrudnik" (geheimer Mitarbeiter) zur Bezeichnung ihrer Agenten oder verdeckten Informanten. In Dokumenten wurde die Abkürzung »s/s« verwendet.

25 Benachrichtigung „Zum Fall ‚Herrenhaus'". 13.02.1933 (Povidomlennja „Po delu ‚Osobnjak'".13.02.1933 r. HDA SBU, f. 13, spr. 429, t. 20, ark. 83).

26 Auszüge aus der Meldung des Agenten „Zet". 19.12.1933 (Vypysky z ahenturnoho povidomlennja s/s „Zet" 19.12.1933 r. HDA SBU, f. 13, spr. 429, t. 38, ark. 290).

27 Auszug aus der Meldung des Agenten „Zet". 8.05.1932 (Vypyska z ahenturnoho povidomlennja s/s „Zet" 8.05.1932 r. HDA SBU f. 13, spr. 429, t. 18, ark. 155).

aus »Kleie, Kartoffelschalen und irgendeiner Art von Gemisch« bestehe.[28] Der sowjetische Geheimdienst registrierte, dass der Konsul Informationen über den Holodomor sammelte und dass sich sein Interesse nicht auf Berichte von Besuchern beschränkte, sondern dass er Belege für die Situation auf dem Land sammelte.[29]

## Konsulatsmitarbeiter als Agenten

Die »geheimen Mitarbeiter«, die die Konsulate in Kyjiw, Odessa und Charkiw überwachten, gaben an, fast alle Besucher hätten von der Katastrophe von 1932/33 berichtet. Die Zahl der Agenten, die die Konsulate ausspionierten, war höher als in den Dokumenten des sowjetischen Geheimdienstes offiziell angegeben, da die GPU immer wieder zusätzliche Agenten in Konsulate schickte, um die deutschen Kolonien im Land zu überwachen. Während des massiven Andrangs von Deutschen, die im äußerst schwierigen Jahr 1933 Hilfe suchten oder nach Deutschland ausreisen wollten, war es für Agenten besonders einfach, einen Termin zu bekommen.[30]

Um die Aktivitäten der deutschen Konsulate in der Ukraine zu dokumentieren, rekrutierte die GPU ständig neue Agenten und trennte sich von denjenigen, die den Anforderungen nicht genügten oder ihre Verbindung zum Geheimdienst offenlegten. Bereits im Jahr 1931 berichteten neun Agenten über die Arbeit des Kyjiwer Konsulats,[31] bis Mai 1932 war ihre Zahl auf 13 gestiegen.[32] Im Jahr 1934 wuchs die Zahl der Agenten für

28 Bericht „Über das Kyjiwer Deutsche Konsulat vom 1. Juli 1932" (Dopovid' „Po Kievskomu Germanskomu konsul'stvu na 1-go ijulja 1932 g." [10.07.1932 r.] HDA SBU, f. 13, spr. 429, t. 38, ark. 12).

29 Bericht „Über das Kyjiwer Deutsche Konsulat vom 1. Juli 1932" (Dopovid' „Po Kievskomu Germanskomu konsul'stvu na 1-go ijulja 1932 g." [10.07.1932 r.] HDA SBU, f. 13, spr. 429, t. 38, ark. 11).

30 Auszug aus dem Bericht des Agenten „Chartschenko" (Vytjah z ahenturnoho donesennja s/s „Charčenko" 8.06.1933 r. HDA SBU, f. 13, spr. 429, t. 11, ark. 265-267); Begleitbrief zum Bericht des Agenten „Zet" über das Deutsche Konsulat (Suprovidnyj lyst do dopovidi s/s „Zeta" po Nimec'komu konsul'stvu № 711860. 11.09.1933 r. HDA SBU, f. 13, spr. 429, t. 20, ark. 135).

31 Bericht „Über die verschiedenen Ausspionierungen der Personalabteilung durch den KOS der GPU der UdSSR im Deutschen Konsulat der Stadt Kyjiw". 19.01.1932 (Dopovid' „Po raznomu špionažu Osobogo Otdela KOS GPU USSR. Po Germanskomu Konsul'stvu v. g. Kieve". 19.01.1932 r. HDA SBU, f. 13, spr. 429, t. 38, ark. 206).

32 Bericht „Über die verschiedenen Ausspionierungen vom 1. März bis zum 1. Mai. Sonderabteilung Regionalabteilung Kyjiw der GPU" (Dopovid' „Po raznomu špionažu s 1-go marta po 1-e maja 1932 g. Osobyj Otdel Kievskogo Oblotdela GPU" [11.05.1932 r.] HDA SBU, f. 13, spr. 429, t. 38, ark. 124).

das »Herrenhaus« auf 18 an.[33] In Odessa war eine ähnliche Dynamik zu beobachten: Im Juli 1931 verfügte der operative Sektor der GPU in Odessa über vier Agenten zur Überwachung des Konsulats[34], in den Jahren 1932/33 waren es bereits neun »geheime Mitarbeiter«. Zwei von ihnen waren sowjetische Angestellte des Konsulats. Zwischen Juli 1932 und April 1933 verringerte sich die Zahl der »geheimen Mitarbeiter« im Konsulat von Odessa und in den benachbarten deutschen Kolonien um vier Personen - von 38 auf 34.[35]

Die wichtigste Informationsquelle über die Lage in der Ukraine im Allgemeinen und auf dem Lande im Besonderen waren Besucherinnen und Besucher der Konsulate, zumeist solche mit deutscher Staatsangehörigkeit. Als die Konsulate 1933 begannen, allen Deutschen, unabhängig von deren Staatsangehörigkeit, Hilfe zu leisten, nahm die Zahl der Besucher mit sowjetischer Staatsangehörigkeit erheblich zu. Die Konsulate stellten ihren Besuchern in den Jahren 1931 bis 1934 unterschiedliche Fragen - aber eine wurde allen gestellt: die Frage nach der Lebensmittelkrise (in der Stadt) oder der Hungersnot (auf dem Land). Agent »Zet« teilte der GPU mit, die Konsulatsmitarbeiter würden in ihren Gesprächen mit Besuchern betonen, dass Deutschland sich um sie bemühe, auch wenn sie nicht nach Deutschland ausreisen könnten.

Aus den Berichten über die Konsulate geht hervor, dass Besucher zwischen 1932 und 1934 immer wieder die Hungersnot auf dem Land erwähnten. So erzählte zum Beispiel Stefan Manke aus dem Dorf Lisky im Kreis Pulin dem Agenten »Zet« von der Hungersnot auf dem Dorf.[36] Manchmal nahmen Agenten auch Auszüge aus belauschten Gesprächen in ihre Berichte auf. Das tat zum Beispiel ein Mann mit dem Decknamen »Nikolaj«[37], der nach dem Tod seiner Mutter ins Kyjiwer Konsulat kam,

33 Bericht „Über die 2. Sonderabteilung der Regionalabteilung der GPU". 12.03.1934 (Dovidka „Po 2-mu Otdeleniju Osobogo Otdela Oblotdela GPU" 12.03.1934 r. HDA SBU, f. 13, spr. 429, t. 18, ark. 219).

34 Sonderzusammenstellung über das Deutsche Konsulat im Einzugsbereich Odessa. Juli 1931 (Special'ne zvedennja po Nimec'komu konsul'stvi Odes'koho operatyvnoho sektoru. Lypen 1931 r. HDA SBU, f. 13, spr. 429, t. 22, ark. 124).

35 Organisatorisch-operativer Bericht für die Zeit 1.10.1932 bis 31.03.1933. Deutsches Konsulat (Orhanizacijno-operatyvna dopovid' za čas z 1.10.1932 r. do 31.03.1933 r. Nimec'ke konsul'stvo. b/d. HDA SBU, f. 13, spr. 429, t. 22, ark. 391-392).

36 Meldung des Agenten „Zet". 4.05.1933 (Ahenturne povidomlennja s/s „Zet". 4.05.1933 r. HDA SBU, f. 13, spr. 429, t. 18, ark. 121).

37 Agent »Nikolaj« war der Sohn des einstigen Pastors Königsfeld der lutherischen Kirche Kyjiws. Er wurde im Januar 1931 für die »Arbeit unter den Lutheranern« angeworben. 1933 begann die GPU, ihn für die Erkundung des Deutschen Konsulats in Kyjiw einzusetzen. 1933 wurde er für die Entsendung ins Ausland vorbereitet.

um deren Dokumente abzuholen. Dabei hörte er, wie die Konsularbeamtin Erna Aprischtschenko im Empfangsbereich jemandem erzählte, »dass in diesem Rajon, in vielen Dörfern, alle gestorben sind, es gibt nur noch einen Dorfrat, Leichen liegen noch auf den Straßen.«[38] Verhungerte Menschen sähe man nicht nur in den Dörfern, sondern auch in den Städten, wohin die Hungernden in der Hoffnung kämen, etwas zu essen zu finden. Konsul Andor Hencke, der im April 1933 Rudolf Sommer abgelöst hatte, beschwerte sich bei Agent »Zet«, dass seine Frau Leichen auf der Straße gesehen habe.[39]

## Unterstützung für die deutsche Dorfbevölkerung

»Das Dorf nimmt nach wie vor einen der wichtigsten Plätze in der Arbeit des deutschen Konsulats ein«, so beginnt der Bericht der Kyjiwer GPU-Führung für den Zeitraum vom 1. Januar bis zum 1. März 1932.[40] Gleich auf der ersten Seite stellen die Tschekisten fest, dass »das Konsulat über den Zustand auf dem Dorf gut informiert ist und in einigen Fällen, bei den schwerwiegendsten Fragen, versucht, Zahlenmaterial zu beschaffen und Daten für eine noch größere Überzeugungskraft aufzuzeichnen.«[41] Die Agenten berichteten der GPU über den Betrag, der für Hilfe ausgegeben worden sei, über die Anzahl der Deutschen, die Hilfe beantragt und wie sie diese erhalten hätten. Hencke, der neue Konsul in Kyjiw, habe den Erhalt von Hilfen erleichtert.[42]

38 Meldung des Agenten „Nikolaj". 17.06.1933 (Ahenturne povidomlennja s/s „Nikolaj" 17.06.1933. HDA SBU, f. 13, spr. 429, t. 18, ark. 265).

39 Auszug aus der Meldung des Agenten „Zet". 28.07.1933 (Vypyska z ahenturnoho povidomlennja s/s „Zet". 28.07.1933 r. HDA SBU, f. 65, spr. S-6163, t. 1, ark. 76).

40 Der Bericht war an die GPU-Führung in Charkiw gerichtet, das von 1919 bis 1934 die Hauptstadt der Ukrainischen Sozialistischen Sowjetrepublik war.

41 Notiz „Über das Deutsche Konsulat in der Zeit vom 1. Januar bis 1. März 1932". 7.03.1932 (Dopovidna zapyska „Po Germanskomu konsul'stvu za vremja s 1/I po 1/III 1932 goda". 7.03.1932 r. HDA SBU, f. 13, spr. 429, t. 38, ark. 167).

42 Meldung der Kyjiwer Abteilug der GPU „Zum Fall ‚Herrenhaus'" nach Charkiw. 13.06.1933 (Povidomlennja Kyïvs'koho oblasnoho vidillu GPU „Po delu ‚Osobnjak'" u Charkiv. 13.06.1933 r. HDA SBU, f. 13, spr. 429, t. 20, ark. 187.

Andor Hencke war von 1933 bis 1935 deutscher Konsul in Kyjiw.
Quelle: Sektorales Staatsarchiv des ukrainischen Sicherheitsdienstes (HDA SBU).

Aus den Agentenmeldungen von Ende 1933 geht hervor, dass sich fast 17.000 Familien beim Kyjiwer Konsulat gemeldet hatten, darunter 15.000 aus Wolhynien. Insgesamt hätten etwa 80.000 Menschen eine Unterstützung in Höhe von fünf Mark pro Person erhalten.[43] In den Meldungen bleibt unklar, für welchen Zeitraum die Unterstützung gewährt wurde.

Diese Angaben werden durch eine Übersicht des evangelischen Hilfswerks »Brüder in Not« bestätigt, die Konsul Hencke am 12. Dezember 1933 für die Botschaft in Moskau erstellte. Der Konsul hielt fest, dass vom 29. Juni bis zum 12. Dezember 1933 17.500 Hilfe suchende deutschstämmige Familien, insgesamt etwa 72.000 Personen, registriert worden seien. Die Listen wurden über Botschaftsrat Ernst Kundt nach Deutschland übermittelt. Hencke schrieb, der Kreml versuche, die Situation auf dem Land zu verschleiern, und verbreite Propaganda, um die deutschen Bauern dazu zu bringen, Hilfe abzulehnen, und um sie des Verrats zu

43 Auszug aus der Meldung des Agenten „Lidtke" vom 3.11.1933 (Vypyska z ahenturnoho povidomlennja s/s. „Lydtke" vid 3.11.1933 r. b/d. HDA SBU, f. 13, spr. 429, t. 11, ark. 116); Bemerkung nach den Worten Borns. 14.12.1933 („Agenturnaja zametka /so slov Borna/". 14.12.1933 r. HDA SBU, f. 13, spr. 429, t. 18, ark. 233).

beschuldigen. Trotzdem wachse die Zahl der Hilfegesuche. Hencke vermerkte, dank der Hilfe seien Tausende Deutsche vor dem Hungertod bewahrt worden und hätten ihr Vertrauen in Deutschland wiedergewonnen. Er betonte, die Arbeit von »Brüder in Not« müsse aus humanitären und propagandistischen Gründen fortgesetzt werden.[44]

Im Frühjahr 1934 berichtete Agent »Inostranez« (Ausländer), das Konsulat habe wegen der schweren Hungersnot der Bevölkerung auf dem Land geholfen. Zunächst sei die Hilfe ausschließlich deutschen Staatsbürgern gewährt worden, doch nun werde sie allen Deutschen unabhängig von ihrer Staatsangehörigkeit zuteil. Der Konsul habe versichert, dass bald auch Einwohner von Städten Hilfe erhalten würden.[45]

## Berichte über Hunger und Kannibalismus

Die deutschen Diplomaten halfen nicht nur in den Konsulaten, sondern auch bei ihren Besuchen in den ihnen anvertrauten Bezirken. Die GPU-Organe waren im Voraus über solche Reisen informiert und erhielten die Anweisung, die ausländischen Gäste »sorgfältig zu versorgen«. Vor Ort stellten die Tschekisten den Diplomaten »Vertrauenspersonen« an die Seite, beobachteten die Reaktionen der einheimischen Deutschen und bereiteten Berichte für ihre regionale Zentrale vor.[46]

In einem Bericht an die GPU in Charkiw heißt es, Konsul Hencke und sein Mitarbeiter Hermann Baun hätten bei einem Besuch in der Kolonie Rohiwka im Kreis Pulin am 27. Juni 1933 einen Empfang in der Wohnung des deutschen Bürgers Rubin Fabricius gegeben. Dabei hätten sich mehrere deutsche Bürger über hohe Steuern, Zwangsanleihen, Hunger, Kannibalismus und den Verkauf von Menschenfleisch auf Märkten beschwert. Einige brachten Presskuchen und andere Surrogate mit, die sie anstelle von Brot aßen.[47]

---

44 Brief des Kyjiwer Konsulats an die Deutsche Botschaft in Moskau über die Arbeit der Organisation „Brüder in Not". 12.12.1933 (Lyst Kyïvs'koho konsul'stva v Nimec'ke posol'stvo u Moskvi pro robotu orhanizaciï „Braty v potrebi". 12.12.1933 r. HDA SBU, f. 13, spr. 429, t. 20, ark. 213-223).

45 Auszug aus dem Bericht des Agenten „Inostranez". 3.03.1934 (Vypyska z ahenturnoho donesennja s/s „Inostranec" 3.03.1934 r. HDA SBU, f. 13, spr. 429, t. 18, ark. 236).

46 Brief „Zum Fall ‚Herrenhaus' in Schytomyr, N-Wolynsk, Pulin, Jemiltschino". 2.08.1933 (Lyst „Po delu ‚Osobnjak' u Žytomyr, N.Volynsk, Puliny, Jemil'čino". 2.08.1933 r. HDA SBU, f. 13, spr. 429, t. 18, ark. 267).

47 Meldung der Regionalabteilung Kyjiw der GPU „Zum Fall ‚Herrenhaus'" nach Charkiw. 10.07.1933 (Povidomlennja Kyïvs'koho oblasnoho vidillu GPU „Po delu ‚Osobnjak'" u Charkiv. 10.07.1933 r. HDA SBU, f. 13, spr. 429, t. 20, ark. 180-181).

Daraufhin habe Konsul Hencke jedem eine materielle Unterstützung von 100 bis 200 Rubel gegeben und versprochen, über die Handelskette Torgsin Lebensmittel zu schicken. Er habe den Deutschen versichert, das Konsulat werde sie auch unter der neuen nationalsozialistischen Regierung unterstützen. Sowjetischen Bürgern wurde hingegen keine Unterstützung gewährt. Die GPU war der Ansicht, die von Hencke versprochene Hilfe habe einen negativen Einfluss auf die Deutschen und werde zu Sabotage bei der Getreideabgabe führen.[48]

## Austausch zwischen Diplomaten über die Hungersnot

Gespräche mit ausländischen Diplomaten, Politikern und Journalisten, die sich in der Sowjetukraine aufhielten, waren ein weiterer Kanal, über den sich deutsche Diplomaten Informationen beschafften. Vor allem mit den befreundeten Konsulaten Italiens und Japans standen sie in regem Austausch. Im April 1932 lud das Konsulat in Odessa beispielsweise zu einem Abendessen mit der deutschen Gemeinde vor Ort ein.

Nach Angaben der GPU drehten sich die Gespräche während solcher Abendessen hauptsächlich um den Mangel an Lebensmitteln, die massive Flucht der Bauern aus den Dörfern in die Städte und die Wahrscheinlichkeit einer Hungersnot.[49] GPU-Agenten berichteten über die freundschaftlichen Beziehungen zwischen deutschen und polnischen Diplomaten und stellten fest, dass die deutschen und polnischen Konsuln in Kyjiw ihre Aktivitäten koordinierten. Beide Institutionen lehnten eine Änderung des Verfahrens für die Versorgung der Konsulatsmitarbeiter mit Lebensmitteln ab. Konsul Sommer würde sich häufig mit dem polnischen Konsul beraten und dessen Position gegenüber den Sowjets übernehmen, so die Agenten.[50]

Der Hunger wurde in allen Geheimdienstberichten über die Beziehungen der deutschen Konsulate zu anderen Diplomaten, Journalisten und ranghohen Gästen der Sowjetunion erörtert. Die Deutschen diskutierten mit polnischen, italienischen und japanischen Vertretern über die

---

48 Ebd., ark. 181-182.

49 Operative Zusammenfassung der Sonderabteilung der Regionalabteilung Odessa für die Zeit vom 15. bis zum 30.04.1932 (Operatyvne zvedennja Osoblyvoho vidillu Odes'koho oblasnoho vidillu GPU za čas z 15 do 30.04.1932 r. Nimec'ke konsul'stvo. b/d. HDA SBU, f. 13, spr. 429, t. 22, ark. 516).

50 Bericht „Über verschiedene Spionageaktionen vom 1. März bis zum 1. Mai 1932. Sonderabteilung der Regionalabteilung Kyjiw der GPU" (Dopovid' „Po raznomu špionažu s 1-go marta po 1-e maja 1932 g. Osobyj Otdel Kievskogo Oblotdela GPU". [11.05.1932 r.] HDA SBU, f. 13, spr. 429, t. 38, ark. 123).

Ursachen und Folgen der Hungersnot, während sie britischen und französischen Diplomaten zu beweisen versuchten, dass die Hungersnot tatsächlich existierte. Den Berichten der Agenten zufolge waren alle Versuche Sommers, den britischen Botschafter Esmond Ovey von der Hungersnot, den Unruhen und der politischen Unterdrückung zu überzeugen, vergeblich. Ovey weigere sich, die Nachrichten über den Holodomor zu glauben, da er auf dem Chreschtschatyk in Kyjiw junge Menschen in Sportkleidung gesehen habe:

> »Wenn ich vorher Zweifel hatte, so bin ich jetzt fest davon überzeugt, dass alles Gerede über eine Hungersnot in der UdSSR eine Lüge ist. Im Gegenteil, ich bin bereit zu bezeugen, dass die sowjetische Jugend in besserer körperlicher Verfassung ist als die westeuropäische.«[51]

Die Konsuln nutzten auch die Besuche deutscher Diplomaten in der Sowjetukraine, um Informationen zu sammeln. Am 25. Mai 1932 begleitete Konsul Sommer den Landwirtschaftsattaché der deutschen Botschaft in Moskau, Otto Schiller, nach Korostyschiw und befragte die Bauern, die er unterwegs traf. Die GPU stellte diesen Fall in ihrem Bericht als Beispiel dafür dar, dass »SOMMER in letzter Zeit sehr häufig die Methode praktiziert, Bauern unterwegs nach der Stimmung und Lage auf dem Lande zu befragen«.[52] In der Regel handele es sich bei den Gesprächspartnern des Diplomaten um ukrainische Landwirte.

## Briefe an das Konsulat als Informationsquelle

Eine weitere Quelle für Informationen über die Hungersnot war die Korrespondenz, die bei den deutschen Konsulaten einging. Neben Briefen, die Besucher mitbrachten, wurden weitere Schreiben auf dem Postweg übermittelt. Nach Angaben des Nachrichtendienstes erhielt das Konsulat in Kyjiw Anfang 1934 täglich 40 bis 60 Briefe, in denen die Absender ihre schwierigen Lebensbedingungen und den Hunger schilderten und um finanzielle Unterstützung baten. Agent »Zet« berichtete, die Zahl dieser Briefe bleibe konstant und nehme nicht ab.[53] Zusätzlich zu den Briefen, die per Post eintrafen, und denen, die Besucher mitbrachten, seien etwa

---

51 Ebd., ark. 121-122.

52 Bericht über das Kyjiwer Deutsche Konsulat vom 1. Juli 1932 (Dopovid' po Kyïvs'komu Nimec'komu konsul'stvu na 1-2 lypnja 1932 r. b/d. HDA SBU, f. 13, spr. 429, t. 38, ark. 16).

53 Bericht „Zum Fall ‚Herrenhaus'" vom 8.02.1934 (Dopovidna zapyska „Po delu ‚Osobnjak'" vid 8.02.1934 r. HDA SBU, f. 13, spr. 429, t. 18, ark. 52).

ein Dutzend weiterer Schreiben in den Briefkasten des Konsulats geworfen worden, berichtete ein anderer Agent.[54]

Die deutschen Konsuln in Kyjiw, zunächst Rudolf Sommer und ab April 1933 Andor Hencke, staunten darüber, dass die bei ihnen eingehende Korrespondenz Informationen enthielt, die die GPU eigentlich nicht hätte durchlassen dürfen. Aus den Berichten der Agenten geht hervor, dass die Briefe ans Konsulat »die Hungersnot in harschen Worten beschrieben«. In einigen Fällen wurden deutsche Opfer namentlich erwähnt, zum Beispiel der verstorbene Teil der Familie von Emil Preis.[55] Die Konsuln waren fälschlicherweise davon überzeugt, dass die GPU alle an sie gerichteten Briefe las. Dem Drängen der lokalen GPU-Beamten in Kyjiw und Odessa auf die Einführung einer Postzensur gab die GPU-Führung zwischen 1932 und 1934 jedoch nicht nach.[56] Die Konsulatsmitarbeiter glaubten indes, die GPU gestatte ihnen, solche Briefe zu empfangen und Hilfe zu leisten, um ihre Aktivitäten besser kontrollieren zu können.

Informationen über den Entwurf eines Jahresberichts für das vorangegangene Jahr 1933 lieferte Agent »Zet«, der von Konsul Hencke mit der Überarbeitung und Vervollständigung dieses Berichts beauftragt worden war. Er informierte die GPU-Führung über dessen Aufbau und die seiner Meinung nach wichtigsten inhaltlichen Teile:

> »In seiner Einschätzung der allgemeinen politischen Lage stellt das Konsulat fest, dass die Politik der Kollektivierung die Wurzeln der Landwirtschaft untergrub, das Arbeitsvieh usw. vernichtete, was zu einer Hungersnot führte, und dass bis zu 2 Millionen Menschen in den Regionen Kiew und Winniza verhungerten.«[57]

Die Lage auf dem Land war Hauptthema der Diskussionen bei der Erstellung des Jahresberichts für 1933. Agent »Zet« berichtete, Konsul

---

54 Auszug aus der Meldung des Agenten „Kauk". 7.03.1934 (Vypyska z ahenturnoho povidomlennja s/s „Kauk" 7.03.1934. HDA SBU, f. 13, spr. 429, t. 18, ark. 231, 244).

55 Emil Preis wurde wegen gewaltlosen Widerstands verurteilt.

56 Bericht „Zum Fall ‚Herrenhaus'" vom 29.07.1933 (Dopovidna zapyska „Po delu ‚Osobnjak'" vid 29.07.1933 r. HDA SBU, f. 13, spr. 429, t. 20, ark. 164); Antwort-Meldung des operativen Sektors Odessa der GPU auf № 152510 „Zum Fall ‚Herrenhaus'" (Povidomlennja-vidpovid' Odes'koho operatyvnoho sektoru GPU na № 152510 „Po delu ‚Osobnjak'". 7.04.1932 r. HDA SBU, f. 13, spr. 429, t. 22, ark. 522); Brief der Kyjiwer Regionalabteilung „Zum Fall ‚Herrenhaus" (Lyst Kyïvs'koho oblasnoho viddilu „Po delu ‚Osobnjak'" № 90721/3. 20.01.1934 r. HDA SBU, f. 13, spr. 429, 5. 18, ark. 106).

57 Bericht über die Tätigkeit des Deutschen Konsulats in Kyjiw. 17.01.1934 (Dovidka pro dijal'nist' Nimec'koho konsul'stva v Kyjevi. 17.01.1934 r. HDA SBU, f. 13, spr. 429, t. 18, ark. 131).

Hencke habe beschlossen, »die Informationen der Bauern zu überprüfen«, und habe deshalb mehrere Gespräche mit Menschen vom Land geführt.

## »Im vergangenen Jahr gab es wenigstens Kartoffeln«

Der Erste, der »ausgefragt« wurde, war Jewhen Hartmann. Er sagte aus, im Dorf Solodyr und im Bezirk Pulyn gebe es nach der Ernte noch Brot. In den kommenden Tagen werde jedoch von den Dorfbewohnern Getreide für den Versicherungs- und Saatgutfonds eingesammelt, und wenn sie diese Getreidelieferungen nicht erfüllten, würden sie ohne Brot dastehen und verhungern. Die Sowjetbürgerin Kurok aus der Kolonie Wydumka erzählte, ihr sei vorgeworfen worden, sie habe Hilfe von Hitler erhalten und für Analphabeten Briefe an das Konsulat geschrieben. Aus diesem Grund habe sie in der Kolchose nur die Hälfte ihres Tageslohns erhalten. Eine weitere Sowjetbürgerin namens Zylke aus der Kolonie Karolino-Derman stellte fest, dass die diesjährige Ernte schlechter ausfiel als im letzten Jahr (»im vergangenen gab es wenigstens Kartoffeln«). Sie berichtete auch, dass vor einem Monat eine Familie verhungert sei – eine Mutter mit drei Kindern. Zylke hielt eine Hungersnot bis zum Frühjahr für unabwendbar. Angesichts dieser Gespräche, so GPU-Agent »Zet«, habe sich Konsul Henckes Einschätzung der Situation in den Dörfern zum Schlechteren verändert.[58]

58 Bericht von „Zet" über die Vorbereitung des Jahresberichts für 1933. 21.01.1934 (Ahenturne donesennja „Zet" pro pidhotovku zvitu za 1933 r. 21.01.1934 r. HDA SBU, f. 13, spr. 429, t. 20, ark. 262-263).

Beschlagnahme von Lebensmitteln im Dorf Nowo-Krasne (Region Odessa) im Winter 1932/33. Quelle: Sektorales Staatsarchiv des ukrainischen Sicherheitsdienstes (HDA SBU).

Später waren die GPU-Organe dank der Arbeit ihrer Agenten in der Lage, die Dokumente der deutschen Konsulate der Sowjetukraine, insbesondere die Berichte für die Jahre 1932 bis 1934, genauer zu untersuchen und sicherzustellen, dass die Aufzeichnungen des Geheimdienstes über die von den Diplomaten gesammelten Fakten zur Hungersnot vollständig mit dem Inhalt der von den Konsuln nach Berlin gesandten Informationen übereinstimmten.

Die Tschekisten wurden von Oskar Jundt unterstützt, einem Deutschen mit sowjetischer Staatsbürgerschaft. Er hatte seit 1926 als Kurier im Konsulat von Odessa gearbeitet und wurde 1927 von der GPU »angeworben«. Zunächst arbeitete er unter dem Pseudonym »Poddubnyj« (Der unter der Eiche), ab 1934 benutzte er den Decknamen »Nowyj« (Neuer). Jundt sammelte alte Dokumente, Briefumschläge, Siegellack und Zeitungen, aus denen Artikel ausgeschnitten worden waren. Er konnte nachweisen, dass die sowjetische Presse eine wichtige Informationsquelle der deutschen Konsuln über die Ereignisse in der Sowjetukraine war. Auch Agent »Zet« berichtete, Konsul Hencke habe für einen Bericht an Berlin über die Hungersnot akribisch Daten gesammelt, indem er Zeitungen las und Wichtiges ausschnitt.[59] Durch die Leerstellen in den

59 Auszug aus der Meldung des Agenten „Zet". 11.11.1933 (Vypyska z ahenturnoho povidomlennja s/s „Zet". 11.11.1933 r. HDA SBU, f. 65, spr. S-6163, t. 1, ark. 134).

Zeitungen und Teile zerrissener Dokumente, die Jundt aus dem Müll fischte, erfuhren die Tschekisten, wofür sich die deutschen Diplomaten damals interessierten und welche Art von Informationen sie sammelten.

Im Jahr 1935 ergriff Agent »Nowyj« »eine ernsthafte und sehr wertvolle Initiative in der »Albumtechnik«[60] – in den Augen der sowjetischen Geheimdienste eine herausragende Leistung. Die »Albumtechnik« bestand darin, dass der Agent sich allein im Konsulat von Odessa aufhielt, mit einem Nachschlüssel den feuerfesten Schrank öffnete, in dem Büroarbeiten aufbewahrt wurden, und einige der Dokumente zu einem sowjetischen Geheimpolizisten brachte, der sie abfotografierte. Als Ergebnis der »Album«-Operationen gelang es den Tschekisten unter anderem, ein aktuelles Buch mit Codes und digitalen Chiffren zu erhalten.[61]

## »Anstiftung zu einer provokativen antisowjetischen Kampagne in Deutschland«

Am 2. Juni 1935 erhielten die Tschekisten – die GPU war 1934 im Volkskommissariat für innere Angelegenheiten (NKWD) aufgegangen – bei einer weiteren »Beschlagnahmung« von Dokumenten aus dem »Herrenhaus« in Odessa die Kopie eines Berichts des Generalkonsulats in Charkiw über die »Hungersnot in der Ukraine« vom Juni 1933. In einem Brief nach Kyjiw stellte der Leiter der Regionalabteilung des NKWD in Odessa fest, dass

> »das oben genannte Dokument unserer Meinung nach von großem Interesse ist, da es die Rolle des Generalkonsulats und persönlich von WALTHER bei der Anstiftung zu einer provokativen antisowjetischen Kampagne in Deutschland und bei der Organisation eines Systems der ›Hungerhilfe‹ aufdeckt«.[62]

Aus dem Bericht über die Hungersnot in der Ukraine, der im ersten »Album« enthalten war, erfuhren die Tschekisten, wie hoch die deutschen Diplomaten die Verluste durch die Hungersnot einschätzten. Karl Walther, Generalkonsul in Charkiw, stellte fest, in einigen Regionen

60 Notiz „Über die Deutschen Konsulate in der Ukraine" (Dopovidna zapyska „O Germanskich konsul'stvach na Ukraine" 1937 r. HDA SBU, f. 13, spr. 429, t. 33, ark. 392).

61 Brief an den NKWD – das Volkskommissariat für innere Angelegenheiten – der UdSSR mit der Anfrage nach Kostenerstattung für die „Album"-Operationen in Odessa. 14.12.1936 (Lyst v NKVD USSR zi zapytom na košty dlja „al'bomnych" operacij v Odesi. 14.12.1936 r. HDA SBU, f. 62, spr. 59, t. 3, ark. 207).

62 Brief über die nächste Beschlagnahmung von Dokumenten aus dem Deutschen Konsulat in Odessa „Zum Fall ‚Herrenhaus'". 14.06.1935 (Lyst pro čerhovu vyïmku dokumentiv Nimec'koho konsul'stva v Odesi „Po delu ‚Osobnjak'". 14.06.1935 r. HDA SBU, f. 62, spr. 59, t. 3, ark. 174).

seien 80 Prozent der Einwohner ukrainischer Dörfer verhungert, in anderen etwa 40 Prozent. In den deutschen Kolonien sei die Zahl der Hungertoten geringer und betrage nicht mehr als 10 Prozent der Bevölkerung. Walther vermerkte zudem, Deutschen und Sowjetbürgern, die in Kolchosen arbeiteten, sei es besser gegangen als Menschen in ukrainischen Dörfern, und erklärte das mit ihren angeblich besseren angeborenen Fähigkeiten und ihrer Energie.[63]

## Schätzungen der Zahl der Hungertoten

Der Kyjiwer Konsul Hencke versuchte ebenfalls, die Zahl der Hungertoten zu ermitteln, und erzählte dem Agenten »Zet«, er habe unveröffentlichte sowjetische Statistiken über die Sterblichkeit in der Region Kyjiw gelesen. Im Mai 1933 habe die Zahl der Todesopfer 220.000 betragen, woraus Hencke schloss, die Gesamtzahl der Toten müsse bei mehr als fünf Millionen liegen. Hencke sagte »Zet« auch, nach den Berechnungen des Landwirtschaftsattachés der deutschen Botschaft in Moskau, Otto Schiller, seien sechs Millionen Menschen in der Ukraine an Hunger gestorben.[64]

Generalkonsul Walther schätzte den Gesamtverlust der Bevölkerung in der Ukraine durch die Massenhungersnot von 1932/33 auf sieben Millionen Tote.[65] Höchstwahrscheinlich stammte diese Zahl von einer der anderen ausländischen Vertretungen in Charkiw. Walther begann seinen Jahresbericht für 1933 mit einem Abschnitt über die Landwirtschaft, in dem es hieß:

> »Die Ukraine stand in diesem Jahr im Zeichen der großen Hungersnot, oder aus sowjetischer Sicht im Zeichen des Sieges der Vergesellschaftung der Landwirtschaft.«[66]

---

63 Bericht „Hungersnot in der Ukraine" an das Außenministerium in Berlin. 16.06.1933 (Dopovid' „Golod na Ukraine" Ministerstvu zakordonnych sprav v Berlini. 16.06.1933 r. HDA SBU, f. 13, spr. 161, t. 1, ark, 36–37); Paolo Fonzi, „,No German Must Starve'", 22-29.

64 Bericht des Agenten „Zet" vom 2.9.1933 (Donesennja s/s „Zet" vid 2/IX 1933 r. HDA SBU, f. 65, spr. S-6163, t. 1, ark. 95).

65 Jahresbericht des Generalkonsulats von Deutschland in Charkiw über die allgemeine Lage in der Ukraine. 11.12.1933 (Ričnyj zvit Heneral'noho konsul'stva Nimeččyni v Charkovi pro zahal'nyj stan na Ukraïni. 11.12.1933 r. HDA SBU, f. 13, spr. 161, t. 1, ark. 46).

66 Ebd., ark 39.

Der deutsche Konsul in Charkiw stellte fest, viele Menschen im Ausland könnten nicht verstehen, wie es in der Ukraine mit ihren fruchtbaren Böden zu einer Hungersnot kommen könne. Er machte das sowjetische System für die Katastrophe verantwortlich.[67] Ähnlich sah das auch der Konsul von Odessa, Paul Roth, in seinem Jahresbericht für 1933.[68]

Anfang der 1980er Jahre begannen ukrainische Diaspora-Organisationen eine weltweite Kampagne zur Anerkennung der Massenhungersnot von 1932/33 als Völkermord. Sie schätzten die Zahl der Opfer des Holodomors auf sieben Millionen. Heutige demografische Studien beziffern die Zahl der Opfer auf etwa 4,5 Millionen. Die Ermittlung der genauen Zahlen ist jedoch nach wie vor nicht abgeschlossen. Die Verluste der deutschen Minderheit beliefen sich in den Jahren 1932 bis 1934 nach vorläufigen Angaben auf 79 Menschen je 1.000 Einwohner.[69]

## Konsulatsbesucher und Agenten als Opfer des Großen Terrors

Zu den Dokumenten, die die sowjetische Geheimpolizei im Konsulat von Odessa entwendete, gehörte auch eine Liste von Deutschen, die während des Holodomors Hilfe erhielten. Der Geheimdienst betrachtete sämtliche Personen, die vom deutschen Konsulat Hilfe erhielten, als feindliche Agenten, die entweder verfolgt oder rekrutiert werden mussten.[70]

Deutsche Diplomaten äußerten häufig die Befürchtung, Besuche in konsularischen Vertretungen könnten zu Repressionen führen. Genau so kam es: Die meisten Besucher der Konsulate in Kyjiw, Odessa und Charkiw wurden Opfer der »deutschen Operation« des Großen Terrors.[71] Paradoxerweise wurde auch Leonid Sorando (Agent »Zet«, »Kiewer«) laut Befehl Nr. 00439 verfolgt. Er wurde beschuldigt, für Deutschland zu spionieren, obwohl er für die sowjetische Geheimpolizei arbeitete. Im Archiv ist ein Vernehmungsbericht erhalten, in dem er gestand, ein Spion

---

67 Ebd.

68 Jahresbericht des Deutschen Konsulats Odessa für das Jahr 1933. 6.12.1933 (Ričnyj zvit Nimec'koho konsul'stva v Odesi za 1933 r. 6.12.1933 r. HDA SBU, f. 13, spr. 161, t. 7, ark. 17).

69 Oleh Wolowyna, „What Was the Target of the Holodomor (1932–33 famine in Ukraine), Ukrainians or Soviet Ukraine? Holodomor Losses by Nationality," Konferenzvortrag bei der *23th Annual World Convention of the Association for the Study of Nationalities*, New York, 3.-5. Mai 2018.

70 Brief „Zum Fall ‚Herrenhaus'". 19.04.1937 (Lyst „Po delu ‚Osobnjak'". 19.04.1937 r. HDA SBU, f. 62, spr. 59, t. 3, ark. 259).

71 Alfred Eisfeld et al. (Hg.), *Der ‚Große Terror' in der Ukraine: Die ‚Deutsche Operation' 1937–1938* (Berlin: De Gruyter, 2021): 105, 114-20, 125.

zu sein. Am 23. Oktober 1937 wurde Sorando erschossen. Andere Personen, die er als »deutsche Spione« bezeichnet hatte, wurden ebenfalls verfolgt. In den späten 1980er Jahren wurden die meisten von ihnen rehabilitiert. Das Militärtribunal des Kyjiwer Militärbezirks rehabilitierte Sorando am 10. Januar 1989, da es keine Beweise für eine Spionagetätigkeit in deutschem Auftrag fand.[72] Am 19. Dezember 2018 erhielt Sorando eine Gedenktafel als Opfer der stalinistischen Repressionen.[73] Seine Lebensgeschichte zeigt, dass auch die Zusammenarbeit mit dem sowjetischen Geheimdienst keine Garantie dafür war, den Großen Terror zu überleben.

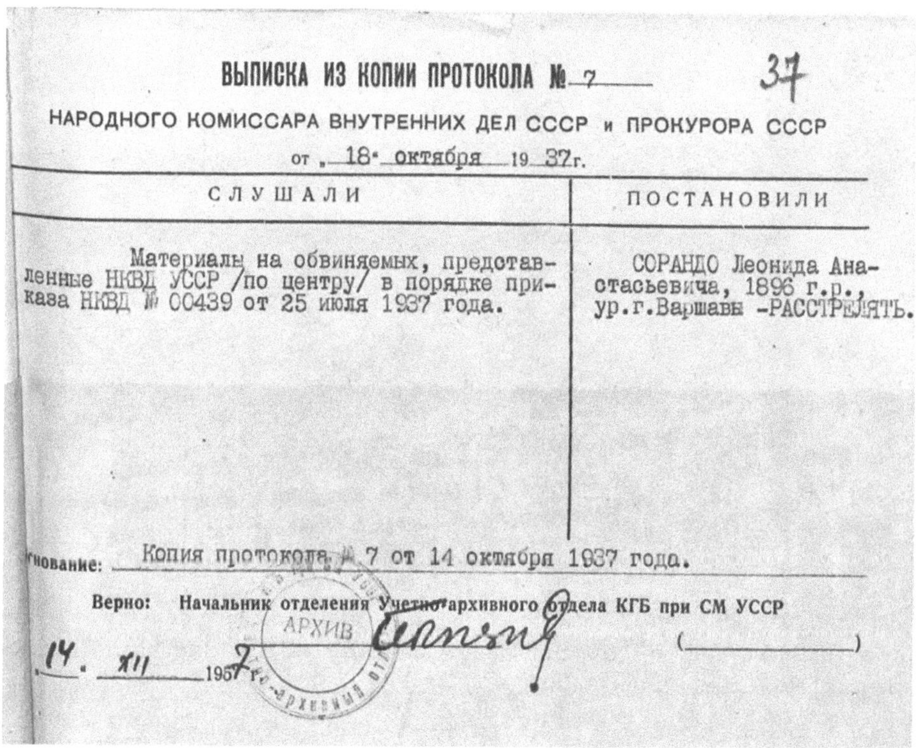

ВЫПИСКА ИЗ КОПИИ ПРОТОКОЛА № 7 37

НАРОДНОГО КОМИССАРА ВНУТРЕННИХ ДЕЛ СССР и ПРОКУРОРА СССР

от „18“ октября 1937 г.

| СЛУШАЛИ | ПОСТАНОВИЛИ |
| --- | --- |
| Материалы на обвиняемых, предоставленные НКВД УССР /по центру/ в порядке приказа НКВД № 00439 от 25 июля 1937 года. | СОРАНДО Леонида Анастасьевича, 1896 г.р., ур.г.Варшавы -РАССТРЕЛЯТЬ. |

…нование: Копия протокола № 7 от 14 октября 1937 года.

Верно: Начальник отделения Учетно-архивного отдела КГБ при СМ УССР

АРХИВ

14. XII 1957 г. ( )

Auszug aus dem Protokoll über die Verurteilung von Leonid Sorando im Oktober 1937 (Agent »Zet« bzw. »Kiewer«). Quelle: Sektorales Staatsarchiv des ukrainischen Sicherheitsdienstes (HDA SBU).

Auch Agent »Nowyj« wurde verhaftet. Oskar Jundt wurde erstmals am 26. Mai 1950 wegen des Verrats von Staatsgeheimnissen und erneut am

72 Akte aus dem Kriminalarchiv zu Leonid Anastassowytsch Sorando (Archivno-kryminal'na sprava na Sorando Leonida Anastasovyča. HDA SBU, F. 6, spr. 58374 fp).

73 Auf der Gedenktafel war folgende Aufschrift vermerkt: „Viddaty poschanu" (Respekt zollen). Vgl. dazu „Viddaty pošanu," PRAVO [Zugriff am 09.08.2024], https://pravo.ua/articles/viddati-poshanu.

16. Juni 1952 wegen Vaterlandsverrats verurteilt. Er starb am 12. Mai 1955 im Gefängnis[74] und wurde am 7. Oktober 1996 posthum rehabilitiert.[75]

Aleksandr Rosanow (eigentlich Abram Rosenbardt), der von 1932 bis 1934 die Regionalabteilung der GPU in Kyjiw und von 1935 bis 1937 die Regionalabteilung des NKWD in Odessa leitete, fiel ebenfalls dem Großen Terror zum Opfer. Er wurde am 11. Juli 1937 in Odessa wegen der Teilnahme an einem Komplott zum Sturz der Sowjetherrschaft verhaftet und am 8. September 1937 in Kyjiw erschossen. Am 4. Dezember 1992 wurde er posthum rehabilitiert.[76]

Aleksandr Rosanow, von 1932 bis 1934 Leiter der Regionalabteilung der GPU in Kyjiw, fiel ebenfalls dem Großen Terror zum Opfer. Quelle: Sektorales Staatsarchiv des ukrainischen Sicherheitsdienstes (HDA SBU).

74 Antrag auf Überprüfung in der Zentralen operativen Auskunftskartothek der 1. Sonderabteilung des Innenministeriums der UdSSR zu Oskar Jundt. 15.11.1961 (Vymoha na perevirku v Central'nu operatyvno-dovidkovu kartoteku 1 specviddilu MVS SRSR na Oskara Jundta. 15.11.1961 r. HDA SBU, f. 6, spr. 75171 fp. „Archivno-kryminal'na sprava na Richter Teofil Danylovyč", ark. 109.

75 Aleksej Solov'ev, Vladimir Vasilevskij (Hg.), *Kniga pamjati žertv političeskich repressij v Vostočnom Zabajkale*, Bd. 6 (Čita: Poisk, 2008), https://zabarchives.ru/memory.

76 Schlussfolgerung zu A. B. Rosanow (Rosenbardt) auf Grundlage des Materials der Strafsache. 4.11.1992 (Vysnovok ščodo Rozanova (Rozenbarta) A.B. za materialamy kryminal'noï spravy. 4.11.1992 r. HDA SBU f. 6, spr. 75213 fp „Archivno-kryminal'na sprava na Rozanov Oleksandr Borysovyč", t. 4, ark. 70).

Das Archivmaterial, das der sowjetische Geheimdienst im Zuge der Überwachung der deutschen Konsulate in der Sowjetukraine in Kyjiw, Odessa und Charkiw sammelte, zeigt, dass der Holodomor 1932/33 eines der wichtigsten Themen für deutsche Diplomaten war. Die Informationen, die die Tschekisten von »verdeckten Mitarbeitern« erhielten, gehören zu den wichtigsten Quellen über die Arbeit der deutschen Konsulate zu jener Zeit. Die Analyse sowjetischer Geheimdienstberichte zeigt, dass sich die deutschen Diplomaten stark für die Belange des »Dorfes« interessierten. Sie wollten wissen, wie es auf dem Land aussah, wie die Getreidebeschaffung verlief, ob die Menschen hungerten und wie sehr.

Deutsche Kolonisten und deutsche Sowjetbürger, örtliche Konsularbeamte, Regierungsbeamte, ausländische Diplomaten, Journalisten und ausländische Besucher, die lokale Presse und offizielle sowjetische Statistiken - sie alle dienten den deutschen Konsulaten als Informationsquellen. Die mit Abstand wichtigste Rolle spielte dabei die deutsche Minderheit. Mit ihrer Hilfe versuchten die Diplomaten materielle Beweise über das Ausmaß der Hungersnot zu sammeln, um ihre eigenen Einschätzungen zu bestätigen. Die Kombination verschiedener Informationskanäle und die Überprüfung dieser Daten ermöglichte es den Konsulaten, sich ein angemessenes Bild von der großen Hungersnot 1932/33 und ihren Ursachen zu machen.

Die Kontaktaufnahme mit den deutschen Konsuln, der Besuch der Konsulate und die Hilfe von deutscher Seite halfen vielen Menschen, den Holodomor zu überleben. Was jedoch während des Holodomors Leben rettete, wurde später für dieselben Menschen zum Anlass für staatliche Repression. Jeder Kontakt mit deutschen Konsulaten wurde während der stalinistischen Verfolgungswellen als Beweis für Spionage und die Arbeit für Nazideutschland gewertet.

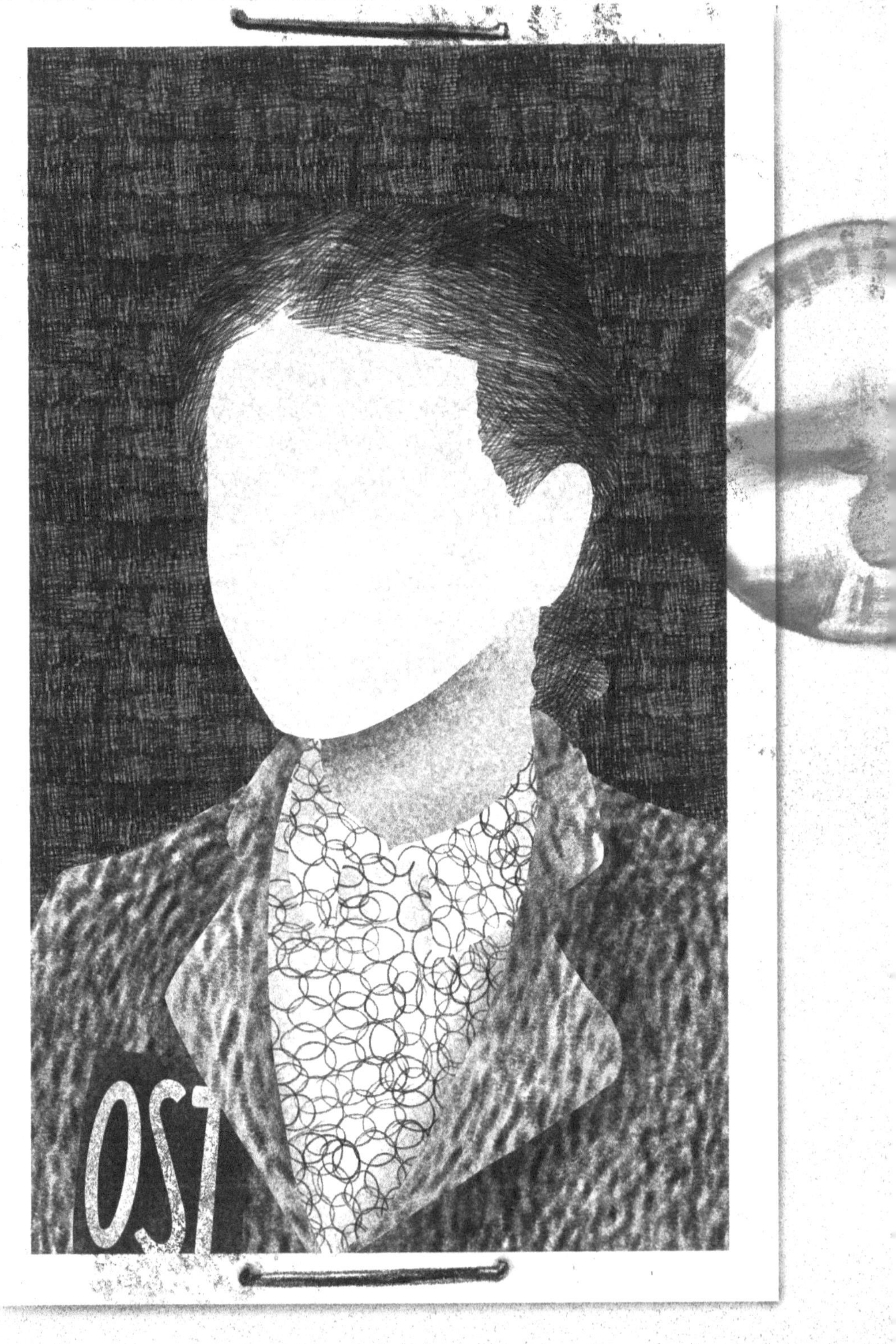
OST

# Emotion und Erinnerung
## Erzählungen von »Ostarbeiterinnen« aus der Ukraine

*Katrin Boeckh*

*Während des Zweiten Weltkriegs wurden Millionen Menschen aus der Ukraine als »Ostarbeiter« und »Ostarbeiterinnen« zur Zwangsarbeit ins Deutsche Reich verschleppt, vor allem junge Frauen. Nach ihrer »Repatriierung« wurden sie in der Sowjetunion als Verräterinnen in Filtrationslager gebracht, zu Lagerhaft verurteilt und waren auch im Alltag Schikanen und Diskriminierung ausgesetzt. Viele verschwiegen ihr Schicksal bis zum Zusammenbruch der Sowjetunion. Ihre von Angst, Trauma, Hoffnung und Sehnsucht geprägten Berichte bieten heute wertvolle Einblicke in die biografische Verflochtenheit deutscher und ukrainischer Geschichte.*

Die Ukraine bildete einen Hauptschauplatz des Zweiten Weltkriegs. Zerstörte Dörfer und Städte, Kriegsinvalide und Millionen von Kriegsopfern gehörten zu den Folgen. Neben diesen sichtbaren Kriegsschäden gab es aber auch verborgene, unsichtbare und verdrängte. Dazu gehört das Schicksal einer großen Gruppe von Menschen, die während des Zweiten Weltkriegs als Zwangsarbeiter aus der Sowjetunion nach Deutschland deportiert worden waren – die Nationalsozialisten verwendeten für sie den Terminus »Ostarbeiter«. Die Mehrheit von ihnen waren junge aus der Ukraine stammende Frauen. Bezeichnend für sie ist, dass sie nicht nur Opfer der NS-Diktatur, sondern nach ihrer Rückkehr in die Heimat auch Opfer der Gewaltherrschaft Stalins wurden.

### Erzählungen als Brücke zwischen der ukrainischen und deutschen Geschichte

Zu ihrem Schicksal gehört, dass ihnen der Umstand, dass sie im Deutschen Reich Zwangsarbeit geleistet hatten, als Landesverrat ausgelegt wurde, obwohl sie mehrheitlich verschleppt worden waren. Somit versuchten viele von ihnen, ihren Einsatz in Deutschland zu verschweigen – öffentlich und in der Familie. Erst in den 1990er Jahren, nach dem Kollaps der Sowjetunion, wagten sie es, davon zu erzählen. Was sie berichten und wie sie dies formulieren, gehört zu jenen Folgen des Zweiten

Weltkriegs, die wenig beachtet worden sind, aber dennoch in ihrer Langzeitwirkung nicht zu unterschätzen sind. Denn dieses Wissen hielt sich in den vielen betroffenen Familien in der Ukraine, und heute ist es die Enkelgeneration, die Antworten sucht auf ihre Fragen zu den Umständen des Zwangsaufenthalts ihrer Großmütter und Großväter in NS-Deutschland. Deren Erzählungen bilden somit eine Brücke zwischen der deutschen und der ukrainischen Geschichte. Dabei stehen oftmals weniger Fakten als Emotionen im Vordergrund, denn die Zwangsarbeiterinnen und Zwangsarbeiter aus Osteuropa erhielten seinerzeit kaum Informationen über die organisatorischen Hintergründe ihres Arbeitseinsatzes. Aber Gefühle und Gefühltes - etwa Angst und Trauma, Hoffnung und Sehnsucht - blieben lebendig in ihrer Erinnerung an die Zeit, die ihre Jugend prägte und die auch einen Schatten auf ihr späteres Leben warf.

Im Folgenden soll der Fokus auf Emotionen gelegt werden, die vor allem die weiblichen Zwangsarbeiter in späteren Interviews beschreiben, die aber dennoch für ihren Sklavendienst in Deutschland und die spätere Rückkehr in die Sowjetunion charakteristisch waren. Die Diskussionsgrundlage bilden Interviews und Berichte von ehemaligen »Ostarbeiterinnen«, die ab den 1990er Jahren in verschiedenen Publikationen und Sammlungen zusammengetragen worden sind.

## Deportation, Zwangsarbeit und Repatriierung

Die Rekrutierung von Zwangsarbeitern für die deutschen Wirtschaftsbetriebe war ein Kriegsziel Deutschlands in der ab 1941 okkupierten Ukraine. Bis zum Frühjahr 1942 versuchten die deutschen Besatzer, Freiwillige als Arbeiter nach Deutschland zu locken. In der verzweifelten Situation des Krieges, des Hungers, der Arbeitslosigkeit und Perspektivlosigkeit folgten zwar tatsächlich Ukrainer der Anwerbung, aber es waren zu wenige. Daher begannen die Deutschen mit der gewaltsamen Rekrutierung: Sie sammelten einfach Zivilisten ein und setzten sie in Züge Richtung Deutschland. Die Gesamtzahl der »Ostarbeiterinnen« und »Ostarbeiter« lässt sich nicht präzise angeben. Sowjetische Angaben schwanken zwischen 6,8 und sieben Millionen aus der UdSSR Deportierten, von denen neben etwa zwei Millionen Kriegsgefangenen an die 4,8 Millionen Zivilisten gewesen seien. Andere Schätzungen gehen von etwa 2,8 Millionen »Ostarbeiterinnen« und »Ostarbeitern« im Reich aus.[1]

1 Pavel Polian, *Deportiert nach Hause: Sowjetische Kriegsgefangene im „Dritten Reich" und ihre Repatriierung* (München: Oldenbourg, 2001), 45.

Die meisten Zwangsarbeiter wurden im Zuge der Massenrekrutierung im Frühjahr und im Herbst 1942 nach Deutschland verbracht. Im September 1944 waren Frauen aus der Sowjetunion mit einem Anteil von 49,8 Prozent die größte Gruppe der im Dritten Reich eingesetzten Zwangsarbeiter. Wiederum die Hälfte von ihnen war zwischen 1923 und 1927 geboren, sodass sie 1944 zwischen 17 und 21 Jahre alt waren.[2]

Wenn die »Ostarbeiter« die Hoffnung hatten, dass es ihnen in Deutschland besser gehen würde, so wurde diese spätestens bei der Ankunft zerschlagen. Viele von ihnen wurden in körperlich sehr belastende Arbeitsstellen geschickt, in Industriebetriebe, in der Landwirtschaft und in private Haushalte. Tausende dieser Zwangsarbeitskräfte kamen während des Krieges um, weil sie nicht genug Essen bekamen, die körperlichen Entbehrungen nicht überstanden oder bei alliierten Luftangriffen starben. Unter den traumatischen Erfahrungen, die viele »Ostarbeiterinnen« und »Ostarbeiter« machten, werden Luftangriffe mit am häufigsten erwähnt.

Olha Mischkewytsch aus Kostopil, Zwangsarbeiterin in einer Fabrik, berichtet über ihre Erfahrung mit Luftalarm:

> »[...] was war das für eine Angst. Sie haben stark vom Osten her bombardiert. Ich weiß es nicht, vielleicht waren es Amerikaner. Diese Flugzeuge! Sie fliegen so niedrig! Wie eine Schar Raben, so viele sind diese Flugzeuge! Und wie sie brüllen! Sie brüllen schrecklich! Und die Deutschen schreien, diese Flugzeuge würden in einer Stunde bei uns sein, die Sirene kreischt in der Fabrik. [...] Die Sirene kreischt schrecklich! Die Deutschen schreien: Alarm! Alarm! In der Fabrik ist ein Keller, so wie ein Zimmer, das war in der ganzen Fabrik. Und dort waren Bänke, man saß dort. Man trieb uns in diesen Keller, aber hinter dem Lager, dort haben unsere Burschen Schützengräben ausgegraben. Und es war so, dass wir weggerannt sind in diese Gräben, und du siehst, wie die Bomben fallen! Wie damals sehe ich es vor mir! Aber irgendwo hinter der Fabrik, schon weiter weg. Auf die Fabrik sind sie nicht gefallen. Vielleicht wussten sie [die Bomberpiloten], dass hier Ausländer arbeiten. O Gott, wir haben in unserem [jungen] Alter nicht wenig erlebt. Und Gutes habe ich nicht gesehen, kann ich sagen.«[3]

2 Gelinada Grinchenko und Eleonora Narvselius, „Silken Braids Under the German Boot: Creating Images of Female Soviet Ostarbeiters as Betrayers and Betrayed," in *Traitors, Collaborators and Deserters in Contemporary European Politics of Memory: Formulas of Betrayal*, Hg. Gelinada Grinchenko und Eleonora Narvselius (Cham: Springer, 2018), 322.

3 Helinada Hrinčenko et al., Hg., *„Prošu vas mene ne zabuvaty": Usni istorii Ukraïns'kych ostarbajteriv* (Charkiv: Pravo, 2009), 77.

Heimweh und Hoffnungslosigkeit sprechen aus dem Brief einer »Ostarbeiterin« aus Riwne an ihren Bruder zu Hause: »Noch lebe ich, bin gesund, aber ich weiß nicht, wie es weiter sein wird, ich arbeite in derselben Fabrik (offensichtlich eine Konservenfabrik), es ist eine sehr schwere Arbeit, wir schleppen Äpfel und tragen große Säcke, wir haben uns schon verändert […]. Gott weiß, wann wir nach Hause zurückkehren, und wenn wir zurückkehren, dann werden wir niemandem mehr zum Leben taugen. … Vergesst mich nicht.«[4]

Nach Kriegsende unternahm die Sowjetregierung größere Anstrengungen, die »Ostarbeiterinnen« und »Ostarbeiter« in die UdSSR zurückzubringen, weil Stalin angesichts der hohen Menschenverluste während des Krieges Arbeitskräfte brauchte. Die Prozedur der Heimholung aller sowjetischen Bürger, die während des Krieges im Westen gewesen waren, erhielt in der sowjetischen Terminologie die Bezeichnung »Repatriierung«. Im Abkommen von Jalta vom 11. Februar 1945 sicherten die Westmächte der Sowjetregierung die Rückführung aller sowjetischen Staatsbürger in den von den Westmächten verwalteten Besatzungszonen zu. Sowjetische Repatriierungskommissionen begannen darauf, die Betroffenen ausfindig zu machen, zusammenzuführen und dazu zu bewegen, nach Hause zurückzukehren. Dabei war die Zahl der Frauen etwa doppelt so hoch wie jene der Männer: 1946 waren von knapp 2,3 Millionen registrierten, nach Deutschland deportierten Sowjetbürgern 1,1 Millionen in die Ukraine repatriiert worden, unter ihnen 686.314 Frauen und 384.586 Männer im arbeitsfähigen Alter.[5]

Der Höhepunkt der Repatriierung lag zwischen Mai und Oktober 1945. Insgesamt wurden bis März 1946 sowjetischen Angaben zufolge zwischen 4,2 und 4,4 Millionen Sowjetbürger repatriiert, darunter 1,55 Millionen Kriegsgefangene und 2,65 Millionen Zivilisten, bis Anfang 1952 waren es rund 4,3 Millionen. Die Ukrainer waren die größte Volksgruppe: Von den 4,4 Millionen sowjetischen Repatriierten am 1. März 1946 waren 1.650.343 Ukrainer und 1.631.861 Russen (dann folgten

---

4 Vitalina Danyl'čuk, *Rejchskomisariat - Rejchovi: ukraïnci z Rivnenščyny na prymusovych robotach v Avstriï ta Nimeččyni* (Rivne: PP DM, 2013), 91.

5 CDAHOU (Kyïv) 1-23-2614, ark. 88–107: Ukrainskaja Sovetskaja Socialističeskaja Respublika. Sovet Ministrov. Sekretarju Central'nogo Komiteta KP/b/ Ukrainy tov. Korotčenko D. S. O prieme i trudostrojstve repatriirovannych sovetskich graždan v Ukrainskoj SSR po sostojaniju na 1 maja 1946 goda. [Gez.] Zavedujuščij Otdelom po delam repatriacii pri Sovete Ministrov USSR Zozulenko. 23. Mai 1946.

520.672 Belarussen und 50.396 Litauer). Die Ukraine war die erste Übergangsstation und speziell die Ostukraine mit ihrer Schwerindustrie oft Zielstation für die Repatriierten.

## Generalverdacht »Landesverrat« und Filtration

Juristisch gesehen waren die Repatriierten nach ihrer Rückkehr in die Sowjetunion von Anfang an in der Defensive. Die früheren Zwangsarbeiter standen unter Generalverdacht, Vaterlandsverräter zu sein. Dies ging auf einen Straftatbestand von 1934 zurück. Demzufolge war es Landesverrat, wenn Sowjetbürger zum Nachteil des Kriegspotenzials, der staatlichen Unabhängigkeit und der territorialen Unantastbarkeit handelten und sich etwa Spionage, Geheimnisverrat, Überlaufen zum Feind oder die Flucht ins Ausland zuschulden kommen ließen. Die Strafe für diese Vergehen lautete zehn Jahre Freiheitsentzug in milderen Fällen oder aber die Todesstrafe und den Einzug des Vermögens. Während des Zweiten Weltkriegs weitete man diesen Straftatbestand auf sowjetische Zivilisten aus, die sich in den Dienst der »deutsch-faschistischen Okkupanten« stellten. Gemeint waren damit die »Unterstützung der deutschen Okkupanten«, der Dienst bei den Deutschen und Ähnliches. Das Strafmaß blieb weiterhin zehn Jahre Freiheitsentzug bzw. die Todesstrafe, dazu kam nun Sippenhaft, denn Familienmitglieder von »Vaterlandsverrätern« wurden ebenfalls verhaftet und in entlegene Gebiete deportiert. Erfasst waren davon auch die Menschen, die als Zwangsarbeiter aus der Sowjetunion in das Deutsche Reich deportiert worden waren, ihnen wurde das Vergehen vorgeworfen, sie seien den »Anweisungen der deutschen Verwaltung gefolgt« oder sie hätten sich mit den Okkupanten zurückgezogen.

Zur Überprüfung der persönlichen Schuld durchliefen alle Repatriierten – Zivilisten wie die »Ostarbeiterinnen« und »Ostarbeiter« sowie in Kriegsgefangenschaft geratene Armeeangehörige – nach dem Krieg ein Filtrationsverfahren, das nachweisen sollte, ob und inwiefern sie Vaterlandsverrat begangen hätten. Für Repatriierte in sowjetischem Gewahrsam bestanden bereits auf ostdeutschem bzw. auf sowjetisch besetztem Gebiet Filtrationslager. Am 23. Dezember 1944 gab es 15 Filtrationslager in der Sowjetunion, davon allein sechs in der Westukraine. Die Zustände in den schnell errichteten Aufnahme- und Filtrationslagern waren verheerend. Weder gab es ausreichend Wohnraum für die Ankommenden noch genug Heizmaterial, Wasser, Lebensmittel und Kleidung. Der oft mehrere Wochen dauernde Aufenthalt in den überfüllten Lagern war für die Repatriierten eine Zeit der Ungewissheit, in der über ihr Schicksal entschieden wurde, ohne dass sie dies beeinflussen konnten. Die Filtration führten Kommissionen mit Angehörigen des Geheimdienstes durch. Allein die Konfrontation mit Mitarbeitern dieser Lager löste bei den Repatriierten Angst aus.

## »Da waren wir also dann – ohne Schuld schuldig.«

Die Prozedur erklärt die aus dem heutigen Donezk stammende Wera Dergatschowa so:

> »Wir wurden in eine Stadt gebracht. Dort blieben wir lange. Bestimmt zwei Wochen. Du meine Güte, wir mussten alles aufschreiben – wo du warst, was du gemacht hast, ob du nicht den Amerikanern versprochen hast, mit ihnen zusammenzuarbeiten. [...] Ich habe kein einziges wohlwollendes Gesicht gesehen. [...] Uns wurde gleich gesagt, dass Stalin nicht mal seinem eigenen Sohn getraut hat. Da waren wir also dann – ohne Schuld schuldig.«[6]

Eine große Kränkung war für die Filtrierten, dass ihnen pauschal unterstellt wurde, sie hätten Verrat an der Heimat begangen. Viele waren als Jugendliche aus ihren Dörfern verschleppt worden und sie verstanden überhaupt nicht, was man jetzt von ihnen hören wollte. Ihre Behandlung erinnerte an jene von Verbrechern: Ihre Fingerabdrücke wurden genommen und sie standen unter Beobachtung. Sie wurden Verhören unterzogen und ihre Aussagen gegenseitig abgeglichen. Zudem isolierte man die Repatriierten von der übrigen Bevölkerung, um zu verhindern, dass Informationen über die Gesellschaftsverhältnisse im Westen durchsickerten.

Als Resultat der sowjetischen Filtration wurden im März 1946 von 4,2 Millionen sowjetischen Repatriierten rund 58 Prozent in ihre Herkunftsorte entlassen, 19 Prozent wurden in die Rote Armee einberufen, 2 Prozent wurden in sowjetischen Truppeneinheiten eingesetzt, 14 Prozent kamen in Arbeitsbataillone des Volkskommissariats für Verteidigung und 6,5 Prozent in Spezialkontingente des Innenministeriums.[7] Dabei wurde die Mehrheit in ihre früheren Wohnorte zurückgeschickt, die meisten in die Ukraine (732.855 Personen), während in der Russischen

---

6 Memorial International und Heinrich-Böll-Stiftung, Hg., *Für immer gezeichnet: Die Geschichte der „Ostarbeiter" in Briefen, Erinnerungen und Interviews* (Berlin: Ch. Links, 2019), 360.

7 Viktor Zemskov, „K voprosu o repatriacii sovetskich graždan 1944–1951," *Istorija SSSR*, Nr. 4 (1990): 36.

Sowjetrepublik 723.400 Repatriierte und in der Belarussischen SSR 578.354 Personen unterkamen.[8]

Stellvertretend für eine sehr harte Strafe steht die Ukrainerin Anna Sliptschenko-Burlatschenko, die 1944 als 15-Jährige zur Zwangsarbeit bei Messerschmitt nach Regensburg deportiert und nach ihrer Filtration in der Sowjetunion zu Lagerhaft verurteilt wurde. In Regensburg war sie von der Gestapo wegen angeblicher Sabotage verhaftet und vier Monate festgesetzt worden. Die Haftzeit war wegen der Ungewissheit, was mit ihr passieren würde, schlimm für sie, aber auch weil die zu verrichtende Zwangsarbeit sie ans Ende ihrer körperlichen Kräfte brachte. Aber sie überlebte diese Zeit. Doch das wurde ihr später zum Verhängnis. Denn nach Kriegsende wurde sie nach Budweis gebracht und dort vom NKWD filtriert. Die Frage, ob sie von der Gestapo verhört worden sei, bejahte sie. Das besiegelte ihr weiteres Schicksal: »In diesem Augenblick drehte man den Schlüssel im Schloss um und ich kam erst nach Jahren wieder frei. Man unterstellte mir Kollaboration mit den Faschisten.«[9] Die Tatsache, dass sie die Haft überlebt hatte, war für die sowjetischen Behörden der Beweis für ihre Kollaboration. Sie wurde zu zehn Jahren Arbeitslager verurteilt, ihre Eltern und ihre fünf Geschwister wurden enteignet, Anna selber kam in ein Bergwerk zur Zwangsarbeit.

Im Gulag litt sie unter den schrecklichen Bedingungen. »Das Lager war schlimmer als das in Regensburg, das Essen war schlechter und wir litten permanent Hunger.«[10] Dazu kam aber noch: »Man beschimpfte mich ständig, ich hätte mit den Deutschen zusammengearbeitet.«[11] Nach Stalins Tod 1953 und nach acht Jahren Arbeitslager wurde sie begnadigt, 1957 rehabilitiert. Albträume von den Wachhunden und das Geschrei der Aufseher im sowjetischen Lager konnte sie nie ablegen, und auch in Freiheit konnte sie nicht aufatmen. Sie fand keine Arbeit, weil ihr Ausweis die Haftstrafe vermerkte. Dennoch wurde ihr das Glück einer Familie zuteil. Aber ihren beiden Kindern erzählte sie erst in den 1990er Jahren von ihrer Haft: »Ich wollte ihre Seelen nicht verletzen. Ich hatte mich aber nie dafür geschämt, ich habe mir ja nichts zu Schulden kommen lassen, ich ging immer erhobenen Hauptes.«[12] Dass sie nach der überstandenen

8 Jurij Arzamaskin, *Založniki vtoroj mirovoj vojny: Repatriacija sovetskich graždan v 1944–1953 gg.* (Moskva: Fokus, 2001), 63.

9 Thomas Muggenthaler, *Wir hatten keine Jugend: Zwangsarbeiter erinnern sich an ihre Zeit in Bayern* (Viechtach: lichtung, 2003), 140.

10 Muggenthaler, *Wir hatten keine Jugend*, 140.

11 Muggenthaler, *Wir hatten keine Jugend*, 140.

12 Muggenthaler, *Wir hatten keine Jugend*, 141.

Zwangsarbeit in Deutschland dann zu Hause erniedrigt und beleidigt wurde, verbitterte sie. »Zwölf Jahre meiner Jugendzeit wurden ausgelöscht.« Aber nicht nur ihre Jugend, sondern ihr ganzes Leben litt sie unter den Folgen von Krieg, Verbannung und Verurteilung.

## Rückkehr in die sowjetische Gesellschaft: Eingliederung durch Arbeit

Nach der Repatriierung wurden die früheren Zwangsarbeiter rechtlich schrittweise wieder in die sowjetische Gesellschaft eingegliedert. Der Erlass des Obersten Sowjets der UdSSR vom 7. Juli 1945 über Amnestie im Zusammenhang mit dem Sieg über Hitlerdeutschland war ein Straferlass für Personen, die eine Haftstrafe von unter drei Jahren zu verbüßen hatten und die einen Verstoß gegen die Arbeitsdisziplin oder andere Delikte begangen hatten. Der Erlass vom 1. Dezember 1945 »Über die Eintragung der repatriierten Bürger der UdSSR in die Wahllisten« sicherte den Repatriierten wieder bestimmte Rechte zu, die für sie weggefallen waren. Am wichtigsten war dabei, dass sie wieder Lebensmittelbezugsscheine erhielten, die ihnen vorher verweigert worden waren.

Das wichtigste Mittel, die Repatriierten wiedereinzugliedern, war gleichzeitig der Grund für ihre Repatriierung: die Nutzung ihrer Arbeitskraft. Der sowjetische Bürger war der geltenden Verfassung von 1936 zufolge zur Arbeit verpflichtet, zugleich war Arbeit, so die sowjetische Propaganda, für die Repatriierten eine moralische Verpflichtung: Sie stünden in einer tiefen moralischen Schuld gegenüber dem Vaterland, an dem sie sich gleichsam durch ihre Flucht vergangen hätten. Durch Arbeitsengagement sollten sie ihre Verfehlung abbüßen. Die meisten Repatriierten wurden tatsächlich in Arbeitsstätten vermittelt: Von den 1,1 Millionen Repatriierten, die sich 1946 in der Ukraine befanden, waren es etwa 900.000, die meisten davon in die Landwirtschaft, also auf Kolchosen, andere im Bergbau und in der Schwerindustrie in der Ostukraine.[13]

Spätestens bei der Arbeit waren die Repatriierten nicht mehr von der übrigen Bevölkerung isoliert. Daher befürchtete das sowjetische Regime, die Repatriierten würden Stimmung gegen das sowjetische Wirt-

13 CDAHOU (Kyïv) 1-23-2614, ark. 88–107: Ukrainskaja Sovetskaja Socialističeskaja Respublika. Sovet Ministrov. Sekretarju Central'nogo Komiteta KP/b/ Ukrainy tov. Korotčenko D. S. O prieme i trudostrojstve repatriirovannych sovetskich graždan v Ukrainskoj SSR po sostojaniju na 1 maja 1946 goda. [Gez.] Zavedujuščij Otdelom po delam repatriacii pri Sovete Ministrov USSR Zozulenko. 23. Mai 1946.

schaftssystem machen, weil sie die besseren Lebensverhältnisse im Ausland gesehen hatten. Die Propagandisten wurden daher angehalten, speziell auf die Situation der ehemaligen Zwangsarbeiter einzugehen. Sie hätten sich lange Zeit unter dem »deutschen Joch« befunden und seien der systematischen Beeinflussung der faschistischen und der »bourgeois-reaktionären Propaganda« ausgesetzt gewesen. Den Repatriierten waren daher das »sozialistische Verständnis von Arbeit« und die »strengste Achtung der staatlichen Disziplin« vorzuführen.

## Ohne »Registrierung« keine Rückkehr in ein normales Leben

Der sowjetische Staat erwartete von den Repatriierten, dass sie ihre staatsbürgerliche Schuld wortwörtlich abarbeiten, und das sahen die meisten Repatriierten auch als legitim an. Gleichzeitig versuchten die Rückkehrer, wieder zurück in ein normales Leben zu finden. Am wichtigsten für sie war, überhaupt wieder ein Bürger zu werden, und das wollten die meisten Repatriierten – sie waren keine Dissidenten oder grundsätzlich antisowjetisch eingestellte Personen. Dem ging jedoch die Prozedur der Registrierung voran. Registrierung bedeutete, dass Repatriierte sich an ihrem Wohnort bei den Behörden des Innenministeriums melden mussten, um einen Ausweis zu erhalten, der dann erst die offizielle Berechtigung war, sich niederzulassen. Das hieß gleichzeitig, dass man erneut filtriert wurde. Die Registrierung sollte nicht nur der statistischen Erfassung dienen, sondern auch den Behörden helfen, gesuchte Personen ausfindig zu machen. Dies war eine erneute psychische Belastung für die ehemaligen Zwangsarbeiter, weil sie abermals streng unter die Lupe genommen wurden.

Eine ehemalige »Ostarbeiterin«, Ljudmyla, beschreibt die Situation in Kyjiw, die deswegen besonders auffällt, weil es hier für »Ostarbeiter« schwer war, eine Zuzugsberechtigung zu erhalten.[14] Darüber, wie sie mit ihrer Mutter in Kyjiw am Passamt vorsprechen musste, berichtet Ljudmyla: »Eine Woche verging, man musste zu diesem ... an Chreschtschatyk 4 gehen [hier befand sich das Passamt der Stadtpolizei in Kyjiw] – dort wurden alle diejenigen empfangen, die in Deutschland gewesen waren, Re... Re... Repatriierungsabteilung. Wir kamen also,

---

14 Tetjana Pastuschenko, *„Das Niederlassen von Repatriierten in Kiew ist verboten ...": Die Lage von ehemaligen Zwangsarbeiter/innen und Kriegsgefangenen in der Ukraine nach dem Krieg* (Kiew: Institut für Geschichte der Ukraine NAdWU, 2011), 133.

doch da standen Schlangen! Beinahe halber Chreschtschatyk war mit einer Warteschlange mit Papieren besetzt. Wir standen und warteten, wann wir aufgenommen werden sollten. Da sahen wir: einige kamen heraus, die schon da waren, in Tränen, schluchzend … die eine kam raus und fiel in Ohnmacht … doch jemand trat hinaus und lächelte … sehr unterschiedlich. Ich erinnere mich, wir haben uns sehr früh angestellt und erst gegen fünf oder sechs Uhr, kurz vorm Feierabend, sind wir zu ihm hineingelassen worden. Major Rudenko. Ich habe ihn mir für mein ganzes Leben lang gemerkt, dort in der Warteschlange hat man ihn Wolfshund genannt.«

Roman Rudenko (1907–1981), der gefürchtete »Wolfshund«, mag auch generell für die strenge Zuzugskontrolle für Repatriierte in Kyjiw verantwortlich gewesen sein. Vor dem Zweiten Weltkrieg war er stellvertretender Generalstaatsanwalt der Ukraine gewesen, hatte die Erschießung Gefangener in Charkiw vor dem sowjetischen Rückzug aus der Stadt überwacht und war nach dem Zweiten Weltkrieg bei den Nürnberger Kriegsverbrecher-Prozessen sowjetischer Chefankläger.

Eine weitere Schikane für Repatriierte war, dass sie in ihren Lebensläufen angeben mussten, dass sie sich während des Weltkriegs in Deutschland aufgehalten hatten. Lebensläufe waren bei der Einstellung und in bestimmten Abständen am Arbeitsplatz abzuliefern. »Ostarbeiterinnen« und »Ostarbeiter« waren damit im Weiteren erpressbar, was ihre Vorgesetzten ausnutzten. So kehrte die ehemalige »Ostarbeiterin« Wera Fedortschenko in das Dorf ihrer Mutter in der Region Schytomyr zurück.[15] Hier wussten alle von ihrer Zeit in Deutschland, und sie wurde immer für schwerste physische Arbeiten eingesetzt. Der Kolchosvorsitzende drohte ihr ständig, er werde »an die Organe schreiben«, damit man sie gründlich überprüfe. Sie wusste schließlich keinen anderen Ausweg mehr als das Dorf zu verlassen, »und sie sprach nie wieder von ihrer Zeit in Deutschland«.

Vor diesem Hintergrund verheimlichten viele Repatriierte ihre Vergangenheit mit den Strategien, die ihnen zur Verfügung standen: Sie wechselten ihren Nachnamen, bestachen Beamte für die Ausstellung eines Passes, wechselten den Wohnort, zogen vom Land in anonymere Städte, oder sie logen, wenn sie nach ihrem Aufenthaltsort während des Zweiten Weltkriegs gefragt wurden. Das konnte durchaus funktionieren.

---

15 Memorial International und Heinrich-Böll-Stiftung, *Für immer gezeichnet*, 392.

Besonders in zwei Regionen nahm man die Vergangenheit als »Ostarbeiter« nicht so ernst: In der Westukraine, wo es leichter gelang, auf eine Hochschule zu kommen, während im Donezk-Becken auch der Makel als Ostarbeiter eine Karriere in der Industrie nicht verhinderte.[16]

Während einem Teil die Rückgliederung in Familie, Arbeit und die frühere Umgebung gelang, wurden andere ihre Vergangenheit nicht mehr los. Sie hatten Schwierigkeiten bei der Arbeitsvermittlung, sie waren einer abfälligen Behandlung durch Nachbarn ausgesetzt, hatten Probleme beim Eintritt in eine Hochschule, bei ihrer beruflichen Karriere oder beim Eintritt in die Partei und bei Auslandsreisen. Die Atmosphäre des beginnenden Kalten Krieges heizte in der UdSSR eine neue Welle der Hysterie vor Spionen, des allgemeinen Misstrauens und der Verdächtigungen an, die besonders »Ostarbeiter« zu spüren bekamen.

## Gesellschaftliche Ächtung

Die Verdächtigungen, die von den Überprüfungen bei den Filtrationen ausgingen, übertrugen sich auf die gesamte sowjetische Gesellschaft. Das Wort »Repatriierter« allein erregte Verdacht, auch weil der sowjetische Staat die Öffentlichkeit im Unklaren über die Umstände ließ, unter denen die »Ostarbeiter« in den Westen gelangt waren. »Im Alltagsbewusstsein der Mehrheit der Bevölkerung« bildete sich die Vorstellung heraus, Repatriierte seien Menschen, die kein Vertrauen verdienten, die Verräter waren.[17]

Der Vorwurf des »Vaterlandsverrats« wurde also sowohl von den Behörden als auch von der Bevölkerung erhoben. Vor allem wenn »Ostarbeiter« freiwillig nach Deutschland gegangen waren, wurden die Repatriierten von den früheren Nachbarn unfreundlich aufgenommen. Überall verfolgte sie »wie ein Schatten der schwarze Fleck, in Deutschland gewesen zu sein«.[18] Noch Jahrzehnte danach war dies ein wunder Punkt in ihrer Biografie: »Mein Leben war immer von Angst bestimmt, auch nachher. Das ist, als ob innen etwas in Fesseln ist, und du kannst nicht frei und entspannt leben. Etwas hält dich immer. [...] Da war immer ein Gefühl von Schuld.«[19]

---

16 Pastuschenko, *„Das Niederlassen von Repatriierten in Kiew ist verboten ...“*, 134.

17 Memorial International und Heinrich-Böll-Stiftung, *Für immer gezeichnet*, 381.

18 Constanze Werner, *Kiew-München-Kiew: Schicksale ukrainischer Zwangsarbeiter* (München: Buchendorfer, 2000), 112.

19 Werner, *Kiew-München-Kiew*, 36.

Walentina Gurejewa, eine frühere Zwangsarbeiterin aus der Region Donezk, gelangte nach ihrer Filtration im Dezember 1945 nach Hause. Auch sie traf auf den Widerwillen der Dorfgemeinschaft: »Wenn die jungen Leute im Dorf zusammensaßen und ich kam später dazu, hörte ich häufig etwas wie ›Und die war in Deutschland‹, und sofort änderten sich die Umstände; es wurde an mir herumgenörgelt. Es war nicht so, dass ich ausgegrenzt war, doch ich war in Deutschland gewesen, und das erklärte alles. Auf mich wurde anders geschaut als auf andere. Der Krieg hat viele Menschen im Privatleben gehindert.«[20] Für ihresgleichen sei es auch schwer gewesen, einen Ehemann zu finden: »Die Männer nahmen keine Frauen, die in Deutschland gewesen sind. Sie bevorzugten die Mädchen, die den Krieg und die Besatzung über in der Heimat geblieben waren.«[21] Dennoch ging sie später eine, wenn auch nur kurze Ehe ein.

Viele haben ihr Kriegsschicksal mühsam verborgen. Auch Familienangehörige hatten nicht immer Verständnis und warfen den »Ostarbeitern« die Zeit in Deutschland vor: »[...] wenn Gäste kamen, sagte [mein Mann] immer: ›Du weißt besser, wie es in Deutschland ist.‹ Er zeigte mir so seine Verachtung.«[22]

Das Verschweigen des Zwangsarbeiterschicksals wurde für eine ehemalige »Ostarbeiterin« nicht nur eine zeitweilige, sondern eine permanente Verhaltensweise, die in eigenen Schuldgefühlen gründete: »Ich schwieg über viele Jahre. Ich schwieg und hatte Angst, dass früher oder später alles entdeckt werden würde. Die Angst verfolgte mich die ganze Zeit: Am Anfang schien es mir so, dass jeder Polizist in mir einen Verbrecher sehe, dann, dass man es in der Schule erfahren würde, und dann im Institut, dass ich in Deutschland war, und man mir nicht erlauben würde, zu Ende zu studieren. Das hat sehr lange fortgedauert. Ich hatte wohl all diese Jahre lang ein Schuldgefühl gegenüber meinen Freunden, die ich nicht einmal aufsuchen konnte, um ihnen für das zu danken, was sie für mich taten, um ihnen zu helfen, wenn sie es schwer hatten. Aber ich musste schweigen und fühlte mich schuldig, auch wenn ich gar nicht wusste, warum.«[23] Viele »Ostarbeiterinnen« erlebten ihre Jahre in

20 Ulrike Goeken-Haidl, Der Weg zurück: Die Repatriierung sowjetischer Zwangsarbeiter und Kriegsgefangener während und nach dem Zweiten Weltkrieg (Essen: Klartext, 2006), 543.

21 Goeken-Haidl, *Der Weg zurück*, 535.

22 Werner, *Kiew-München-Kiew*, 65.

23 Pastuschenko, *„Das Niederlassen von Repatriierten in Kiew ist verboten ...“*, 135.

Deutschland gleichsam als Bruchlinie, die sich durch ihr ganzes Leben ziehen sollte.[24]

## Über das Mensch-Bleiben in der entmenschlichten Umgebung

In der Gegenwart gibt es nur noch wenige »Ostarbeiterinnen« und »Ostarbeiter«, die Zeugnis von ihrer Zwangsarbeit ablegen können. Einige Initiativen haben es aber geschafft, ihre Stimmen zu dokumentieren, Interviews mit ihnen zu führen und öffentlich zugänglich zu machen - und wenigstens so noch authentische Berichte über ihr schweres Schicksal vorzulegen, das ihre Biografie mit Deutschland verband. Die darin auffällig oft genannten Gefühle sind Angst, Sehnsucht, Schicksalsergebenheit, Schuld, die ihnen eingeredet wurde, aber auch Empathie und Mitleid mit anderen, die unter den Kriegsbedingungen litten. Was sie aber nur selten äußerten, ist Hass. Dabei hätten die »Ostarbeiter« allen Grund dazu gehabt, die Deutschen zu hassen. Dies brachten sie aber nicht zum Ausdruck. Vielmehr klingen bei ihnen Gleichmut und auch verzeihende Töne an. Woher sie die Kraft dafür nahmen, darüber kann man nur spekulieren. Mit Sicherheit war es auch der religiöse Glaube, der ihnen geholfen hat, und das Gebet, in das sie sich in besonders bedrängten Situationen geflüchtet haben, wie sie berichten. Ihre innere Stärke bewirkte, dass sie sich trotz aller Erniedrigung und der immensen Schwierigkeiten, die sie zeitlebens zu bewältigen hatten, ihre Würde bewahrt haben. Das heißt, während ihre Umgebung inhuman, zutiefst unmenschlich mit ihnen umgegangen ist, haben sie sich selbst ihre Menschlichkeit erhalten. Somit kann man aus vielen Zeugnissen der »Ostarbeiterinnen« und »Ostarbeiter« viel über das Mensch-Bleiben in einer entmenschlichten Umgebung lernen. Das ist die Botschaft, die sie uns hinterlassen haben.

24 Gelinada Grinchenko, „Ostarbeiters of the Third Reich in Ukrainian and European Public Discourses: Restitution, Recognition, Commemoration," in *War and Memory in Russia, Ukraine and Belarus*, Hg. Julie Fedor, Markku Kangaspuro, Jussi Lassila, und Tatiana Zhurzhenko (Cham: Springer, 2017), 300.

# III. Akademischer Austausch

# Wandlungen des urbanen und intellektuellen Raums

## Deutsche in Charkiw während des späten 18. und frühen 19. Jahrhunderts

*Volodymyr Masliychuk*

*Im späten 18. und frühen 19. Jahrhundert entwickelte sich Charkiw/Charkow zu einem Zentrum von Wissenschaft, Bildung und Industrie. Eine Schlüsselrolle spielten dabei die deutschen Einwanderinnen und Einwanderer. Sie eröffneten private Bildungseinrichtungen, lehrten an der neu gegründeten Universität, hatten Anteil an der Entwicklung von moderner Medizin und ärztlicher Versorgung, aber auch an Neuerungen in Infrastruktur und Handwerk. Dieser Kulturtransfer prägte über viele Jahrzehnte das städtische Leben und war Wegbereiter für die Entwicklung Charkiws zur »modernen Stadt« in der zweiten Hälfte des 19. Jahrhunderts.*

Fragen des Kulturtransfers, des Austauschs zwischen verschiedenen sozialen und ethnischen Gruppen, gehören heute zu den zentralen Themen der Geisteswissenschaften. Im vorliegenden Aufsatz geht es um die Geschichte von Charkiw, der gegenwärtig nach Größe und Einwohnerzahl zweitgrößten Stadt der Ukraine. Hier existierte eine deutsche Gemeinschaft, die im ersten Viertel des 19. Jahrhunderts eine Schlüsselrolle im Leben der Stadt spielte.

Die damals wichtigsten ethnischen Gruppen in Charkiw/Charkow waren Ukrainer und Russen, und das Aufkommen einer »dritten Kraft« führte zur Entwicklung der Stadt zu einem Bildungs- und Industriezentrum. Die deutschen Einwanderer waren maßgeblich an der Schaffung eines urbanen Raums mit neuen Möglichkeiten in den Bereichen Bildung, Medien, Gesundheitsversorgung und Infrastruktur beteiligt.

Selbst nach der Eröffnung der Universität im Jahr 1804 glich Charkiw noch in den 1820er Jahren eher einem großen Dorf als einer Stadt, doch trotz der ungünstigen Bedingungen entstand daraus bald ein Zentrum mit einer großen Offenheit für Innovationen und Wandel.

Im städtischen Narrativ wird dieser Prozess der Stadtentwicklung, in dem die Deutschen eine entscheidende Rolle spielten, bis in die Gegenwart hinein fast »vergessen«. Vom Beginn des 19. Jahrhunderts bis zu den großen Reformen Alexanders II. in den 1860er und 1870er Jahren nahmen die Deutschen als Minderheit aber führende Positionen bei der Gestaltung des städtischen Raums ein.[1] Erst später machten sie Polen und Juden Platz.

## »Verlaufene und Brod suchende Genies unserer Landsmannschaft«

Die genaue Größe der deutschen Bevölkerung zur damaligen Zeit ist bis heute unklar. Neben denjenigen, die langfristig im Russischen Reich lebten, gab es diejenigen, die auf der Suche nach einem besseren Leben hin- und herzogen. Johann Georg Kohl beschrieb diese Deutschen, als er 1837 durch Charkiw reiste: »Man hat keinen Begriff davon, wie viele verlaufene und Brod suchende Genies unserer Landsmannschaft sich im ganzen weiten Inneren Rußlands von einer deutschen Colonie zur anderen herumtreiben, Handwerksburschen, Handlungscommis, herabgekommene Edelleute, Berliner, Bruder Danziger, Rheinländer, Hessen, Hanseaten und Schwaben.«[2]

## Deutsche Sprachlehrer am Charkiwer Collegium

Der Kulturtransfer begann bereits vor der Gründung der Kaiserlichen Universität Charkiw, doch die Universität trieb die Entwicklung der Stadt zum Bildungs- und Kulturzentrum entscheidend voran. Insofern waren die Deutschen an der Schaffung von Charkiw als Zentrum der Aufklärung beteiligt, noch bevor die Universität eröffnet wurde und Lehrer und Handwerker kamen, um an der neuen Bildungseinrichtung zu arbeiten. Obwohl die ersten Berichte über Deutsche in Charkiw auf die 1720er Jahre zurückgehen, kann man erst ab den 1760er Jahren von ihrem geistigen Einfluss sprechen. Dies bezieht sich auf die lokale Bildungsreform, die 1768 mit der Einrichtung »zusätzlicher Klassen« am Charkiwer Collegium und der Einladung deutscher Sprachlehrer durch die Moskauer Universität eingeleitet wurde.

1 Die Geschichtsschreibung der deutschen Kolonien in Charkiw ist vielfältig, zu ihr zählen: Dmitrij Bagalej und Dmitrij Miller, *Istorija goroda Char'kova za 250 let ego suščestvovanija,* Bd. 2 (Char'kov: Izdanie Char'kovskogo gorodskogo obščestvennogo upravlenija, 1912), 139-141. Die letzte bekannte Arbeit ist das folgende von Andrij Paramonow herausgegebene Album: Andrej Paramonov, Hg., *Char'kov. Nemeckij al'bom. XXI vek* = Charkow. Deutsches Album. XXI. Jahrhundert (Char'kov: Char'kovskij častnyj muzej gorodskoj usad'by, 2020).

2 Johann Georg Kohl, *Reisen im Inneren von Rußland und Polen. Zweiter Theil. Die Ukraine, Kleinrußland* (Leipzig: Arnoldsche Buchhandlung, 1841), 173.

So wurde beispielsweise Johann Pauli, ein protestantischer Prediger, in Charkiw Lehrer für Deutsch und Französisch. Johann Wiegand, ebenfalls Pastor und später Professor für Weltgeschichte an der Moskauer Universität, besuchte auf Einladung den Ukrainer Petro Schtscherbinin, der interessante Erinnerungen über diesen Besuch hinterließ.[3] Die protestantische Gemeinde in Charkiw bestand bereits ab dem Ende des 18. Jahrhunderts. 1804 wurde sie legalisiert und damit zu einem Beispiel für die Duldung einer fremden Konfession. 1826 eröffnete die Gemeinde eine Schule für Waisenkinder, 1837 gründete sie eine Bildungseinrichtung für Mädchen,[4] aus der Mitte des 19. Jahrhunderts das Auferstehungs-Mädchen-Gymnasium wurde.[5]

## Private Bildungseinrichtungen deutscher Emigranten

Bereits Ende des 18. Jahrhunderts waren deutsche Einwanderer in Charkiw in privaten Bildungseinrichtungen aktiv. So gab es eine deutsche Schule, deren Leiter von 1775 bis 1782 Johann Kohlbeck war. Er versuchte, eine strenge »preußische« Ordnung einzuführen und die Schule zu einer halbmilitärischen Einrichtung zu machen.[6] Nächster Direktor wurde Karl Gustav von Buxhoeveden, ein Vertreter des baltischen Adels.[7] Der deutsche Lehrer der Schule, Fedir (Friedrich) Oldenborger, war ebenfalls eine bedeutende Persönlichkeit in Charkiw: Er eröffnete in den 1790er Jahren in seinem Haus ein privates Internat. Obwohl die »Schule« in Oldenborgers Haus eher ein »Sammelsurium von Wissen« als spezifischen Fachunterricht bot, bildete sie doch eine Grundlage für die spätere Universität. Prominentester Schüler dieser Einrichtung war Roman Zebrikow, der Charkiw 1778 verließ und einige Zeit in Leipzig

3 V. Tymošuk, „Pastor Wigand. Ego žizn' i dejatel'nost' v Rossii 1764-1808 gg.," *Russkaja starina* Nr. 74 (Ijun' 1892): 545-568.

4 Die Geschichte der lutherischen Schulen in Charkiw ist leider nur aus einer Handschrift vom Anfang des 20. Jahrhunderts bekannt: *Istorija vozniknovenija školy pri Evangeličeskoj Ljuteranskoj cerkvi*. F. 37 Spr. 361 Ark. 1-3 der Abteilung der handschriftlichen Sammlungen und Handschriftenkunde des Taras-Schewtschenko-Instituts für Literatur der Nationalen Akademie der Wissenschaften der Ukraine.

5 Paramonov, *Char'kov, Nemeckij al'bom. XXI vek*, 42-44.

6 Einzelheiten über diese Einrichtung: Volodymyr Maslijčuk, „Vid ‚dodatkovych klasiv' do ‚narodnoho učylyšča'. Svits'kyj osvitnij zaklad u Charkovi 1775-1789 rr.," *Kyïvs'ka akademija* Nr. 13 (2016): 228-247.

7 Über Buxhoeveden vgl. Paramonov, *Char'kov, Nemeckij al'bom. XXI vek*, 8-12.

verbrachte, bevor er in die russische Hauptstadt zog. Er ist bekannt als erster Übersetzer Immanuel Kants ins Russische.[8]

Die privaten Bildungseinrichtungen, die deutsche Einwanderer vor oder während der Existenz der Kaiserlichen Universität Charkiw gründeten, verdienen besondere Aufmerksamkeit. Denn der deutsche Einfluss auf das Bildungswesen in Charkiw beschränkte sich nicht auf die Universität. Neben dieser Hochschule gab es offizielle und nicht registrierte Internate, gegründet von deutschen Emigranten wie Johann Koeppen und dem bereits erwähnten Fedir Oldenborger. Der Privatunterricht in diesen Einrichtungen schuf im ersten Drittel des 19. Jahrhunderts eine intellektuelle Atmosphäre in Charkiw; und auch Mädchen wurden hier unterrichtet. Die Internate vermittelten ein breites Wissen (nicht nur in der deutschen Sprache) und erleichterten den Kulturtransfer. Schülerin eines solchen Internats war beispielsweise die spätere Übersetzerin Hlafira Schumljanska, die sowohl französische Poesie (Chateaubriand, Marmontel) als auch einige Gedichte und Werke aus dem Deutschen (Herder) übersetzte.[9]

Die »deutschen Kolonisten« brachten zudem diverse Erfindungen und Verbesserungen nach Charkiw - und zwar nicht nur als Professoren und Lehrer, sondern auch als Handwerker, die eingeladen wurden, die Universität zu bauen und sich anzusiedeln. Auch in früheren Zeiten waren bereits deutsche Handwerker in der Stadt aktiv. So etwa Iwan Reinke, ein Uhrmacher,[10] der auch Feuerlöschrohre[11] und offenbar die erste mechanische Pumpe der Stadt baute.[12] Die Anfänge der Wasserversorgung in Charkiw und deren Ausbau können demnach mit Reinke in Verbindung gebracht werden.

8 Roman Cebrikov, „Putešestvie iz Peterburga v Char'kov," *Džereloznavči zošyty*, Bd. 5 (Char'kov: CHNU, 2013).

9 „Pervoe pis'mo Gerdera o Lessingovoj stat'i, pod nazvaniem: kak izobražali smert' drevnie?," *Ukrainskij vestnik* Nr. 6 (Juni 1817): 334-339.

10 Über das Anbringen von Uhren durch diesen Meister in den Bildungseinrichtungen wissen wir aus dem Bestand der Akten der Kaiserlichen Charkiwer Universität, vgl. Deržavnyj archiv Charkivs'koï oblasti. F. 667 Op. 1 Spr. 345, 443, 1253.

11 Deržavnyj archiv Charkiv'skoï oblasti F. 3 Op. 3 Spr. 17. Spr. 72.

12 Ustinov, *Char'kov v načale nynešnego stoletija (1798–1801): Ist.-stat. Očerk: Char'kovskij kalendar' na 1886 god* (Char'kov: 1885).

## Joseph Lang: Herausgeber der ersten Zeitung Charkiws

Indem sie kulturellen Austausch ermöglichten, trugen die Deutschen wesentlich zur Entstehung einer »neuen Welt« der Massenliteratur, der politischen Bewegungen und der Populärwissenschaft bei. Sie schufen die ersten Medien für eine breitere Verständigung: Die erste Zeitung in Charkiw, das *Charkower Wochenblatt (Charkowskij jeschenedelnik)*, war mit einem Deutschen verbunden. Der Buchhändler Joseph Lang gab die Zeitung heraus und engagierte den jungen Lehrer Iwan Lobojko als Gehilfen. Jenem fehlten indes sowohl die Zeit als auch die Erfahrung, um eine Zeitung zu redigieren, weshalb diese voller Fehler und Ungenauigkeiten war.[13] Die erste Ausgabe des Wochenblatts erschien am 4. Mai 1812, die letzte bereits am 20. Juli desselben Jahres.[14] Hier war der Versuch wichtiger als der Erfolg, denn Charkiw wurde in den kommenden Jahren zu einem Zentrum des Journalismus und der Literatur.

In intellektueller Hinsicht hatte die deutsche Kultur einen gewissen Einfluss auf spätere Periodika. So war beispielsweise Rasumnik Gonorskij, Herausgeber der bedeutendsten Charkiwer Literatur- und Kunstzeitschrift der Jahre 1816 bis 1819, des *Ukrainskij Westnik* (Ukrainischer Bote), stark von der deutschen Romantik und Wissenschaft beeinflusst. Neben Übersetzungen der Werke von Johann Joachim Winckelmann bereitete er eine Übersetzung von Johann Georg Meusels *Lehrbuch der Statistik* vor, verstarb aber, bevor er diese Arbeit abschließen konnte.[15]

## Deutscher Einfluss in Wissenschaft und Lehre

In wie vielen Bereichen des öffentlichen Lebens sich der Einfluss deutscher Kultur niedergeschlagen hat, zeigte Iwan Lobojko auf – jener Mann, der zunächst bei der Redaktion des *Charkower Wochenblatts* half und später als Professor an der Universität Vilnius lehrte. Lobojko wuchs in Charkiw auf, studierte dort und unterrichtete Deutsch in mehreren Internaten. In seinen Erinnerungen schreibt er über einen großen Bestand deutscher Bücher und über die besondere Gabe von Professor Leopold Umlauf, Literatur zu lehren sowie die Details eines Werkes zu analysieren. Er berichtet auch darüber, dass die Studenten ausnahmslos Deutsch

---

13 Ivan Lobojko, *Moi vospominanija, moi zapiski* (Moskau: NLO, 2013), 41.

14 Igor Mychajlyn, *Narys istorii žurnalistyky Charkivs'koï hubernii 1812–1917* (Charkiv: Koloryt, 2007), 16-17.

15 Es handelte sich um das folgende Lehrbuch, das wiederholt neu aufgelegt wurde: Johann Georg Meusel, *Lehrbuch der Statistik* (Leipzig: Fritsch, 1792).

verstanden und Vorlesungen über Rhetorik auf Deutsch gehalten wurden.[16] Auch die Anfänge der akademischen Literaturwissenschaft sind mit diesem »deutschen« Unterricht verbunden.

Obwohl Latein die wichtigste Sprache an der Universität in Charkiw war, lässt sich der Einfluss des Deutschen nicht leugnen. Professor Johann von Giese, der Latein unterrichtete, beherrschte das Russische nicht und sprach in den Pausen Deutsch, insbesondere mit seinen Schülern Fedor Rosaljon-Soschalskyj und Iwan Lobojko. Professor Ludwig Jakob schrieb Lehrbücher für Gymnasien auf Deutsch. Auch der Verlag der Universität Charkiw veröffentlichte Lehrbücher in deutscher Sprache, zum Beispiel Joseph Langs *Grundlinien der politischen Arithmetik* (1811). Studenten und Doktoranden übersetzten Vorlesungen von Charkiwer Professoren aus dem Deutschen ins Russische. Zu ihnen gehörte der spätere Rektor der Universität, Wassyl Komlyschynskyj, der Atanasije Stojkovićs »Erste Grundlagen der spekulativen und experimentellen Physik« und 1812 Johann von Gieses »Über die vorteilhaftesten Methoden zur Gewinnung und Reinigung von Salpeter«[17] übersetzte.

Was den deutschen Einfluss an der Kaiserlichen Universität Charkiw angeht, gibt es mehrere Besonderheiten: Erstens ging bereits mit der Gründung der Universität ein nennenswerter deutscher Einfluss einher, da zuvor Handwerker und Dienstpersonal losgeschickt worden waren, um im Ausland Ausrüstung, Geräte und Kunstsammlungen zu kaufen[18]. Zweitens zog eine Professur in Charkiw, von wenigen Ausnahmen abgesehen, diejenigen an, die bis zum Alter von dreißig Jahren keine Professur an einer deutschen Universität angenommen hatten. Drittens orientierten sich zwar sowohl Wassyl Karasin, auf dessen Initiative die Gründung der Universität zurückging, als auch Illja Tymkiwskyj, der die Gründung vor Ort umsetzte, am Modell deutscher Universitäten – beide hatten jedoch nie eine deutsche Universität besucht. Graf Seweryn Potocki, der für die Universität zuständige Verwaltungsbeamte, war in der

16 Ivan Lobojko, *Moi vospominanija*, 40.

17 Dmitrij Bagalej, „Opyt istorii imperatorskogo Char'kovskogo universiteta (po neizdannym materialam)," *1802–1815 g.*, Bd. 1 (Char'kov: 1893–1898), 537.

18 Am berühmtesten war in diesem Fall die Sammlung von Friedrich Adelung, die der Gründer der Universität Wassyl Karasin für 5.000 Rubel kaufte. Der Missbrauch von Geldern führte zu Karasins Entfernung aus den Angelegenheiten der Universität. Milica Lapina, „Kollekcija Adelunga i V. N. Karazin (K voprosu ob otstavke Karazina ot universitetskich del)," *Visnyk Charkiv'skoho universyteta* Nr. 484, Vyp. Istorija 32 (2000): 242-259.

Schweiz in Genf und Lausanne ausgebildet worden, wo sich Universitäten allerdings in einigen Punkten von den protestantischen Hochschulen in Deutschland unterschieden.

## Die Anfänge der Universität Charkiw

Der deutsche Einfluss wird auch mit Blick auf das Personal deutlich: Unter den 29 Dozenten der Universität Charkiw waren in den ersten Jahren 18 »Deutsche«. Auch François de la Vigne, ein Franzose aus Amiens, erhielt seine Ausbildung an deutschen Universitäten (in Göttingen und Erlangen), und Pawlo Schumljanskyj, ein »kleinrussischer« Chirurg und Professor, verteidigte seinen Doktortitel in Straßburg. Seine Dissertation wurde ins Deutsche übersetzt und in Leipzig veröffentlicht. Der serbische Hochschullehrer Atanasije Stojković, der zweite Rektor der Universität Charkiw, hatte seinen Abschluss in Tübingen gemacht.

Zwei Deutsche, die ihre Tätigkeit in Charkiw fortsetzten, hatten zuvor in Lemberg (dem heutigen Lwiw) gelehrt. So hielt der Germanistikprofessor Leopold Umlauf an der Lemberger Universität Vorlesungen zur Geschichte der deutschen Literatur. Der Mediziner Ludwig Vannotti betrieb in Lemberg eine eigene Praxis und verfasste eine ins Polnische übersetzte Broschüre über Pockenimpfungen.

Zur Schaffung eines universitären Umfelds in Charkiw trugen auch andere bekannte Persönlichkeiten bei. So war beispielsweise Johann Wolfgang von Goethe an der Rekrutierung neuer Universitätsmitarbeiter beteiligt. Er war, genau wie die Brüder Wilhelm und Alexander von Humboldt, von Beginn an Ehrenmitglied der Universität.

Der Einfluss deutscher Schriftsteller und Philosophen in Charkiw war beträchtlich und die Anfänge des Philosophieunterrichts trugen deutlich deutsche Züge. An der orthodoxen Studieneinrichtung Charkiws, dem Collegium, gab es von 1726 an eine »Philosophieklasse«. Der bekannte ukrainische Philosoph Hryhorij Skoworoda lehrte dort für kurze Zeit Rhetorik. In den 1740er Jahren versuchte man, am Collegium das Deutschstudium einzuführen, und der deutsche Aufklärer Friedrich Christian Baumeister verfasste das wichtigste Lehrbuch der Logik.[19]

---

19 Ljudmyla Posochova, *Na perechresti kul'tur, tradycij, epoch: pravoslavni kolehium Ukraïny naprykinci XVII–na počatku XIX st.* (Charkiv: CHNU imeni V. N. Karazina, 2011), 141.

## »Er hielt seine Zunge nicht im Zaum« – Schad an der Universität Charkiw

Wenn es um das Studium der Philosophie geht, ist die Bedeutung des Professors Johann Baptist Schad unumstritten.[20] Er stammte aus einer fränkischen Bauernfamilie, studierte in seiner Jugend an Jesuitenkollegien und nahm 1789, als er Mönch wurde, den Namen Roman an. Schad ertrug jedoch das Klosterleben nicht, sodass er 1798 in die evangelische Kirche übertrat. Er nahm eine Lehrtätigkeit an der Universität Jena auf, wurde 1804 zu Vorlesungen nach Charkiw eingeladen und dort wiederholt zum Dekan der literaturwissenschaftlichen Fakultät gewählt. Schads Kollege, Professor Ludwig Heinrich von Jakob, bemerkte indes über ihn: »Alles, was er lehrt, ist scholastischer Unsinn von Fichte und Schelling.«[21] Schad hatte seine Lehrtätigkeit in den späten Jugendjahren begonnen, nachdem er an protestantischen Universitäten neben Immanuel Kant, Johann Fichte und Georg Wilhelm Friedrich Hegel studiert hatte. Fichte selbst wurde übrigens 1804 ebenfalls ein Lehrstuhl für Philosophie im »fernen Charkiw« angeboten, doch er zog Erlangen vor.[22]

Das Niveau von Schads philosophischen Werken war niedrig und er hinterließ keine eigene Schule. Er etablierte in Charkiw jedoch ein Interesse an der Philosophie, und seine Schüler Iwan Lobojko, Petro Kowalewskyj, Jakow Sazepin, Andrij Dudrowytsch und Stepan Jesykorskyj, der erste Übersetzer Fichtes ins Russische, hinterließen ihre Spuren. So trägt der Lehrstuhl für praktische und theoretische Philosophie an der Philosophischen Fakultät der Karasin-Universität Charkiw heute den Namen Johann Baptist Schads.

Schad fügte sich im Gegensatz zu anderen deutschen Professoren an der neu geschaffenen Universität in die örtlichen Gegebenheiten ein, betrieb Immobilienhandel,[23] sorgte für Skandale beim Zoll[24] und war laut

---

20 Das folgende Porträt Schads stammt von dem Charkiwer Philosophen Wolodymyr Abaschnyk: Vladimir Abašnik, *Char'kovskaja universitetskaja filosofija (1804–1920)*, Bd. 1 (Char'kov: Burun i K, 2014), 57-274.

21 Ljudvig Henrich fon Jakob, *Spohadi pro moje žyttja*, Hg. Svitlana Sinjurka u. Serhij Posochov (Charkiv: CHNU imeni V. N. Karazina, 2016), 188.

22 Volodymyr Abašnyk und Oleksandr Mamaluj, „Recepcija filosofiï po-charkivs'ky (bilja džerel universytets'koï filosofiï u Charkovi)," in: *Zbirnyk Charkivs'koho istoryko-filolohičnoho tovarystva. Nova serija*, Bd. 3 (Charkiv: Oko, 1994), 33.

23 Siehe die Beschwerden von Schad über die Beschlagnahmung der Werkzeuge seiner Handwerker in Isjum: Deržavnyj archiv Charkivs'koï oblasti F. 3 Op. 13 Spr. 173.

24 Charakterisierung Schads und seiner Konflikte bei Bagalej, *Opyt*, 899-900.

seinen Memoiren recht trinkfreudig. Seine Ehe glückte nicht.[25] Vor allem aber hielt Schad »seine Zunge nicht im Zaum« und rief nach Aussage eines anderen Professors, Dietrich Christoph Rommel, während einer Debatte in einem der akademischen Gremien den »Russen« auf Latein zu: »Ihr seid des Zaren Sklaven, immer bereit zu dienen«[26]. Diese Ausfälle fielen schließlich negativ auf ihn zurück.

Johann Baptist Schad ist deshalb vor allem wegen seiner Suspendierung von der Kaiserlichen Universität Charkiw und seiner Verbannung aus dem Russischen Reich in Erinnerung geblieben. Der Philosoph wurde Opfer der fremdenfeindlichen Politik, die nach dem Sieg über Napoleon 1812 die Universitäten des Reiches prägte - dabei verachtete er Bonaparte ebenfalls. Den Ausschlag für Schads Verbannung gab die Denunziation eines Kollegen, des Professors Antoine Jeudy-Dugour. Der Skandal hing vorgeblich damit zusammen, dass sich die Dissertationen von Iwan Hrynewytsch und Petro Kowalewskyj ausschließlich auf Exzerpte aus Schads Vorlesungen stützten. Der eigentliche Grund lag jedoch tiefer: »Schad, der sein ganzes Leben lang ideologisch gegen die Französische Revolution gewettert hatte, war gar nicht so weit von ihren Positionen entfernt.«[27]

## Die Entwicklung der medizinischen Forschung

Zu den wichtigsten Merkmalen der Moderne gehören die Verbreitung medizinischen Wissens sowie der Aufbau von Krankenhäusern und medizinischen Zentren. Auch die Entwicklung der staatlichen Medizin in der Ukraine ist eng mit deutschen Ärzten verbunden, vor allem mit Militärärzten. Der erste von ihnen war Johann Winkler, der ab 1739 die Sloboda-Regimenter versorgte, gefolgt von dem Arzt Grünenthal, der später auch Zivilisten behandelte,[28] sowie von Ignatius Hagemann. Die Anwesenheit eines deutschen Arztes war bis in die späten 1770er Jahre, als regionale medizinische Zentren entstanden, ein fester Bestandteil des

25 Kristof Ditrich fon Rommel', *Spohady pro moje žyttja ta mij čas*, Hg. Volodymyr Kravčenko, Ukraïna v zapyskach mandrivnykiv i memuarach (Charkiv: Majdan, 2001) 123.

26 „Vos estis servi ab Imperatore usque ad ultimum pedissequum." Rommel', Spohady pro moje žyttja ta mij čas, 123.

27 Abašnyk und Mamaluj, „*Recepcija*," 42.

28 Zum Aufenthalt deutscher Ärzte in Charkiw vgl. Dmitrij Bagalej und Dmitrij Miller, *Istorija goroda Char'kova za 250 let ego suščestvovanija (1655–1905)*, Bd. 1 (Char'kiv: Izdanie Char'kovskogo Gorodskogo Obščestvennogo Upravlenija, 1905), 190-192.

Lebens in Charkiw. Auch auf die Errichtung von Apotheken und Krankenhäusern nahmen die »Deutschen« entscheidenden Einfluss. Eine zentrale Rolle beim Auf- und Ausbau der modernen Medizin in der Stadt spielte der Arzt Johann Koeppen, der ab 1788 praktizierte. Sein Sohn Peter wiederum etablierte die statistische Geografie im Russischen Reich.

Die medizinische Fakultät der Universität Charkiw hatte lange Zeit keine Studenten, obwohl eine Reihe von Lehrern und Professoren an ihrem Aufbau beteiligt war, darunter der Sohn eines Moskauer Apothekers mit deutschen Wurzeln, Abraham Kalkau, der in Deutschland Medizin studiert hatte. Ein weiterer wichtiger Assistenzprofessor für Medizin war Ludwig Vannotti, ein Absolvent der Universität Freiburg. Ein anschauliches Beispiel für den Kulturtransfer ist Pawlo Schumljanskyj, Medizinprofessor und erster Dekan der medizinischen Fakultät. Er wurde in der Nähe von Poltawa geboren und studierte zunächst an der Kyjiwer Theologischen Akademie sowie später an deutschen Universitäten.

Im Jahr 1811 nahm die medizinische Fakultät der Universität Charkiw schließlich ihre Arbeit auf – einige Eingriffe waren allerdings bereits seit 1805 durchgeführt worden. Eine chirurgische Klinik wurde 1814 eröffnet. Auch das »anatomische Theater«, eine mit einem Operationssaal vergleichbare Einrichtung, wurde 1811 eröffnet. Dennoch waren die Bedingungen für Lehrer und Ärzte aus Deutschland schwierig, vor allem wegen der Diskrepanz zwischen bürokratischen Anforderungen und tatsächlichen Möglichkeiten. Nichtsdestotrotz prägte der deutsche Einfluss die Entstehung der Medizin in Charkiw entscheidend mit.

## Der Skandal um Martin-Heinrich Pilger

Die Verbreitung medizinischer Praktiken in Charkiw war aber auch mit einem Skandal verbunden: Darf ein Tierarzt Menschen behandeln und wie viel medizinisches Wissen ist dafür notwendig? Im Mittelpunkt dieses Skandals stand Martin-Heinrich Pilger, der durch die Russifizierung seines Namens zu Fedir Wassylowytsch wurde. Pilger war medizinisch ausgebildet, er hatte in Erlangen studiert, war aber auch politischer Autor und praktizierte als Tiermediziner in Gießen. Von dort wechselte er als Professor an die Universität Charkiw. Der Ruf des neuen Professors war durchweg positiv – mit Ausnahme seines Charakters. Mit seiner rastlosen Art und seinen vielen Projekten schien Pilger Konflikte und Missverständnisse geradezu anzuziehen.

Zu Pilgers Verdiensten gehörte der Versuch, eine »nützliche Zeitschrift« zu veterinärmedizischen Themen herauszugeben, die er *Ukrainskij domowod* nannte. Allerdings erschienen 1817 nur zwei Ausgaben. Wie andere publizistische Projekte blieb auch dieses erfolglos. Dennoch handelte es sich um die erste veterinärmedizinische Zeitschrift der Ukraine.

## Verdienst um die Etablierung der Veterinärmedizin

Zu Pilgers größtem Problem wurden Konflikte mit den medizinischen Aufsichtsbehörden. Der Professor eröffnete eine humanmedizinische Praxis, offenbar ohne die örtlichen Behörden zu konsultieren, die dafür einen Doktortitel in Medizin verlangten. Pilger, der über tierärztliche Erfahrung sowie zahlreiche Veröffentlichungen verfügte, wollte die Ähnlichkeit der Behandlung von Tieren und Menschen beweisen. 1807 schlug er vor, das Studium der Veterinärmedizin an der Universität einzuführen. Seine Vorschläge wurden erst viel später umgesetzt, aber sein Verdienst blieb es, den ersten Schritt gemacht zu haben.

Im selben Jahr, 1807, geriet er in Schwierigkeiten, weil die ärztliche Aufsicht beim Innenministerium Beschwerde einreichte, er behandele Menschen ohne ein ordnungsgemäßes Diplom. Es gelang Pilger, ein Diplom der Universität von Dorpat zu erhalten, doch der Konflikt spitzte sich zu. Der Gutsbesitzer Andrij Kowalewskyj hatte veranlasst, dass Pilger als Arzt dreimal im Monat ins Dorf Iwaniwka kommen sollte, um seine Familie und die Bauern zu behandeln. Pilger nahm dafür jedoch zu viel Geld und kam seinen Pflichten nicht nach.[29]

Ungeachtet dieser Fahrlässigkeit Einzelner waren deutsche Ärzte auf vielerlei Weise am Aufbau der medizinischen Versorgung auf dem Land beteiligt. Und »Fedir« Pilger blieb trotz medizinischer Fehler und zahlreicher Konflikte ein beliebter Arzt. Das beweist der Appell des Charkiwer Bürgermeisters Wassyl Lomakin aus dem Jahr 1813, dem Professor die Fortsetzung seiner Praxis zu erlauben.[30]

29 Bagalej, *Opyt*, 849-850.

30 Deržavnyj archiv Charkivs'koï oblasti F. 3, Op. 20, Spr. 429 Blatt 2-4. Einzelheiten bei Bagalej, *Opyt*, 933-934.

## »Deutsche Kolonisten« als Wegbereiter der Moderne

Trotz großer Rückschläge, hoher Sterblichkeitsraten in der sumpfigen Universitätsstadt und fremdenfeindlicher Maßnahmen der Universitätsbehörden wurde der Grundstein für Charkiw als medizinisches Zentrum zu dieser Zeit gelegt. Darüber hinaus gehen noch weitere wichtige Entdeckungen für Charkiw auf deutsche Professoren und Studenten zurück. So richtete der Chemiker und Pharmazeut Johann von Giese ein Labor ein und untersuchte Mineralien und Bodenschätze. Seine Studien führten schließlich zur Entdeckung des Donezbeckens mit seinen Bodenschätzen.

Mit der Erschließung dieser Bodenschätze ist der Name von Gustav Hess de Calve verbunden. Er stammte aus einer deutschen Familie aus Budapest, wuchs in Prag auf und heiratete Serafyma Metschnykowa, die Tochter eines bekannten Grundbesitzers in der Sloboda-Ukraine. Im Jahr 1812 verteidigte er seine Doktorarbeit in Philosophie an der Universität Charkiw, die Johann Schad betreute. Calve verfasste außerdem das erste Werk über Musiktheorie im Russischen Reich (in deutscher Sprache), organisierte die ersten großen Konzerte in Charkiw und versuchte sogar, die erste wissenschaftliche Biografie des ukrainischen Philosophen Hryhorij Skoworoda zu schreiben.

Hess de Calve war eng mit seinem jüngeren Kollegen, dem Chemiker Orest Schumann, befreundet. Als Assistent von Professor von Giese wurde Schumann zwar während der fremdenfeindlichen Hysterie 1814 von Studenten beleidigt, doch seine wissenschaftlichen Leistungen blieben beachtenswert.[31] Als junger Chemiker bemerkte er, dass viele der in Charkiw verkauften »Ton«-Spielzeuge eine giftige Substanz enthielten. Er befürchtete, Kinder könnten durch das Herumkauen auf diesen Spielzeugen gesundheitliche Schäden davontragen. Angesichts der Begeisterung seines Freundes Hess de Calve für die neuen Möglichkeiten des Bergbaus wies Schumann auf moralische Aspekte hin: die Zerstörung der Natur, die Plünderung archäologischer Stätten und die schwierigen Bedingungen der Bergleute, für die sich de Calve in der Folge einsetzte. Es ist bedauerlich, wie wenig über Schumanns Schicksal bekannt ist.

Insgesamt sollte der deutsche Einfluss auf Charkiw zwar nicht überbewertet werden: Die Stadt blieb zunächst ein abgelegener Provinzort, auch wenn dort wissenschaftliche Gemeinschaften entstanden. Gleichwohl schufen die »deutschen Kolonisten« die Grundlagen einer »neuen

31 Bagalej, *Opyt*, 1044-1045.

Stadt«, die auf Fortschritt und Veränderung ausgerichtet war - und damit die Basis für den Durchbruch der Moderne in der zweiten Hälfte des 19. Jahrhunderts, in der Charkiw zu einem bedeutenden Zentrum der Wissenschaft, der Medizin und des Verkehrs aufstieg.

# Studien zur deutschen Geschichte an der Nationalen Oles-Hontschar-Universität Dnipro

*Gelinada Grinchenko, Albert Venger*

*Der Lehrstuhl für Weltgeschichte an der Nationalen Oles-Hontschar-Universität Dnipro ist mit seinen Forschungen zur deutschen Geschichte das in dieser Hinsicht renommierteste Institut der Ukraine. Professorin Gelinada Grinchenko sprach am 10. Oktober 2023 mit dem Leiter des Lehrstuhls Albert Venger über die mehr als ein Jahrhundert zurückliegenden Anfänge, über historische Herausforderungen und Entwicklungen sowie die aktuelle Ausrichtung des heutigen Zentrums für ukrainisch-deutsche Studien.*

**Gelinada Grinchenko:** *Herr Venger, wann und wie hat die Universität Dnipro mit der Erforschung der deutschen Geschichte begonnen?*
**Albert Venger:** Der erste Professor für Weltgeschichte an der 1918 eröffneten Universität war Mytrofan Bretschkewytsch (1870–1963), der die slawisch-deutschen Beziehungen im Mittelalter erforschte. Im damaligen Jekaterinoslaw, dem heutigen Dnipro, untersuchte Bretschkewytsch vor allem die Erfahrungen mit dem Geschichtsunterricht in Deutschland. Er verfasste eine ausführliche Studie zu diesem Thema – »Die Geschichtswissenschaft und der Unterricht in den deutschen Ländern (Preußen, Bayern, Sachsen, Österreich)« – und reichte sie bei der Zeitschrift *Ukrajina* ein. Die Bolschewiki stellten die Zeitschrift jedoch ein und so blieb das Manuskript viele Jahrzehnte lang liegen. Nach der Entlassung des Historikers 1931 wurden die Forschungen zur deutschen Geschichte in Dnipropetrowsk, wie Dnipro zu der Zeit hieß, praktisch auf Eis gelegt.

Die Situation änderte sich 1936, als die junge Wissenschaftlerin Fajina Goldenberg (1908–1975) von Odessa nach Dnipropetrowsk kam. Mit ihrem Namen war die Forschung zur deutschen Geschichte zwischen 1940 und 1960 verbunden. Goldenberg beschäftigte sich mit dem schöpferischen Erbe des Humanisten Gotthold Ephraim Lessing und schrieb darüber ihre Dissertation. Sie zog von Odessa nach Dnipropetrowsk, als ihr Mann, ein bedeutender Parteifunktionär, dorthin versetzt wurde. Goldenberg gab ihre Stelle als Assistentin am Lehrstuhl für Weltgeschichte an der Universität Odessa auf und unterrichtete fortan am Pädagogischen Institut in Dnipropetrowsk.

Während des Großen Terrors wurde ihr Mann verhaftet und hingerichtet - für die junge Historikerin ein tragischer Schicksalsschlag. Erinnerungen ihrer Studenten zufolge wurde Fajina Goldenberg zusammen mit ihrem Mann verhaftet. Aber da sie schwanger war und zu Hause bereits einen kleinen Sohn versorgte, ließ man sie wieder frei. Als sie aus dem Gefängnis entlassen wurde, fand sie ihren Sohn jedoch nicht wieder, seine Spuren hatten sich verloren. Unter diesen Umständen stellte Goldenberg die wissenschaftliche Forschung ein und kämpfte ums Überleben. Einige Zeit später gelang es ihr, an einer Schule eine Stelle als Lehrerin zu bekommen. Als das Deutsche Reich 1941 die Sowjetunion angriff, verließ sie Dnipropetrowsk mit ihrer kleinen Tochter. Nach der Befreiung der Stadt fehlte es der Universität an Lehrkräften, weshalb Goldenberg erneut eine Stelle angeboten wurde. Sie kehrte nach Dnipropetrowsk zurück - und die Familie wurde wieder vereint: Goldenbergs Sohn, der nach ihrer Verhaftung Ende der 1930er Jahre verschwunden war, wurde wiedergefunden und kehrte zurück zur Familie.

**Gelinada Grinchenko:** *Mit welchen Schwierigkeiten sahen sich Wissenschaftlerinnen wie Fajina Goldenberg in den 1940er und 1950er Jahren konfrontiert?*

**Albert Venger:** Goldenberg nahm an der Universität ihre Studien zur deutschen Kultur wieder auf. Im Jahr 1948 verteidigte sie an der Universität Odessa ihre Doktorarbeit zum Thema »Der Humanist Lessing im Kampf gegen das reaktionäre Preußentum«. Es war die Zeit antisemitischer Kampagnen gegen »wurzellose Kosmopoliten«, und obwohl Goldenberg ihre Dissertation erfolgreich verteidigt hatte, wurde sie in der Zeitung der Universität Odessa kritisiert, was zu Diskussionen unter den Gelehrten führte.

In den späten 1940er und frühen 1950er Jahren unternahm Goldenberg als Dozentin an der Universität in Dnipropetrowsk eine Gratwanderung, was durch die Tatsache, dass sie die Frau eines im Großen Terror ermordeten Mannes war, noch erschwert wurde. Die Studenten, die damals ihre Vorlesungen über die »Neue Geschichte Europas und Amerikas« besuchten, nannten sie »die Marquise« und »die Königin« und betonten die Schönheit und Kultiviertheit ihrer Kleidung. Sie lobten Goldenbergs brillante Vortragsfähigkeiten, merkten aber auch an, dass der von ihr vorgetragene Stoff fast wortwörtlich die sowjetischen Lehrbücher wiederholte. Die meisten Studenten schrieben den Inhalt dieser Vorlesungen der Angst zu, zu viel zu sagen. Goldenberg war zu dieser

Zeit akademisch sehr aktiv. Sie arbeitete an einer Monografie und bereitete Aufsätze vor. Aber es gab keinen Ort, diese zu veröffentlichen, denn der Universität fehlten dafür die Mittel. Deshalb blieben auch Goldenbergs Arbeiten als Manuskripte liegen.

Im Jahr 1955 wurde der Lehrstuhl für Weltgeschichte vorübergehend geschlossen, und Fajina Goldenberg wechselte zur Fakultät für ausländische Literatur. 1967 wurden wieder Historiker eingestellt, und Goldenberg erhielt das Angebot, am neu eingerichteten Lehrstuhl für Weltgeschichte zu unterrichten. Studenten standen fortan Schlange, um Hausarbeiten und Diplomarbeiten bei ihr zu schreiben. Darüber hinaus leitete sie eine Studentengruppe für Weltgeschichte. In den späten 1960er Jahren begann Goldenberg, Doktoranden zu betreuen. Eine ihrer Studentinnen war Switlana Bobyljewa, die ihre Doktorarbeit über »Die Arbeiterklasse und die Sozialpolitik des Blocks von Junkern und Bourgeoisie in Deutschland 1900 bis 1914« schrieb und 1973 begann, am Lehrstuhl für Weltgeschichte zu arbeiten.

**Gelinada Grinchenko**: *In den 1970er und 1980er Jahren wurde die sogenannte Dnipropetrowsker Schule für Historische Germanistik, das Forschungszentrum für deutsche Geschichte, zu einem bekannten und anerkannten Forschungszentrum im Lande. Welche Namen und wissenschaftlichen Publikationen sind mit dieser Zeit verbunden?*

**Albert Venger:** In der zweiten Hälfte der 1960er Jahre begannen zwei weitere junge Historiker für deutsche Geschichte am Lehrstuhl: Nikolaj Martynow, Absolvent der Universität Woronesch, der 1970 seine Dissertation über »F. Lassalle und der Lassalleanismus in der westdeutschen Geschichtsschreibung« verteidigte, und Anatolij Sawjalow (1927–2003), Absolvent der Universität Charkiw, der 1968 seine Dissertation zum »Aufbau des Sozialismus und des Mehrparteiensystems in der DDR« abschloss. Zu dieser Zeit war Fajina Goldenberg die prägende Kraft des Lehrstuhls und beeinflusste viele ihrer Kollegen, von denen einige ihre ehemaligen Studenten waren.

Als 1972 die Wahl eines neuen Leiters der Abteilung anstand, setzte sie sich aktiv für Nikolaj Martynow ein. Einen »jungen Marx« nannte sie ihren Kollegen begeistert. Anatolij Sawjalow hingegen, der vor seiner Tätigkeit an der Universität in der Parteiführung gearbeitet hatte, kam für Goldenberg und ihre Sympathisanten nicht als neuer Leiter des Lehrstuhls in Frage, da er einen eher strengen Führungsstil pflegte. Die Universitätsleitung setzte jedoch auf Sawjalows Führungsqualitäten und unterstützte seine Kandidatur. Das spaltete den Lehrstuhl in zwei verfeindete Lager.

Anatolij Sawjalow war ein sehr ehrgeiziger Mann, nicht nur in Bezug auf seine Karriere. Er wurde gleichzeitig Leiter des Lehrstuhls und Prorektor der Universität. Er nahm die Betreuung der meisten Doktoranden in seine Hände und drängte andere Historiker in den Hintergrund. Sawjalow gründete ein Forschungszentrum für deutsche Zeitgeschichte, unter seiner Aufsicht wurden bis zu 20 Doktorarbeiten verteidigt.

Anfang der 1970er Jahre beschäftigte der Lehrstuhl vier Historikerinnen und Historiker (Switlana Bobyljewa, Fajina Goldenberg, Anatolij Sawjalow und Nikolaj Martynow). Dazu kam Jurij Myzyk, der begann, deutsche Quellen zu erforschen: Flugblätter, Chroniken und Historien. Später begann Ljudmyla Tutik, eine ehemalige Studentin von Fajina Goldenberg und Doktorandin von Anatolij Sawjalow, am Lehrstuhl zu arbeiten und verteidigte ihre Doktorarbeit zum Thema »Die evangelische Kirche und die deutsche Arbeiterklasse (1949–1969)«. Ein weiterer Historiker für deutsche Zeitgeschichte, Karlo Markow, begann seine Arbeit an der Abteilung mit dem Thema »Die CDU/CSU und die neofaschistischen Kräfte in Deutschland im Kampf gegen die ›neue Ostpolitik‹ der SPD/FDP-Regierung 1969 bis 1976«.

Ab 1973 wurde an der Fakultät ein Periodikum zu »Fragen der deutschen Geschichte« geschaffen, in dem Forschungsergebnisse der Lehrstuhlmitglieder veröffentlicht wurden. Herausgegeben wurde es anfangs von Dnipropetrowsker Historikern, doch nach und nach erweiterte sich der Kreis der Autoren. Wissenschaftler aus Saporischschja, Kyjiw, Uschhorod und anderen Städten begannen in dem Band zu veröffentlichen. 1977 erhielt die Publikation den Status einer interuniversitären Zeitschrift, und Historiker für deutsche Geschichte aus der ganzen Sowjetunion - etwa aus Kyjiw, Leningrad, Moskau oder Tscheljabinsk - veröffentlichten dort ihre Forschungsergebnisse.

Dank Jurij Myzyk begann sich der Lehrstuhl allmählich auf das Studium der deutschen Quellen und der Geschichtsschreibung des späten Mittelalters und der frühen Neuzeit zu konzentrieren. Ihm ist zu verdanken, dass einige dieser Quellen übersetzt und in einem Sammelband herausgegeben wurden. Außerdem veröffentlichte Myzyk zwei Lehrbücher zu diesem Thema.[1] Später befasste sich sein Schüler Serhii Plokhy unter anderem mit dem Erbe des polnisch-deutschen Chronisten Joachim Pastorius.

Eine wichtige Etappe in der Entwicklung des Forschungszentrums für deutsche Geschichte an der Universität Dnipropetrowsk war die Verteidigung von Sawjalows Habilitation zum Thema »Die Zusammenarbeit der demokratischen Parteien der DDR im sozialistischen Aufbau« im Jahr 1983. Zur Verteidigung seiner Habilitation veröffentlichte der Historiker eine Monografie. 1988 eröffnete am Lehrstuhl für Weltgeschichte auf Initiative Sawjalows eine Forschungswerkstatt »Revolutionäre und demokratische Bewegungen in der deutschen Geschichte«, die er selbst leitete. Gleichzeitig gründete der Lehrstuhl die Forschungswerkstatt »Ukrainisch-deutsche Beziehungen« als Unterabteilung der Forschungswerkstatt »Historische Beziehungen der Ukraine zum europäischen Ausland« am Institut für Geschichte der Akademie der Wissenschaften der Ukrainischen SSR.

In den 1970er und 1980er Jahren hatten Historiker aus Dnipropetrowsk die Möglichkeit, für Vorträge und Studienaufenthalte ins Ausland zu reisen - meist nach Polen und in die DDR, später auch in die BRD und die USA oder nach Kanada und China. Im Jahr 1975 besuchte Sawjalow als Mitglied einer Arbeitsgruppe der Ukrainischen Gesellschaft für kulturelle Beziehungen die Schweiz, wo er Vorträge hielt. Außerdem nahm der Historiker an den Feierlichkeiten zum 30. Jahrestag des Sieges über Hitlerdeutschland teil: In Basel und Zürich hielt er auf Deutsch einen Vortrag zum Thema »Die welthistorische Leistung des sowjetischen Volkes im Großen Vaterländischen Krieg 1941 bis 1945«. Zwischen 1974 und 1975 absolvierte Nikolaj Martynow ein zehnmonatiges Praktikum an der Karl-Marx-Universität Leipzig unter der Leitung von Professor Werner Berthold. Während dieser Zeit arbeitete er mit deutschen Historikern wie Ernst Engelberg und den Professoren Gustav Seeber und Gerhard Lozek zusammen und konzentrierte sich auf die Geschichte der Arbeiterbewegung des 19. und 20. Jahrhunderts.

**Gelinada Grinchenko**: *Welche Veränderungen gab es in der Wendezeit der 1990er Jahre?*

---

1 Jurij Mycyk, „Nemeckie i avstrijskie istočniki," *Zapiski inostrancev kak istočnik po istorii Ukrainy (vtoraja polovina XVI – seredina XVII v.)*, Bd. 1 (Dnepropetrovsk: DGU, 1981; ders., *Zapiski inostrancev kak istočnik po Osvoboditel'noj vojne ukrainskogo naroda 1648–1654 gg.* (Dnepropetrovsk: DGU, 1985).

**Albert Venger:** Im Jahr 1989 trat Sawjalow, nachdem er das Rentenalter erreicht hatte, als Leiter des Lehrstuhls zurück und schlug Serhii Plokhy, einen jungen Dozenten, der gerade seine Doktorarbeit fertigstellte, als seinen Nachfolger vor. Die meisten seiner Kollegen unterstützten die Kandidatur von Plokhy und er wurde der neue Leiter des Lehrstuhls. Die späten 1980er und frühen 1990er Jahre waren eine Zeit tiefgreifender politischer und wirtschaftlicher Veränderungen. Das Forschungsgebiet etlicher Wissenschaftler und Wissenschaftlerinnen, die sich mit der Geschichte der DDR befasst hatten, brach zusammen. Mehrere Historiker der Abteilung Weltgeschichte konnten deshalb ihre Dissertationen nicht verteidigen. Eine Ausnahme war Karlo Markow, dessen Forschungsthema nicht mit der aktuellen politischen Situation zusammenhing; er verteidigte 1993 seine Dissertation »Die Organisation der deutschen Aussiedler in der Bundesrepublik Deutschland: ihr Platz in der Partei- und Politikstruktur«.

Zugleich waren die späten 1980er und frühen 1990er Jahre eine Zeit, in der Historiker größere Möglichkeiten hatten, ihre Forschungsthemen frei zu wählen. Der junge Leiter der Abteilung, Serhii Plokhy, der auch Dekan der Fakultät für ausländische Studenten war, unternahm mehrere Forschungsreisen ins Ausland. Auf einer dieser Reisen stieß er auf Unterlagen über deutsche Kolonisten in der Ukraine. Nach seiner Rückkehr wollte er im Stadtarchiv von Dnipropetrowsk mehr darüber erfahren. Nach einigem Zögern (denn in der jüngsten Sowjetzeit war das Thema für Studien nicht zugelassen) öffnete das Archiv den Bestand 134 »Betreuungsstellen für ausländische Siedler« für die Forschung. In einem Gespräch erinnerte sich Serhii Plokhy daran, wie nervös er war, als er den Kollegen an seinem Lehrstuhl vorschlug, ein neues Gebiet zu erforschen - die Geschichte der deutschen Kolonien in der Ukraine. Die Mehrheit seiner Mitarbeiter unterstützte den Leiter des Lehrstuhls jedoch und so begannen sie gemeinsam an dem neuen Thema zu arbeiten.

**Gelinada Grinchenko**: *Welchen Themen widmete sich der Lehrstuhl für Weltschichte in der Folgezeit?*

**Albert Venger:** Der Lehrstuhl hatte seit Anfang der 1990er Jahre zwei Hauptthemen: die Geschichte der deutschen Kolonisten in der Ukraine und die deutsche Geschichte im Allgemeinen. Dass die von Plokhy vorgeschlagene thematische Ausrichtung Erfolg versprach, zeichnete sich recht schnell ab: 1992 stellte der Lehrstuhl nach mehreren Jahren gemeinsamer Arbeit einen Sammelband zu den ukrainisch-deutschen Beziehungen in der Neuzeit und der Gegenwart (im Original: *Woprossy germanskoj istorii. Ukrainsko-nemezkije swjasi w nowoje i nowejscheje wremja*) fertig, der allerdings wegen finanzieller Schwierigkeiten erst 1995 erscheinen konnte.

Um seine Forschungen zu intensivieren, nahm Plokhy mehrere Doktoranden auf, die ihre Dissertationen erfolgreich verteidigten: Magomedsaid Ismailow erforschte »Das Entstehen der deutschen Kolonien in der Süd-Ukraine (Ende des 18. Jahrhunderts bis zu den 30er Jahren des 19. Jahrhunderts)« und Nataliya Ostasheva-Venger widmete sich dem Thema »Die Krise der mennonitischen Gemeinschaft der Ukraine und die ausländische mennonitische Unterstützung 1914 bis1931«. Basierend auf den Ergebnissen ihrer Doktorarbeit veröffentlichte Ostasheva-Venger 1998 die Monografie *Na perelomi epoch* (Epochenwechsel).

In den 1990er Jahren begannen die beiden deutschen Themen miteinander zu »konkurrieren«, und sogar das Periodikum des Lehrstuhls zu »Fragen der deutschen Geschichte« wurde parallel oder in zwei Bänden veröffentlicht, von denen einer der deutschen Geschichte und der andere der Geschichte der deutschen Diaspora in der Ukraine gewidmet war. Dieser »Wettbewerb der Themen« endete mit einem Triumph der Geschichte der ethnischen Diaspora. Die meisten jungen Historiker beschäftigten sich damit und nicht mit anderen Aspekten der deutschen Geschichte. Schließlich konzentrierte sich die Publikation ganz auf die Geschichte der deutschen Kolonisten und Mennoniten, wobei ein Abschnitt zur Weltgeschichte hinzugefügt wurde. Die Geschichte der Kolonisten war für die Forschung deshalb so attraktiv, weil das Thema gesellschaftlich relevant war.

Nach dem Zusammenbruch der UdSSR begann die ukrainische Wissenschaft, weiße Flecken der Geschichte, einschließlich der Geschichte der ethnischen Diaspora, zu erforschen. Die Öffnung der Grenzen machte es möglich, aktiver mit ausländischen Kollegen zu kommunizieren und neue Forschungsprojekte durchzuführen. Auch Anatolij Sawjalow, der zu dieser Zeit noch als Professor am Lehrstuhl für Weltgeschichte tätig war, schloss sich dieser Richtung an und schrieb mehrere Artikel über die Geschichte der deutschen Kolonisten.

Serhii Plokhy verließ die Universität 1992, um in Kanada zu arbeiten. Danach übernahm Switlana Bobyljewa die Forschung zur Geschichte der deutschen Kolonisten und entwickelte dieses Thema in den 1990er und frühen 2000er Jahren aktiv weiter. 1997 wurde am Lehrstuhl für

Weltgeschichte ein Institut für ukrainisch-deutsche Studien eröffnet, das ab 2009 Zentrum für ukrainisch-deutsche Studien hieß. Unter Switlana Bobyljewa promovierten zahlreiche Historiker, die Arbeiten über die Geschichte der ukrainisch-deutschen Beziehungen, die deutsche Diaspora in der Ukraine und in Kanada, die Geschichte der schwedischen Diaspora und andere Themen verfassten. Auf Initiative Bobyljewas und mit ihrer Hilfe wurden mehrere Monografien über die Geschichte der Deutschen in der Ukraine verfasst, 2003 veröffentlichte sie das Lehrbuch *Istorija Nimetschtschyny* (Deutsche Geschichte).

Es war das Institut für ukrainisch-deutsche Studien, das die Entwicklung des Forschungszentrums für deutsche Geschichte am Lehrstuhl für Weltgeschichte in den 1990er und 2000er Jahren vorantrieb. So wurde zusammen mit dem *Toronto Mennonite Theological Centre* das Projekt »Versöhnung« durchgeführt, das sich mit den Erfahrungen der Mennoniten während der Revolutionen und bewaffneten Konflikte in der Ukraine von 1917 bis 1920 befasste. In Kooperation mit Wissenschaftlern der Hochschule Södertörn in Stockholm wurde eine Studie über die Geschichte und Kultur der schwedischen Bevölkerung in der Ukraine in Angriff genommen. Historiker aus Dnipro arbeiteten mit dem Menno-Simon-Zentrum aus den Niederlanden zusammen und beteiligten sich an dem Publikationsprojekt »Welcome to Mennonite Europe«. Heute gibt das Zentrum für ukrainisch-deutsche Studien die Zeitschrift *Sutschasni doslidschennja s nimezkoji istoriji* (Zeitgenössische Forschungen zur deutschen Geschichte) heraus, in der weiterhin Forschungsergebnisse zur Geschichte der deutschsprachigen Diaspora und zur Weltgeschichte veröffentlicht werden.

# Die Darstellung der Ukraine im deutschen akademischen und öffentlichen Raum im ersten Drittel des 20. Jahrhunderts

*Polina Barvinska*

*Anfang des 20. Jahrhunderts nahmen die deutsche Wissenschaft und Öffentlichkeit die Ukraine vornehmlich als Teil Russlands wahr. Mit dem Ersten Weltkrieg wuchs das Interesse, wenngleich die damalige Unterstützung einer ukrainischen Staatlichkeit vorrangig von politischen und wirtschaftlichen Interessen getrieben war. Dennoch war die Ukraine für die deutsche Gesellschaft keine Terra incognita mehr, und mit der kurzen Phase der ukrainischen Unabhängigkeit gipfelte das Interesse in einer regelrechten »Ukrainomanie«. Nach der Eingliederung in die Sowjetunion fiel die Ukraine jedoch in der deutschen Wahrnehmung rasch in den Schatten Russlands zurück, und auch in den Osteuropastudien herrschte wieder der kurzzeitig überwundene Russozentrismus.*[1]

Georg Wilhelm Friedrich Hegels Konzept der geschichtlichen und ungeschichtlichen Völker hatte einen entscheidenden Einfluss auf die deutsche Geschichtsschreibung im 19. Jahrhundert. Wer keinen eigenen Staat hatte, hatte auch kein Recht auf eine eigene Geschichte. Das Vorherrschen dieses Konzepts in der deutschen Geschichtsschreibung beraubte die Ukrainer praktisch der Möglichkeit, in der Forschung deutscher Historiker vertreten zu sein. Sie hatten nicht nur keinen eigenen Staat, sondern waren auch durch die Grenzen des Österreichisch-Ungarischen und des Russischen Reiches geteilt. Diese Teilung wurde noch dadurch verstärkt, dass für die Ukrainer unterschiedliche Bezeichnungen verwendet wurden: »Ruthenen« in Österreich-Ungarn und »Kleinrussen« im Russischen Reich. Außerdem interessierten sich die deutschen Historiker im Allgemeinen nicht für die Geschichte der europäischen Völker und Länder östlich des Deutschen Reiches.

Die weltpolitische Lage an der Wende vom 19. zum 20. Jahrhundert und die Bildung von militärischen und politischen Blöcken gaben jedoch

1 Andreas Kappeler, „Osteuropäische Geschichte," in *Aufriß der Historischen Wissenschaften.* Bd. 2, Hg. Michael Maurer (Stuttgart: Reclam, 2001), 198-265; Polina Barvinska, *Miž naukoju i politikoju. Interpretacії Schidnoї Jevropy v akademičnomu seredovyšči nimec'komovnoho prostoru u kinci XIX – počatku XX stolittja* (Odesa: Odes'kyi nacional'nyj universytet imeni I. I. Mečnykova, 2012), 13-57.

Impulse zu einer gründlicheren Untersuchung der östlichen Räume Europas. Zu dieser Zeit entstand im Deutschen Reich die osteuropäische Geschichte als akademische Disziplin. Der Kreis der Spezialisten war auf nur drei Professoren begrenzt: Leopold Karl Goetz in Bonn sowie Theodor Schiemann und Otto Hoetzsch in Berlin. Beide Berliner Osteuropahistoriker waren zugleich bekannte Publizisten und am politischen Leben aktiv beteiligt. Da die Einführung der Osteuropastudien durch politische Faktoren bedingt war, waren sie von Anfang an vom Russozentrismus geprägt.

## Hruschewskyjs Darstellung der ukrainischen Geschichte

Die Darstellung der ukrainischen Geschichte wurde von dem berühmten ukrainischen Historiker und Politiker Mychajlo Hruschewskyj sehr gut beschrieben. Er leitete damals den Lehrstuhl für Weltgeschichte mit besonderem Schwerpunkt auf der osteuropäischen Geschichte, den er effektiv in den Lehrstuhl für ukrainische Geschichte an der Universität Lemberg und der Wissenschaftlichen Taras-Schewtschenko-Gesellschaft (den Prototyp der Ukrainischen Akademie der Wissenschaften) umwandelte. Um seine Konzepte und sein Wissen über die Ukraine in der westlichen akademischen Gemeinschaft zu verbreiten, beschloss er, den ersten Band seines berühmten Werks *Istorija Ukrajiny-Rusy* (Geschichte der Ukraine-Rus) auf eigene Kosten auf Deutsch, der damaligen Wissenschaftssprache, zu veröffentlichen.

Im Vorwort zur deutschsprachigen Ausgabe, die 1906 in Leipzig unter dem Titel *Geschichte des ukrainischen (ruthenischen) Volkes* erschien, schrieb Mychajlo Hruschewskyj:

> »In der westeuropäischen wissenschaftlichen Literatur giebt es seit der Zeit von [Johann Christian] Engel's ›Geschichte der Ukraine‹ (1793) keine einzige Gesammtdarstellung der Geschichte des ukrainischen (kleinrussischen oder ruthenischen) Volkes. [...] Seine historischen Schicksale haben aber einen wesentlichen Einfluss auf die Schicksale anderer Völker und Länder Europas geübt, welche eine grössere Aufmerksamkeit der Geschichtsschreibung auf sich gelenkt haben. [...] Die ungünstigen politischen und kulturellen Verhältnisse, in welchen das ukrainische Volk seit Jahrhunderten lebt, vor allem aber der Umstand, dass dasselbe in den letzten Jahrhunderten kein eigenes Staatsleben führte, waren die Ursache, dass die historische Wissenschaft seine Geschichte nicht in entsprechender Evidenz hielt, trotz ihrer Wichtigkeit als eines unentbehrlichen Bestandteils für das Verständnis der Gesammtgeschichte Europas, und besonders Osteuropas; die Geschichte dieses letzteren wurde mit Vernachlässigung der Geschichte des ukraini-

sches Volkes lückenhaft und mangelhaft, mit offenbarem Nachteil für das Verständnis des wirklichen historischen Prozesses, hauptsächlich durch die Geschichte des grossrussischen und polnischen Volkes ausgefüllt.«[2]

## Reaktionen auf Hruschewskyjs Werk in Deutschland

Die Veröffentlichung des Buches wurde in Fachkreisen zu einem bemerkenswerten Ereignis. In führenden deutschen Geschichts- und Rezensionszeitschriften sowie in der Beilage der *Allgemeinen Zeitung*, die damals zu den wichtigsten politischen Zeitungen im Deutschen Reich gehörte, erschienen Kritiken.[3] Die meisten Rezensenten hoben die breite und vielfältige Quellenbasis des Werkes, seine Neuartigkeit, den hohen Kenntnisstand des Autors, seine guten Literaturkenntnisse und Forschungsmethoden hervor und erkannten vor allem in gewissem Maße das Recht des ukrainischen Volkes auf seine eigene Geschichte an.

Gleichzeitig diskutierten, kritisierten und verwarfen sie eine Reihe seiner Konzepte. So begründete Hruschewskyj die Nachfolge des ukrainischen Volkes im Erbe der Alten (Kyjiwer) Rus. Dagegen zählte Leopold Karl Goetz, der 1910 bis 1913 in vier Bänden *Das russische Recht*, eine Sammlung der Gesetze der Kyjiwer Rus, herausgab, diese Periode nicht zur ukrainischen, sondern zur russischen Geschichte.

## Forschungsgegenstand: Russen und Ukrainer

Nichtsdestotrotz veranlasste die Arbeit von Hruschewskyj einige deutsche Forscher, die nationale Frage in ihren Studien über das Russische Reich stärker zu berücksichtigen. So widmete der Berliner Historiker Otto Hoetzsch in seinem Werk über die Geschichte Russlands, das am Vorabend des Ersten Weltkriegs veröffentlicht wurde, der ukrainischen Frage ein eigenes Kapitel und wies auf die Unterschiede zwischen Russen und Ukrainern hin:

> »Der Unterschied zwischen diesen beiden Elementen russischen Volkstums im Kerngebiet ist auch heute noch auf das deutlichste zu erkennen. Es hat nichts genützt, dass die russische Regierung sogar die Existenz eines kleinrussischen Dialekts zu negieren suchte, indem sie den Gebrauch dieses Dialektes direkt verbot. Wenn dann der flüchtige Reisende in Südrussland, etwa in der Gegend von Poltava oder Kiev, oder Charkov nichts von einer kleinrussischen Sprache merkte,

---

2 Michael Hruševs'kyj, *Geschichte des ukrainischen (ruthenischen) Volkes* (Leipzig: Teubner, 1906), III–IV, https://diasporiana.org.ua/wp-content/uploads/books/8572/file.pdf.

3 Siehe mehr dazu: Vitalij Tel'vak, „Nimec'komovna ‚Istorija ukraïns'koho narodu' Mychajla Hruševs'koho v ocinkach sučasnykiv," *Ukraïns'kyj istoryčnyj žurnal* Nr. 3 (2007): 175-189.

> so war diese doch nach wie vor vorhanden und hat es auch trotz aller Bedrückung vermocht, sich eine moderne Literatur zu schaffen. Wer aber einigermaßen scharf zusieht, der wird den ethnographischen Unterschied zwischen den Großrussen, deren beste Typen man etwa in Vladimir oder Nižnij Novgorod sieht, und den Kleinrussen unschwer erkennen.«[4]

Dies verhalf Hruschewskyj auch zu persönlichen Kontakten mit deutschen Osteuropaforschern, die mit ihm korrespondierten. Besonders intensiv war der Briefwechsel zwischen Hruschewskyj und Hoetzsch. In den Jahren 1909 bis 1911 war das Hauptthema die Vorbereitung der *Zeitschrift für osteuropäische Geschichte*. Der deutsche Historiker bat um die Mitarbeit ukrainischer Autoren und teilte mit, dass die ukrainische Geschichte in der bibliografischen Übersicht der Zeitschrift als eigenständiger Teil der Geschichte Osteuropas vorgestellt werden solle. Er wies auch darauf hin, dass ein Großteil dieser Arbeit von ukrainischen Wissenschaftlern geleistet werden solle, da es »in Westeuropa keine wirklichen Experten« gebe. Die Zeitschrift wurde vor dem Krieg nur wenige Jahre lang veröffentlicht. Auf ihren Seiten wurden ukrainische Themen in kleinen Texten von ukrainischen Autoren vorgestellt.[5]

Um Informationen über das ukrainische Volk, seine Geschichte und Kultur auch in der deutschsprachigen Öffentlichkeit zu verbreiten, gründeten Ukrainer aus Galizien in Wien im Jahr 1903 die deutschsprachige Monatszeitschrift *Ruthenische Revue*, die 1906 in *Ukrainische Rundschau* umbenannt wurde. Unter diesem Namen wurde sie zehn Jahre lang veröffentlicht. Im Deutschen Reich mit einer Bevölkerung von etwa 60 Millionen Menschen gab es nur etwa 200 Abonnenten. Einen weiteren Teil der Auflage schickten die Verleger kostenlos an bekannte Politiker, Schriftsteller und Zeitungsredakteure, auch in Deutschland. Daher war der Leserkreis sehr begrenzt, und der Einfluss dieser Publikation auf die Bildung der Wahrnehmung der Ukraine in der deutschen Gesellschaft war minimal.

Zusammenfassend lässt sich sagen, dass die Ideen von Hruschewskyj in den Fachkreisen des Deutschen Reiches Bekanntheit erlangten, aber im Diskurs über Osteuropa eine untergeordnete Rolle spielten. Während die deutschen Fachkreise zumindest eine gewisse Vorstellung von der Ukraine hatten, blieb sie für die breite Öffentlichkeit Terra incognita.

---

4 Otto Hoetzsch, *Russland. Eine Einführung auf Grund seiner Geschichte von 1904 bis 1912* (Berlin: de Gruyter, 1913), 21.

5 Polina Barvins'ka, „Mychajlo Hruševs'kyj i stanovlennja schidnojevropejskych studij u nimec'komovnomu akademičnomu seredovyšči," *Ukraïnoznavčyj al'manach* 17 (2014): 253-256.

## Der Erste Weltkrieg

Mit dem Ausbruch des Ersten Weltkriegs 1914 änderte sich die Situation hinsichtlich der Darstellung ukrainischer Themen erheblich. In der Öffentlichkeit des Deutschen Reiches diskutierte man unterschiedliche Konzepte, wie die europäische Ordnung nach einem Sieg aussehen sollte. Diese Konzepte wurden zum Teil davon bestimmt, wer als Hauptfeind Deutschlands oder als schwächstes Glied im Lager der Entente angesehen wurde. Die Befürworter des Friedens mit England und der Niederlage des Russischen Reiches waren sich einig, dass Letzteres durch die Abtrennung der von anderen Völkern, insbesondere von Ukrainern, bewohnten westlichen und südlichen Gebiete dauerhaft geschwächt werden konnte. Unter ihnen befanden sich sowohl Befürworter einer direkten Annexion dieser Gebiete durch Deutschland als auch Befürworter der Schaffung von Randstaaten, die von Moskau unabhängig und mit Berlin befreundet waren. Einer der bekanntesten deutschen Publizisten jener Zeit, Paul Rohrbach, war ein prominenter Vertreter dieses Randstaatenkonzepts. Er und seine Anhänger förderten Ukrainethemen und unterstützten die Idee der Trennung der Ukraine von Russland.[6] Das andere Lager, die Vertreter der sogenannten Kontinentalpolitik, zu denen auch Otto Hoetzsch gehörte, betrachtete Frieden mit Russland als Schlüssel zum Sieg über England und zur Errichtung der deutschen Vorherrschaft in Europa. In ihren Publikationen gingen sie auch auf ukrainische Fragen ein und sprachen sich gegen die Unterstützung der ukrainischen Nationalbewegung aus. Zwischen diesen beiden Polen in ihrer Haltung zur ukrainischen Frage gab es auch Publikationen, deren Autoren bestimmte Argumente beider Lager unterstützten.

## Wissen über die Ukraine in Deutschland

Das Auswärtige Amt prüfte und unterstützte teilweise verschiedene Konzepte. Um die ukrainische Frage in der deutschen Öffentlichkeit bekannt zu machen, finanzierte es die Publikationstätigkeit des Bunds zur Befreiung der Ukraine (BBU). Diese politische Organisation wurde im August 1914 in Lemberg von Ukrainern aus der Russland eingegliederten Ukraine gegründet. In ihren Programmdokumenten proklamierte die Union die Schaffung eines unabhängigen ukrainischen Staates auf dem

6 Siehe mehr dazu: Peter Borowsky, „Paul Rohrbach und die Ukraine," in *Deutschland in der Weltpolitik des 19. und 20. Jahrhunderts*, Hg. Imanuel Geiss und Bernd Jürgen Wendt (Düsseldorf: Bertelsmann Universitätsverlag, 1973), 437-453.

Gebiet des Russischen Reiches in Form einer konstitutionellen Monarchie oder einer autonomen Region innerhalb des Österreichischen Reiches. Von September 1914 bis Januar 1917 veröffentlichte der BBU die Wochenzeitung *Ukrainische Nachrichten* in deutscher Sprache mit einer Auflage von 1.000 bis 3.500 Exemplaren sowie Bücher und Broschüren ukrainischer Autoren in deutscher Übersetzung.[7] Thematisch widmeten sich diese Publikationen der Geschichte der Ukraine, der ukrainischen Kultur, dem ukrainischen Unabhängigkeitskampf, der russischen Politik gegenüber der Ukraine, der Situation in Galizien sowie der wirtschaftlichen Entwicklung der ukrainischen Gebiete, ihrer Geografie und Demografie. Die größte Aufmerksamkeit schenkten die Mitglieder des BBU der Veröffentlichung der Werke von Hruschewskyj. Die Herausgeber betonten, dass diese wissenschaftlichen Arbeiten vor dem Krieg und nicht in der aktuellen Situation zu Propagandazwecken geschrieben wurden.

Die Deutschen selbst waren aktiv an der Verbreitung des Wissens über die Ukraine in Deutschland beteiligt. Im Jahr 1915 wurde im Deutschen Reich der Verband deutscher Förderer der ukrainischen Freiheitsbestrebungen »Freie Ukraine« gegründet. Der Verband war Mitbegründer der Zeitschrift *Osteuropäische Zukunft* (Januar 1916 bis Dezember 1917), in der ukrainische Themen eine führende Rolle spielten. Artikel über die Ukraine wurden auch in anderen Publikationen veröffentlicht. Die Autoren der Publikationen waren deutsche Publizisten, Historiker, Slawisten, Geografen, Vertreter der Agrarwissenschaften und andere.[8] Die Professoren beteiligten sich aktiv an öffentlichen Reden und veröffentlichten journalistische Texte. Eine Grenze zwischen akademischen Texten und Journalismus war dabei häufig kaum noch zu erkennen.

## Befürworter und Gegner ukrainischer Staatlichkeit

Welche Themen haben deutsche Autoren in diesen Jahren erörtert? Ein beliebtes Thema war die Unterdrückung der Ukrainer, ihrer Sprache, Kultur und Bildung im Russischen Reich. Vertreter verschiedener politischer Richtungen waren sich einig, dass dieses Problem bestand. Dies

7 Siehe mehr dazu: Rudolf A. Mark, „Zur ukrainischen Frage im Ersten Weltkrieg: Flugschriften des ‚Bundes zur Befreiung der Ukraine' und ihm nahestehender Publizisten, 1914-1916," *Zeitschrift für Ostforschung* 33, Nr. 2 (1984): 196-224; Nadija Kuleša, „Presa Sojuzu vyzvolennja Ukraïny inozemnymy movamy (1914-1917 rr.)," in: *Zbirnyk prac' Naukovo-doslidnoho instytutu presoznavstva,* Bd. 1 (L'viv: L'vivs'ka nacional'na naukova biblioteka Ukraïny im. V. Stefanyka, 2011): 1-27.

8 Frank Golczewski, *Deutsche und Ukrainer 1914–1939* (Paderborn: Schöningh, 2010), 153-157.

gab den Befürwortern der Abtrennung der Ukraine einen Anlass, nicht nur über deutsche politische und wirtschaftliche Interessen zu sprechen, sondern auch über Deutschlands Mission als Befreier des unterdrückten Volkes. Den Gegnern diente dies als Argument, dass das ukrainische Volk keine Führungsschicht für den Aufbau eines eigenen Staates habe, über keine politische Erfahrung verfüge und darum unfähig sei, einen eigenen Staat zu schaffen. Sie hielten die langjährigen wirtschaftlichen und religiösen Bindungen an das Russische Reich für viel größer und stärker als einzelne Widersprüche und eine gewisse ukrainische Feindseligkeit gegenüber den Russen. In ihren Augen war die ukrainische Staatlichkeit daher nichts weiter als eine politische Utopie eines kleinen Kreises ukrainischer Intellektueller und Träumer. Außerdem sahen sie in der Schaffung einer unabhängigen Ukraine und anderer Staaten am Rande des Russischen Reiches keine Verteidigung für Deutschland, sondern eher eine Gefahr, da sie befürchteten, dass diese neuen Staaten die Unterstützung Englands suchen und die Region in einen neuen Balkan verwandeln würden.[9]

Die Befürworter der ukrainischen Befreiung von Russland räumten ein, dass noch nicht alle Voraussetzungen für eine ukrainische Staatlichkeit geschaffen worden seien, sahen dies aber nicht als Problem an und verwiesen auf die Bedeutung eines ukrainischen Staates für Deutschland:

> »[…] denn daß ein Bauernvolk ohne Adel und ohne Mittelstand einer höheren Entwickelung fähig ist, sobald der auf ihm lastende Druck von ihm genommen wird, lehren die Bulgaren: befreit von türkischer Herrschaft und vom Drucke griechischer Kaufleute haben sie sich in kürzester Zeit unter deutschen Herrschern eine achtunggebietende Stellung unter den Völkern Europas errungen. Warum sollte solches nicht auch mit den Ukrainern möglich sein? Vom Standpunkte der Geschicke Europas aber wird es von größter Bedeutung sein, wenn Rußland die Pforten verschlossen werden, durch die seine Ländergier nach Westen drängte. Der Abschluß der einen wird am vollkommensten erreicht werden, wenn sich hier wieder, wie im 17. Jahrhundert, ein selbständiger Grenzstaat entwickelt, der, wie seine älteren Vorläufer, sich anlehnt an die mitteleuropäische Zivilisation. Natürliche Grenzen würden einen solchen Staat von Rußland scheiden, seine Bevölkerung wäre nicht russisch und will nicht so heißen. Ein ungemein reicher Boden könnte einer solchen Ukraina die Grundlage eines wirtschaftlichen Daseins geben – liefert sie doch heute schon einen ansehnlichen Teil der südrussischen Getreideausfuhr, die größtenteils auf den Seeweg durch das Schwarze Meer angewiesen ist. Sie könnte aber andere Richtungen einschlagen, wenn leicht auszuführende moderne Schiffahrtskanäle das Dnjepr-Gebiet mit der Memel im Norden und der

9 Siehe mehr dazu: Riccardo Bavaj, „Die deutsche Ukraine-Publizistik während des Ersten Weltkrieges," *Zeitschrift für Ostmitteleuropa-Forschung* 50, Nr. 1 (2001): 1-25.

Weichsel im Westen verbinden würden. Ein Großschiffahrtsweg vom Dnjepr hinüber zu Bug und Narew würde die reichen Getreidegebiete der Ukraina mit dem Herzen von Norddeutschland, und nach Vollendung des Mittellandkanals mit dem industriellen Westen Norddeutschlands verbinden und Deutschlands Getreidebedarf in weitem Umfange aus einer freien Ukraina zu decken vermögen.«[10]

## Argumente für die ukrainische Staatlichkeit

Paul Rohrbach und sein Umfeld führten verschiedene Argumente zur Unterstützung ukrainischer Staatlichkeit an. So habe die ukrainische Staatlichkeit eine lange Tradition, die von der Kyjiwer Rus auf das Fürstentum Galizien-Wolhynien übergegangen und in der Zeit Litauen-Polens und der Kosaken erhalten geblieben sei, und auch die strenge Russifizierungspolitik habe die ukrainische Kultur und das Nationalgefühl nicht zerstören können. Außerdem hätten die Ukrainer eine viel höhere kulturelle, intellektuelle und geistige Entwicklung, und unter günstigen Bedingungen, insbesondere äußeren, könne der ukrainische Staat sehr schnell entstehen. Die von russischen und polnischen Großgrundbesitzern unterdrückten ukrainischen Bauern würden die ukrainische Staatlichkeit unterstützen. Zudem stünden die Ukrainer der protestantischen und katholischen Welt viel näher als der russischen Orthodoxie (Ausbreitung der Taufe und der Unierten in der Ukraine), auch historisch sei die Ukraine enger mit Mitteleuropa verbunden als mit dem asiatischen Russland.[11]

Das Ende des Zarismus im Russischen Reich und die Einsetzung der Zentralna Rada (des ukrainischen Parlaments) und der Regierung im März 1917 lösten bei den Anhängern der ukrainischen Unabhängigkeit eine gewisse Euphorie aus. Im Jahr 1917 wurde in den Veröffentlichungen besonders auf das wirtschaftliche Potenzial der Ukraine als wichtige »Kornkammer« und Rohstoffquelle hingewiesen, die Deutschland versorgen könnte. Es wurden außerdem Pläne erwogen, das ukrainische Territorium für den Transit zwischen Berlin und Bagdad zu nutzen.

10 Albrecht Penck, „Die Ukraina," *Zeitschrift der Gesellschaft für Erdkunde zu Berlin* 51 (1916): 477.

11 Siehe mehr dazu: Bavaj, „Die *deutsche Ukraine*-Publizistik," 8-14.

## Februar 1918: Das Interesse an der Ukraine steigt sprunghaft an

Das Interesse der deutschen Gesellschaft an der Ukraine stieg Anfang Februar 1918 sprunghaft an: Auf den Titelseiten fast aller deutschen Zeitungen erschien die Nachricht von der Unterzeichnung des Friedensvertrags von Brest-Litowsk zwischen der Ukrainischen Volksrepublik und den Mittelmächten. Es folgte ein unglaubliches Interesse deutscher Unternehmer an der Aufnahme des Handels mit der Ukraine. Im März wurde die Deutsch-Ukrainische Gesellschaft gegründet, um die politischen, wirtschaftlichen und kulturellen Beziehungen zwischen beiden Ländern zu fördern. Während die deutsche Presse zu Beginn des Frühjahrs überwiegend positiv über die Ukraine schrieb, erschienen mit zunehmenden Widersprüchen zwischen der deutschen Militärführung und der Zentralna Rada auch Texte, die sich ironisch über die Rada äußerten. Auch über den Putsch des Hetmans in der Ukraine am 29. April 1918, der von der deutschen Führung in Kyjiw unterstützt wurde, war die deutsche Presse geteilter Meinung. Besonders kritisch äußerte sich die linke Presse dazu. Die ukrainische Frage stand wiederholt auf der Tagesordnung des deutschen Reichstages.

Im Jahr 1918 erhielten die Deutschen nicht nur durch offizielle Berichte und die Presse, sondern auch privat zahlreiche Informationen über die Ukraine. Delegationen deutscher Geschäftsleute und Wissenschaftler besuchten das Land, und Tausende von deutschen Soldaten teilten ihre Eindrücke mit Familie und Freunden und schickten zahlreiche Fotos. All dies sorgte dafür, dass ukrainische Themen in der deutschen Öffentlichkeit während des Ersten Weltkriegs, vor allem in seiner Endphase, stets präsent waren.

Allerdings waren ukrainische Themen weiterhin kein Gegenstand wissenschaftlicher Forschung. Die Geschichte der Ukraine und die ukrainische Sprache gehörten nicht zu den Universitätsfächern, obwohl sich die Fakultätsausschüsse einzelner Universitäten, wie zum Beispiel der Ludwig-Maximilians-Universität München, mit dieser Frage befassten. Nach der deutschen Kriegsniederlage im November 1918 und dem Abzug der deutschen Truppen vom ukrainischen Territorium verlor die Ukraine wieder an Bedeutung für die deutsche Hochschullandschaft.

## Die Nachkriegszeit

In den ersten Nachkriegsjahren griff die deutsche Presse teilweise ukrainische Themen auf. Bis 1926 wurde die Vierteljahresschrift *Die Ukraine* herausgegeben, das Organ der Deutsch-Ukrainischen Gesellschaft. Das erste Heft wurde im Dezember 1918 veröffentlicht. Herausgeber waren Paul Rohrbach und Alex Schmidt, die sich weiterhin für den Unabhängigkeitskampf der Ukraine einsetzten und auf weitere deutsche Unterstützung drängten. Sie kritisierten die russophile Stimmung in der deutschen Gesellschaft sowie das Verhalten der deutschen Vertreter in der Ukraine im Jahr 1918, die sich nach Ansicht von Rohrbach eher wie Eroberer als wie Freunde verhielten und kurzfristige Interessen verfolgten. Das Fehlen einer konzeptionellen Osteuropapolitik und die unzureichende Einschätzung der Rolle der Ukraine waren seiner Meinung nach Gründe für die deutsche Niederlage. Das thematische Spektrum der Texte deutscher und ukrainischer Autoren auf den Seiten der Zeitschrift *Die Ukraine* umfasste Fragen der ukrainischen Politik, Wirtschaft und Kultur, die überwiegend positiv bewertet wurden. Die deutsche Presse hingegen schrieb zunehmend negativ über die ukrainische Unabhängigkeit. Eine wohlwollende Haltung gegenüber den Ukrainern war vor allem in Artikeln zu finden, die sich kritisch mit dem Polen der Zwischenkriegszeit auseinandersetzten, wo die ukrainische Minderheit diskriminiert wurde.

## »Ukrainomanie. Berlins neueste Mode«

Auch die deutsche Gesellschaft interessierte sich eine Zeit lang für die Ukraine. Josef Roth, ein bekannter Journalist und Schriftsteller aus Brody in der heutigen Region Lwiw, der lange Zeit in Berlin lebte und für bekannte deutsche Zeitungen schrieb, veröffentlichte 1920 in der *Neuen Berliner Zeitung* den Feuilletonartikel »Ukrainomanie. Berlins neueste Mode«. Er kritisierte die etwas verzerrte Wahrnehmung der ukrainischen Kultur durch die Deutschen:

> »Berlin schwelgt in groteskem Operetten-Ukrainertum. Jede Melodie von irgendwelcher slawischen Klangfarbe ist ›ukrainisch‹. [...] Außerdem bewirken die Zustände im Osten Europas eine Auswanderung von Russen und Ukrainern und Polen nach dem Westen, wo sie [alle] ›Ukrainer‹ sind, weil ›ukrainisch‹ eben Mode geworden ist. [...] Die ukrainische Volkskunst ist eine ganz eigene, mit stark ausgeprägten nationalen Kennzeichen, und hat weder mit der russischen noch mit der polnischen oder tatarischen etwas gemein. Interessant ist aber das Phänomen als solches: daß eine Nation, sobald sie ihre staatliche Selbständigkeit verliert, in den Operetten und Variatés zu herrschen beginnt. Berlin, das Barometer westlicher Operettenmode, zeigt andauernd auf ›Ukrainertum‹.«[12]

---

12 Joseph Roth, *Reisen in der Ukraine und nach Russland*, 6. Aufl. (München: C. H. Beck, 2022), 6-8.

Zugleich wurde die ukrainische Kultur in der deutschen Presse positiv bewertet. So hatte beispielsweise die Kapelle unter der Leitung von Oleksandr Koschyz, die ukrainische Volkslieder und Musik ukrainischer Komponisten auf sehr professionelle Weise aufführte, in Deutschland großen Erfolg. Auch das Stück *Die Lüge* des bekannten ukrainischen Politikers und Schriftstellers Wolodymyr Wynnytschenko, das vom Münchner Theater aufgeführt wurde, war ein Publikumserfolg. Sein Stück *Tschorna Pantera i Bilyj Medwid* (Der schwarze Panther und der weiße Bär) wurde ins Deutsche übersetzt und verfilmt.[13] Der Film *Erde* (1930) des ukrainischen Regisseurs Oleksandr Dowschenko war ein unglaublicher Erfolg beim deutschen Publikum - in der deutschen Presse wurden mehr als vierzig positive Kritiken veröffentlicht.

## Verlust der Unabhängigkeit - Dominanz russischer Themen

Der Verlust der Unabhängigkeit und die Eingliederung des größten Teils der Ukraine in die Sowjetunion führten zu einem allmählichen Verlust des Interesses an ukrainischen Themen. In Deutschland wurde die Sowjetunion zu dieser Zeit meist als bolschewistisches Russland bezeichnet. Dies führte dazu, dass die Ukraine von den Deutschen wieder überwiegend als Teil Russlands und die in der UdSSR lebenden Ukrainer als Russen wahrgenommen wurden.

Nach dem Krieg kehrten die meisten Wissenschaftler, die sich an der Diskussion der ukrainischen Frage beteiligt hatten, zu ihren gewohnten Themen zurück. Sie beendeten die Beschäftigung mit der ukrainischen Frage. Zu dieser Zeit nahm die Zahl der Fakultäten und Institutionen zu, die sich mit Osteuropastudien befassten, Fachzeitschriften wie die *Jahrbücher für Kultur und Geschichte der Slaven* und *Osteuropa* wurden gegründet und die *Zeitschrift für osteuropäische Geschichte* wurde wiederbelebt. Doch überall dominierten russische Themen. Otto Hoetzsch spielte in der Weimarer Republik eine führende Rolle beim Ausbau der osteuropäischen Geschichte. Als konservativer Reichstagsabgeordneter hatte er auch politischen Einfluss. Der Vertrag von Rapallo mit der Annäherung an die UdSSR entsprach seinen Vorstellungen von deutscher Außenpolitik. Doch trotz seiner politischen Präferenzen sorgte er auch dafür, dass

13 Polina Barvins'ka, „Z istoriji ukrajins'ko-nimec'kych kulturnych zvjazkiv v 1917–1922 rr.", in: Voprosy germanskoj istorii. Sb. naučnych trudov (Dnepropetrovsk: RVV DNU, 2002), 272-178.

ukrainische Wissenschaftler, meist Emigranten, ihre Forschungsergebnisse in deutschen Fachzeitschriften veröffentlichten. Er betreute ukrainische Doktoranden, die an der Berliner Universität Arbeiten zur eigenen Geschichte verfassten. Bei der Vorbereitung der Woche der sowjetischen Geschichtswissenschaft, die 1928 mit Unterstützung von Otto Hoetzsch in Berlin stattfand, bat die deutsche Seite darum, Mychajlo Hruschewskyj in die Delegation aufzunehmen. Dies deutete auf den Wunsch hin, dass die ukrainische nicht-marxistische Geschichtsschreibung in Berlin vertreten sein sollte. Im letzten Moment untersagten die sowjetischen Behörden Hruschewskyj, ins Ausland zu reisen und die ukrainische Geschichte auf internationaler Ebene zu präsentieren.

Die wichtigsten Vertreter ukrainischer Themen in akademischen Kreisen in Deutschland blieben Emigranten aus der Ukraine, die die Möglichkeit hatten, an dem 1926 in Berlin gegründeten »Ukrainischen Wissenschaftlichen Institut« zu forschen. In ihren Arbeiten betonten sie die Beziehungen der Ukraine zu Westeuropa und beschäftigten sich mit der Geschichte des Befreiungskampfs gegen Polen und Russland sowie mit den Besonderheiten der historischen Entwicklung ihres Landes. Ihr deutsches Publikum war jedoch eher begrenzt, und die deutschen Historiker konzentrierten sich weiterhin auf die Russlandforschung und ließen den ukrainischen Faktor weitgehend außer Acht.[14]

## Schlussfolgerungen

Zu Beginn des 20. Jahrhunderts wusste man in Deutschland fast nichts über die Ukraine und sah sie in der Regel als Teil Russlands. Zur gleichen Zeit entstand indes die moderne ukrainische Nationalbewegung, die auch in Deutschland wirkte. Doch ihre Bemühungen waren wenig erfolgreich und ihre Mittel blieben zunächst begrenzt.

Mit dem Ausbruch des Ersten Weltkriegs änderte sich die Situation. Die ukrainische Frage wurde seit 1914 als wichtiger Faktor für den Sieg über das Russische Reich gesehen. Ukrainische Themen wurden in den Texten deutscher Gelehrter und Publizisten sowie in den Seiten bekannter Publikationen verschiedener politischer Richtungen behandelt. Allerdings handelte es sich um widersprüchliche, teils antagonistische Vorstellungen von der Ukraine. Unabhängig von ihrer Zugehörigkeit zu

14 Polina Barvins'ka, *Miž naukoju i politikoju. Interpretacii̇̈ Schidnoï Jevropy v akademičnomu seredovyšči nimec'komovnoho prostoru u kinci XIX – počatku XX stolittja* (Odesa: Odes'kyi nacional'nyj universytet imeni I. I. Mečnykova, 2012), 73-92.

dem einen oder anderen politischen Lager betrachteten deutsche Autoren die Ukraine eher als ein Instrument zur Durchsetzung deutscher Interessen denn als eigenständiges Subjekt. Da ukrainische Themen während des Weltkriegs an Relevanz gewannen, war die Ukraine für die deutsche Gesellschaft nicht mehr Terra incognita. Dennoch wurde sie nicht zum Gegenstand wissenschaftlichen Interesses. Es wurde keine monografische Studie zu ukrainischen Themen verfasst, und auch in den universitären Disziplinen war sie nicht vertreten.

Der Befreiungskampf des ukrainischen Volkes in den Jahren 1917 bis 1921 wurde niedergeschlagen, und die Ukraine verlor erneut ihre Staatlichkeit. Der größte Teil ihres Territoriums wurde Teil der Sowjetunion, die in den 1920er Jahren bald zum wichtigen Partner Berlins reüssierte. Daher konnte und musste Berlin seine wirtschaftlichen Interessen in der Ukraine mit Moskau regeln. Allmählich verschwanden ukrainische Themen aus der Presse, und die deutsche Gesellschaft begann, die Ukraine wieder als Teil Russlands zu betrachten. In der Osteuropawissenschaft herrschte nun wieder der schon überwundene Russozentrismus, ukrainische Themen wurden nur am Rande behandelt und hauptsächlich von ukrainischen Emigranten vertreten.

# Die deutsche Philosophie in meinem Leben

*Vakhtang Kebuladze*

*Angesichts des russischen Angriffskrieges gegen die Ukraine erhalten Theorien aus Moralphilosophie und Ethik eine herausfordernd aktuelle Bedeutung. Begegnungen mit verbotener Literatur während der Sowjetzeit, aber auch die wissenschaftliche Auseinandersetzung mit Kants Moralphilosophie, mit Phänomenologie und Hermeneutik verdeutlichen, wie philosophische Erkenntnisse nicht nur das individuelle Leben beeinflussen, sondern auch einer Prüfung im Licht historischer Ereignisse standhalten müssen. Ist Kants kategorischer Imperativ auch in Zeiten des Krieges als Richtschnur geeignet? Kann die zeitgenössische Phänomenologie die Frage beantworten, was zu tun ist, wenn wir mit einer Form des Fremden konfrontiert sind, die selbst alles Fremde als feindlich behandelt?*

Vor vielen Jahren, zu Beginn dieses Jahrhunderts, habe ich mit Kolleginnen und Kollegen auf der interdisziplinären Tagung »Europäische Menschenbilder« in Dresden diskutiert, wie viele Sprachen ein Europäer beherrschen sollte. Wir waren uns einig, dass man, um ein Europäer zu sein und sich in überall Europa wohlzufühlen, mindestens drei Sprachen beherrschen sollte: die Muttersprache, Englisch als Sprache der internationalen Kommunikation und die Sprache einer weiteren europäischen Nation.

Diese dritte Sprache kann aus verschiedenen Gründen gewählt werden: Vielleicht ist sie die Muttersprache vieler Ihrer Freunde oder Ihre Verwandten leben in dem Land, in dem diese Sprache gesprochen wird. Vielleicht fahren Sie auch oft in dieses Land in den Urlaub, Sie schätzen seine Literatur oder sind beruflich mit ihm verbunden. Für mich ist Deutsch zu einer solchen Sprache geworden, weil mich die deutsche Philosophie fasziniert. Einer der Organisatoren der Konferenz, der deutsche Philosoph Hans Rainer Sepp, hatte mich zu der Veranstaltung eingeladen. Wir wurden Freunde, auch weil ich mich mit der zeitgenössischen deutschen Philosophie beschäftigte, insbesondere mit der Phänomenologie, deren Vertreter Hans Rainer Sepp ist. Zur Phänomenologie später mehr, zunächst möchte ich beschreiben, wie ich der deutschen Philosophie begegnet bin.

## Erste Begegnung mit der deutschen Philosophie

Die Begebenheit liegt schon viele Jahre zurück, sie fand noch während des Kalten Krieges statt, lange vor der Konferenz in Dresden. In meinem letzten Schuljahr gab mir eine Klassenkameradin mit einem geheimnisvollen Gesichtsausdruck ein seltsames Buch. Während der Sowjetzeit waren fast alle Werke der westlichen Philosophie verboten und daher nur in wenigen selbstverlegten Exemplaren erhältlich. Es war verboten und riskant, sie zu lesen, und noch gefährlicher war es, sie an andere weiterzugeben. Damals aber, in den späten 1980er Jahren, war das totalitäre Sowjetregime bereits geschwächt, und der Austausch solcher Bücher unter jungen Menschen war weniger gefährlich als vielmehr ein aufregender *rite de passage*.

Ich ahnte, dass dies genau solch ein verbotenes Buch war. Unter dem dunkelroten Hardcover ohne Titel bedeckten kaum lesbare Buchstaben dünne Blätter aus fast seidenem Papier. Die Seiten waren so fein, dass sie fast durchsichtig waren, und der Text auf der Rückseite überschnitt sich mit dem Text der Seite, die ich zu lesen versuchte. Es war Friedrich Nietzsches *Morgenröte*. Genauer gesagt, eine schlechte Übersetzung dieses Werks ins Russische. Ich las ein paar Seiten, verstand überhaupt nichts, und nachdem ich das Buch ein paar Wochen lang behalten hatte – lange genug, um so zu tun, als hätte ich es gelesen –, gab ich es meiner Klassenkameradin zurück. Wir schenkten uns ein verschwörerisches Lächeln, sprachen aber danach nie wieder darüber. Es war keine sehr erfolgreiche Initiation.

Später folgte der zweite Versuch. Ich studierte an der Philosophischen Fakultät der Nationalen Taras-Schewtschenko-Universität in Kyjiw in der postsowjetischen Ukraine. Der Druck des totalitären sowjetischen Systems und die Zensur waren verschwunden. Wir waren frei und gleichzeitig orientierungslos. Ich war ein junger Mann, fast noch ein Kind, auf der Suche nach meinem Weg, nach Freunden, nach der Liebe und nach Wegweisern, die mich davor bewahrten, mich zu verirren und die meinen Weg in der Dunkelheit des Schicksals mit hellen und warmen Blitzen markierten, verlässlich, verführerisch und zugleich herausfordernd.

## Kants *Kritik der reinen Vernunft* als Wegweiser

Damals begegnete ich zum ersten Mal Immanuel Kant und war fasziniert. In der *Kritik der reinen Vernunft* formuliert er drei Hauptfragen, die seiner Meinung nach den gesamten Inhalt der philosophischen Erkenntnis umfassten:

> Was kann ich wissen?
> Was soll ich tun?
> Was darf ich hoffen?

Diese Fragen können letztlich auf eine einzige reduziert werden:

> Was ist der Mensch?

Die erste Frage versucht Kant in seiner Lehre von den Bedingungen möglicher Erfahrung zu beantworten. Bedingungen, die zum einen weniger Gesetze der Welt als vielmehr Gesetze unserer Vernunft sind, die diese Welt erkennt, und zum anderen nicht subjektiv oder veränderlich, unterschiedlich je nach Kultur, Epoche und Gemeinschaft sind, sondern vielmehr allen Menschen gemeinsam und notwendig. Aus Kants theoretischer Lehre von den Grundprinzipien der Welterkenntnis folgt seine praktische Philosophie, in der der deutsche Denker nicht die Frage »Was kann ich wissen?«, sondern die Frage »Was soll ich tun?« zu beantworten sucht.

Kants Moralphilosophie beeindruckte mich durch ihre intellektuelle Raffinesse, ihren rigorosen Anspruch und gleichzeitig durch ihre Menschlichkeit. Wenn es universelle Prinzipien der Erkenntnis dieser Welt gibt, die die Grenzen dieser Erkenntnis festlegen, dann muss es auch ein allgemeines Gesetz für unser Handeln geben, das die Unterscheidung zwischen Gut und Böse festlegt und jeden Menschen in die Lage versetzt, jederzeit die moralisch richtige Entscheidung zu treffen. Ein solches Gesetz ist der kategorische Imperativ, der unter anderem wie folgt formuliert ist: »Handle nur nach derjenigen Maxime, durch die du zugleich wollen kannst, dass sie ein allgemeines Gesetz werde«.

## Kants kategorischer Imperativ offenbart unsere wahre Menschlichkeit

Auf den ersten Blick erscheint diese Forderung zu streng, ja sogar rücksichtslos. Ist es wirklich möglich, jede einzelne Handlung einem moralischen Gesetz unterzuordnen, das man selbst als für alle, überall und immer verbindlich anzuerkennen bereit ist? Macht die Radikalität dieser Forderung es nicht unmöglich, sie zu erfüllen? Dadurch scheint dieser Imperativ die menschliche Moral zu untergraben. Denn wenn es so schwierig ist, ihn zu befolgen, gibt es dann überhaupt einen wirklich moralischen Menschen auf der Welt? Doch gleichzeitig offenbart ein weiterer Aspekt des kategorischen Imperativs unsere wahre Menschlichkeit: Andere Menschen sollten niemals als bloßes Mittel zum Zweck betrachtet werden. Denn nur ein wirklich freies Wesen kann dem kategorischen Imperativ gehorchen. Im Wissen um das universelle Moralgesetz entscheide ich jedes Mal, was ich tue. Und wenn ich mich bei all meinen Handlungen an dem Gesetz orientiere, das für alle Menschen gilt, dann muss ich auch alle anderen Menschen als absolut freie Wesen betrachten, die unter allen Umständen moralisch handeln können. Folglich ist der andere Mensch nicht nur als Mittel meines eigenen Handelns zu sehen, sondern in erster Linie als der Zweck, für den ich diese Handlung ausführe.

## Ablehnung Kants in der russischen Religionsphilosophie

Das Moralgesetz ist absolut. Es kann von keinem anderen Sachverhalt abgeleitet werden, weder von einem natürlichen noch von einem metaphysischen. Es war diese Autonomie des Sittengesetzes, die in der russischen Religionsphilosophie eine schon fast hysterische Ablehnung hervorrief. Während für Kant der Mensch sein Menschsein und damit vielleicht auch sein göttliches Wesen durch seine eigene Moral entdeckt, muss für die russischen Religionsphilosophen der Mensch zunächst das Göttliche in sich selbst entdecken und dann seine eigene Moral auf dieser Erfahrung aufbauen. Wenn es keinen Gott gibt, dann ist alles erlaubt – so kann man die Haltung von Iwan Karamasow in Dostojewskis *Die Brüder Karamasow* zusammenfassen. Eine solche Position wird äußerst gefährlich, wenn ein Element dieser Welt, wie zum Beispiel Russland, anstelle des Göttlichen tritt und daraus die schreckliche antihumane Formel des modernen »Raschismus«[1] entsteht: »Warum eine Welt ohne Russland?« Ein gemäßigter Kantianer hätte darauf zu antworten: »Da nicht alles erlaubt ist, besteht die Hoffnung, dass es einen Gott gibt.«

Aber in Wirklichkeit kann ein moralischer Mensch auf ein anständiges Leben für sich selbst und für die gesamte Menschheit hoffen, ohne

1 Zum Begriff »Raschismus«: Die Kombination aus den englischen Wörtern »Russia« und »fascism« (eingedeutscht: »Raschismus«) ist ein in der Ukraine weit verbreiteter Begriff, der Ähnlichkeiten des russischen Angriffskrieges mit dem Faschismus hervorhebt, gleichzeitig aber auch die Besonderheiten. Der Begriff spielt auch auf die Propaganda des Kreml an, der sich betont antifaschistisch gibt und den Angriffskrieg gegen die Ukraine als Kampf gegen ein angeblich neonazistisches Regime rechtfertigt.

Gott zu finden oder nach seinen Erscheinungsformen in dieser Welt zu suchen. Ein religiöser Fanatiker oder jemand, der mit fanatischen Ideen andere zu manipuliert sucht, ist bereit, sich selbst und die ganze Welt zu zerstören, ohne Gott in ihr zu finden, oder dabei das zu verlieren, was er kühn als göttliche Manifestation erkannt hat. Kant gibt uns also Hoffnung auf ein anständiges menschliches Leben, während seine russischen Kritiker der Menschheit die Hoffnung auf eine anständige Existenz nehmen.

Ich schrieb meine Diplomarbeit »Kant und die russische Religionsphilosophie« über die negative Reaktion russischer Religionsphilosophen des späten 19. und frühen 20. Jahrhunderts auf Kants Moralphilosophie, und darauf aufbauend mehrere Artikel über die verhängnisvollen Auswirkungen dieser Reaktion auf die zeitgenössische russische Literatur und den politischen Diskurs. Allein die Möglichkeit einer unzureichenden Rezeption von Kants Ideen veranlasste mich, nach anderen Antworten auf die von ihm aufgeworfenen philosophischen Fragen zu suchen. Auf diese Weise kam ich zur Phänomenologie.

## Phänomenologie der Intersubjektivität

Der Begründer der Phänomenologie Edmund Husserl fügte der Philosophie Kants nicht nur einige wichtige Akzente hinzu, sondern veränderte sie radikal.

Für Kant ist die Welt, in der ich lebe, einfach da. Für Husserl gibt es nur das, was ich in meinem eigenen Leben als Welt erfahre. Husserl nennt die Ausrichtung jeder Erfahrung auf die Welt Intentionalität, wobei er diesen Begriff von seinem Lehrer, dem österreichischen Philosophen und Psychologen Franz Brentano, übernommen hat. Jeder Akt meiner Erfahrung ist intentional, das heißt auf seinen eigenen Inhalt gerichtet. In der Kontemplation betrachte ich etwas, in der Erwartung erwarte ich etwas, in der Erinnerung erinnere ich mich, im Begehren begehre ich etwas, in der Bewertung bewerte ich etwas und so weiter. Die Welt erscheint vor mir so, wie ich sie erlebe, indem ich ihren Elementen in intentionalen Erlebnissen bestimmte Bedeutungen gebe.

Aber die Welt eines Menschen ist nicht seine private Welt. Der Mensch lebt in einer Welt, die er mit Anderen teilt. Kants Welt ist die Welt, die mir als einsamem Subjekt erscheint, das über diese Welt lernt, um zu verstehen, wie man sich in ihr verhält und was man erhoffen kann. Husserls Welt ist eine Welt, die aus verschiedenen Perspektiven von verschiedenen Erfahrungssubjekten erlebt wird, eine Welt, in der ich meinen eigenen Platz inmitten der Anderen finde, sie durch die Art und Weise, wie Andere sie betrachten, kennenlerne, lerne, so zu handeln, dass die Handlungen Anderer nicht im Widerspruch zu meinen Handlungen stehen – was uns allen schließlich die Hoffnung gibt, dass diese Welt für uns weiterhin bestehen wird.

Die Erfahrung der Welt ist also nicht subjektiv, sondern intersubjektiv. Die phänomenologischen Konzepte der Intentionalität und der Intersubjektivität erlauben es meiner Meinung nach, einige der inneren Widersprüche der kantischen Philosophie zu überwinden, denn die Welt erscheint in der Phänomenologie als ein intersubjektives Phänomen, das voller Bedeutungen ist, die wir gemeinsam in ihr erfahren. Der kantische kategorische Imperativ, der von mir verlangt, meine Handlungen auf das allen gemeinsame moralische Gesetz zu gründen und den Anderen nicht nur als Mittel, sondern in erster Linie als Zweck zu betrachten, wird nicht nur postuliert, sondern kann auf diese Weise philosophisch begründet werden.

Ich interessiere mich für die Phänomenologie, lehre sie seit über 20 Jahren an ukrainischen Universitäten und habe Husserls *Ideen zu einer reinen Phänomenologie und phänomenologischen Philosophie* sowie *Erfahrung und Urteil. Untersuchungen zur Genealogie der Logik* ins Ukrainische übersetzt und ein Buch über phänomenologische Philosophie geschrieben: *Phänomenologie der Erfahrung*.

Über Edmund Husserls philosophisches Konzept der Intersubjektivität kam ich zur phänomenologischen Soziologie von Alfred Schütz, der versuchte, die phänomenologische Methodologie auf die Untersuchung der sozialen Wirklichkeit anzuwenden. Für Schütz ist die soziale Wirklichkeit sinnhaft und intersubjektiv. Deshalb sollten die phänomenologischen Konzepte der Intentionalität und der Intersubjektivität zu ihrer Untersuchung herangezogen werden.

Ende des 20., Anfang des 21. Jahrhunderts war ich zu einem Studienaufenthalt an der Universität Konstanz, wo ich unter der Leitung des deutschen Soziologen Erhard Roy Wiehn die Gelegenheit hatte, im Alfred-Schütz-Archiv zu arbeiten und seinen Schüler und Nachfolger Thomas Luckmann kennenzulernen. Später übersetzte ich ihr gemeinsames Werk *Strukturen der Lebenswelt* ins Ukrainische.

## Hermeneutik der »Latenten Sinnstruktur« und russischer Imperialismus

An der Universität Konstanz lernte ich die objektive Hermeneutik von Ulrich Oevermann kennen, der sein Hauptkonzept der »latenten Sinnstruktur« in einer Polemik mit Schütz' Konzept des subjektiven Sinns sozialen Handelns formulierte. Schütz entlehnte dieses Konzept von Max Weber und entwickelte es mit Hilfe der phänomenologischen Methodologie weiter. Nach Schütz ist die soziale Wirklichkeit sinnhaft. Nach Oevermann besteht die soziale Wirklichkeit weniger aus explizitem subjektiven Sinn als vielmehr aus verborgenen Sinnstrukturen, die wir reproduzieren, oft ohne sie vollständig zu erkennen. Auf der Grundlage dieser Methodik habe ich einen Artikel mit dem Titel „Latente Sinnstrukturen in der Russischen Geschichte, Philosophie und Literatur" verfasst und 2005 im österreichischen Jahrbuch *Mesotes* veröffentlicht. Darin analysierte ich die Sinnstrukturen der ewigen Stadt, des Opfers und des Imperiums, auf die sich der heutige russische Imperialismus stützt.

Nach dem Beginn des russischen Angriffskrieges gegen die Ukraine im Jahr 2014 erwähnte ich diesen Artikel bei einem Gespräch mit deutschen Journalisten in Kyjiw. Einer von ihnen bat mich, ihm den Text zu schicken. Nachdem er ihn gelesen hatte, schrieb er mir, die Deutschen seien der Gefahr überdrüssig. Ich antwortete ihm, dass Gefahrenmüdigkeit gefährlich sei. Das war das Ende unserer Kommunikation.

## Ohnmacht der Philosophen?

Unmittelbar nach der umfassenden russischen Invasion in der Ukraine habe ich mich an diesen Briefwechsel erinnert und wieder einmal über die Ohnmacht der Intellektuellen im Kampf gegen das Böse nachgedacht. Unsere unangenehmen Diagnosen finden nur selten rechtzeitig Beachtung, die philosophischen Gedanken werden vielmehr oft in verzerrter und primitivisierter Form benutzt, um kriminelle und menschenverachtende politische Regime zu legitimieren. Das lässt sich auch bei dem Werk eines anderen deutschen Philosophen, Friedrich Nietzsche, beobachten. Die Nazis vereinfachten und verzerrten seine Lehre vom Übermenschen und dem Willen zur Macht, und die primitiven Ideologen des russischen Bolschewismus wiederum griffen dies gern auf und beschuldigten Nietzsche, den Nazismus zu rechtfertigen.

Vor Kurzem sollte ich ein Werk Nietzsches ins Ukrainische übersetzen. Ich erinnerte mich an meine unglücklichen Jugenderfahrungen und beschloss, sein Buch *Morgenröte* zu übersetzen. Dabei verwendete ich nicht nur das deutsche Original, sondern auch englische und russische Übersetzungen. Meine Arbeitsweise war ungewöhnlich. Wenn ich unsicher war, welche Taktik ich bei der Übersetzung einer bestimmten Passage anwenden sollte, zog ich die englische Übersetzung zu Rate, denn der englische Übersetzer hatte darauf verzichtet, die komplexe Poetik und den Rhythmus von Nietzsches Text zu vermitteln, dafür aber versucht, die komplexen Bedeutungen von Nietzsches Denken so genau wie möglich wiederzugeben. Die russischen Übersetzungen schaute ich mir eher an, um zu verstehen, wie man nicht übersetzt, und mir wurde einmal mehr die unprofessionelle Ungenauigkeit und bewusste Verzerrung von Weltklassikern in russischen Übersetzungen deutlich.

Wie Kant und Husserl oder andere Phänomenologen den Inhalt meines Denkens beeinflussten, so prägte Nietzsche den Stil meines Schreibens. Nachdem ich sein Werk *Morgenröte* übersetzt hatte, begann ich, Aphorismen zu schreiben. Nietzsches poetische Prosa provoziert und evoziert seltsame intellektuelle und emotionale Zustände.

Mein kurzer Ausflug zu Nietzsche hat meine phänomenologischen Forschungen jedoch nicht unterbrochen. So war es für mich sehr wichtig, zu Beginn dieses Jahrhunderts das Werk und die Person des zeitgenössischen Phänomenologen Bernhard Waldenfels kennenzulernen, das die Einheit seines Denkens und Lebens demonstriert. Seine theoretische Aufmerksamkeit für das Phänomen des Fremden geht einher mit einer Sensibilität für andere Kulturen und seinem Interesse an den verschiedenen Formen menschlicher Erfahrung. Ich habe sein Werk *Topographie des Fremden: Studien zur Phänomenologie des Fremden* ins Ukrainische übersetzt und wir haben die Übersetzung 2004 gemeinsam in Kyjiw vorgestellt. Ich war beeindruckt von Waldenfels' Idee, dass jede menschliche Handlung, jeder Gedanke und jedes Gefühl immer eine Antwort auf den Fremdanspruch ist.

Dementsprechend zeichnen sich entwickelte menschliche Individuen und Gesellschaften durch ein geringes Maß an Xenophobie aus, während ein hohes Maß an Xenophobie ein Zeichen für die Degradierung des Individuums und der Gesellschaft ist. Daher deutet eine positive und interessierte Haltung gegenüber dem Fremden auf die Reife von Individuen und menschlichen Gesellschaften hin. Fremd ist nicht gleichbedeutend mit feindlich. Was aber ist zu tun, wenn wir mit einer Form des Fremden konfrontiert sind, die selbst alles Fremde als feindlich behandelt? Diese scheinbar rein theoretische Frage erhält jetzt, angesichts des genozidalen russischen Krieges gegen die Ukraine, eine wichtige und konkrete Bedeutung. Letztlich ist die russische Aggression gegen die Ukraine Ausdruck des russischen Hasses auf alles Fremde. Und der pathologische Wunsch, die Ukraine zu zerstören, bedeutet in Russlands perverser Welt, das zu schützen, was russisch ist. Diese Situation untergräbt Waldenfels' Lehre vom Fremden, denn hier ist die Ablehnung des Fremden, dessen Existenzgrundlage in der Zerstörung von allem besteht, was nicht sein Eigenes ist, keine destruktive Xenophobie, sondern existenziell notwendiger Widerstand gegen xenophobe Mächte wie Russland.

Dieser Krieg bringt uns auf die Fragen nach den Grundlagen des Menschseins, und damit auf die Frage zurück, wer wir als Menschen sind und was es bedeutet, ein Mensch zu sein. Wir kehren damit zurück zur Frage: »Was ist der Mensch?«

Auf der Suche nach einer Antwort habe ich mich der philosophischen Anthropologie von Max Scheler zugewandt. Dank einer Einladung von Wolfhart Henckmann konnte ich in der Bayerischen Staatsbibliothek in München mit Max Schelers Manuskripten arbeiten. Derzeit bereite ich ein Buch mit eigenen Übersetzungen von Schelers Texten zur philosophischen Anthropologie zur Veröffentlichung vor – und schreibe ein Buch darüber, wer wir waren, wer wir sind, wer wir sein sollten ...

# Gelungener Austausch in der universitären Welt
## Julia Obertreis (Erlangen) und Liudmyla Posokhova (Charkiw) im Gespräch

*Liudmyla Posokhova, Julia Obertreis (†)*

*Zwischen der Ukraine und Deutschland besteht seit vielen Jahren ein lebendiger akademischer Austausch. Im Laufe der Zeit veränderten sich Themen und Sprache der Forschung, die Ukraine löste sich vom sowjetischen Lehrsystem, die wissenschaftliche Zusammenarbeit wurde internationaler. Besonders eng ist der Austausch zwischen der Nationalen Karasin-Universität Charkiw und der historischen Fakultät der Friedrich-Alexander-Universität (FAU) Erlangen-Nürnberg. Der Beginn des russischen Angriffskrieges markierte auch im akademischen Leben eine Zäsur. Aus Charkiw geflohene Wissenschaftlerinnen und Wissenschaftler wurden am Lehrstuhl in Erlangen aufgenommen, Forschende und Studierende entwickelten neue Formate von Lehre, Austausch und Zusammenarbeit.*

*Liudmyla Posokhova ist Professorin für die Geschichte der Ukraine an der Nationalen Karasin-Universität Charkiw, Julia Obertreis war Professorin für Neuere und Neueste Geschichte mit dem Schwerpunkt der Geschichte Osteuropas an der FAU Erlangen-Nürnberg. Gemeinsam blicken sie im Gespräch mit Katharina Hinz, Referentin Ukraine beim Zentrum Liberale Moderne, auf 20 Jahre akademischen Austausch zwischen der Ukraine und Deutschland zurück. Das Interview wurde am 24. September 2023 geführt. Zu dem Zeitpunkt war Julia Obertreis bereits schwer erkrankt, sie starb einige Wochen später. Es handelt sich um einen der letzten Texte, an denen sie vor ihrem Tod gearbeitet hat.*

*Frau Posokhova, Frau Obertreis, wie haben Sie sich kennengelernt, seit wann stehen Sie im Kontakt?*

**Liudmyla Posokhova:** Julia Obertreis habe ich bereits lange vor ihrer Zeit in Erlangen kennengelernt: Ende der 1990er, Anfang der 2000er Jahre war ich mit anderen Dozenten unserer Fakultät in Bochum, wo Julia Obertreis damals als Mitarbeiterin tätig war. Im September 2003 kam schließlich Professor Bernd Bonwetsch mit einer Gruppe Mitarbeiter:innen, darunter auch Julia, zu uns nach Charkiw. Der Anlass war eine Konferenz zur »Alltagsgeschichte und Kulturgeschichte Deutschlands und der Sowjetunion von den 1920er bis in die 1950er Jahre«.

Es handelte sich um eine der ersten derartigen Konferenzen, die in der Ukraine stattfanden. Die Alltagsgeschichte, die sich als Forschungsgegenstand in Deutschland schon lange etabliert hatte, war damals in Kreisen der ukrainischen Historiker:innen noch recht neu. Es war überraschend und auch unterhaltsam zu beobachten, wie die traditionellen politik- und sozialhistorischen Themen sich auf einmal in neuer Perspektive darstellten - diese neue Kulturgeschichte übte eine große Anziehungskraft auf uns aus. Die Beiträge der Konferenz erschienen in einem Sammelband, zu dem Julia die Einleitung schrieb.[1] Für viele Kolleg:innen war diese Konferenz ein wichtiger Forschungsimpuls. Dies galt auch für mich: Den Ansatz der Alltagsgeschichte vertiefte ich mit meiner Forschung zum akademischen Leben der Studierenden der Charkiwer und weiterer orthodoxer Kollegien des 18. und frühen 19. Jahrhunderts.

**Julia Obertreis**: Ich »erbte« die Kontakte zu den Historiker:innen in Charkiw von Professor Bernd Bonwetsch, bei dem ich in Bochum wissenschaftliche Mitarbeiterin war; es war meine erste akademische Stelle. Ich war sehr glücklich, dass Bernd Bonwetsch mir die Aufgabe anvertraute, bei der Herausgabe eines Sammelbandes mit ihm und mit Sergiy Posokhov, Sergiy Kudelko und Anatoliy Skorobogatov zusammenzuarbeiten. Für mich war das eine Art Initiation in die akademische Profession. Es war wundervoll, dass wir diese damals noch jungen Themen mit ukrainischen und russischen Kolleg:innen diskutieren konnten. Zu jener Zeit erschien eine solche trilaterale Kooperation - ukrainisch-russisch-deutsch - vielversprechend und interessant. Heute ist das angesichts des Krieges nicht mehr möglich.

**Liudmyla Posokhova**: Ich erinnere mich, dass Julia Obertreis nur zwei Jahre nach dieser ersten Konferenz erneut nach Charkiw kam. Sie war mittlerweile wissenschaftliche Mitarbeiterin in Freiburg und bot im akademischen Jahr 2005/06 an unserer Fakultät eine Reihe von Seminaren zum Thema »Alltagsgeschichte und Oral History« an. Ermöglicht wurde das durch ein Kooperationsprojekt unseres Lehrstuhls mit dem *Academic Fellowship Program* des *Open Society Institute*. Den Abschluss der Seminare bildete im April 2006 eine Konferenz mit Nachwuchsforscher:innen unter dem Titel »Alltagsgeschichte und Kulturgeschichte: Erfahrungen der

1 Julia Obertreis et al., Hg., *Ėpocha. Kul'tury. Ljudi. Istorija povsednevnosti i kul'turnaja istorija Germanii i Sovetskogo Sojuza, 1920-1950-e gody. Materialy meždunarodnoj naučnoj konferencii* (Char'kov: 2004).

westlichen Historiografie und Perspektiven der Forschung in der Ukraine«. Julia berichtete auf der Konferenz über ihre Erfahrungen mit der Alltagsgeschichte als Gegenstand der Lehre, woraus später ein wichtiger Artikel - im Original auf Ukrainisch - wurde: »Alltagsgeschichte, Oral History und Kulturgeschichte: Erfahrungen in der Lehre an deutschen Universitäten«.[2]

Ich habe Julias großes Interesse an der Forschung der Charkiwer Historiker:innen und ihren Wunsch, uns ihre Erfahrungen weiterzugeben, immer sehr geschätzt. Mir wurde auch bewusst, dass ich meine Lehre weiterentwickeln musste - und von welch entscheidender Bedeutung eine wissenschaftliche Zusammenarbeit auf internationaler Ebene ist. Meine Kolleg:innen und ich haben uns seitdem bemüht, möglichst viele junge und talentierte Charkiwer Forscher:innen in den internationalen Austausch einzubeziehen.

*Wie kam es zu dem Austausch zwischen der FAU Erlangen-Nürnberg und der Karasin-Universität Charkiw?*

**Julia Obertreis:** 2012 wurde ich nach Erlangen berufen, und ich brachte die Charkiwer Kontakte mit nach Franken. Hier existierte bereits die Städtepartnerschaft zwischen Nürnberg und Charkiw. Seit 2017 nehmen wir am DAAD-Programm Erasmus+ teil. Seitdem läuft der Austausch kontinuierlich auf verschiedenen Ebenen: von den Studierenden bis zu Professor:innen.

**Liudmyla Posokhova:** Meine Kolleg:innen an der Fakultät freuten sich sehr über Julias Berufung nach Erlangen. Aus der Zusammenarbeit mit ihr entstanden neue Pläne. Das Programm Erasmus+ erlaubt es uns, junge Kolleg:innen und Student:innen an die FAU zu schicken, und viele Kolleg:innen halten regelmäßig Vorträge an der FAU.

*Gab es darüber hinaus weitere Kontakte?*

**Liudmyla Posokhova:** Auch in anderen Zusammenhängen pflegten wir die Kontakte. Im Dezember 2015 war ich mit den Charkiwer Kolleg:innen im Rahmen eines deutsch-ukrainischen Projekts der Reihe »Mehr bewegen!« in Nürnberg und Erlangen. Veranstaltet wurde das Programm von der ukrainischen NGO Agentur für Entwicklung der Bildungspolitik

2 Julia Obertreis, „Istorija povsednevnosti, ustnaja istorija i kul'turnaja istorija: opyt prepodavanija v univerzitetach Germanii," in *Charkivs'kyj istoriografičnyj zbirnyk* Bd. 8 (2006): 160-173.

und dem Deutsch-Russischen Austausch. Während unseres gemeinsamen Aufenthalts in Erlangen und Nürnberg führten wir zahlreiche Gespräche mit jungen Politiker:innen und Aktivist:innen und lernten Julias Mitarbeiter:innen und Studierende als lebendige und kreative Gemeinschaft kennen.

Knapp drei Jahre später, im Oktober 2018, hielt Julia als Erasmus+-Austauschdozentin in Charkiw auf unsere Einladung hin Vorträge zu Oral-History-Forschung und Globalgeschichte und stellte ihre neue Monografie *Imperial Desert Dreams. Cotton Growing and Irrigation in Central Asia, 1860-1991* vor.[3] Ihr Bericht über die Ursprungsidee, Herausforderungen, Entwicklungen und Ergebnisse der Forschung war außerordentlich lehrreich für all unsere Historiker:innen.

**Julia Obertreis:** Es gab in beide Richtungen zahlreiche Besuche. Das Plakat für die Präsentation meines Buches zum Baumwollanbau in Zentralasien, über die Liudmyla gerade sprach, hängt jetzt bei mir im Büro in Erlangen. Unsere letzte Begegnung mit den Kolleg:innen in Charkiw fand im Februar 2020 im Rahmen einer Konferenz zur sozialistischen Stadt in Erlangen statt, kurz vor Ausbruch der Pandemie, wenig später mussten alle internationalen Reisen eingestellt werden.

Ein Wermutstropfen ist sicher, dass unsere Erlanger Studierenden nicht eigenständig nach Charkiw gegangen sind. Sie ließen sich jedoch im Rahmen von Exkursionen für ukrainische Themen begeistern. Die letzte dieser Exkursionen fand im September 2019 statt. Einige der Teilnehmer:innen wollten – daran anknüpfend – auch für längere Zeit in die Ukraine gehen. Diese Pläne wurden jedoch zunächst durch die Pandemie und dann durch den russischen Angriffskrieg vereitelt.

*Warum ist der Austausch für Studierende und Forschende so wichtig?*
**Julia Obertreis:** Der Austausch ist für alle sinnvoll. Für unsere Studierenden kann es wichtig sein, sich mit anderen Lebenswelten zu beschäftigen. Oft wird ihnen erst dann bewusst, welch ein bequemes Leben sie führen. So konnten sie es kaum glauben, als sie hörten, wie wenig Geld den ukrainischen Student:innen zur Verfügung steht. Zudem haben sie die ukrainische Kultur, auch die Alltagskultur, näher kennengelernt, als wir 2015 und 2019 mit ihnen in der Ukraine auf Exkursion waren. Um nur ein Beispiel aus dem Alltag zu nennen: In Charkiw gingen wir mit

3 Julia Obertreis, *Imperial Desert Dreams. Cotton Growing and Irrigation in Central Asia, 1860–1991* (Göttingen: Vandenhoeck & Ruprecht, 2017).

ihnen zum Frühstücken in ein Selbstbedienungsrestaurant der Kette *Pusata Chata* (Dickbäuchige Hütte), und einige fanden Gefallen daran, zum Frühstück Kascha, also Getreidebrei, zu essen. Auch der Wandel in der Ukraine war ein Thema. Das Charkiwer Museum für Frauen und Gendergeschichte zeigte eine neue Ukraine, die sich weit entfernt hat von Russland, in dem der Staat heute auch einen Krieg gegen die Gendertheorie führt.

Für unsere Mittelbauangehörigen ist der Austausch über Forschungsthemen sehr wichtig. So sehen sie, dass sich ihre Forschungen nicht nur in westlichen Ländern einer »Nachfrage« erfreuen. Zudem erweitern sie ihren Horizont in Bezug auf die eigenen Forschungen.

**Liudmyla Posokhova**: Der Austausch ist besonders für junge Forscher:innen und Dozent:innen wichtig, er gibt Impulse und beschleunigt manche Dinge. Ich erinnere mich gut daran, wie ich von Julia bei ihrem ersten Besuch in Charkiw genau wissen wollte, wie sich der Kontakt mit ihren akademischen Lehrer:innen während des Studiums und danach während der Promotionszeit gestaltete. Zu dieser Zeit lösten wir uns in der Ukraine vom sowjetischen Lehrsystem, und ich musste oft an dieses Gespräch zurückdenken, wenn ich über mögliche Veränderungen in meiner eigenen Arbeit mit den Student:innen und Doktorand:innen nachdachte.

**Julia Obertreis:** Als ich das erste Mal in Charkiw war, gab es, wenn ich mich recht erinnere, noch kaum eine größere Diskussion über das Russische und das Ukrainische. Ich beherrschte das Ukrainische nicht, das Russische aber gut, sodass ich die Lehrveranstaltungen auf Russisch abhielt, was die erste Sprache für die Mehrheit der Bevölkerung in Charkiw war. Mit der Zeit spielte dann das Ukrainische eine immer wichtigere Rolle. Nun berichteten die Kolleg:innen, dass alle Abschlussarbeiten und Dissertationen in Zukunft auf Ukrainisch geschrieben werden sollten. Als sie sagten, dass man auf Ukrainisch Humor noch feiner ausdrücken könne als auf Russisch, überzeugten sie mich endgültig davon, dass es sich lohnt, Ukrainisch zu lernen.

*Was sind Ihre schönsten Erinnerungen an den Austausch?*

**Julia Obertreis:** Es gibt viele schöne Erinnerungen. Meist sind das bei mir einzelne Bilder, wie aus einem Film, die im Gedächtnis geblieben sind. Ich erinnere mich daran, wie ich in der Karasin-Universität im Hörsaal stehe, an der Wand ein Gemälde, ein Porträt eines bekannten Historikers im Stil des 19. Jahrhunderts, und über Oral History mit den Doktorand:innen diskutiere.

Sehr gerne erinnere ich mich auch an die studentische Cafeteria im Hauptgebäude der Karasin-Universität, die »Bunker« genannt wurde. Offenbar war dort früher, in der sowjetischen Zeit, tatsächlich ein Bunker. Die Räume waren renoviert worden, und die Wände im Graffiti-Stil bunt bemalt. Es war laut und fröhlich. Ich weiß noch, wie wir dort mit Liudmyla und einigen ihrer Mitarbeiter:innen und Doktorand:innen in einer kleinen Gruppe saßen, Tee tranken, bunten, sehr süßen Kuchen aßen und über die Sprachenfrage diskutierten.

Ich erinnere mich auch an den Geschmack der auf ex getrunkenen Kalchaniwka, einer Art Galgant-Likör, auf einer wunderbaren Exkursion nach Poltawa mit Liudmyla und anderen. Oder an den Besuch des Charkiwer Cafés »Schokoladenmanufaktur Lwiw« mit dem Kollegen und Freund Denis Zhuravlev. Als wir mit den Kolleg:innen und Student:innen von der FAU 2019 in Charkiw waren, hatte er einen kleinen Stadtrundgang zum Thema Street-Art organisiert, bei dem wir den Charkiwer Künstler Gamlet (Zinkivskyi) kennenlernten.

Von den Besuchen der Charkiwer Kolleg:innen bei uns an der FAU ist mir besonders ein Dialog mit Liudmyla in Erinnerung geblieben. Wir waren mit einer ganzen Gruppe auf dem Christkindlesmarkt in Nürnberg. Es war kalt und wir standen etwas abseits der Menschenmenge und tranken Glühwein. Ich sagte irgendetwas Kritisches über die Politik des deutschen Auswärtigen Amtes. Liudmyla antwortete darauf, dass es ihr sehr gefällt, dass wir der Politik des eigenen Landes kritisch gegenüberstehen und dass es gut wäre, wenn die Menschen in der Ukraine das häufiger tun würden.

**Liudmyla Posokhova**: An diesen zauberhaften Abend auf dem Weihnachtsmarkt erinnere ich mich auch sehr gut. Ich bekam dort ein unbezahlbares Geschenk: die unvergessliche Atmosphäre des Weihnachtsmarktes. Wir sprachen damals sehr lange über alles, was uns im Leben bewegt. Es ist großartig, wenn man die Möglichkeit hat, etwas Neues kennenzulernen und dabei von Freund:innen umgeben ist!

Zu meinen schönsten Erinnerungen zählen all die Treffen mit den Kolleg:innen. Ich liebe es, Gäste der Universität zu empfangen, ihnen die Stadt zu zeigen und für sie Exkursionen zu organisieren. Es macht mir auch viel Freude, Kolleg:innen durch die Universität zu führen, oder mit ihnen in das Museum der Geschichte der Universität, das Museum für

Archäologie, das Naturkundemuseum und das noch junge Museum für Astronomie zu gehen. Und ich denke mit Dankbarkeit und Wärme an die Treffen in Nürnberg und Erlangen zurück, wo man sich nach den Seminaren ganz informell mit allen Kolleg:innen unterhalten konnte.

*Gab es Hürden, die den akademischen Austausch erschwerten?*
**Liudmyla Posokhova**: Angesichts des Krieges kommt es mir so vor, als hätte es in meinem Leben bis vorher überhaupt keine Schwierigkeiten gegeben. Wir erleben hier in der Ukraine nun so viel Kummer und Leid, dass ich mich mit einem Lächeln an frühere Probleme wie Bürokratie oder Sprachbarrieren erinnere. Natürlich bringt ein internationaler Austausch zuweilen Missverständnisse mit sich. Aber das ist auf der anderen Seite auch Sinn und Zweck eines Austauschs, denn er soll ja gerade dazu dienen, die Sicht- und Lebensweise der anderen Seite kennenzulernen. Insofern würde ich als tatsächliche Hürde wohl nur die bürokratischen Schwierigkeiten nennen – mir scheint, dass viele Dokumente seit der Sowjetzeit unverändert geblieben sind. Das raubt einem sehr viel Zeit.

**Julia Obertreis:** Es ist ungünstig, dass unsere akademischen »Jahreszeiten« nicht zusammenfallen. Wir haben zwei Semester mit Semesterferien. In der Ukraine gibt es das akademische Jahr, das im September anfängt und im Mai/Juni zu Ende geht. Wenn man bedenkt, dass die Zeit der Prüfungen im Mai und Juni die gesamte Energie und Zeit von Lehrenden und Studierenden in der Ukraine in Anspruch nimmt, so war der Austausch von Mai bis August wegen Prüfungs- und Urlaubszeiten praktisch nicht möglich.

*Wie veränderte sich der Austausch nach dem 24. Februar 2022?*
**Julia Obertreis:** Der Beginn der Großinvasion war ein großer Schock, auch für uns in Deutschland, und hat sehr viel verändert. Moritz Florin und andere Kolleg:innen vom Lehrstuhl haben bereits am 24. Februar eine Kundgebung auf einem zentralen Platz in Erlangen vor dem Rathaus organisiert. Ich selbst ging auf die große Demonstration in Berlin am 27. Februar, wo einige Hunderttausend Teilnehmer:innen zusammenkamen.

Einige Tage später erhielt ich die Diagnose einer schweren Krankheit und musste operiert werden. Im Frühjahr und Sommer 2022 konnte ich nicht arbeiten, und Moritz leitete den Lehrstuhl in dieser Zeit allein. Er wollte im Sommer 2022 das erste Mal nach Charkiw reisen, aber das war nicht mehr möglich.

Die ersten Wochen und Monate nach meiner Operation war ich psychisch nicht in der Lage, mich mit den Nachrichten auseinanderzusetzen, es war ein wahrer Albtraum. Aber es ergab sich eine regelmäßige Korrespondenz mit Liudmyla und Denis Zhuravlev. Ich schrieb ihnen von meiner Krankheit und dem Verlauf der Therapie, und sie schrieben mir über ihren Alltag im Krieg. Auf diese Weise wurden wir zu einem gewissen Grad Leidensgenoss:innen. Es ist auch Liudmyla und Denis zu verdanken, dass ich später wieder die Kraft fand, Nachrichten über den Krieg zu verfolgen. Ich erinnere mich auch an ein Video, das zeigte, wie ukrainische Soldaten russische Propaganda von einer großen Plakatwand herunterreißen, und darunter kamen wie durch ein Wunder ein Porträt und Gedicht des ukrainischen Nationaldichters Taras Schewtschenko zum Vorschein.

Im Herbst, als ich langsam wieder zu Kräften kam, organisierte ich mit meinen Mitarbeiter:innen ein Ukrainisch-Deutsches Kolloquium. Die Bezeichnung mag etwas vollmundig gewesen sein, denn im Kern war es vor allem ein Charkiw-Erlangen-Kolloquium, aber ich bemühte mich auch um die Beteiligung von Kolleg:innen anderer deutscher Universitäten. Für mich war das eine Möglichkeit, gemeinsam mit den ukrainischen Kolleg:innen etwas in dieser bedrückenden Situation des Krieges zu tun. Wir entschieden uns, das Kolloquium auf Englisch abzuhalten, da Russisch unpassend erschien. Eine Besonderheit des Kolloquiums war auch, dass sowohl ukrainische Kolleg:innen teilnahmen, die in Charkiw geblieben waren, als auch solche, die geflüchtet waren, entweder in Städte im Westen der Ukraine oder ins Ausland, nach Polen oder Deutschland.

*Wie konnte die FAU die Kolleg:innen und Studierenden in Charkiw unterstützen?*

**Julia Obertreis:** An unserem Lehrstuhl haben wir Kolleg:innen aufgenommen, die nach dem russischen Einmarsch aus Charkiw geflohen waren, darunter Maria Parkhomenko und Vadym Zolotaryov. Meine Lehrstuhlmitarbeiter:innen, Moritz Florin, Marc Junge und der aus Charkiw stammende Student Igor Biberman, organisierten in meiner Abwesenheit Stipendien und neue Projekte, Seminare und Kundgebungen, Vorträge und Online-Seminare – sie übernahmen das, wofür ich in dieser Zeit keine Kraft hatte.

**Liudmyla Posokhova**: Gleich in den ersten Stunden und Tagen des umfassenden Krieges gegen die Ukraine bekundeten viele Menschen ihre Solidarität und boten mir Hilfe an. Charkiw war in den ersten Minuten des Krieges Ziel eines konzentrierten Angriffs. Natürlich war das sehr hart. In diesem schwierigen Moment war die Unterstützung durch Freund:innen besonders wichtig. Ich werde die aufrichtige Anteilnahme an unserem Unglück nie vergessen. Herzlichen Dank, liebe Freund:innen und Kolleg:innen!

*Wie ist die Situation in Charkiw heute?*

**Liudmyla Posokhova**: Hier in Charkiw haben viele Kolleg:innen wegen des Krieges ihre Häuser verlassen. Einige Gebäudekomplexe der Karasin-Universität sind vollständig zerstört, viele andere stark beschädigt. Auch die Universitätsbibliothek, das Naturkundemuseum und die Sportanlagen sind betroffen. Aber unsere Universität hat Schritt für Schritt die Arbeit wieder aufgenommen, die Lehre wird online fortgesetzt.

Im Juni/Juli wurde das Austauschprogramm Erasmus+ teilweise wieder aufgenommen. Doch natürlich ist es aktuell sehr schwierig, Forschungsprojekte fortzuführen. Es ist uns auch klar geworden, dass wir Historiker:innen viele Fragen und Themen, mit denen wir uns beschäftigt haben, überdenken müssen. Und es sind neue Aufgaben hinzugekommen – besonders dringlich scheint mir die Sammlung der Lebensgeschichten ukrainischer Geflüchteter.

*Welche Bedeutung hat in diesem Zusammenhang das Ukrainisch-Deutsche Kolloquium, von dem Sie berichtet haben?*

**Liudmyla Posokhova**: Julia hatte vorgeschlagen, in diesen schweren Zeiten des Krieges ein neues Forum für unseren Dialog ins Leben zu rufen, um das akademische Leben in der Ukraine, die wissenschaftliche Diskussion und Kommunikation zu unterstützen. Die erste Sitzung dieses Ukrainisch-Deutschen Kolloquiums »Historiographie in Zeiten von Krieg und Exil« fand bereits im Oktober 2022 statt, im Laufe des Herbstsemesters gab es sieben weitere Sitzungen. Das Kolloquium wurde ein Ort, an dem ukrainische Historiker:innen, vor allem aus Charkiw, ihre aktuellen Forschungen präsentieren und individuelle oder gemeinsame Projekte entstehen. Inzwischen haben sich auch Kolleg:innen anderer deutscher Universitäten angeschlossen.

Ein solches Kolloquiumsformat ist besonders für die ukrainischen Forscher:innen sehr wichtig, die nach Beginn des Krieges auf regelmäßige akademische Diskussionen verzichten mussten. Die letzte Sitzung im Rahmen des Kolloquiums war in gewisser Weise auch symbolisch, denn es wurde ein Projekt präsentiert, das die Sichtweise von Expert:innen auf die Prozesse der Zerstörung, Bewahrung und Umdeutung des städtischen kulturellen Erbes während der militärischen Aggression (seit 2014) in den Mittelpunkt stellt. Unser Kolloquium hat gezeigt, dass es möglich ist, historische Forschung fortzuführen, wenn sich die akademische Community mit vereinten Kräften dafür einsetzt.

Ich bin überzeugt davon, dass die Zusammenarbeit zwischen der Historischen Fakultät der Karasin-Universität und dem Lehrstuhl für Osteuropäische Geschichte an der FAU Erlangen-Nürnberg, die so lebendig, interessant, vielfältig und produktiv ist, fortgeführt werden muss, und werde dieses Ziel mit aller Kraft weiterverfolgen.

# IV. Kulturelle und intellektuelle Transfers

# Religiös-intellektueller Austausch zwischen Ukrainern und Deutschen in der ersten Hälfte des 20. Jahrhunderts

*Andriy Mykhaleyko*

*»Diese Verschiedenheiten sind jedoch keine Gegensätze, sondern sprechen den Reichtum und die Fülle christlicher Glaubensschau aus.« In der ersten Hälfte des 20. Jahrhunderts war die Uniformität des christlichen Glaubens vorherrschendes Ziel im Denken der katholischen Kirche. Drei herausragende Theologen und Wissenschaftler dieser Zeit hatten jedoch ein tiefes Interesse am östlichen Christentum und suchten einen Dialog auf Augenhöhe: der Metropolit Scheptyzkyj, Prinz Max von Sachsen und Julius Tyciak. Sie sahen die Kirchen des Ostens als eigenständigen Ausdruck von Reichtum und Vielfalt christlicher und theologischer Tradition. Als Brückenbauer zwischen Ost und West waren sie frühe Wegbereiter des heutigen ökumenischen Grundprinzips einer zwischenkirchlichen Begegnung als Einheit in Vielfalt.*

Um die wissenschaftlichen Kontakte zwischen deutschen und ukrainischen Theologen in der ersten Hälfte des 20. Jahrhunderts besser einordnen und verstehen zu können, muss man zunächst einen Blick auf die politischen und religiösen Zusammenhänge werfen. Die Ukraine ist erst 1991 politisch unabhängig geworden. Bis dahin gehörten gegenwärtige ukrainische Territorien zu verschiedenen Herrschaftssystemen und wurden daher unterschiedlich geprägt. Diese Tatsache wirkte sich auf die religiöse Situation aus. Nach der Einführung des Christentums 988 in der byzantinischen (orthodoxen) Form wurden die Christen in der Kyjiwer Rus in einer neuen kirchlichen Struktur, der Kyjiwer orthodoxen Metropolie, vereinigt. Ein großer Teil von ihr stand fast 700 Jahre in der Jurisdiktion des Patriarchats von Konstantinopel und war von ihm abhängig.

Erst infolge der Eingliederung der Ost- und Zentralukraine im 17. und 18. Jahrhundert in das Russische Imperium kam es 1686 zum Anschluss dieses Teils der orthodoxen Metropolie mit dem Zentrum in Kyjiw an die russisch-orthodoxe Kirche. Letztere fungierte in Russland bis 1917 gleichsam als Staatskirche. Als solche unterlag sie der staatlichen Kontrolle, unterstützte das russische Staatswesen und wirkte im Sinne der offiziellen Politik. Den Klerus bildete man im Geiste der Treue zum russischen Staat und zur großrussischen Idee aus.[1]

## Orthodoxe Kirche im Russischen Reich – griechisch-katholische Kirche in Ostgalizien

Für die Mehrheit der orthodoxen Ukrainer im Russischen Reich war es wegen der zarischen Nationalitäten- und Kirchenpolitik im 19. und Anfang des 20. Jahrhunderts kaum möglich gewesen, zu westeuropäischen Intellektuellen regelmäßige Kontakte zu pflegen. Nach der Revolution in Russland 1917, der Machtübernahme durch die Bolschewiki und der Gründung der Sowjetunion begann in der Geschichte der russisch-orthodoxen Kirche, zu der damals die meisten Ukrainer gehörten, die Periode der brutalen Verfolgung, die bis zum Zweiten Weltkrieg andauern sollte. Dies machte einen intellektuellen Austausch ebenfalls unmöglich.

Die Voraussetzungen für akademische Kontakte mit dem deutschsprachigen Raum für die ukrainischen Christen in westlichen Teil der Ukraine (damals Ostgalizien) waren im Gegensatz zu den Orthodoxen in Russland und dann in der UdSSR ganz andere. Die galizischen Ruthenen - wie man Ukrainer im Habsburger Reich nannte - gehörten mehrheitlich nicht der orthodoxen, sondern der griechisch-katholischen Kirche an. Die Geschichte der griechisch-katholischen Kirche ging auf die Kirchenunion von Brest 1595/96 zurück. Damals beschlossen fast alle Bischöfe der orthodoxen Kyjiwer Metropolie unter Beibehaltung der eigenen ostkirchlichen Tradition eine Union mit Rom einzugehen und die Oberhoheit des Papstes anzuerkennen. Seitdem zeichnet diese Kirche eine doppelte Identität aus: Sie feiert ihre Gottesdienste, wie die orthodoxen Kirchen, im byzantinischen Ritus, steht aber durch die Kirchenunion mit Rom in der Gemeinschaft mit der katholischen Kirche.

Seit der ersten Teilung Polens 1772 lebten die galizischen Ukrainer unter den Habsburgern. Die habsburgische aufklärerische Politik war darauf ausgerichtet, einen neuen Klerikertypus zu schaffen, der für den Staat nützlich sein sollte. Dabei ging es um die Einbindung der Kleriker in die Arbeit für die Integration und den Zusammenhalt des eigenen Imperiums. Diese Maßnahmen, von denen auch die Geistlichkeit der grie-

---

1 Ricarda Vulpius, *Nationalisierung der Religion. Russifizierungspolitik und ukrainische Nationsbildung 1860-1920 (Forschungen zur osteuropäischen Geschichte 64)* (Wiesbaden: Harrasowitz, 2005).

chisch-katholischen Kirche unmittelbar betroffen war, führten zur Hebung des Bildungsniveaus der Geistlichen. Ein Teil des künftigen griechisch-katholischen Klerus durfte an den deutschsprachigen Universitäten in Wien, Innsbruck, München, Fribourg in der Schweiz und anderen studieren. Die Möglichkeit eines Studiums an europäischen Universitäten vermochte jedoch die Bedürfnisse im Bildungsbereich einer Kirche, die fast vier Millionen Gläubige zählte, nur in einem geringeren Umfang zu befriedigen. Das größte Problem bestand darin, dass die griechisch-katholische Kirche in ihrer Heimat bis zur Gründung der Griechisch-Katholischen Theologischen Akademie in Lemberg im Jahre 1928 keine eigene Hochschule besaß, in der sie ihren Klerus auf dem entsprechenden Niveau ausbilden konnte.

## Pioniere in der Erforschung des christlichen Ostens

In den folgenden Ausführungen werden Kontakte zwischen deutschen Theologen und Wissenschaftlern und der griechisch-katholischen Kirche in der ersten Hälfte des 20. Jahrhunderts am Beispiel von drei Persönlichkeiten vorgestellt: Metropolit Andrej Scheptyzkyj (1865–1944), Prinz Max von Sachsen (1870–1951) und Julius Tyciak (1903–1973). Metropolit Scheptyzkyj war zwischen 1900 und 1944 Vorsteher der griechisch-katholischen Kirche und einer der einflussreichsten Persönlichkeiten in ihrer Geschichte. Seine Entscheidung, 1888 griechisch-katholischer Mönch zu werden, wurde von seinem persönlichen Wunsch geleitet, für die Wiederherstellung der verlorengegangenen Einheit des östlichen Christentums mit der katholischen Kirche zu arbeiten. 11 Jahre später wurde er durch den österreichischen Kaiser zum Bischof designiert und 1900 von Papst Leo XIII. zum Metropoliten mit dem Sitz im ostgalizischen Lemberg ernannt.[2] In seiner 44-jährigen Amtszeit nahm bei ihm das Thema Kircheneinheit einen besonderen Platz ein und wurde zu einem der wichtigsten Schwerpunkte.

Prinz Max von Sachsen war Bruder des letzten sächsischen Königs. Nach Theologiestudium, Priesterweihe und Annahme des Rufes als Professor an die Universität Fribourg in der Schweiz rückten die Ostkirchen in den Mittelpunkt seiner wissenschaftlichen Interessen. Kenntnisse über das östliche Christentum erwarb er sich sowohl durch das Studium als

2 Giovanni Coco, „Tra la Galizia e la Russia: La nomina episcopale di Andrej Szeptycki nell'ambito dell' Unionismo diLeone XIII.," Dall'Achivio Segreto Vaticano. Miscellanea di testi, saggi e inventari I (Collectanea Archivi Vaticani, 61) (Città del Vaticano: 2006), 31-168.

auch durch ausgedehnte Reisen. Für seine Forschung und Lehre lernte er Syrisch und Armenisch; Latein, Griechisch und Hebräisch kannte er aus dem früheren Studium. Außerdem sprach er Russisch, Ukrainisch, Italienisch, Französisch und Englisch. Julius Tyciak wurden bereits ukrainisch-deutsche Einflüsse (sein Vater stammte aus Ostgalizien und seine Mutter aus Schlesien) in die Wiege gelegt. Obwohl seine akademische Kariere scheiterte, war Tyciak Autor von zahlreichen Büchern zur ostkirchlichen Theologie und Spiritualität und gilt bis heute als einer der bedeutendsten Pioniere in der Erforschung des christlichen Ostens.

## Paradigmenwechsel in der römischen Ostkirchenpolitik

Wie eben bei der Vorstellung von Scheptyzkyj, Max von Sachsen und Tyciak angedeutet, verband sie ihr Interesse am östlichen Christentum, die Suche nach dem Dialog mit den Ostkirchen und Bestrebungen, an der Erneuerung der Einheit zwischen Ost- und Westkirche zu arbeiten. Diese drei Schwerpunkte passten gut zu damaligen Tendenzen in der katholischen Kirche, die von römischen Päpsten an der Schwelle zum 20. Jahrhundert angestoßen worden waren. Trotz der Entscheidungen des von Pius IX. (1846–1878) initiierten Ersten Vatikanischen Konzils (1870) über die Unfehlbarkeit des Papstes und seines universalen Primats, die als ein Hindernis auf dem Weg der Annäherung zu den Kirchen des Ostens, die den Primat des Papstes rigoros ablehnten, gesehen werden muss, vollzog sich unter Leo XIII. (1878–1903) ein Paradigmenwechsel in der römischen Ostkirchenpolitik.[3]

Erstens erwachte in der katholischen Kirche das Interesse an den Ostkirchen. Päpstliche Dokumente in seiner Amtsperiode vermittelten eine besondere Wertschätzung der ostkirchlichen Riten und riefen zur Aufrechterhaltung und Pflege der orientalischen Traditionen und der Theologie auf. Diese Aufgeschlossenheit Leos XIII. fand in den damaligen katholischen Kreisen sowohl Befürworter als auch Gegner. Die Modernismuskrise in der Zeit des Papstes Pius X. (1903–1914) erwies sich für die Unionsbestrebungen mit den Ostkirchen keinesfalls förderlich. Erst unter dem Pontifikat Benedikts XV. (1914–1922) konnten weitere bedeutsame Schritte im Verhältnis zu den Ostkirchen vollzogen werden. 1917 errichtete dieser Papst die Orientalische Kongregation für die Angelegenheiten der Ostkirchen und das Orientalische Institut in Rom für

3 Siehe auch Jörg Ernesti, *Leo XIII. Papst und Staatsmann* (Freiburg: Herder, 2019), 213-225.

die Erforschung der ostkirchlichen Geschichte, Theologie und Spiritualität. Diese päpstlichen Entscheidungen motivierten katholische Theologen, sich intensiv mit dem christlichen Osten zu befassen und nach den neuen Wegen der Annäherung der gespaltenen Christenheit zu suchen.

## Metropolit Scheptytzyj und Prinz Max von Sachsen

Andrej Scheptyzkyjs Kontakte zu deutschsprachigen Intellektuellen waren von den katholischen Bestrebungen zur Neuentdeckung des christlichen Ostens beeinflusst. Er selbst ließ sich von der Überzeugung leiten, dass seine mit Rom unierte Kirche wegen der räumlichen und kulturellen Nähe zu den Christen im Osten Europas prädestiniert sei, für die Einheit der Kirche zu arbeiten. Diese Überzeugung umzusetzen, erwies sich als schwierige Aufgabe. Die Mehrheit der Orthodoxen, die er im Blick hatte, lebte nicht in Österreich-Ungarn, sondern im Russischen Reich. Daher war die Arbeit an der Kirchenunion beinahe unmöglich. Neben diesem politisch bedingten Hindernis besaß die griechisch-katholische Kirche für die Bewältigung dieser Aufgabe kaum intellektuelle Kapazitäten.

Es darf daher nicht verwunderlich sein, dass Scheptyzkyj in den westeuropäischen intellektuellen Kreisen nach Gleichgesinnten suchte, die seine Vorhaben unterstützen würden. Seine Bekanntschaft mit Prinz Max von Sachsen ist darauf zurückzuführen. Sie lernten sich 1905 kennen. In diesem Jahr besuchte Prinz Max Lemberg zum ersten Mal, wo er sich in den Jahren bis zum Ausbruch des Ersten Weltkriegs noch mehrmals aufhalten sollte.[4] Der primäre Grund für seine Besuche in Ostgalizien waren Vorlesungen über die ostkirchlichen gottesdienstlichen Traditionen, die er am griechisch-katholischen Priesterseminar in Lemberg hielt. Sein Anliegen in der Lehre bestand darin, den Studierenden den ganzen Reichtum der östlichen Überlieferungen zu zeigen. Daher umfassten die Lehrinhalte nicht nur die seinen Zuhörern vertraute byzantinische liturgische Tradition, sondern auch alle anderen im christlichen Orient beheimateten gottesdienstlichen Überlieferungen: die alexandrinische, ost- und westsyrische und die armenische. Außer den Vorlesungen hielt der Prinz für die Alumni geistliche Vorträge, in deren Mittelpunkt er östliche Kirchenväter stellte. Die Besuche in Lemberg hatten für den Prinzen Max darüber hinaus einen praktischen Vorteil. Zwar konnte

4 Brun Appel, Andriy Mykhaleyko, Oleksandr Petrynko, Hg., *Wegbereiter der Einheit: Briefwechsel zwischen Prinz Max von Sachsen und Metropolit Andreas Graf Sheptytskyj* (Regensburg: Pustet, 2020).

er während seiner Reisen in den Osten das liturgische Leben der einzelnen orthodoxen und orientalischen Kirchen kennenlernen und deren Gottesdiensten beiwohnen, jedoch blieb ihm wegen der fehlenden Kirchengemeinschaft dieser Kirchen mit Rom die Möglichkeit einer Konzelebration verwehrt. In Lemberg durfte er dagegen nicht nur die Vorlesungen halten, sondern auch bei ostkirchlichen Gottesdiensten als Priester mitwirken.

## »Wahrer Freund« der Ruthenen oder Wegbereiter einer Kirchenspaltung?

Obwohl die Besuche des Prinzen Max einen wissenschaftlichen Charakter hatten, blieben sie von kirchenpolitischen Spannungen nicht verschont. Das Verhältnis zwischen Polen und Ruthenen, vor dem Hintergrund andauernder polnisch-ruthenischer Ressentiments, erschwerte das Zusammenleben beider Nationalitäten in Galizien.[5] Die ruthenische Presse betonte in ihren überwiegend positiven Berichten Max von Sachsens »Parteinahme« für die Ruthenen. Ihr imponierten seine Zuneigung zur ruthenischen Nation und seine Wertschätzung des östlichen Ritus, der ein wesentlicher Marker der ruthenischen Identität war und durch den sie sich von den Polen unterschieden. Die Berichte betonten seine bescheidene Lebensart, bezeichneten ihn als eine Ausnahmeerscheinung in den Kreisen der Aristokratie, einen hervorragenden Theologen und einen »wahren Freund« des ruthenischen Volkes.

Die polnische Seite beurteilte die Aufenthalte des Prinzen anders. Die Veröffentlichung eines wissenschaftlichen Aufsatzes von Max von Sachsen im Jahre 1910, der brisante Aussagen zur römischen Ostkirchenpolitik enthielt, goss noch Öl ins Feuer.[6] Prinz Max kritisierte in diesem Aufsatz die römische Haltung zu den Ostkirchen, bezeichnete diese sogar als Schwesterkirchen und plädierte für deren Aufwertung in der katholischen Kirche. Mit solchen Aussagen war er seiner Zeit voraus, denn das damalige Modell einer Kirchenvereinigung bestand aus römischer Sicht nicht in der Anerkennung der Ostkirchen als Schwesterkirchen,

---

5 Zu den Nationalitätenverhältnissen in Galizien zu Beginn des 20. Jahrhunderts siehe Rudolf A. Mark, *Galizien unter österreichischer Herrschaft: Verwaltung – Kirche – Bevölkerung* (Marburg: Herder-Institut, 1994).

6 Andriy Mykhaleyko, „Max von Sachsen und Metropolit Andreas Sheptytskyj. Kontextuelle Einordnung des Briefwechsels," in: *Wegbereiter der Einheit. Briefwechsel zwischen Prinz Max von Sachsen und Metropolit Andreas Graf Sheptytskyj*, Hg. Brun Appel, Andriy Mykhaleyko, Oleksandr Petrynko (Regensburg: Friedrich Pustet, 2020), 33-46.

sondern pauschal in der Rückkehr der jeweiligen orthodoxen, orientalischen und evangelischen Christen oder ganzer kirchlicher Körperschaften in den Schoß der katholischen Kirche und der damit verbundenen Anerkennung der päpstlichen Vollmachten sowie aller dogmatischen Lehren der katholischen Kirche. Der Ansatz von Prinz Max zielte dagegen nicht auf die Bekehrung der Ostkirchen, sondern auf Wertschätzung und Dialog auf Augenhöhe. Es ist nicht verwunderlich, dass die konservative polnische Presse die Gedanken des Prinzen Max in einen Zusammenhang mit dem Modernismus brachte, dem Rom misstrauisch gegenüberstand. In der Presse wurde er als Modernist bezeichnet, der zusammen mit Scheptyzkyj ein Schisma, das heißt eine weitere Kirchenspaltung, vorbereite.[7]

Zur Kritik an den Besuchen des Prinzen in Lemberg trug die Geschichte des sächsischen Königshauses selbst bei. Zwei seiner Vorfahren waren Könige von Polen: Friedrich August I. »der Starke« (1670–1733, König von Polen und Großherzog von Litauen 1697–1704, 1709–1733) und Friedrich August II. (1696–1763, König von Polen und Großherzog von Litauen 1733–1763). Die polnische Presse interpretierte die Besuche des Vertreters des sächsischen Königshauses als eine Art Erhebung alter politischer Ansprüche der sächsischen Königsdynastie auf die polnische Krone. Daher hatte der älteste Bruder von Prinz Max, Friedrich August III. (1867–1932), König von Sachsen (1904–1918), von Anfang an große Bedenken gegen die Besuche in Lemberg und vor allem die Idee seines Bruders, sich in Lemberg niederzulassen. Um politische Komplikationen zu vermeiden, wurde schließlich als Kompromisslösung vereinbart, dass der Prinz in Lemberg keine Niederlassung haben, sondern nur für einen oder zwei Monate pro Jahr als Gast des Metropoliten Scheptyzkyj zum Dozieren über liturgische Traditionen kommen durfte.

## Unionsgedanke und Kircheneinheit

Ein weiteres Themenfeld, das Scheptyzkyj und Prinz Max verband, war die Kircheneinheit. Aufgrund seiner persönlichen Erfahrungen kam der Prinz in seinen theologischen Reflexionen zum Schluss, dass für die Spaltungen der Christenheit weniger theologische, sondern politische und psychologische Gründe verantwortlich waren. Bereits am Anfang des 20. Jahrhunderts hielt er eine Verständigung zwischen Kirchen des Ostens und des Westens auf der Grundlage des ersten Jahrtausends für möglich

7 Józef Borodzicz, *Na Rusi galicyjskiej Schyzma się gotuje!* (Chrzanów: Selbstverlag, 1911).

- eine Auffassung, die in den 1980er Jahren Josef Ratzinger (Papst Benedikt XVI.) in Bezug auf die Lehre über den Primat der römischen Päpste zur Sprache brachte.[8]

Der Unionsgedanke stand im Vordergrund der ersten Kontaktaufnahme des Prinzen Max mit dem Metropoliten Scheptyzkyj und ihrer Begegnung 1905. Sie fiel in die Zeit, in der Scheptyzkyj sich intensiv mit den Plänen der Verbreitung der Union im Russischen Reich befasste. Das Interesse an der Unionsarbeit förderten zugleich die veränderten politischen Verhältnisse in Russland. Die russische Verfassung von 1905 sah unter anderem die Religionsfreiheit vor. Darin erkannte Scheptyzkyj eine Chance für die Verbreitung des Katholizismus des östlichen Ritus. Dem Metropoliten Scheptyzkyj ging es nicht um eine unmittelbare Einbeziehung des Prinzen in die Unionsarbeit auf dem russischen Territorium oder gar seine Installation als Bischof in Russland, sondern darum, ihn in die Ausbildung der Priesteramtskandidaten sowie in die Entwicklung der Unionspläne vor Ort in Ostgalizien einzubinden.

Im Juli 1909 bot ihm Scheptyzkyj offiziell die Mitarbeit an einem Institut für die Ausbildung der künftigen Missionäre in Russland an. Außer den Vorlesungen am griechisch-katholischen Priesterseminar zwischen 1910 und 1914 ließen sich andere Pläne, die mit der Person des Prinzen Max in Verbindung standen, wegen der politischen Lage in Europa nicht realisieren. Der letzte Aufenthalt des Prinzen Max in Lemberg fand im Februar und März 1914 statt. Danach brach im Sommer der Erste Weltkrieg aus, die Lehrtätigkeit wurde abgebrochen und es ergab sich für den Prinzen keine Gelegenheit mehr, Ostgalizien zu besuchen. Eine der letzten Nachrichten über den Prinzen in der ruthenischen Presse war die Mitteilung, dass er nach dem Beginn des Krieges als Feldgeistlicher in die sächsische Armee eingetreten sei. In der Zwischenzeit wurde auch Metropolit Scheptyzkyj, nachdem die russische Armee Lemberg besetzt hatte, von der russischen Regierung festgenommen und geriet für drei Jahre (1914–1917) in russische Gefangenschaft. Obwohl der Prinz seine Kontakte mit Kriegsausbruch nicht mehr intensiv fortführen konnte, verfolgte er auch in der Nachkriegszeit die Aktivitäten des Metropoliten in

---

8 Ratzinger behauptete im Hinblick auf die im orthodox-katholischen Dialog am kontroversesten diskutierte Frage des päpstlichen Primats: »Rom muss vom Osten nicht mehr an Primatslehre fordern, als auch im ersten Jahrtausend formuliert und gelebt wurde.« Joseph Ratzinger, *Theologische Prinzipienlehre: Bausteine zur Fundamentaltheologie* (München: Wewel, 1982), 209.

Bezug auf die Kircheneinheit und hob dessen unermüdliches Engagement in diesem Bereich hervor.[9]

## Metropolit Scheptyzkyj und Julius Tyciak

Genauso wie bei Max von Sachsen verlief Julius Tyciaks Weg zur Ostkirche über das Interesse an ostkirchlichen gottesdienstlichen Traditionen und Spiritualität.[10] Sein theologisches Denken und die damit verbundenen wissenschaftlichen Schwerpunkte lassen sich besser verstehen, wenn man ihn in die geistliche Strömung seiner Zeit einordnet: die Neuentdeckung der patristischen (griechischen) Theologie der ersten christlichen Jahrhunderte. Sowohl aus den katholischen als auch orthodoxen Kreisen ausgehende Impulse bereiteten den Weg für eine neue Begegnung der Kirchen vor.

Es ist nicht überraschend, dass Tyciak in der Person des Metropoliten Scheptyzkyj jenen fand, der seine Ansätze nicht nur teilte, sondern zugleich unterstützte. Über Scheptyzkyj schlug er eine Brücke zur griechisch-katholischen Kirche in Ostgalizien, der Heimat seines Vaters. Dafür, dass er Scheptyzkyj persönlich sehr schätzte, spricht die Tatsache, dass auf Tyciaks Schreibtisch das Bild des Metropoliten zu finden war. Auch nach Scheptyzkyjs Tod 1944 gingen die Kontakte nicht verloren. 1963 ernannte dessen Nachfolger, Großerzbischof und Kardinal Josyf Slipyj, Tyciak zum außerordentlichen Professor für Liturgiewissenschaft an der neu gegründeten Ukrainischen Katholischen St. Clemens-Universität in Rom. Tyciak schätzte die östliche Theologie unter anderem wegen ihrer Nähe zur alten Kirche und zur Theologie der Kirchenväter. Zugleich war es ihm wohl bewusst, dass sich das theologische Denken im Osten und im Westen unterschiedlich entwickelt hatte. Er wollte der Theologie des Ostens zu ihrem authentischen Glanz verhelfen und in der katholischen Kirche den Grund für eine Begegnung vorbereiten. Von einem vertieften Kennenlernen der Kirchen des Ostens und ihren theologischen Einsätzen würde seiner Überzeugung nach die westliche Theologie profitieren und sich an verloren gegangene Schätze in der eigenen Tradition erinnern.

9 Max Herzog von Sachsen, „Slavorum litterae theologicae: Acta academiae Velehradensis und Congresse von Velehrad," *Jahrbücher für Kultur und Geschichte der Slaven* I/2 (1925): 179.

10 Michael Schneider, *Julius Tyciak (1903-1973). Ein Wegbereiter im Gespräch mit den Kirchen des Ostens*, Edition Cardo 45 (Köln: Koinonia - Oriens, 2007).

Julius Tyciak war bemüht, Scheptyzkyj und dessen Erfahrungen in eigene wissenschaftliche Projekte einzubeziehen. Für das Sammelwerk mit dem Titel *Der christliche Osten. Geist und Gestalt* (1939), das Tyciak in Zusammenarbeit mit Georg Wunderle, Professor in Würzburg, und Prälat Petro Werhun, der für die Ukrainer-Seelsorge in Deutschland zuständig war, herausgab, wurde Scheptytzyj gebeten, das programmatische Vorwort zu verfassen. Aus diesem Buchprojekt und aus den anderen Schriften Tyciaks lässt sich sein eigenes und des Metropoliten zentrales Anliegen ableiten, dass die Kirchen des Ostens und Westens in der Vielfalt der theologischen Zugänge einander begegnen und darin den Reichtum der christlichen theologischen Tradition erkennen. Dieser Gedanke lässt sich am folgenden Zitat Tyciaks verdeutlichen:

> »Die Klangfarbe, der Ton, der Gesichtspunkt sind in westlicher und östlicher Schau oft sehr verschieden, auch in den Fragen, die nicht zu den bekannten Kontroverspunkten gehören. Diese Verschiedenheiten sind jedoch keine Gegensätze, sondern sprechen den Reichtum und die Fülle christlicher Glaubensschau aus [...]. In sie hineinzudringen bedeutet schließlich eine Vertiefung unseres theologischen Erkennens und lässt uns zudem eine Welt neuer Horizonte und Weiten erahnen.«[11]

Diese Sichtweise bildete und verfestigte sich bei Tyciak möglicherweise auch in Gesprächen mit Metropolit Scheptyzkyj, der eine identische Herangehensweise an dieses Thema befürwortete.

## Brückenbauer zwischen Ost und West

Scheptyzkyj, Max von Sachsen und Tyciak lebten in verschiedenen Kontexten und waren zweifelsohne Kinder ihrer Zeit. Viele kritische Reflexionen, die in der heutigen Diskussion zwischen Ost- und Westkirche mit Selbstverständlichkeit auf der Tagesordnung stehen, blieben ihnen fremd und fanden bei ihnen keine kritische Reflexion. In ihrer Theologie, wissenschaftlichen Forschung und pastoralen Tätigkeit waren sie bemüht, Anknüpfungspunkte zwischen östlichen und lateinischen Ansätzen zu suchen, die nach einer Lösung der Gegensätze strebten und der Vorbereitung des Dialogs der katholischen Kirche mit der Orthodoxie dienten. Ihre Ansätze fügen sich in den Prozess der Neuprofilierung der katholischen Theologie ein, deren Ursachen in den theologischen Erneuerungsbewegungen des 20. Jahrhunderts zu finden sind. Nach langjähri-

11 Zitiert nach Schneider, *Julius Tyciak (1903-1973)*, 18.

gem Studium der theologischen Unterschiede gelangten sie zur Überzeugung, dass die Differenzen keine Gegensätze seien, sondern den Reichtum christlichen Glaubens darstellen würden. Sie lehnten daher eine im Denken der katholischen Kirche ihrer Zeit weit verbreitete Uniformität als Verkürzung der christlichen Tradition ab und bahnten auf ihre Art und Weise den Weg für das in der heutigen Ökumene vertretene Grundprinzip der zwischenkirchlichen Begegnung als Einheit in Vielfalt. In den Beschlüssen des Zweiten Vatikanischen Konzils (1962–1965) fanden ihre Ansätze offizielle Anerkennung. Neben vielen anderen Theologen bereiteten auch Scheptyzkyj, Max von Sachsen und Julius Tyciak, als Brückenbauer zwischen Ost und West, in einem intensiven intellektuellen Austausch diesen Paradigmenwechsel vor.

Ukraine
Німеччина

# Deutsch-ukrainischer Kulturtransfer
## Oswald Burghardt und Elisabeth Kottmeier

*Olesia Lazarenko, Andrii Portnov*

*Die Beziehung zwischen den Sprachen und Kulturen Deutschlands und der Ukraine ist seit Jahrhunderten von einer Asymmetrie, aber auch von Versuchen der Annäherung und Verständigung geprägt. Die literarischen Übersetzungen und Werke Oswald Burghardts spielten bei diesem Kulturtransfer eine wichtige Rolle. Er war zugleich einer der wenigen Literaten seiner Zeit, der sowohl die Verbrechen Stalins als auch Hitlers beschrieb. Auch die Übersetzerin Elisabeth Kottmeier verhalf mit ihrem Verlag Na Hori der ukrainischen Literatur zu größerer Sichtbarkeit in Deutschland. Doch auch heute noch steht die Ukraine im Wahrnehmungsschatten Russlands, und ihre nicht nur politische, sondern auch kulturelle Subjektivität wird oft übersehen.*

Die moderne Geschichte der ukrainisch-deutschen Kulturkontakte ist noch nicht geschrieben. Und sie ist auch noch nicht verstanden.-Literarische Übersetzungen spielten bei den Versuchen der Annäherung und einfühlsamen Verständigung eine wichtige Rolle. Das Schicksal ihrer Schöpfer kann als gutes Beispiel für die Widersprüchlichkeit des Kulturtransfers dienen.

Das goldene Zeitalter der ukrainischen Literatur, Literaturkritik und Übersetzung waren die 1920er Jahre. Nach den blutigen Erfahrungen der Revolutionen und Kriege von 1917 bis 1921 sahen sich die Bolschewiki gezwungen, die Stärke der ukrainischen Bewegung anzuerkennen und einen Kurs der »Ukrainisierung« zu verkünden, der die staatliche Unterstützung der ukrainischsprachigen Presse, des Buch- und Bildungswesens einschloss. Die Bedeutung der 1920er Jahre für die Ukraine lässt sich mit der des »dolce stil novo« für Italien oder der des Sturm und Drang für Deutschland vergleichen und kann als der Moment bezeichnet werden, in dem die Ukrainer »ihre eigene moderne Literatur«[1] bekamen, die nicht auf eine ideologische oder ästhetische Richtung beschränkt war und sich in einer Atmosphäre ständiger Debatten und Experimente entwickelte.

1 Elisabeth Kottmeier, „Vorwort der Herausgeberin," in *Weinstock der Wiedergeburt. Moderne ukrainische Lyrik*, E. Kottmeier (Hg.) (Mannheim: Kessler, 1957), 10.

## Übersetzung der Weltliteratur ins Ukrainische

Eine der wichtigsten Komponenten dieses intensiven kulturellen Prozesses war die Übersetzung von Weltliteratur ins Ukrainische. Einer der aktivsten und professionellsten Übersetzer war Oswald Burghardt. Der 1891 in einem Dorf in Podolien als Sohn eines preußischen Staatsbürgers geborene Burghardt schloss sein Studium an der Fakultät für Geschichte und Philologie der Kyjiwer Universität ab (bereits als Student veröffentlichte er 1915 eine Monografie über die Erforschung des poetischen Stils) und etablierte sich in den 1920er Jahren als Universalübersetzer, und zwar nicht nur aus seiner deutschen Muttersprache, sondern auch aus dem Englischen und Französischen.

Es waren jedoch nicht die Übersetzungen französischer Lyrik oder gar von William Shakespeares *Hamlet*, sondern vielmehr die Übersetzungen aus dem Deutschen, die Burghardt Anerkennung und Respekt einbrachten. Er übersetzte die deutsche Prosa von Georg Heym und Walter Hasenclever, Johannes R. Becher und Kasimir Edschmid, die Lyrik von Ferdinand Freiligrath und die *Eisernen Sonette* Josef Wincklers ins Ukrainische. Einen besonderen Platz in Burghardts Übersetzungsarbeit nehmen die Werke Rainer Maria Rilkes ein, für die er sich schon als Student interessierte.

Burghardt war nicht nur Übersetzer, sondern forschte auch zu Übersetzungen. Insbesondere schrieb er eine brillante Studie über Übersetzungen von Heinrich Heine ins Ukrainische.[2] Er veröffentlichte auch Untersuchungen zu Georg Kaiser und den Expressionisten und war der Herausgeber einer ukrainischen Ausgabe der Kurzgeschichten von Stefan Zweig.

In Burghardts Fall entwickelte sich der Dichter vom Übersetzer zum Literaturwissenschaftler. In seinem ersten ukrainischen Gedicht, dem Sonett »Skoworoda«, formulierte er:

> Gehen, gehen ohne Ziel und Zweck …
> In sich aufnehmen Wind und Räume
> und Wald und Feld und den grenzenlosen Himmel
> Die Seelen nur singen: Blühe, Blühe!
> …

---

2 Osval'd Burhardt, „Hajne v ukraïns'kych perekladach," Vorwort zu *H. Hajne. Vybrani tvory*, Hg. und Übers. Dmytro Zahul, Bd. 2, *Sučasni poezii̇̈. Romansero* (Charkiv: Deržavne Vydavnyctvo Ukraïny, 1930), V–XLVII.

Denn vielleicht ist das für uns das ewige Vermächtnis,

dieses Wandern, weit und grenzenlos,
und möglicherweise gibt es keinen anderen Weg,
um aus dem Chaos der Seele eine Welt zu erschaffen.[3]

## Stalins »Große Wende« – Angriff auf die ukrainische Kultur

Das Jahr 1929 mit Stalins fünfzigstem Geburtstag und der sogenannten »Großen Wende« markierte den Beginn des organisierten Angriffs der sowjetischen Herrschaft auf die ukrainische Kultur. In jenem Jahr wurden in der gesamten Ukraine Hunderte von Gelehrten und Schriftstellern unter dem Vorwand einer angeblichen »Vereinigung zur Befreiung der Ukraine« verhaftet. Die Neoklassiker, eine informelle literarische Gruppe, der Burghardt angehörte und die sich durch ihre Liebe zum gestalteten Wort, zur strengen Form und zum Erbe der Weltliteratur auszeichnete, geriet bald in die gnadenlose Kritik der Parteipropaganda[4]. Im Frühjahr 1931 wurde Burghardts Freund, der Neoklassiker Maksym Rylskyj, verhaftet. Diese Repression veranlasste den Dichter und Übersetzer, einen Antrag auf Ausreise aus der Sowjetunion zu stellen. Dank seiner deutschen Abstammung und Staatsbürgerschaft konnte Burghardt zusammen mit seiner Frau und seiner Tochter Mitte November 1931 die UdSSR verlassen.

## Leben im Exil

In Deutschland lebte Burghardt zunächst in München und wurde dann 1934 zum Dozenten für Ukrainisch und Russisch an der Universität Münster ernannt. Im Exil begann er, seine Gedichte in ukrainischen Publikationen unter dem Pseudonym »Jurij Klen« zu veröffentlichen.

Im Juni 1941 wurde Burghardt als Übersetzer und Offizier der Wehrmacht an die Front geschickt. Er sah die Ukraine wieder, kam aber nie in sein geliebtes Kyjiw. Ende 1942 wurde er wegen einer Erkältung, die er sich beim Rückzug seiner Einheit aus der Ostukraine zugezogen hatte, demobilisiert. Bis zum Ende des Krieges lebte Burghardt in Prag,

---

3 Jurij Klen, *Skovoroda. Zorja* Nr. 11 (1925), 1. Oswald Burghardt schrieb unter dem Pseudonym „Jurij Klen". Übersetzt nach Jutta Lindekugel: Jutta Lindekugel, *Vielfalt der Dichtarten im Werk von Oswald Burghardt (Jurij Klen)* (Kassel: Kassel University Press, 2003), 454.

4 Maksym Ryl's'kyj, „Mykola Zerov – poet i perekladač," in *Mykola Zerov, Tvory v dvoch tomach Bd. 1*, Hg. Mychajlo Moskalenko (Kyïv: Dnipro 1990), 6.

dann zog er nach Österreich. Er wurde zu einem der wenigen aus der Welt der Literatur jener Zeit, »die versuchten, die Verbrechen sowohl Stalins als auch Hitlers, den Gulag und den Holocaust zu beschreiben«, insbesondere in seinem Gedicht »Die Asche der Geschichte«.[5]

Nach dem Krieg kehrte Burghardt zu seiner Übersetzertätigkeit zurück und bereitete eine deutschsprachige Anthologie mit Gedichten der Kyjiwer Neoklassiker vor, seinen Freunden, die fast alle in Stalins Lagern umkamen. Das Manuskript dieser Anthologie mit dem Titel »Dichtung der Verdammten« wird erst jetzt, 76 Jahre nach dem plötzlichen Tod des Autors am 30. Oktober 1947 in Augsburg, dank der Kyjiwer Wissenschaftlerin Nataliia Kotenko-Vusatyuk vom Verlag *Arco* zur Veröffentlichung vorbereitet.

Wie in mehr als einem Nachruf erwähnt, verlor die Ukraine in der Person Burghardts einen Mann, der alle Voraussetzungen mitbrachte, um in der Welt nach dem Zweiten Weltkrieg ein »Kultur-Botschafter der Ukraine« zu werden. Diese Welt veränderte sich rasch. Ein Jahr nach Burghardts Tod verließ die große Mehrheit der ukrainischen Flüchtlinge in Westdeutschland aufgrund wirtschaftlicher Probleme das Land und ging nach Übersee in die Vereinigten Staaten, nach Kanada, Argentinien und Australien. Das ukrainische Leben wie auch das Interesse an der Ukraine in Deutschland gingen deutlich zurück, aber sie verschwanden nicht völlig. Dies ist zu einem großen Teil Menschen wie Elisabeth Kottmeier zu verdanken.

## Elisabeth Kottmeier: Literatur als Berufung

Die künftige Übersetzerin wurde 1902 in dem oberschlesischen Dorf Sandowitz (heute Żędowice in Polen) geboren. Sie war von Beruf Sozialarbeiterin, aus Berufung aber Übersetzerin und Dichterin. In den ersten Jahren nach dem Ende des Zweiten Weltkriegs begann Kottmeier in der fränkischen Stadt Dinkelsbühl im Kreis der ukrainischen Emigranten mit dem Übersetzen aus dem Ukrainischen und Russischen. Bereits in der zweiten Hälfte der 1950er Jahre bezeichnete sich Kottmeier selbstbewusst als begnadete und kreative Übersetzerin. So übersetzte sie 1956 den *Trojanden-Roman* von Wassyl Barka und veröffentlichte 1957 eine Anthologie ukrainischer Lyrik: *Weinstock der Wiedergeburt* (Zitat aus einem Gedicht von Wolodymyr Swidsynskyj). Diese Publikation zeichnete sich nicht

5 Myroslav Shkandrij, *Ukrainian Nationalism. Politics, Ideology, and Literature, 1929-1956* (New Haven: Yale University Press 2015), 251.

nur durch vorbildliche Übersetzungen aus, sondern auch durch ein durchdachtes Vorwort und professionelle Kurzinformationen über alle übersetzten Autoren (einschließlich Jurij Klen).

1955 gründete Kottmeier zusammen mit ihrem Mann, dem ukrainischen Schriftsteller Eaghor G. Kostetzky, den privaten Verlag *Na Hori* (Auf dem Berge). Das überraschend ehrgeizige Verlagsprojekt (unter anderem eine Sammlung von T. S. Eliots Gedichten in verschiedenen Sprachen, Übersetzungen von Ezra Pound und Shakespeare) verstand sich als reine Kunst, als eine von jeglichem politischen Umfeld unabhängige Institution, die sich nicht um kommerziellen Erfolg oder Leserpräferenzen scherte. Seine Existenz wurde allein durch Kottmeiers Einkommen als Sozialarbeiterin ermöglicht. Weder die Verlagsprojekte von *Na Hori* noch die Übersetzungen aus dem Ukrainischen (die Kottmeier nur in ihrer Freizeit anfertigen konnte) brachten einen kommerziellen Gewinn. Die deutschen Verlage weigerten sich meist, selbst die bereits aus dem Ukrainischen fertig übersetzte Belletristik anzunehmen.

## »Allmächtige russische Mode«

Anna-Halja Horbatsch, eine weitere prominente Übersetzerin ukrainischer Literatur ins Deutsche, erklärte: »Ich habe schon vor langer Zeit erkannt, dass ein erstklassiger ukrainischer Autor nicht mit einem viertklassigen russischen Autor konkurrieren kann, wenn es darum geht, für eine Veröffentlichung im Westen ausgewählt zu werden.«[6] Elisabeth Kottmeier formulierte die gleiche Beobachtung wie folgt: »Im Westen gibt es, wie Sie wissen, eine allmächtige russische Mode« und fügte hinzu, dass sie selbst nur das aus dem Russischen übersetze, »was wirklich liebenswert ist« (insbesondere Boris Pasternak, Jurij Tynjanow, Sergej Eisenstein), und versuche, »bei jeder Gelegenheit mit Beispielen und Illustrationen auf die Existenz einer souveränen ukrainischen Kultur hinzuweisen«.[7]

Die bereits zitierte Anna-Halja Horbatsch wies treffend darauf hin, dass ein ukrainisches Buch einen westdeutschen Verlag bestenfalls wegen seiner politischen Sensation, nicht aber wegen seines literarischen Wertes interessiert habe. Selbst in diesem Zusammenhang wurden die ukrainischen Sechziger vom deutschen Buchmarkt praktisch ignoriert,

6 Anna-Halja Horbač, „Povčal'ni choč i pečal'ni perypetiї odnijeї antolohiї," *Sučasnist'* Nr. 7-8 (151-152) (Juli-August 1973): 200.

7 Jurij Solovij, „Vidvidyny ‚Na hori'," *Sučasnist'* Nr. 12 (24) (Dezember 1962): 34.

sowohl die Belletristik aus dieser Zeit als auch das Werk *Internationalismus oder Russifizierung?* von Iwan Dsjuba. Die einzige Ausnahme war vielleicht Olesj Hontschars *Die Kathedrale*, übersetzt von Kottmeier und Kostetzky, 1970 in Hamburg bei Hoffmann und Campe erschienen (die deutsche Ausgabe trug den Titel *Der Dom von Satschipljanka*). Auf der Rückseite des Umschlags verglich der Verlag die Bedeutung von Hontschars Roman mit den Werken von Pasternak und Solschenizyn. Doch das half nicht. Die Veröffentlichung hatte keinen Erfolg.

Elisabeth Kottmeier ließ sich dennoch nicht entmutigen. Sie arbeitete weiter an Übersetzungen und experimentierte mit Worten. Vor allem schuf sie deutsche Versionen - eigentlich Paraphrasen - von Taras Schewtschenkos Gedichten (die sie als grundsätzlich unübersetzbar bezeichnete). Sie schrieb auch ihre eigenen Gedichte und arbeitete bis zu ihrem Tod im Jahr 1983.[8]

Die deutsche Sprache und Literatur waren für die moderne Ukraine ein Fenster zum Westen. Übersetzungen aus dem Deutschen und kreative Bezüge zu Themen der deutschen Kultur haben die moderne ukrainische Literatur entscheidend mitgeprägt. Übersetzungen aus dem Ukrainischen ins Deutsche gab es im 19., im 20. und auch im 21. Jahrhundert stets weniger als Übersetzungen deutscher Werke ins Ukrainische. In der Wahrnehmung der deutschen Öffentlichkeit ist die Ukraine immer noch kein vollwertiges kulturelles Subjekt und steht oft im Schatten Russlands. Die Namen prominenter Persönlichkeiten der ukrainischen Kultur, deren Leben und Werk unmittelbar mit Deutschland verbunden waren, wie Oswald Burghardt (Jurij Klen), Lesja Ukrajinka, Mykola Serow, Wiktor Petrow (Domontowytsch) und Emma Andijewska, sind in Deutschland noch wenig bekannt. Wird das aktuelle politische Interesse an der Ukraine dies endlich ändern? Und wird es sich von der rein politischen auf die künstlerische, literarische und historiografische Ebene verlagern können? Die Antwort auf diese Fragen wird bereits jetzt formuliert.

---

8 Elisabeth Kottmeier, *Die Stunde hat sechzig Zähne. Gedichte*. Herausgegeben von Reiner Kunze, Vorwort Petra Köhler (Passau: Edition Toni Pongratz, 1984).

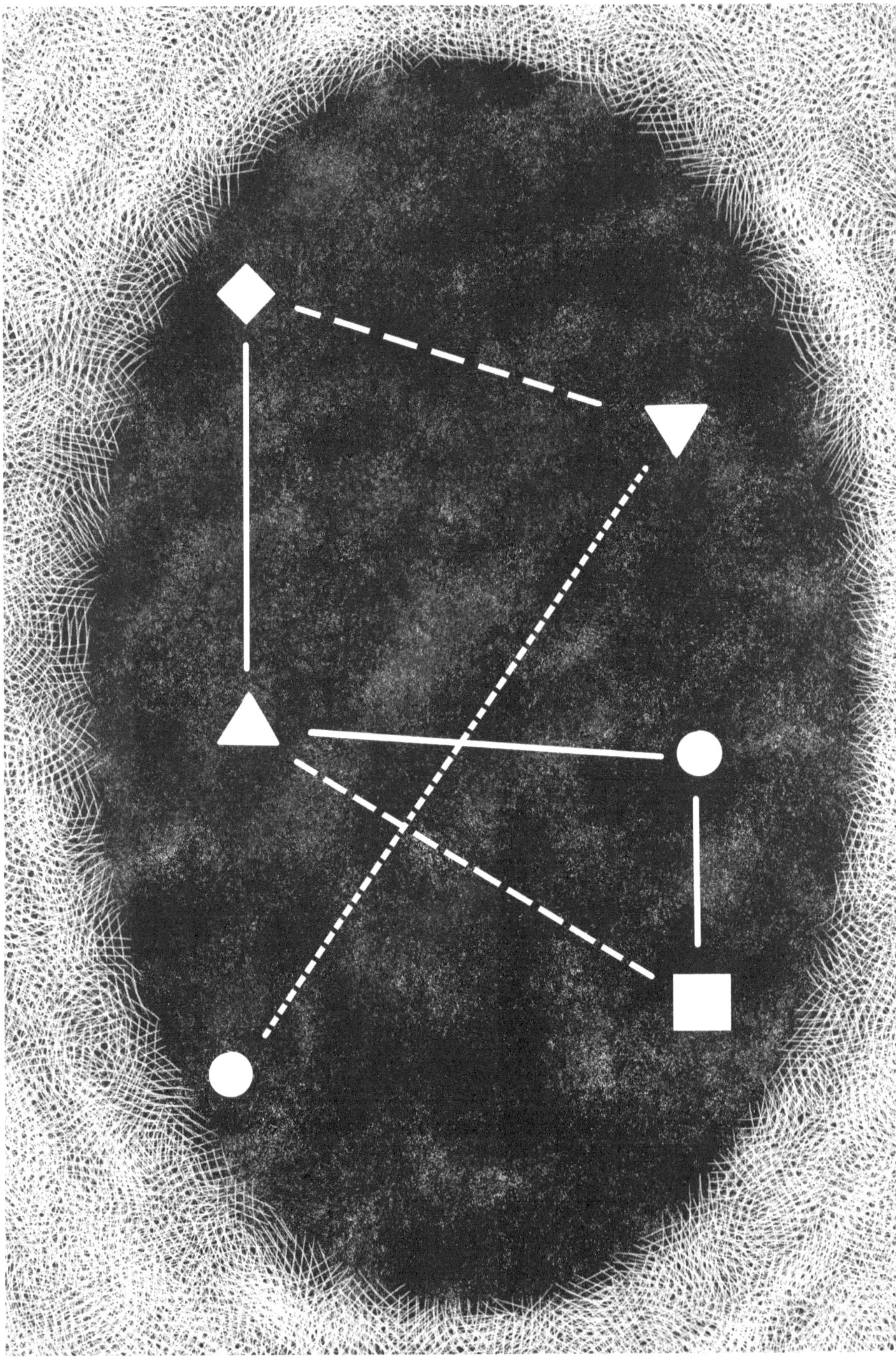

# Praktischer Transnationalismus
## Die ukrainisch-deutschen Städtepartnerschaften

*Susann Worschech*

*Städtepartnerschaften zwischen Deutschland und der Ukraine reichen bis in die frühen 1960er Jahre zurück und haben sich über die Jahrzehnte dynamisch entwickelt. Zwar spiegeln sich internationale Beziehungen und weltpolitische Ereignisse in den Projekten der kommunalen Außenpolitik wider, aber Städtepartnerschaften haben stets eine eigene Dynamik, die sich auf beide Seiten auswirkt. Eine Betrachtung der engen Beziehungen zwischen deutschen und ukrainischen Kommunen in ihrer historischen Entwicklung verschafft uns interessante Einblicke und zeigt die unterschiedlichen Motive, Ziele und Aktivitäten der Partnerschaften auf. Insbesondere im Kontext des russischen Angriffskrieges gegen die Ukraine erweisen sich die neue Tragweite und besondere Bedeutung solcher Beziehungen.*

Korsun-Schewtschenkiwskyj ist eine der ältesten Städte der Ukraine. Sie liegt im Bezirk Tscherkassy in der Zentralukraine am Ufer des Flusses Ros und wurde im 11. Jahrhundert vom ukrainischen Herrscher Jaroslaw dem Weisen als Festung gegründet. Die kleine Stadt hat eine bewegte Geschichte, doch ein besonderes Jahr in der Geschichte Korsuns, das leicht übersehen werden kann, ist 1987, als der Besitzer eines privaten Mühlenmuseums aus einer kleinen Stadt in Deutschland, Gifhorn, nach Korsun kam. Durch eine zufällige Begegnung mit einem sowjetischen Journalisten war der Sammler auf einen Mühlenbau in Korsun-Schewtschenkiwskyj aufmerksam geworden, sammelte Unterlagen darüber und baute die Mühle schließlich 1987 in Gifhorn wieder auf. Bei einem ersten Vor-Ort-Besuch in Korsun-Schewtschenkiwskyj im selben Jahr wurde der Sammler mit der gewaltsamen deutsch-ukrainischen Geschichte und den Verbrechen Nazideutschlands während des Zweiten Weltkriegs in und um Tscherkassy, auch in Korsun, konfrontiert. Der Mühlenfan aus Gifhorn und seine Gesprächspartner in Korsun beschlossen, eine Städtepartnerschaft zu initiieren, um den Austausch, das gegenseitige Kennenlernen und die grenzüberschreitende Versöhnung zu fördern. Die noch in der Sowjetzeit begonnene Partnerschaft zwischen Gifhorn und Korsun-Schewtschenkiwskyj gehört seit fast vier Jahrzehnten zu den stärksten und aktivsten deutsch-ukrainischen Städtepartnerschaften.

Die Anzahl der Städtepartnerschaften zwischen deutschen und ukrainischen Kommunen – Städten, Kreisen sowie Regionen bzw. Bundesländern – hat seit Beginn der russischen Vollinvasion enorm zugenommen. Während im Jahr 2020 nur rund 70 Partnerschaftsabkommen bestanden, darunter 40 aktive und offizielle Städtepartnerschaften, sind es heute über 200. In diesem Beitrag werden die besondere Geschichte der deutsch-ukrainischen Kommunalpartnerschaften, ihre Inhalte und ihre Selbstverständnisse sowie die Praxis und die jüngsten Entwicklungen skizziert.[1]

Städtepartnerschaften gewinnen zunehmend an wissenschaftlicher Aufmerksamkeit, da von ihnen erwartet wird, die Probleme der Welt im Kleinen zu lösen. In Partnerschaftsprojekten begegnen sich Stadtgesellschaften und Bürgermeister:innen auf der Basis von Pragmatismus und bürgerschaftlichem Vertrauen; sie eröffnen den Raum für Vernetzung, Partizipation, Innovation und Kooperation. In seinem Buch *If Mayors Ruled The World* behauptet Benjamin Barber, dass kommunale Außenpolitik deshalb die bessere Außenpolitik sei.[2] Städtepartnerschaften würden für eine spezifische Gegenseitigkeit und inklusive Ansätze der Begegnung sorgen, die als Gegenstück zu den konfrontationsgeladenen internationalen Beziehungen fungieren könnten.[3] Es ist daher nur konsequent, der Vergangenheit und Gegenwart deutsch-ukrainischer Städtepartnerschaften, einschließlich ihrer Motive, Aktivitäten, Auswirkungen auf und Perspektiven für die Souveränität, die demokratische Stabilisierung und die EU-Integration der Ukraine, sowohl in der Sozialwissenschaft als auch in der praktischen Zusammenarbeit größere Aufmerksamkeit zu schenken.

---

1 Die genannten Zitate und Aussagen beruhen auf Recherchen der Autorin, unter anderem auf einer Umfrage zum deutschen Verständnis von Städtepartnerschaften in der Ukraine; siehe Susann Worschech, *Deutsch-ukrainische Kulturbeziehungen. Veränderungen nach dem Euromaidan*, ifa-Edition Kultur und Außenpolitik (Stuttgart: ifa (Institut für Auslandsbeziehungen e.V.), 2020).

2 Benjamin Barber, *If mayors ruled the world. Dysfunctional nations, rising cities* (New Haven: Yale University Press, 2014).

3 Andreas Langenohl, „The Merits of Reciprocity: Small-town Twinning in the Wake of the Second World War," *Journal of Borderlands Studies* 32, Nr. 4 (2017).

## Vom Kalten Krieg zur unabhängigen Ukraine: Städtepartnerschaften in Zahlen

Die ältesten deutsch-ukrainischen Städtepartnerschaften gehen auf die 1960er Jahre zurück. Bis 1989 wurden neun Partnerschaften gegründet, wobei die Partnerschaft zwischen Leipzig und Kyjiw, die 1961 zwischen den beiden »zweiten Städten« der DDR und der Sowjetunion geschlossen wurde, die älteste Partnerschaft darstellt. 1976 ging die Kleinstadt Borna (bei Leipzig) eine Partnerschaft mit Irpin (bei Kyjiw) ein - offensichtlich in gewisser Weise komplementär zu Leipzig und Kyjiw.

Interessanterweise waren diese beiden Städte die einzigen in der DDR, die vor der Unabhängigkeit der Ukraine Städtepartnerschaften eingingen, während sieben von neun Partnerschaftsprojekten der Sowjetzeit zwischen westdeutschen und (sowjetischen) ukrainischen Städten eingerichtet wurden. So gelang es offensichtlich, noch während der Teilung Deutschlands und über den Eisernen Vorhang hinweg Kontakte zu Städten in der ehemaligen Ukrainischen SSR zu knüpfen. Das älteste westdeutsch-ukrainische Partnerschaftsprojekt ist Oberhausen–Saporischschja (1986), gefolgt von Bochum–Donezk (1987) und den beiden Städten Filderstadt und Leinfelden-Echterdingen, die 1988 eine Partnerschaft mit Poltawa eingingen.

Die Jahre 1990 und 1991 stehen für eine besondere Übergangsphase, da die Ukraine 1990 zunächst ihre Souveränität als eigenständige ukrainische Sowjetrepublik, deren Gesetze nicht mehr den Gesetzen der Sowjetunion unterlagen, und 1991 schließlich ihre vollständige staatliche Unabhängigkeit erklärte. Allein im Jahr 1990 wurden neun neue Partnerschaften gegründet, wobei Leipzig seitdem eine zweite Partnerschaft mit Lwiw unterhält. Im Jahr 1991 wurden vier weitere Städtepartnerschaften ins Leben gerufen. Diese erste Phase (1990–1991) zeichnet sich durch ein besonders großes Interesse an Partnerschaften mit ukrainischen Städten aus.

In der zweiten Phase - nach der Unabhängigkeit der Ukraine bis zum Beginn der Revolution der Würde (1992–2013) - wurden 21 weitere Partnerschaftsverträge geschlossen. In der dritten Phase, von 2014 bis 2021, wuchs die Zahl der Partnerschaften um 26, sodass die Gesamtzahl der deutsch-ukrainischen Städtepartnerschaften am Vorabend des umfassenden russischen Angriffskrieges bei 69 lag.

In der vierten Phase (seit 2022), beginnend mit dem Großangriff Russlands auf die Ukraine, wurde die beeindruckende Zahl von 145 neuen Partnerschaften erreicht. Im Jahr 2022 wurden 50 neue Städtepartnerschaften geschlossen, was als starker solidarischer Impuls der Bürger und Kommunen sowie deren aktive Unterstützung der Ukraine zu sehen ist. Das Jahr 2023 übertraf mit 81 neuen Partnerschaften sogar das erste Jahr des umfassenden Krieges. In den ersten fünf Monaten des Jahres 2024 wurden 14 neue Partnerschaftsprojekte gegründet.

Acht deutsche Städte sind Teil einer trilateralen Partnerschaft mit ukrainischen und polnischen Partnerstädten, die zwischen 2008 und 2022 geschlossen wurden. Dazu zählt auch die deutsche Grenzstadt Frankfurt (Oder), die 2022 offiziell in die bestehende Partnerschaft ihrer polnischen Partnerstadt Słubice mit Schostka eingetreten ist.

Die Beweggründe für die Gründung einer Städtepartnerschaft lassen sich leichter rückwärts erzählen. Offensichtlich löste der russische Großangriff auf die Ukraine im Februar 2022 eine starke Welle der Solidarität und den Willen zu umfassender humanitärer Hilfe und praktischer Unterstützung in deutschen Regionen, Städten und Gemeinden aus, was zu ersten Partnerschaftsaktivitäten führte. Gleichzeitig förderte die deutsche Regierung Partnerschaften in dieser Zeit aktiv. Vor dem umfassenden russischen Angriff waren die Motive vielfältiger, lassen sich aber bestimmten Phasen und Meilensteinen der ukrainischen, deutschen, europäischen und globalen Geschichte zuordnen, wie der folgende Abschnitt zeigt.

## Motive und Aktivitäten bei Städtepartnerschaften

In der wissenschaftlichen Auseinandersetzung mit Städtepartnerschaften werden verschiedene Phasen als Grundlage für Ideen, Ziele und Ausrichtungen von Städtepartnerschaftsaktivitäten in Deutschland seit den 1950er Jahren angeführt.[4] Während unmittelbar nach der Gründung der Bundesrepublik Deutschland und in den 1950er Jahren Aussöhnung, Verständigung und Westintegration im Vordergrund standen, gewannen ab den 1960er Jahren Aspekte der interkulturellen Kommunikation an Bedeutung. Ab Mitte der 1970er Jahre setzte ein Strukturwandel ein,

4 Ingo Bautz, „Die Auslandsbeziehungen der deutschen Kommunen im Rahmen der europäischen Kommunalbewegung in den 1950er und 60er Jahren. Städtepartnerschaften – Integration – Ost-West-Konflikt" (Dissertation, Universität Siegen, 2002), http://www.ub.uni-siegen.de/pub/diss/fb1/2002/bautz/bautz.pdf; Kurt-Jürgen Maaß, „Know-how, Netzwerke, Nachhaltigkeit – Die Kommunen," in *Kultur und Außenpolitik: Handbuch für Wissenschaft und Praxis*, Hg. Kurt-Jürgen Maaß, 3., vollst. überarb. und erw. Aufl. (Baden-Baden: Nomos, 2015), 260.

der vor allem durch verstärkte Kooperation zwischen den Kommunen anstelle von symbolischen Partnerschaften gekennzeichnet war. Gleichzeitig waren eine Stabilisierung der Beziehungen zu Westeuropa und ein verstärkter Ausbau der Beziehungen zu osteuropäischen Kommunen zu beobachten. Schließlich wurde die Entwicklung der Städtepartnerschaften seit 1989/90 durch den Fall des Eisernen Vorhangs und die europäische Einigung, durch Globalisierung und die Etablierung neuer Kooperationsformen wie kommunaler Netzwerke und trilateraler Projekte geprägt.

In Bezug auf die Ukraine schienen diese Ziele und Orientierungen auf deutscher Seite parallel vorhanden zu sein: Versöhnung und Verständigung, pragmatische und lösungsorientierte Zusammenarbeit und schließlich die Vernetzung im Kontext globaler Entwicklungen waren wichtige Elemente der deutsch-ukrainischen Städtepartnerschaften in den vergangenen Jahrzehnten.

Wie das Beispiel von Gifhorn und Korsun-Schewtschenkiwskyj zeigt, kann der Wunsch nach Versöhnung, der insbesondere von Menschen geäußert wird, die sich kritisch mit der deutschen Vergangenheit auseinandersetzen, ein Ausgangspunkt für Partnerschaftsprojekte sein. In Freiburg (Breisgau) war es ein Gemeinderatsbeschluss aus dem Jahr 1990, der darauf abzielte, durch Partnerschaften mit je einer Stadt in den USA und einer in der Sowjetunion »eine lebendige Verständigung zwischen den Menschen« zu erreichen. Dieser Beschluss kann als friedensorientierte kommunale Außenpolitik in dem sich Mitte der 1980er Jahre öffnenden Zeitfenster der Entspannungspolitik verstanden werden. Auf Empfehlung des damaligen sowjetischen Botschafters in der Bundesrepublik fiel die Wahl auf Lwiw. Bis heute wird die Partnerschaft auf Freiburger Seite von einer Reihe von Vereinen getragen, die bis 2022 Bürgerreisen organisierten, die Stadt Lwiw in sozialen Fragen unterstützten und den Transformationsprozess der postsowjetischen Staaten und damit auch der Ukraine begleiteten. Die nach dem russischen Einmarsch abermals vertieften Kontakte zwischen Verwaltung, Politik und Stadtgesellschaft beider Städte bildeten eine wertvolle Grundlage für die materielle, finanzielle und humanitäre Unterstützung der Stadt Lwiw durch Freiburg. Gemeinsam mit Bürgerinnen und Bürgern, der Universitätsklinik, Freiburger Unternehmen und anderen sammelte die Stadt unzählige Spenden, schickte Hilfsgüter nach Lwiw, ermöglichte gegenseitige Begegnungen sowie ein Sommerlager für ukrainische Kinder in Freiburg und hielt engen Kontakt.

Die Beispiele der frühen Anbahnung von Städtepartnerschaften zeigen die häufigsten Kontexte, in denen deutsch-ukrainische Städtepartnerschaften in den 1980er und 1990er Jahren entstanden sind: ein wachsendes Interesse, die Länder und Gesellschaften Osteuropas besser kennenzulernen und die europäische Einigung durch persönliche Kontakte zu untermauern – also eine »Ost-West-Begegnung auf Augenhöhe«. Aus ukrainischer Sicht können der Aufbau von Verbindungen zu westeuropäischen Ländern und Gesellschaften als unabhängiger Staat, die gegenseitige Beratung zu Transformationsfragen und eine neue Eigenverantwortung in der kommunalen Außenpolitik als zentrale Motivationen für den Aufbau von Städtepartnerschaften gesehen werden.

Eine zweite, für deutsche Städte relevante Motivation war die Überwindung der europäischen Gewaltgeschichte, die weitgehend von Deutschland ausging, durch die Aussöhnung mit den mittel- und osteuropäischen Ländern. In einer von der Autorin 2018 durchgeführten Befragung unter deutschen Partnerkommunen standen Ziele wie Völkerverständigung, Freundschaft, Versöhnung und Frieden in Europa in fast allen Partnerschaften noch immer an erster Stelle.[5] Die deutsche NS-Geschichte und der starke Wunsch nach der Überwindung der Vergangenheit und nach Versöhnung prägen die meisten langjährigen Partnerschaften.

Humanitäre Hilfe und die Verbesserung der sozialen Situation in der Ukraine können als dritte Kernmotivation für deutsch-ukrainische Städtepartnerschaften angesehen werden, insbesondere für solche, die im Laufe der 1990er und frühen 2000er Jahre entstanden sind. Viele ukrainische Partnerstädte begrüßten, dass sich durch die kommunale Zusammenarbeit die Härten der Privatisierung und der postsowjetischen politischen Wirren zumindest auf lokaler Ebene abfedern ließen. Dies spiegelt sich auch in den Aktivitäten wider, die diesen Partnerschaften anfangs zugrunde lagen. Vor allem in den 1990er Jahren waren viele deutsch-ukrainische Städtepartnerschaften mit humanitären Projekten verbunden. In Jalta auf der Krim beispielsweise renovierten der Partnerschaftsverein Baden-Baden und die Stadt Baden-Baden zwischen 1995 und 2008 ein Waisenhaus und statteten ein Krankenhaus und eine Entbindungsstation mit Krankenhausbetten aus, die im Zuge einer umfangreichen Neuanschaffung in Baden-Baden ausgemustert worden waren. Gifhorn half ebenfalls bei der Ausstattung von Kindertagesstätten und

5 Worschech, *Deutsch-ukrainische Kulturbeziehungen*.

Krankenhäusern in Korsun-Schewtschenkiwskyj, und Ludwigsburg unterstützte Krankenhäuser in Jewpatoria nicht nur mit modernen Geräten, sondern auch durch den Austausch und die Ausbildung von medizinischem Personal. Weitere Projekte der humanitären Hilfe betrafen die Ausstattung von Feuerwehren in ukrainischen Gemeinden, die Bereitstellung von Krankenwagen, den Bau und die Finanzierung von Kinderheimen und Einrichtungen für behinderte Menschen, den Betrieb einer Suppenküche oder Spenden für Impfungen.

Eine vierte, wenn auch sehr seltene und besondere Motivation für die Initiierung von Partnerschaftsprojekten sind spezifische historische Verbindungen. Besonders deutlich wird dies am Beispiel der trinationalen Partnerschaft zwischen dem Bezirk Schwaben und der Region Bukowina und in diesem Rahmen mit Suczawa in Rumänien und Tscherniwzi in der Ukraine. Die 1997 gegründete regionale Partnerschaft geht auf die Zuwanderung schwäbischer Siedler in die Bukowina im 18. und 19. Jahrhundert zurück. Die sogenannten Buchenlanddeutschen bildeten in der zweiten Hälfte des 20. Jahrhunderts eine deutsche Minderheit in der ehemaligen Sowjetunion und in Rumänien, für die der Bezirk Schwaben eine symbolische Partnerschaft übernahm. In den 1980er Jahren wurde die Bedeutung dieser Partnerschaft vor allem durch rumänische Dissidenten gestärkt und gleichzeitig entstand der Wunsch, die Geschichte der »Buchenlanddeutschen« zu erforschen. Dies führte 1989 zur Gründung des Bukowina-Instituts an der Universität Augsburg und zur Aufnahme von Partnerschaftsbeziehungen nach dem Fall des Eisernen Vorhangs. Von Anfang an stand der kulturelle, soziale und wissenschaftliche Austausch im Vordergrund der Partnerschaft, die sich zunächst mehr auf den rumänischen Teil der Bukowina konzentrierte, später aber auch den ukrainischen Teil stark einbezog, vor allem wegen der sehr aktiven Kulturszene in Tscherniwzi. Die kulturelle und auch wissenschaftliche Zusammenarbeit war die Haupttriebfeder dieser besonderen Kooperation, wobei Tscherniwzi ein großes Interesse daran hatte, sich verstärkt in europäische kulturpolitische Debatten und Prozesse einzubringen.

In den ersten Jahrzehnten gehörten humanitäre Hilfe und die Unterstützung beim Aufbau sozialer Infrastruktur zu den wichtigsten Aktivitäten der deutsch-ukrainischen Städtepartnerschaften. In den 2000er Jahren und insbesondere als Folge der Orangenen Revolution im November 2004 kamen jedoch andere Themen und Aktivitäten hinzu, die die Partnerschaften auf eine gleichberechtigte Basis stellten. Austauschprojekte,

Besuche und Aktivitäten wie Workshops und Schulungen wurden immer wichtiger. Kulturaustausch umfasste gegenseitige Besuche von Orchestern, Schriftstellern oder anderen Künstlergruppen. Schüleraustauschprogramme und Reisen interessierter Bürger fanden immer häufiger und auch in beide Richtungen statt. Ebenso wurden der Austausch und die gegenseitige Beratung von Verwaltungsmitarbeitern zu einer Option für Städtepartnerschaften, und auch die zivilgesellschaftliche Zusammenarbeit und die Stärkung bürgerschaftlichen Engagements wurden zunehmend relevante Themen.

Ein weiterer Schwerpunkt des Austauschs und der gemeinsamen Planung, der in den 2000er Jahren in den Städtepartnerschaften stärker in den Vordergrund rückte, waren Bau- oder Sanierungsprojekte sowie gemeinsame Herausforderungen der Stadtentwicklung. Neben der Sanierung von sozialen Infrastruktureinrichtungen wie Kinderheimen oder Kindergärten zeichnete sich ein Trend zum Know-how-Aufbau und -Transfer in den Bereichen der Stadtplanung und des technischen Umweltschutzes ab: Typische Themen dieser Projekte waren die Planung und der Bau von Wasser- und Abwasserleitungen, partizipative und ökologische Stadtentwicklung sowie Energieeffizienz. Das Thema Umwelt und Ökologie wurde in der Partnerschaft zwischen Freiburg und Lwiw besonders hervorgehoben: So wurde nicht nur ein kommunales Energiekonzept für Lwiw entwickelt, sondern auch ein Studiengang in Umwelt- und Ressourcenökonomie, der von den Universitäten Freiburg, Lwiw, Padua und Gent konzipiert wurde. Zahlreiche Exkursionen und Wissenstransferprojekte in den Bereichen Umwelt, Energie und Verkehr unterstrichen diesen thematischen Schwerpunkt der Städtepartnerschaft.

Die Revolution der Würde in der Ukraine markierte einen nächsten Wendepunkt für deutsch-ukrainische Städtepartnerschaften. Generell haben sich die meisten Partnerschaften nach anfänglicher Unsicherheit seit 2014 intensiviert, das Interesse am Austausch ist auf beiden Seiten gewachsen, aber die Themen Krieg, Annexion und Vertreibung spielten in den meisten Städtepartnerschaften noch keine herausragende Rolle. Lediglich für die am stärksten von Krieg und Besatzung betroffenen Städte in der Ostukraine haben sich die Partnerschaften offensichtlich verändert: sei es, dass der Kontakt problematisch oder gar unmöglich wurde, sei es, dass der Bedarf an humanitärer Hilfe wieder in den Vordergrund rückte. So haben beispielsweise die beiden deutschen Partnerstädte von Charkiw – Nürnberg und Berlin-Steglitz-Zehlendorf – sehr aktive Partnerschaftsvereine, die seit Beginn des Krieges in der Ostukraine 2014 verstärkt soziale und humanitäre Hilfsprojekte durchführen. Der Nürnberger Partnerschaftsverein unterstützt Flüchtlingskinder aus dem Donbas, die in Charkiw leben, und fördert einen Hilfsfonds, der eine Anlaufstelle für Binnenflüchtlinge eingerichtet hat und mit Spenden aus Nürnberg Impfungen, Medikamente, Pflegeleistungen und Schulmaterial für geflüchtete Familien bereitstellt. Der Berliner Bezirk Steglitz-Zehlendorf finanzierte Sommerferienlager in Berlin für Kinder, die aus dem Donbas geflohen sind und in Charkiw leben. Beide führten Spendenaktionen für Charkiwer Nichtregierungsorganisationen durch, um die Wiederansiedlung von Binnenflüchtlingen in Charkiw zu unterstützen, medizinische und soziale Hilfe zu leisten und Solidarität zu fördern. Regensburg hat die Lieferung von Hilfsgütern ab 2015 wieder aufgenommen, seit es in seiner Partnerstadt Odessa besonders viele Binnenvertriebene gibt.

Wie zu erwarten, waren die Veränderungen umso größer, je näher die Partnergemeinschaft an der Frontlinie liegt. So haben Sicherheitsbedenken in Saporischschja und Kyjiw die Zusammenarbeit seit 2014 in einigen Fällen erschwert und Besuchsreisen mussten abgesagt oder verschoben werden. Auch für Berlin-Steglitz-Zehlendorf war es eine Zeit lang schwierig, Treffen in Charkiw zu organisieren. Andererseits gewannen zivilgesellschaftliche Organisationen, die sich in Städtepartnerschaften engagierten, an Bedeutung und wurden zu einer wichtigen Ergänzung der offiziellen Beziehungen. In einigen deutschen Städten verschickten die Partnerschaftsvereine regelmäßig Newsletter, organisierten Austausch- und Sozialprojekte sowie Spendenaktionen. Mancherorts intensivierten sich die Beziehungen nach dem Euromaidan erheblich und auf ukrainischer Seite stieg das Interesse an der Zusammenarbeit mit deutschen Städten.

## Politische Unterstützung und Förderung von Partnerschaften

Nach dem ersten Angriff Russlands auf die Ukraine im Frühjahr 2014 wurde die Kooperation zwischen ukrainischen und deutschen Kommunen durch das Bundesministerium für wirtschaftliche Zusammenarbeit und Entwicklung unterstützt. Das 2014 eingeführte Programm »Kommunale Partnerschaften mit der Ukraine« fördert seither die Zusammenarbeit in Bereichen wie nachhaltige Stadtentwicklung, Umweltschutz,

Strategien zur Anpassung an den Klimawandel und soziale Integration. Umgesetzt wird das Programm von der Servicestelle Kommunen in der Einen Welt (SKEW) zusammen mit der Konrad-Adenauer-Stiftung und der Deutschen Gesellschaft für Internationale Zusammenarbeit (GIZ).

Nach der umfassenden Invasion 2022 wurde ein neues Format der partnerschaftlichen Zusammenarbeit eingeführt. Da viele deutsche Kommunen nach Möglichkeiten suchten, der Ukraine zu helfen, richtete die SKEW das Instrument der Solidaritätspartnerschaften ein. Neu gegründete kommunale Partnerschaften, die im Kontext des russischen Angriffskrieges entstanden sind, können als Kooperationsformate organisiert und gefördert werden, ohne dass sie zwangsläufig formal als offizielle Städtepartnerschaft etabliert sein müssen. Die meisten Partnerschaftsvereinbarungen, die seit 2022 ins Leben gerufen wurden, haben den Status einer solchen Solidaritätspartnerschaft, die oft auf eine »echte« offizielle Städtepartnerschaft zusteuert. Die rasch gegründeten Solidaritätspartnerschaften haben den Städten jedoch nicht nur geholfen, schnell Unterstützung und humanitäre Hilfe anzubieten, sondern auch direkte Kontakte zwischen den Kommunen beider Seiten befördert.

Das Engagement und die Zusammenarbeit der Kommunen wurden über die Jahre durch eine Reihe von Partnerschaftskonferenzen begleitet und unterstützt. Die ersten Treffen zwischen Partnerstädten wurden bereits 2008 in Odessa von zivilgesellschaftlichen Akteuren, NGOs und öffentlichen Stiftungen organisiert. Schwerpunkte der ersten beiden Konferenzen in den Jahren 2008 und 2011 waren Energieversorgung, Wohnungswirtschaft und Stadtentwicklung – gewissermaßen klassische Themen von Städtepartnerschaften weltweit. Die dritte zivilgesellschaftliche Konferenz fand nach der Revolution der Würde 2014 statt und verfolgte mit einem Fokus auf Partizipation, Binnenvertreibung und Migration eine deutlich politischere Agenda, was sich auch im Titel »Die Zivilgesellschaft gestaltet die lokale Partizipation und die europäische Zusammenarbeit« widerspiegelte.

2016 ging die Organisation der Konferenz in die Verantwortung der SKEW über und wurde damit zu einem politischen Projekt der Bundesregierung im Rahmen ihrer Post-Maidan-Ukrainestrategie. Dies half, die Finanzierung regelmäßiger Treffen sicherzustellen, gleichzeitig wurde die Zivilgesellschaft aber im Vergleich zu den vorherigen Konferenzen etwas marginalisiert. Dieser »neue« Zyklus der Partnerschaftskonferenzen begann 2016 in Nürnberg und sollte abwechselnd in deutschen und ukrainischen Städten stattfinden.

Während in den ersten Jahren hauptsächlich Mitglieder von Partnerschaftsvereinen (im Vergleich zu eher wenigen Vertretern lokaler Verwaltungen) teilnahmen und die Anzahl der Vereine im einstelligen Bereich lag, änderte sich die Situation 2018, als 170 Teilnehmende, darunter 35 Bürgermeister:innen, aus 80 Gemeinden sowohl aus der Ukraine als auch aus Deutschland in Freiburg im Breisgau zusammenkamen. Schwerpunkte dieser Konferenz waren Bildung und Wissenschaft, Dezentralisierung und – eher allgemein – »Herausforderungen und Chancen für die deutsch-ukrainische Zusammenarbeit«. Ein herausragendes und für die deutsch-ukrainischen Beziehungen äußerst wichtiges Ereignis war die sechste deutsch-ukrainische Partnerschaftskonferenz, die im November 2023 in der Kyjiwer Partnerstadt Leipzig unter dem Titel »Gemeinsam für Europa: Solidarität, Wiederaufbau, Zukunftsperspektiven« stattfand. Im Jahr 2022 hatte das deutsch-ukrainische Städtenetzwerk durch die gemeinsame Schirmherrschaft von Bundespräsident Frank-Walter Steinmeier und dem ukrainischen Präsidenten Wolodymyr Selenskyj an Schwung und Aufmerksamkeit gewonnen. Mit prominenter Besetzung, darunter die Präsidenten beider Länder, die Bundesministerin für wirtschaftliche Zusammenarbeit und Entwicklung, der sächsische Ministerpräsident, die Oberbürgermeister von Kyjiw und Leipzig, der ukrainische Botschafter, und mehr als 500 Teilnehmenden aus der Ukraine und Deutschland markierte die Partnerschaftskonferenz 2023 eine neue Qualität und politische Relevanz kommunaler Partnerschaften. Diskutiert wurden Themen rund um Wiederaufbau und Daseinsvorsorge im und nach dem Krieg, zum Beispiel integrierte, geschlechtersensible und nachhaltige Stadtentwicklung, kommunale Selbstverwaltung und Bürgerbeteiligung sowie kommunale Betreiberpartnerschaften zur Sicherstellung der Wasser- und Sanitärversorgung und des Katastrophenschutzes. Dieses Engagement der Kommunen für Direkthilfe und Wiederaufbau schon während des Krieges spiegelt den Gedanken des »build back better« wider, also des umfassenden Wiederaufbaus und der Zusammenarbeit, der den Beitrittsprozess der Ukraine zur Europäischen Union bereits fest im Blick hat.

Da von Städtepartnerschaften in der Regel weitere Partnerschaften in den Bereichen Wirtschaft, Daseinsvorsorge, gemeinsame Infrastrukturlösungen und Austausch, Schule und Kultur ausgehen, gibt es auch hier Spillover-Effekte: Bis Juni 2024 wurden 14 Partnerschaftsprojekte zwischen städtischen oder kommunalen Versorgern für Wasser und Abwasser, Energie und andere städtische Versorgungsaufgaben gefördert, wiederum unterstützt von der SKEW. Das Pilotprojekt »Betreiberplattform zur Stärkung von Partnerschaften kommunaler Unternehmen weltweit«, das 2019 ins Leben gerufen wurde, hat mit seiner Fokussierung auf die Stärkung der ukrainischen Infrastruktur und Versorgungseinrichtungen seit dem umfassenden Angriffskrieg Russlands eine neue Bedeutung erlangt.

## Schlussfolgerung

Mit mehr als 200 aktiven Städtepartnerschaften sind die deutsch-ukrainischen Beziehungen auf lokaler Ebene so stark wie nie zuvor. Das große Interesse deutscher Städte an (Solidaritäts-)Partnerschaften infolge des russischen Einmarsches spiegelt ein hohes Maß an Hilfsbereitschaft und transnationaler europäischer Solidarität wider; das große Interesse auf Seiten der ukrainischen Kommunen zeigt eine große Kooperations-, Lern- und Austauschbereitschaft im Zuge der Europäisierung und des ukrainischen Strebens nach Unabhängigkeit, Souveränität und Freiheit. Doch gerade der Aspekt, der Städtepartnerschaften lebendig, vielfältig und nachhaltig macht, fehlt in den jüngsten Städtepartnerschaften: die direkte Begegnung, der Austausch und die Interaktion. Zu einer Städtepartnerschaft gehören idealerweise Schulklassenbesuche, gemeinsame Konzerte von Orchestern oder Musikschulen, Sommercamps für Kinder und Jugendliche, kulturelle Veranstaltungen und vieles mehr. Eine umfassende Städtepartnerschaft bringt Menschen zusammen und geht in der Regel weit über administrative und infrastrukturelle Beratungen hinaus.

Im Falle der deutsch-ukrainischen kommunalen Partnerschaften kann ein solcher Austausch in Kriegszeiten kaum stattfinden und bleibt als Perspektive für eine engere Zusammenarbeit nach dem Sieg der Ukraine. Eine Niederlage der Ukraine in der Abwehr des russischen Angriffskrieges würde die enge kommunale Zusammenarbeit und den weiteren Austausch gefährden, da sie die demokratische Entwicklung der Ukraine und ihre Annäherung an die Europäische Union grundlegend in Frage stellen würde. Eine geteilte oder anderweitig nicht souveräne Nachkriegsukraine würde einen Rückschlag in Bezug auf Bürgerbeteiligung, Selbstorganisation und Selbstbestimmung im Erholungs- und Reformprozess des Landes bedeuten. Dieser Rückschlag würde sich negativ auf die Städtepartnerschaften auswirken.

Deutsch-ukrainische Städtepartnerschaften sind bereits heute eine wichtige Dimension der Unterstützung und des Wiederaufbaus, sie spielen eine zentrale Rolle in der Aufrechterhaltung öffentlicher Unterstützung für die Ukraine und der Solidarität mit der Ukraine. Diese Solidarität gilt es aufrechtzuerhalten, gerade auch mit Blick auf die Zeit nach dem russischen Angriffskrieg. Die eng gewachsenen kommunalen deutsch-ukrainischen Beziehungen haben nur mit einer unabhängigen, freien Ukraine eine Zukunft. Zugleich bilden die vielen neuen wie auch die langjährigen Partnerschaften eine besondere Grundlage zur Stärkung der unabhängigen Ukraine auf ihrem Weg in die Europäische Union.

*Unter dem nachfolgenden Link ist eine grafische Visualisierung der ukrainisch-deutschen Städtepartnerschaften bereitgestellt:*
https://ibidem-verlag.de/pdf/2053_partnerschaften.pdf
*Alternativ zur Eingabe des Links in Ihren Browser gelangen Sie auch über das Scannen des folgenden QR-Codes zum Download.*

# V. Persönliche Reflexionen zum Leben im anderen Land

# Über das Ankommen in Deutschland

*Oleksandra Bienert*

*In einem fremden Land ein neues Leben zu beginnen ist in vielerlei Hinsicht eine große Herausforderung. Eine neue, eine zweite Heimat zu finden bedeutet einen oft schmerzhaften und ambivalenten Prozess des Loslassens. Oleksandra Bienert kam 2005 als Studentin aus der Ukraine nach Deutschland. Inzwischen lebt sie als Aktivistin und Wissenschaftlerin in Berlin. Ihre Erfahrungen nach der Ankunft in Deutschland – antislawischer Rassismus, aber auch große Unterstützung – und ihr Versuch, in die Ukraine zurückzukehren, machen deutlich, mit welch emotionalen und lebenspraktischen Herausforderungen Einwanderinnen und Einwanderer konfrontiert sind. Als inzwischen eingebürgerte Deutsche mit ukrainischer Migrationsgeschichte setzt sich Oleksandra Bienert heute dafür ein, »Neuankömmlingen« jeglicher Herkunft das Ankommen zu erleichtern.*

In Deutschland leben zurzeit (Stand: März 2024) über eine Million Ukrainer:innen. Damit sind sie hierzulande die zweitgrößte Community von Menschen mit einem ausländischen Pass (nach Menschen aus der Türkei und vor Menschen aus Syrien).[1] Legt man den Begriff »Menschen mit Migrationsgeschichte« oder »Menschen mit Migrationshintergrund« zugrunde (laut Definition des BAMF »wenn eine Person oder ein Elternteil die deutsche Staatsangehörigkeit nicht durch Geburt besitzt«[2]), so stellen Menschen aus der Ukraine die drittgrößte Gruppe dar, nach den Menschen aus der Türkei und den Menschen aus Polen. Migration aus der Ukraine gab es in Deutschland bereits vor der umfassenden Invasion Russlands – im Februar 2022 lebten hier rund 331.000 Menschen mit ukrainischer Migrationsgeschichte.[3] Diese Menschen sind mit Herausforderungen konfrontiert, die viele Migrant:innen teilen. In meinem Beitrag möchte ich deshalb auf meine Erfahrungen als Migrantin in Deutschland eingehen.

---

1 Statistisches Bundesamt, *Rohdaten zur ausländischen Bevölkerung: Zeitreihe* [Zugriff am 9. Juli 2024], https://www.destatis.de/DE/Themen/Gesellschaft-Umwelt/Bevoelkerung/Migration-Integration/Tabellen/rohdaten-auslaendische-bevoelkerung-zeitreihe.html.

2 Statistisches Bundesamt, *Migrationshintergrund* [Zugriff am 9. Juli 2024], https://www.destatis.de/DE/Themen/Gesellschaft-Umwelt/Bevoelkerung/Migration-Integration/Glossar/migrationshintergrund.html.

3 Mediendienst Integration, *Ukrainische Flüchtlinge* [Zugriff am 9. Juli 2024], https://mediendienst-integration.de/migration/flucht-asyl/ukrainische-fluechtlinge.html.

Ich bin in der ukrainischen Stadt Tscherniwzi aufgewachsen. Jahrelang bin ich am Denkmal von Paul Celan vorbeigefahren, ohne zu wissen, wer er ist. Den Namen habe ich zum ersten Mal während meines Studiums in Berlin gehört. »Du kommst aus Czernowitz?!«, hieß es immer, wenn ich meine Heimatstadt erwähnte. Die jüdischen Dichter meiner Heimatstadt waren in Berlin 2005 bekannter als in meinem Umfeld in der Ukraine. Allerdings wusste in Berlin wiederum niemand, wie meine Stadt auf Ukrainisch richtig heißt. Heute hat sich beides geändert, aber damals hat es mich überrascht und zum Nachdenken gebracht.

2004 kam ich zum ersten Mal nach Berlin, für ein Praktikum im Rahmen eines Austauschprogrammes meines Informatikstudiums in Kyjiw. In Berlin verliebte ich mich, musste aber nach dem Praktikum zurück in die Ukraine, um mein Studium zu beenden. Meinem damaligen Freund und mir war klar, dass es mehr war als eine Sommerromanze, wir aber auch keine Fernbeziehung wollten. Wir überlegten, wo wir ein gemeinsames Leben aufbauen wollten. In Berlin oder in Kyjiw?

Wir entschieden uns für Berlin. Ich hatte mein Informatikstudium in der Ukraine fast abgeschlossen und wollte in Deutschland ein zweites Studium beginnen: Europäische Ethnologie und Public History - Themen, die mich mehr interessierten als die Welt der Informatik. Außerdem sprach ich gut Deutsch, mein Freund kaum Ukrainisch.

2005 beendete ich mein Studium in Kyjiw und zog zu meinem Freund nach Berlin, ohne mir um die fernere Zukunft allzu viel Gedanken zu machen. Damals dachte ich, ich würde nur für ein paar Jahre in Deutschland bleiben. Die entscheidenden Weichen unseres Lebens erkennen wir meist erst später, wenn wir zurückblicken.

Ich hatte nie geplant, mein Heimatland zu verlassen, auszuwandern. Warum auch? Mein Leben in der Ukraine war gut. Ich hatte meine Freunde, meine Familie, mein Lieblingstheater in Kyjiw, die Straßen, durch die ich nachts im Gespräch mit Freund:innen oft gegangen war, mein Lieblingscafé. Der Blick auf das Dnipro-Ufer war mir vertraut. Der hundertjährige Brunnen, Denkmäler von Schriftstellern und stolze Kyjiwer Altbauten grüßten mich auf meinen Wegen durch die Stadt. Ich liebte das Stöbern in meiner Lieblingsbuchhandlung und die Galerie, die verborgen in einem Keller hervorragende Dokumentarfotos zeigte; ich kannte den Geruch frischer Brötchen aus der Bäckerei um die Ecke und den Klang der vorbeieilenden Straßenbahn. Ich war auch zu Hause in der Sprache, in dem herzlich-rauen Umgang der Menschen miteinander, ihrer engen Verbundenheit.

## Der schwierige Weg zum deutschen Studierendenvisum

Doch nun wollte ich in Deutschland studieren. Was wusste ich damals über dieses Land? In meinem Deutschlehrbuch waren Deutsche mit Lederhosen und einem Hut mit Feder abgebildet. Ich kannte die deutsche Gründlichkeit, Pünktlichkeit und Struktur. »Made in Germany« bedeutete für uns immer »Das hat Qualität«.

Die sprichwörtliche Gründlichkeit durfte ich dann auf der deutschen Botschaft in Kyjiw erleben und feststellen, dass der Weg zum Studierendenvisum nicht einfach war. Ich hatte eine Zulassung zum Studium der Europäischen Ethnologie an der Humboldt-Universität zu Berlin in der Tasche, eine Immatrikulationsbescheinigung und eine Verpflichtungserklärung eines Freundes, Tillmann aus Hamburg. Tillmann lernte ich kennen, als wir gemeinsam durch die Ukraine reisten – er suchte 2004 über das Goethe-Institut eine Übersetzerin und ich hatte mich gemeldet. Nach zwei Wochen gemeinsamer Reise durch die Dörfer der Karpaten und der Krim waren wir Freunde geworden. Tillmann schenkte mir sein Vertrauen und bürgte für mich, falls ich in Deutschland eine Straftat begehen oder mittellos dastehen sollte.

In der deutschen Botschaft in Kyjiw führten mich Mitarbeitende zu einem zweistündigen Gespräch in ein dunkleres Extrazimmer. Sie waren freundlich, die Fragen drehten sich jedoch im Kreis, und durch das Licht der Lampe auf dem Tisch fühlte es sich fast wie ein Verhör an. Ich kannte solche Gespräche nicht, es fühlte sich an, als würde mich jemand verdächtigen, es aber nicht offen aussprechen. »Wer ist die Person, die für Sie gebürgt hat?«, »Woher kennen Sie diese Person?«, »Warum möchten Sie Europäische Ethnologie studieren?«. Sie wiederholten diese drei Fragen immer wieder. Doch nach zwei Stunden verließ ich den Raum mit einem Visum. Ich musste versprechen, nach dem Studium in die Ukraine zurückzukehren – was ich reinen Gewissens tat, denn ich war fest davon überzeugt, früher oder später wieder in der Ukraine zu leben. Das Versprechen habe ich gehalten – wenn auch nicht so, wie ich es mir damals vorstellte.

## Studium in Berlin und Rückkehr in die Ukraine

Ich zog also nach Berlin und studierte, machte meinen Bachelor und baute mir ein neues Leben auf. Oft vermisste ich aber mein altes Leben und in meinem Kopf war immer der Gedanke: Ich kehre in die Ukraine zurück. Dies schien mir wie ein ungeschriebenes Gesetz, in seiner Unausweichlichkeit nicht zu hinterfragen. 2011 hatten mein damaliger Freund und ich eine Beziehungskrise, mein Masterstudium hatte ich fast abgeschlossen und so dachte ich, dass nach sechs Jahren in Berlin der richtige Zeitpunkt gekommen sei, um mein Leben in der Ukraine wieder aufzunehmen. Ich kehrte nach Kyjiw zurück.

Ich erinnere mich noch sehr genau, wie es roch, als ich aus dem Flugzeug in Kyjiw-Boryspil ausstieg. Es war der vertraute Geruch von Wildblumen, den ich im Wind wahrnahm. Ich war froh, wieder in der Ukraine zu sein. Ich fragte mich aber auch, ob mir mein altes Leben noch passen würde, ob sich diese Lücke, die man hinterlässt, wenn man geht, nicht längst wieder geschlossen hätte. »Egal, was passiert, ich versuche, hier wieder Fuß zu fassen«, dachte ich. Ich stieg in ein Taxi und der Geruch der Blumen begleitete mich auf der Boryspil-Autobahn den ganzen Weg bis nach Kyjiw. Ich fühlte mich wie ein Kind, freute mich an allem: an den Dörfern auf dem Weg, der Werbung am Straßenrand oder der Musik aus dem Radio - ich war in meiner Heimat, die mir nichts und niemand wegnehmen konnte.

## Die Orte, an denen wir leben, verändern auch uns

In Berlin hatte ich mich jahrelang nach der Ukraine gesehnt. Man sagt, ein Drittel der Menschen mit Migrationshintergrund in Berlin sitzt auf »mentalen Koffern«. Diese Menschen sind überzeugt davon, irgendwann in ihre Heimatländer zurückzukehren. So war es auch bei mir. Aber alles ändert sich: Menschen, Länder, Wahrnehmung. Die Orte, an denen wir leben, verändern sich, sie verändern aber auch uns.

Bei meiner Rückkehr in die Ukraine begegnete ich meiner alten Sehnsucht, doch ich hatte mich verändert. Vieles, was mir in der Ukraine früher so vertraut war, schien mir plötzlich fremd. Ich vermisste die freundliche Distanz, den weicheren Umgang der Menschen in Deutschland miteinander. In Berlin hatte ich mir ein großes Netzwerk aufgebaut, war in der ukrainischen Community aktiv, hatte Ausstellungen über mein Heimatland organisiert und einen Ukrainischen Kinoklub gegründet. Ich war ein politischer Mensch geworden.

In der Ukraine musste ich wieder neu anfangen. Ich hatte keine Wohnung, und meine neue Arbeit war zwar ein Traumjob bei einem großen ukrainischen Menschenrechtsverband, ich hatte fantastische Kollegen, aber das Geld reichte nicht zum Leben. Ich war müde und erschöpft.

Ich wollte mir nicht noch mal ein neues Leben aufbauen. Und so kehrte ich nach einer Weile nach Berlin zurück.

## Berlin als zweites Zuhause

Und heute? Ich bin eine »gescheiterte« Rückkehrmigrantin und glücklich in Berlin. Ich habe immer noch eine enge Verbindung in die Ukraine, dennoch habe ich mich entschieden, in Berlin zu bleiben. Es ist das vorläufige Ende eines schmerzhaften Prozesses zwischen Loslassen und Ankommen. Deutschland ist für mich längst kein Gastland mehr, es ist mein Zuhause. Auf Deutsch würde man vielleicht »Wahlheimat« sagen, auf Ukrainisch gibt es keinen entsprechenden Begriff. In der ukrainischen Sprache gibt es nur eine Heimat. Ich habe zwei.

Es war ein langer Weg, bis ich Deutschland als Heimat empfinden konnte, und er erforderte viel Willenskraft und Resilienz. Nicht alle Erfahrungen waren schön, und ich erfuhr auch, was es bedeutet, wegen der Herkunft anders behandelt zu werden als andere Menschen: diskriminiert. Und dass es einen Unterschied macht, ob man eine sichtbare oder unsichtbare Migrationsgeschichte hat.

## Sichtbare und unsichtbare Migrationsgeschichte

Es gab und gibt eine Unterscheidung zwischen «guten« und »bösen« Ausländern. »Du bist eine gute Ausländerin, weil du dich integrierst«, habe ich mehr als einmal gehört. Die Unterscheidung ist meist mit der Vorstellung verknüpft, »die gehören zu uns, und die anderen nicht«. Den Unterschied zwischen »uns« und den »anderen« habe ich besonders 2022, nach der umfassenden Invasion Russlands, gespürt. Ich war dankbar für die enorme Hilfe, als über eine Million Geflüchtete aus der Ukraine nach Deutschland kamen. Gelegentliche Äußerungen mancher deutscher Bekannten befremdeten mich jedoch: »Na ja, aus der Ukraine kommen doch ›unsere‹ Leute, deren Kultur der unseren sehr ähnlich ist«. Denn auch mit Menschen, die aus Syrien oder anderen Ländern zu uns kommen, haben wir schließlich viel gemeinsam.

Was es bedeutet, eine sichtbare oder unsichtbare Migrationsgeschichte zu haben, wurde mir auch bewusst, als ich im Februar 2010 mit Freunden nach Dresden fuhr, um einen Aufmarsch von Neonazis zu blockieren. Das ist uns tatsächlich gelungen, allerdings saß ich auf der Rückfahrt allein in einem Zugabteil voller Menschen mit rechtsextremer Gesinnung. Es ist kein angenehmes Gefühl, wenn man weiß, dass die Menschen um einen herum denken, man sei nicht von hier und solle auch nicht hier sein. Ich habe die Zugfahrt damals zum Glück gut überstanden – wohl auch, weil keiner merkte, dass ich Ausländerin bin.

## Ausgrenzung durch Komplimente

Auch heute noch stört mich der Satz: »Du sprichst aber gut Deutsch«. Mittlerweile antworte ich: »Du aber auch!«. Durch den Hinweis auf »gutes Deutsch« wird eine Zugehörigkeit konstruiert und aus dem vermeintlichen Kompliment entsteht eine Abgrenzung. Ich weiß, dass dies meist nicht beabsichtigt ist, aber für eine Person mit Migrationsgeschichte kann es sich so anfühlen.

Manche Bemerkungen sind nicht nur auf meine Migrationsgeschichte bezogen, sondern auch auf mein Geschlecht. Oder auf beides. »Hast du dir eine Putzfrau aus der Ukraine geholt, um deine Toilette zu putzen?«, sagte ein Freund einmal zu meinem damaligen Partner. Es sollte ein Witz sein. An diesen »Witz« musste ich denken, als eine gute Freundin mir erzählte, ihre deutsche Kollegin habe ihr gesagt, sie brauche ihr Studium in Deutschland gar nicht abzuschließen, weil sie als Ukrainerin sowieso nur in schlecht bezahlten Jobs arbeiten könne. Die besagte Freundin, die in der Ukraine promoviert und hier ihr Studium mit Bestnoten beendet hat, leitet heute ein Frauenzentrum in Berlin, hat Auftritte in der Tagesschau und ist eine der gefragtesten Expertinnen für die Situation der Menschen- und Frauenrechte in der Ukraine.

Der »Witz« über ukrainische Putzfrauen spiegelt das Bild wider, das viele Deutschen von ukrainischen Frauen hatten – oder haben. Tatsächlich arbeiten viele Ukrainerinnen in deutschen Haushalten als Putzfrauen oder Pflegekräfte. Viele von ihnen haben keinerlei soziale Absicherung.[4] Im Jahr 2022 kamen über einer Million Geflüchtete aus der Ukraine, 72 Prozent von ihnen haben einen Hochschulabschluss. Dadurch – und durch die intensiveren Kontakte zwischen beiden Ländern – hat sich das Bild mittlerweile hoffentlich positiv verändert.[5]

---

4 Bundeszentrale für politische Bildung, *Ukrainische Care-Migrantinnen in Deutschland: Prekäre Arbeitsbedingungen, lukratives Geschäft* [Zugriff am 9. Juli 2024], https://www.bpb.de/themen/europa/ukraine-analysen/338089/analyse-ukrainische-care-migrantinnen-in-deutschland-prekaere-arbeitsbedingungen-lukratives-geschaeft/.

5 Bundesamt für Migration und Flüchtlinge, *Kurzstudie: Ukrainische Geflüchtete* [Zugriff am 9. Juli 2024], https://www.bamf.de/SharedDocs/Anlagen/DE/Forschung/kurzstudie-ukr-gefluechtete.pdf?__blob=publicationFile&v=14.

## Wahrnehmung der Ukraine in Deutschland

Auch die hierzulande früher fehlende Wahrnehmung der Ukraine hat mich erstaunt. 2005 musste ich feststellen, dass die Ukraine (und damit beispielsweise auch ukrainische Rotarmist:innen, die im Zweiten Weltkrieg gekämpft haben – wozu der größere Teil meiner Familie gehörte) auf der geistigen Landkarte mancher Menschen in Deutschland (noch) nicht existierte. So standen wir einmal mit dem Auto an der polnisch-ukrainischen Grenze. In Richtung Ukraine zeigend fragte mich der Fahrer im Wagen hinter uns: »Ist da schon Russland?« Ich antwortete: »Ja, nach 2.000 Kilometern, aber zuerst kommt ein Land namens Ukraine.« Heute ist die Ukraine in den Köpfen der meisten Deutschen sicherlich präsent.

Meine bisherige Beschreibung mag vielleicht düster wirken. Zur Einordnung muss man wissen, dass ich die Beispiele bewusst gewählt habe, um zu zeigen, womit Menschen mit Migrationsgeschichte konfrontiert sind. Eine allgemeingültige Erfahrung lässt sich daraus nicht ableiten. Fairerweise muss ich sagen, dass ich größtenteils gute Erfahrungen in Deutschland gemacht habe.

## Einbürgerung als Verlust und Gewinn

Bei meiner Einbürgerungszeremonie im Jahr 2016 sagte die damalige Bürgermeisterin von Neukölln zu uns im Saal, die wir auf die deutsche Staatsangehörigkeit warteten: »Sie müssen nicht Ihre erste Heimat aufgeben. Es kommt nur eine weitere Heimat dazu.« Dann spielte ein kleines Orchester ein Potpourri der verschiedenen Nationalhymnen. Es wurde jeweils eine Strophe der Hymne des Landes gespielt, dessen Bürger an diesem Tag eingebürgert wurden. Als die nigerianische Hymne erklang, richtete sich eine Frau in der ersten Reihe stolz auf und hob ihren Kopf. Sie war aus Nigeria. Auch Menschen polnischer, libanesischer, peruanischer oder türkischer Herkunft konnte man erkennen, sobald ihre Hymne erklang. Es war eine schöne Geste des Bezirksamtes Neukölln.

Die ukrainische Hymne wurde an neunzehnter Stelle gespielt. Und auch ich richtete mich mit Tränen in den Augen auf und hob meinen Kopf. Ich weinte, weil ich meine ukrainische Staatsangehörigkeit aufgeben musste, um die deutsche Staatsbürgerschaft zu erhalten.

Es gab für mich viele Gründe, die deutsche Staatsbürgerschaft anzunehmen. Trotz der vielen Jahre in Deutschland durfte ich 2016 – wie über zehn Millionen Menschen in Deutschland (heute sind es über 13 Millionen), die keinen deutschen Pass besitzen – nicht wählen, was aus meiner Sicht ein Demokratiedefizit darstellt.[6] Wenn ich ehrlich bin, wollte ich aber auch nicht mehr bei jedem Grenzübertritt kontrolliert und ausgefragt werden. Ich wollte nicht mehr, dass die Mitarbeiter auf der Post misstrauisch das Foto in meinem Pass betrachteten, wenn ich ein Paket abholen wollte, und mich fragen, ob ich ihn gefälscht hätte. Vermieter sollten nicht mehr aufgrund meiner Staatsangehörigkeit entscheiden, ob sie mir eine Wohnung vermieteten – und vieles mehr. Vor allem aber wollte ich wählen können. Zu diesem Zeitpunkt lebte ich bereits seit 11 Jahren in Deutschland, arbeitete hier und zahlte Steuern. Für mich wäre es wichtig gewesen, meinen ukrainischen Pass behalten zu dürfen. Da dies nicht ging, gab ich ihn ab und nahm die deutsche Staatsangehörigkeit an.

Doch zurück zu meinem Einbürgerungstag. Als wir mit den Einbürgerungsurkunden aus dem Saal kamen, empfing uns die damalige Bürgermeisterin von Neukölln mit Brot und Salz. »Ich war gerade in Lwiw und habe es dort so erlebt«, sagte sie zu mir, »und ich fand diese Tradition sehr schön, deshalb wollte ich es auch hier machen.« An diesem Tag fühlte ich mich angenommen und als Teil einer großen deutschen Familie, zusammen mit vielen anderen Menschen unterschiedlicher Herkunft.

## Wirkliches Ankommen ist das Ende eines langen Prozesses

Warum lebe ich hier, trotz der anfänglichen Herausforderungen und obwohl mir die Ukraine oft fehlt? Ich liebe Berlin. Wenn ich verreise, vermisse ich die einzigartigen Ecken und Kanten dieser Stadt. Auch in den kalten Wintermonaten, in denen die Sonne nur selten zu sehen ist, mag ich Berlin. Ich weiß, dass der erste Frühlingstag kommen wird. Ich warte auf ihn und er kommt immer – mal früher, mal später. Die ersten warmen Sonnenstrahlen erhellen meine Lieblingsparks und die Cafés – und den Fernsehturm, das Wahrzeichen der Stadt. Und dann weiß ich, dass es die richtige Entscheidung war.

6 Frankfurter Rundschau, „Warum bei der Bundestagswahl viele nicht abstimmen dürfen" [Zugriff am 9. Juli 2024], https://www.fr.de/politik/bundestagswahl-nicht-abstimmen-darf-11020046.html.

Die Ukraine ist nur zwei Flugstunden entfernt, oder wie jetzt in Kriegszeiten 24 Stunden mit dem Bus. In Berlin gibt es eine Unterstützungsinfrastruktur für Organisationen, die von Menschen mit Migrationshintergrund geschaffen wurden. Als erstes Bundesland hat Berlin dank der langen Advocacy-Arbeit dieser Organisationen ein eigenes Antidiskriminierungsgesetz verabschiedet. Ich liebe die Vielfalt hier und schätze es, dass hier jeder und jede so sein kann, wie er oder sie ist. In Berlin habe ich Fahrradfahren und Schwimmen gelernt. Aber das Wichtigste: Ich habe echte Freund:innen gefunden und große Unterstützung erfahren. Diese Menschen haben mir das Ankommen erleichtert, dank ihnen fühle ich mich heute sehr wohl in Berlin.

## Unterstützung aller Neuankömmlinge

Es ist ein großer Schritt, sich ein neues Leben in einem fremden Land aufzubauen. Da ich die Probleme und Herausforderungen aus eigener Erfahrung kenne, habe ich mir zum Ziel gesetzt, anderen bei ihrem Ankommen zu helfen. Denn ich weiß auch, dass ich als »weiße« heterosexuelle Person, die aus einer Familie von Ingenieuren kommt, privilegiert bin. Zahlreiche Studien zeigen, dass Frauen mit Kopftuch bzw. Menschen mit arabisch- oder türkischklingenden Namen und People of Color bei der Wohnungs- oder Arbeitssuche in Deutschland Diskriminierung ausgesetzt sind.[7]

Es ist wichtig, dass wir uns der bestehenden Machtverhältnisse bewusst werden und auch im Alltag die großen Fragen nicht aus den Augen verlieren. Wie soll unsere Gesellschaft von morgen aussehen? Wer bin ich in diesem System? Welche Privilegien habe ich allein aufgrund meiner Hautfarbe, meiner Herkunft oder meines Namens? Wir müssen unser System für Neuankömmlinge freundlicher gestalten, Barrieren abbauen, die einer vollumfänglichen Teilhabe an der Gesellschaft im Weg stehen und einander die Hand reichen. Ungeachtet seiner Herkunft hatte jeder Mensch, der nach Deutschland gekommen ist – sei es mit oder ohne Asylantrag – einen Grund, sein Heimatland zu verlassen. Wir sollten die Beweggründe nicht infrage stellen, sondern den Menschen bei ihrem Neuanfang helfen. Unsere Unterstützung wird sich bezahlt machen – in Form einer offenen Gesellschaft, in der jeder Einzelne respektiert wird

7 Netzwerk IQ, *Diskriminierung im Kontext Arbeit: Praxisfallsammlung und Handlungsempfehlungen 2021* [Zugriff am 9. Juli 2024], https://www.netzwerk-iq.de/fileadmin/Redaktion/Downloads/Fachstelle_IKA/Publikationen/FS_IKA_Diskriminierung_im_Kontext_Arbeit_Praxisfallsammlung_und_Handlungsempfehlungen_2021_web.pdf

und sich entsprechend seinen Fähigkeiten entfalten kann. Denn wie unsere Gesellschaft von morgen aussieht, hängt von jedem Einzelnen ab.

## Danksagung

Besonders wichtig für mein Leben waren die Menschen, die mich am Anfang meines Weges begleitet haben. Tillmann bürgte für mich und ich weiß nicht, ob ich ohne ihn hier wäre. Auch die Mutter meines damaligen Freundes hat mich herzlich aufgenommen. Schon vor meiner Ankunft in Berlin schickte sie mir Briefe und Päckchen nach Kyjiw, und ich fühlte mich willkommen. Die Schwester meines damaligen Freundes hat mir Bücher geschenkt, und durch sie habe ich auch von deutschen Menschenrechtlerinnen wie Minna Cauer erfahren. Ulla und Ralf haben mir 2009 einen Job als studentische Hilfskraft gegeben, was am Beginn meiner Karriere in Berlin ein entscheidender Impuls war. Mit Manfried, Daniel und Claus konnte und kann ich offen und kritisch über gesellschaftliche Themen diskutieren. Meine Doktormutter hat mich ermuntert und unterstützt, eine Dissertation zu verfassen. Meine Kolleginnen in Marzahn-Hellersdorf, Christine und Marion, haben mir gezeigt, was es bedeutet, ein großes Herz zu haben. Die Polinnen Berenika und Magda aus der »Nachbarcommunity« haben mir viel Kraft und Unterstützung geschenkt. Bei Conny, der guten Seele von Köpenick, fand meine Mutter für mehr als ein Jahr ein zweites Zuhause, als sie 2022 vor den russischen Bombenangriffen nach Berlin fliehen musste. Ohne diese großartigen Menschen, von denen hier nur einige genannt sind, und ohne meine Freundinnen aus der ukrainischen Community wären mein Ankommen und mein Leben hier unendlich viel schwieriger verlaufen.

# Die Ukraine als Obsession Russlands
## Gedanken eines Politologen zum Leben zwischen Russland und der Ukraine

*Andreas Umland*

*Russland ist mit ungelösten Identitätsproblemen konfrontiert – und die Ukraine stand schon lange vor der Eskalation am 24. Februar 2022 im Zentrum der Frage nach dem eigenen »Ich« der Russinnen und Russen. Dass die Ukraine damit zum Schauplatz russischen Revanchismus werden würde, war lange absehbar. Bereits um die Jahrtausendwende waren in Russland wachsende antiwestliche Ressentiments deutlich spürbar. Großmachtstatus, Ruhe und Wohlstand – weniger Freiheit oder Demokratie – standen im Mittelpunkt. In der Ukraine hingegen war die Ablehnung autoritärer Tendenzen unverkennbar. Nach der Orangenen Revolution setzte Putin lediglich einen Schwenk zum Revisionismus um, der schon vorher gesellschaftlich angelegt war. Umso unverständlicher erscheint es, dass der Westen selbst nach der Annexion der Krim die Augen vor den offensichtlichen Realitäten verschloss.*

### Was sind die Ukraine und Russland? Begriffsgeschichtliche Überlegungen zur Gegenwart

*Ukrajina* ist die historische Selbstbezeichnung der südlichen Ruthen:innen, *russitschi* (Nachfolger der Rus) oder Ukrainer:innen für ihr Land. Die ukrainische Präposition »u« meint »im«. Die Wörter *kraj* oder *krajina* bezeichnen in diesem Kontext ein Land. *Ukrajina* könnte insofern als »im Lande« übersetzt werden.

Russ:innen erinnert die Bezeichnung *Ukrajina* dagegen an das russische Wort *okraina* – das bedeutet Peripherie, Randgebiet, ein vom Zentrum fernes Land. Die im Romanowimperium bevorzugte russische Fremdbezeichnung für die Ukraine war jedoch weder *Ukrajina* noch *okraina*. Vielmehr kursierte damals der Eigenname *Malorossija* – Kleinrussland – als offizielle Bezeichnung der Ukraine.

Das wachsende Moskowiter Reich hatte von der mittelalterlichen Kyjiwer Rus ihre Fremdbezeichnung – *Rosija* – übernommen. Beim ersten Auftauchen von *Rosija* (griechisch: *Ρωσία*) als Bezeichnung der Rus in griechischen Schriften des Byzantinischen Reichs im 10. Jahrhundert existierte die Stadt Moskau allerdings noch nicht. Rus und *Rosija* meinten ursprünglich ein Staatengebilde mit Zentrum in Kyjiw und unter Abwesenheit Moskaus. Die damalige *Rosija* umfasste weite Teile der heutigen Ukraine sowie von Belarus und nur einen Teil der heutigen Russischen Föderation.

Rus oder *Rosija* meinte somit ursprünglich das Territorium des heutigen Nordwestrusslands ohne Moskau sowie den Großteil der derzeitigen Ukraine und von Belarus. Nichtsdestoweniger galten letztere Nationen später im Zarenreich als »Klein-« beziehungsweise »Weißrussen« (*malorossy* bzw. *belorusy*). Dagegen wurden und werden die Bewohner:innen der einst nordöstlich gelegenen, relativ peripheren Gebiete der Rus sowie gewaltiger Territorien außerhalb der ursprünglichen *Rosija* schlicht als »Russen« (*russkije*), »Russländer« (*rossijane*) oder gar »Großrussen« (*welikorossy*) bezeichnet.

Zu den begriffshistorischen Ungereimtheiten bei der Verwendung der Silbe »rus« und den Missverständnissen bei der Übersetzung von *Ukrajina* kommt die Verwendung des russischen Wortes *Ukraina* mit der Präposition »na« (also »auf«). Die meisten Russ:innen sagen, wenn sie über ihr südwestliches Nachbarland sprechen, nicht »in der Ukraine« sondern »auf der Ukraine« (*na Ukraine).* Die Präposition deutet dabei an, dass es sich um eine Landschaft handelt, nicht um ein Land.

All das lässt erahnen, warum die Ukraine letztlich doch Peripherie bzw. Randgebiet ist – wenn auch nicht ein Randgebiet von Russland. Die Ukraine liegt am östlichen Rande einer Gemeinschaft saturierter sowie selbstgewisser Nationen. Sie liegt an der östlichen Grenze einer Gemeinschaft, die in der Ukraine als »Europa« firmiert.

Die jahrhundertealten Moskauer Umdeutungen und Ableitungen von Rus/*Rosija* sowie Ungewissheit über das Nachbarland Ukraine hingegen deuten das grundlegende Problem russischer bzw. moskowitischer Identität an. Das Volk der sich selbst so bezeichnenden Russen weiß – im Gegensatz zu den meisten anderen europäischen Nationen – bislang nicht, wer, was und wo es ist. Viele Russ:innen hätten Probleme auf folgende einfache Fragen eindeutige Antworten zu geben: Ist Russland ein Imperium oder eine Nation? Ist die postsowjetische Russische Föderation ein verschandelter Rumpfstaat oder eine stolze Großmacht? Ist Russland die Heimat nur der Russ:innen oder »Großruss:innen« oder auch von »Weiß-« und »Kleinruss:innen«? Ist Russland eine Föderation, wie es im offiziellen Namen heißt, oder eine Union, wie der ratifizierte Unionsvertrag mit Belarus suggeriert? Gehört Russland zu Europa, wie

Russlands politische und intellektuelle Führung deklariert, oder zu Eurasien, wie es die Eurasische Wirtschaftsunion annonciert? Und was und wie groß ist »Eurasien« eigentlich? Ist Russland vielleicht selbst »Eurasien«, wie es die sogenannten »Eurasier« der 1920er verkündeten? Falls ja: Was meint das Wort »Eurasismus«? Und vor allem: Ist der Staat der Russ:innen bereits eine feste Formation oder eine noch unverwirklichte Imagination mit unklaren geografischen und politischen Grenzen?

So eigenartig derartige und ähnliche Fragen sind, so bekannt sind solche Identitätsprobleme aus der Geschichte anderer (post)imperialer Nationen. Das Besondere der heutigen russischen Situation ist allerdings die weiterhin politikbestimmende Präsenz solch fundamentaler und teils pathologischer Identitätsfragen im 21. Jahrhundert. Die Ukraine hatte schon vor der Eskalation am 24. Februar 2022 das Pech, im Zentrum der Frage nach dem eigenen »Ich« der Russen zu stehen.

Wie 2022 klar wurde, hat ihre Lage an der Grenze zu Russland für die Ukrainer nicht nur traurige, sondern geradezu tragische Konsequenzen. Die Ukraine ist nicht nur Grenzland zwischen dem postimperialen Europa und neoimperialen »Eurasien« – so die Selbstbezeichnung etlicher russischer Imperialisten für den von ihnen beanspruchten Raum. Die Ukraine ist nunmehr auch Frontstaat zwischen dem Westen und einem von kollektivpsychologischen Phantomschmerzen gezeichneten Russland.

## Leben und Forschen zwischen Russland und der Ukraine

Als ich 2002 meinen ersten Lehrauftrag in der Ukraine als Lektor am Fachbereich Politologie der Kyjiwer Mohyla-Akademie antrat, hatte ich schon die Vorahnung eines Schreckensszenarios für mein Gastland. Nach damals zehn Jahren Forschung, drei Abschlussarbeiten und zwei Dissertationen über postsowjetischen russischen Faschismus in Berlin, Oxford, Stanford und Cambridge war ich nicht nur – wie auch andere Kollegen in der politikwissenschaftlichen und zeithistorischen Russlandforschung – skeptisch gegenüber der russischen Demokratisierung. Vor Beginn meines bislang neunzehnjährigen Aufenthalts in Kyjiw hatte ich 1999 bis 2001 in der russischen Provinz unterrichtet. Zwar war ich innerhalb der Uraler Staatlichen Universität (UrGU) in Jekaterinburg damals an einem liberalen Institut angestellt und bewegte mich in einem akademischen Umfeld, das klar westlich orientiert war. Doch waren Arbeitsstellen wie meine an der UrGU, was ihre Integration in gesamteuropäische Netzwerke und ihre internationale Orientierung betraf, eher die

Ausnahme. In Uraler und anderen Medien, Gesprächen und Konferenzen Russlands konnte ich bereits zu dieser Zeit das wachsende antiwestliche Ressentiment eines Teils der russischen intellektuellen Elite spüren.

Ich erlebte in meinen zwei Jahren in der Swerdlowsker Region, wie Wladimir Putin begann unabhängige Medien, so den einst regierungskritischen Fernsehkanal NTV, langsam abzuwürgen und wie er den Zweiten Tschetschenienkrieg nutzte, um seine Popularität zu steigern. Dieser Krieg war ein Vorspiel seines späteren außenpolitischen militärischen Vorgehens mit wahlstrategischem Kalkül. In Georgien 2008, auf der Krim 2014 und in der Festlandukraine 2022 wandte Putin massiv und schwere Waffengewalt an, mit dem Resultat, dass er und sein Regime deutlich an Unterstützung bei der russischen Bevölkerung gewannen. Das traurige Kuriosum zwischen einerseits der Selbstdefinition vieler Russ:innen als friedliebendes Volk und andererseits der weit verbreiteten Unterstützung für den Zweiten Tschetschenienkrieg, die Invasion Georgiens 2008, die Krimannexion 2014 und schließlich die Großinvasion der Festlandukraine 2022 müssen wohl eher Psychologen als Politologen erklären.

Bei meiner Übersiedlung von Cambridge (Massachusetts) – nach einem Postdocjahr in Harvard – nach Kyjiw-Borschtschahiwka im August 2002 lag Russlands Aggression gegen die Ukraine noch in weiter Ferne. Damals überwogen zumindest an der Oberfläche noch politische Gemeinsamkeiten zwischen Russland und der Ukraine. Das späte Kutschma-Regime hatte Ähnlichkeiten zur frühen Putin-Herrschaft. Auch verlief das Alltagsleben der postsowjetischen Millionenstädte Jekaterinburg während meines Lehrauftrags 1999 bis 2001 und Kyjiw bei meinem ersten Lehrauftrag 2002 bis 2003 teils ähnlich. Die öffentlichen Verkehrsmittel waren klapprig und teils schäbig, aber zahlreich vorhanden. Während einige Grundnahrungsmittel spottbillig verkauft wurden, waren andere Lebensmittel und Kleidung teils teurer als in Deutschland. Leitungswasser war (und ist) ungekocht nicht trinkbar und manchmal nur kalt zu haben. Armut, Alkoholismus und Kriminalität waren allgegenwärtig.

## Unterschiede zwischen Russland und der Ukraine

Was bereits damals im Vergleich zu Russland ins Auge stach, war das unterschiedliche gesellschaftliche Klima in der Ukraine nach der Jahrhundertwende. Putins beginnende Machtakkumulation wurde in Russland größtenteils hingenommen und nur von einzelnen Menschenrechtsaktivist:innen, Politiker:innen und Journalist:innen kritisiert. Stabilität, Ruhe sowie Wohlstand und weniger Freiheit oder Demokratie standen im russischen Mittelpunkt.

In der Ukraine waren dagegen die Ablehnung der autoritären Tendenzen unter Kutschma und die Mobilisierung gegen sie umfassend. Manchmal wird dies mit den ukrainischen politischen Traditionen (westlicher Einfluss und/oder Kosakendemokratie), manchmal mit den gesellschaftlichen Spaltungen des postsowjetischen Landes (Stichwort: »democracy by default«) erklärt. Wie auch immer: Die ukrainische Protestbewegung mündete schließlich in die Orangene Revolution, die ich aufgrund einer einjährigen Gastdozentur 2004 in Oxford verpasste. Anfang 2005 kam ich – nunmehr als DAAD-Lektor an der Nationalen Taras-Schewtschenko-Universität Kyjiw – in eine Ukraine zurück, die einen neuen Weg eingeschlagen hatte. Für einen Politologen war die Ukraine zu einer Art Schlaraffenland geworden, in welchem innen-, sicherheits- und geopolitische Grundsatzfragen Osteuropas entschieden wurden. Während Russlands Politik unter Putin immer zentralistischer, monistischer, statischer und undurchsichtiger wurde, erblühte in der postorangenen Ukraine ein mehrdimensionaler politischer Konflikt, der quer durch die bisherigen Fronten ging. Ich lernte allmählich Ukrainisch und begann mich mehr mit der florierenden ukrainischen anstatt mit der immer undurchschaubareren russischen Innenpolitik zu befassen.

Obwohl der Revolutionsbegriff für den ukrainischen Wahlaufstand Ende 2004 hyperbolisch ist, war dieses Ereignis eine Zeitenwende für den gesamten postsowjetischen Raum. Während der zweitgrößte Nachfolgestaat der UdSSR, die Ukraine, den Weg Richtung Westen und Demokratie einschlug, passierte im größten postsowjetischen Staat, Russland, das genaue Gegenteil – und zwar als Reaktion des Putin-Regimes auf die Orangene Revolution. Unmittelbar nach der Inauguration des moderaten ukrainischen Nationalisten Wiktor Juschtschenko als drittem gewähltem Präsidenten der Ukraine am 23. Januar 2005 leitete Putin eine umfassende ideologische und strategische Umorientierung Moskaus ein.

Die Ukraine war nun klar westorientiert. Um nur eine wenig bekannt gewordene Facette des Wendepunkts zu nennen: Am 2. Dezember 2005 kam es in Kyjiw zur Gründung der Gemeinschaft Demokratischer Staaten, deren Gründungsmitglieder Estland, Georgien, Litauen, Lettland, Moldau, Nordmazedonien, Rumänien, Slowenien und die Ukraine wurden. Freilich blieb diese Initiative ohne Folgen. Dennoch zeichneten diese Gemeinschaft und ihre Gründung ausgerechnet in Kyjiw den außenpolitischen Weg der Ukraine vor.

Im Laufe des Jahres 2005 sandte der Kreml eine Reihe richtungsweisender Signale ins In- und Ausland, die den Widerstand gegen den schleichenden Verlust der Ukraine als russische Einflusszone ankündigten. So verkündete Putin damals sein berüchtigtes Diktum, dass der Zerfall der Sowjetunion die größte geopolitische Katastrophe des 20. Jahrhunderts gewesen sei. Sein damaliger enger Assistent Wladislaw Surkow führte im selben Jahr den Begriff »souveräne Demokratie« zur Verschleierung der undemokratischen Regierungspraxis in Russland ein. Gleichzeitig wurde eine Reihe neuer Herrschaftsinstrumente ins Leben gerufen, von den Jugendorganisationen »Die Unsrigen« und »Junge Garde« bis hin zum englischsprachigen Auslandssender *Russia Today*.

»The rest is history« – wie es so schön heißt. Die Orangene Revolution bedeutete das Ende der imperialen Geschichte Russlands. Es folgte eine politische Reorientierung des Kreml dahingehend, den Niedergang des Imperiums rückgängig zu machen. Seither führt Moskau eine Serie revanchistischer Rückzugsgefechte. Dies geschah zunächst mit politischen Mitteln: der Unterstützung diverser prorussischer Akteure und Agenten in der Ukraine bis Anfang 2014. Später folgte die Anwendung hybrider Methoden, das heißt der Kombination von Hard und Soft Power im verdeckten Krieg gegen die Ukraine 2014 bis 2022. Schließlich begannen am 24. Februar 2022 eine traditionelle, offene und massive militärische Aggression und der Versuch einer genozidalen Säuberung der Ukraine.

## Nachgiebigkeit gegenüber einer revanchistischen Großmacht

Jedoch war 2014 mit Russlands Krimannexion und verdecktem Krieg im Donbas bereits klar geworden, dass knapp zehn Jahre nach der Orangenen Revolution eine weitere Zeitenwende begonnen hatte. Heute, im Jahr 2024, ist noch nicht klar, wie tief dieser inzwischen zehnjährige Umbruch insbesondere für Russland sein wird. Acht Jahre lang bestand 2014 bis 2022 für den Westen die Chance, die Ukraine militärisch auf den Showdown vorzubereiten und Russland klar in seine Schranken zu weisen. Dass gerade deutsche Politiker:innen und Wähler:innen diesen Moment nicht als solchen erkannten, war im Lichte der deutschen Zeitgeschichte nur schwer zu verstehen. Hätten nicht gerade die Deutschen am besten wissen müssen, dass Nachgiebigkeit gegenüber einer revanchistischen Großmacht nutzlos ist?

Für mich »erfüllte« sich 2022 ein Albtraum, der mich dreißig Jahre zuvor zur russlandbezogenen Ultranationalismus-Forschung geführt hatte. Es geschah nunmehr eine partielle Wiederholung deutscher Geschichte nach Ende des Ersten Weltkriegs durch das Russland, welches aus der sowjetischen Niederlage im Kalten Krieg hervorgegangen war. Eine meiner ersten Veröffentlichungen – damals noch als Student – hieß »Die Sprachrohre des russischen Revanchismus«, widmete sich unter anderem dem inzwischen berüchtigten Aleksandr Dugin und erschien 1995 in den SPD-nahen *Frankfurter Heften*. Es war nur eine von schon damals Dutzenden Warnungen etlicher mit Russland vertrauter Beobachter, dass das Risiko eines Scheiterns des russischen Übergangs vom Imperium zum Nationalstaat hoch sein könnte.

Dass ukrainisches Territorium und insbesondere die Krim ein wahrscheinlicher Schauplatz des russischen Revanchismus sein würden, war jedem auch nur einigermaßen mit Moskauer geopolitischem Denken vertrauten Beobachter klar. Es überraschte eher, dass es in der Ukraine erst ca. ein Vierteljahrhundert nach Zerfall der UdSSR, also erst im Jahr 2014, zur offenen militärischen Intervention Moskaus kam – lange nach den offiziellen und blutigen Eingriffen regulärer russischer Truppen in Moldau, Tschetschenien und Georgien. Am Fenster meines Hauses in der berühmten Russaniwka-Uferstraße am Kyjiwer linken Dnipro-Ufer etwa im Oktober 2022 und März 2023 Einschläge russischer Raketen im rechtsufrigen Kyjiw live zu erleben, war nicht nur ein Schock und Trauma. Es war auch ein merkwürdiges Privileg für einen Politologen: Zumindest war man in diesen Augenblicken zum richtigen Zeitpunkt am richtigen Ort.

# Mein Leben während der »Revolution der Würde«

*Ralf Haska*

*»... aber jetzt schlagen sie unsere Kinder!« Der 30. November 2013 markierte den Wendepunkt der Proteste auf dem Maidan, als Berkut-Spezialeinheiten gewaltsam gegen die friedlich protestierenden Studierenden und Jugendlichen vorgingen. Doch die Menschen ließen sich auch von Scharfschützen und der Gewalt der Regierungstruppen nicht einschüchtern, sie forderten immer zahlreicher ihre Rechte und ihre Würde ein. In diesen dramatischen Monaten der folgerichtig als »Revolution der Würde« bezeichneten Massenproteste spielten auch die Kirchen eine wichtige Rolle. In Solidarität vereint boten sie den Menschen Zuflucht und Beistand, versorgten Verletzte, versuchten zu vermitteln und hatten so einen großen Anteil daran, dass die Proteste friedlich blieben.*

Sechs Jahre, von 2009 bis 2015, lebten meine Familie und ich in Kyjiw, in der Ukraine. Ich war verantwortlich für die Deutsche Evangelisch-Lutherische Gemeinde St. Katharina, deren Kirchengebäude sich in unmittelbarer Nähe des Präsidentenpalastes befindet. Es waren herausfordernde Jahre in einem fremden Land, das uns schnell ans Herz wuchs. Insbesondere die Zeit 2013/14, die von der »Revolution der Würde«, dem Euromaidan, geprägt war, hat uns im tiefsten Inneren bewegt. Diese Erfahrungen sind es, die auch heute noch nachwirken und uns an der Seite der Ukraine in ihrem Kampf um Frieden und Freiheit stehen lassen.

Was im November 2013 als Protest gegen die Wankelmütigkeit einer Regierung begann, die innerhalb weniger Tage ihre Meinung änderte und nicht mehr bereit war, das über Jahre hinweg ausgehandelte Assoziierungsabkommen mit der Europäischen Union zu unterzeichnen, schlug Anfang Dezember 2013 in den entrüsteten Protest eines ganzen Volkes um. Ich erinnere mich genau. Der 30. November 2013 markierte den Wendepunkt. Denn in der Nacht dieses Tages schlugen die *Berkut*-Spezialeinheiten auf ein paar friedlich auf dem Maidan ausharrende Studenten ein. Die meisten waren noch Teenager. Wie ein Lauffeuer verbreitete sich die Nachricht dieses Gewaltexzesses, der von der Regierung angezettelt wurde.

## Besonderer Gottesdienst nach der Gewalt der *Berkut*

Der nächste Tag war ein Sonntag. Wir feierten Gottesdienst. Der Gottesdienst nach dem Einsatz von Gewalt durch die *Berkut* war ein besonderer. Schon am Eingang gab es nur ein Thema: das Zusammenschlagen der Studenten wenige Stunden zuvor auf dem Maidan, nur wenige hundert Meter von unserer Kirche entfernt. Und zum Schluss des Gottesdienstes setzten sich demonstrativ vier Leute der *Berkut* in die letzte Bank der Kirche. Drohung oder Interesse? Ich habe sie nie wieder gesehen.

Es ist ein Satz dieses Tages, der mir bis zum heutigen Tag erinnerlich ist und der sowohl die Motivation für den nun folgenden verstärkten Protest beinhaltet als auch die Erklärung dafür bietet, dass die eigentliche Leidensfähigkeit des ukrainischen Volkes, die sich oftmals im Rückzug in die kleine überschaubare und selbst zu kontrollierende Welt des Privaten manifestierte, nunmehr zu Ende war. An diesem Sonntag sagte eine ältere Frau meiner Gemeinde zu mir: »Wir haben uns viel gefallen lassen. Wir haben uns gefallen lassen, dass sie uns belügen und betrügen, dass sie sich bereichern und Gesetze für sie nicht gelten. Aber jetzt schlagen sie unsere Kinder!«

Niemand hat wohl mit der eruptiven Reaktion des ukrainischen Volkes gerechnet. Ein Volk, das leiden konnte. Menschen, die sich eher ihre Nische suchten, in der sie von Monat zu Monat überleben konnten, in der sie reagieren konnten auf die Begebenheiten des Lebens. Nicht agieren, aber reagieren.

## Jeder Mensch hat seine Würde aus dem Schöpfungsakt

Wenn ich die Situation bedenke, dann weiß ich, dass ein Mensch nur eine bestimmte Zeit in der Lage ist, zu reagieren. Menschen sind schöpferische Wesen. Menschen, die sich entfalten wollen. Die planen wollen, etwas voranbringen wollen. Man mag das ganz weltlich sehen, aber ist das nicht bereits schöpfungstheologisch völlig klar?

Kein Mensch ist von Gott zu einem Sklavendasein geschaffen. Jeder hat seine Würde aus dem einmaligen Schöpfungsakt, aus dem ihm ganz persönlich geltenden Ja Gottes zum Leben, aus der wunderbaren Beziehung, die Gott mit seinen Geschöpfen haben will. Wer einen anderen Menschen angreift, der vergreift sich nicht nur am Menschen und seinem Recht und seiner Würde vor Gott, sondern auch an Gott selbst.

Ich bin gefragt worden, irgendwann im Mai 2014, ob man die Bewegung des Maidan tatsächlich als Revolution bezeichnen kann. Ich antwortete: Die Ukrainer selbst haben einen passenden Ausdruck gefunden: Sie nennen die Ereignisse die »Revolution der Würde«.

Ja, das war sie, eine Revolution der Würde. Und alle Kirchen, alle Konfessionen, ja alle Religionen standen einhellig zusammen und haben von Anfang an gespürt, dass sich hier nicht nur ein beliebiger Protest gegen eine Entscheidung einer Regierung breitmacht, sondern dass es hier um die Würde der Menschen geht. Und von dieser Revolution der Würde hat man sehr schnell nach der ersten Gewalt gesprochen.

Sehr eindrücklich macht sich das für mich an einem Ereignis fest, das ich nie vergessen werde. Es war der frühe Morgen des 11. Dezember. Ich schlief unruhig, wie so oft in den letzten Tagen. Immer mit einem Ohr auf der Straße, in Richtung Kirche. Es war ausgemacht, sofort die Kirchenglocken zu läuten, wenn Angriffe erfolgen sollten. Doch hochgeschreckt wurde ich von Explosionen, genauer gesagt von Granatexplosionen auf dem Maidan. Um fünf Uhr früh stand ich dann unten auf dem Maidan, der nur fünf Minuten zu Fuß entfernt ist. Und ich sah, wie die *Berkut* versuchten, den Maidan zu räumen. Die Kette der Angreifer stand bereits vor der Bühne und es war nur eine Frage der Zeit, bis sie weiter vorrücken würden. Doch es war keine Angst zu spüren. Tausende und Abertausende standen da. Und es wurden mehr und mehr. Wieder schoss die Nachricht des Angriffs durch Kyjiw. »Kyjiw, wstawaj« – Kyjiw, steh auf. So riefen sie. Und alle Kirchen ebenso wie unsere kleine St. Katharina läuteten die Glocken in diesen frühen Morgenstunden.

## »Wir gehen nicht auf die Knie, wir weichen nicht zurück!«

Von der Bühne wurde gebetet, gesungen. Und dann kam Ruslana. Jene Sängerin, die den Eurovision Song Contest zehn Jahren zuvor nach Kyjiw geholt hatte. Die Sängerin, die in dieser Zeit jede Nacht auf der Bühne stand und mit ihren Liedern die Menschen zusammenhielt. Ruslana sagte immer und immer wieder Worte in dieser gefährlichen Situation, die genau das beschreiben: die wiedergefundene Würde des ukrainischen Volkes, die Würde des einzelnen Menschen. Der Einzelne verstand sich plötzlich wieder als jemand, der das Recht hat, in seinem Leben Pläne zu schmieden.

Der das Recht hat, selbst zu bestimmen, wie er sein Leben ausrichtet. Der das Recht hat, ein Leben zu führen, das tatsächlich menschenwürdig ist. Ruslana rief den Menschen zu: »Wir sind ein stolzes Volk, wir sind keine Sklaven, wir gehen nicht auf die Knie, wir weichen nicht zurück, wir sind ein friedlicher Protest.«

Immer und immer wieder rief sie den Leuten diese Worte zu. Eine starke Frau. Eine Frau, die verstanden hat, dass das Volk seine Würde wiedergefunden hat. Aufgewacht aus der Sklaverei, auf dem Weg zu einer neuen Chance. Das war für mich einer der eindrücklichsten Momente während dieser anfänglichen Zeit der Revolution der Würde.

Ja, Würde. Das beschreibt es gut. Viel hatten die Menschen ertragen: dass sie in die Passivität gedrängt wurden, dass sie keine Entwicklungschancen hatten, dass sie für alles und jeden und für jede Dienstleistung auch ungerechtfertigt zu zahlen hatten, dass sie mitansehen mussten, wie Verbrecher an der Regierung den Staatshaushalt plünderten, dass sie immer und immer wieder, tagtäglich, erfahren mussten, dass das Recht nur für die galt, die bezahlen konnten. Sie haben das ertragen.

Doch dann kam der Punkt, an dem es keine Kompromisse mehr gab: Sie mochten uns betrügen und bestehlen und demütigen, aber nun schlugen sie sogar unsere Kinder. Sie schlugen sie blutig, sie schlugen sie tot. Jetzt explodierte die Stimmung.

Nein, keine Gewalt! Wer Gewalt gegen friedlich Demonstrierende anwendet, hat weder das weltliche Recht noch Gottes Rechtfertigung auf seiner Seite. Sie traten unsere Würde mit Füßen.

## Die Kirchen konnten nicht unbeteiligt zusehen

Es waren die entscheidenden Tage. Ja, Kyjiw ist aufgestanden, und nicht nur Kyjiw, sondern das ganze Land. Menschen aus allen Teilen der Ukraine sind zu uns in die Kirche gekommen. Sie kamen, um ihre leiblichen Bedürfnisse zu stillen, aber sehr, sehr oft auch, um mit ihrem Gott ins Gespräch zu kommen. So viele Menschen knieten vor dem Altar. Sie sprachen mit ihrem Gott. Und ich bin sicher, dass es in diesen Tagen oftmals Gebete für den Frieden im Lande und für Gewaltlosigkeit waren.

Die Kirchen konnten nicht als belanglose Zuschauer an der Seite stehen. Nicht nur, weil wir räumlich mitten im Zentrum der revolutionären Ereignisse standen, fanden wir uns auch inmitten dieser wieder. Nein, nicht nur räumlich, sondern auch mit dem Herzen und mit den theologischen Überzeugungen. Und diese ließen sich im Grunde genommen auf das eine SOLUS der Reformation zusammenfassen: SOLUS CHRISTUS. Christus in der Mitte. In der Mitte allen Handelns und aller Überlegungen.

Ich bin überzeugt, dass dies alle Kirchen gespürt haben. Die Solidarität unter den Kirchen war groß. Wir erlebten eine wunderbare ökumenische Gemeinschaft.

Als wir im Januar unser geheimes Lazarett in der zweiten Etage unserer Kirche eröffneten und dort Kranke und Verwundete versteckten, stand eines Abends plötzlich der Patriarch der Griechisch-Katholischen Kirche vor der Tür. Natürlich kannten wir uns von verschiedenen Treffen im Allukrainischen Rat der Religionen, aber hier ging es darum, Solidarität zu bezeugen, das ökumenische Band zwischen den Kirchen zu stärken. Nicht nur die bei uns liegenden griechisch-katholischen Christen waren stolz, dass ihr Patriarch sie hier in der lutherischen Kirche besuchen kommt. Nein, auch für mich und für die ganze Gemeinde war das in diesen Tagen sehr wichtig. Wir standen zusammen, weil wir Christus in die Mitte stellen. Das, was uns verbindet, wurde wichtiger denn je. Im gemeinsamen Gebet und im gemeinsamen Handeln für die, die Hilfe benötigten.

Wer Christus in die Mitte stellt, kommt um den anderen Menschen nicht herum. Er wird immer in der Gemeinschaft sein, er wird stets in der Verantwortung dessen stehen, der ihm von Gott in den Weg seines Lebens gestellt wird.

## Auf beiden Seiten waren Menschen, die Hilfe brauchten

In den Monaten der Revolution sind das sehr viele gewesen, Hunderte, Tausende. Und Gott sei Dank war die Entscheidung für uns als kleine lutherische Gemeinde klar und einfach. Hier herrschte wirkliche Not. Viele standen auf dem Maidan, auf den Straßen und Plätzen, in den Protestlagern. Viele aber standen auch auf der anderen Seite. Sehr häufig bestanden die Polizeieinheiten aus jungen Leuten, 19 oder 20 Jahre alt, die dienstverpflichtet worden waren. Die berüchtigten *Berkut*-Schläger hielten sich eher im Hintergrund. Sie kamen dann heraus, wenn es darum ging, Gewalt auszuüben. Das ausdauernde Stehen in der Kälte, die Absperrketten wurden oftmals eben von solchen jungen Männern gebildet. Auf beiden Seiten gab es also Menschen, die Hilfe brauchten. Wir haben uns keiner Seite verschlossen.

Natürlich war es sehr viel schwieriger den jungen Polizisten zu helfen. War es ihnen am Anfang der Proteste noch erlaubt, in unsere Kirche zu gehen, um Tee oder Kaffee zu bekommen, oder einfach die Toilette aufzusuchen, so wurde das im Verlauf des Dezembers immer schwieriger. Die Führung verbot ihnen das. Und so kamen sie oft nur allein und vorsichtig in der Nacht, von niemandem beobachtet. Auch in den jungen Menschen der den Protestierenden gegenüberstehenden Seite haben wir unsere Aufgabe gesehen. Auch sie waren in Not. So hat vor allem unsere Jugend in der Gemeinde treu und aufrichtig heiße Getränke und Butterbrote zu den Absperrungen der Miliz und in die kalten Busse gebracht, die oftmals dankbar angenommen und nur selten verweigert wurden. »Was ihr getan habt einem von diesem meinen geringsten Brüdern, das habt ihr mir getan.« Wie oft ging mir dieser Satz in diesen Wochen und Monaten durch den Kopf. Und wie sehr motivierte er tatsächlich zur Hilfe aller.

## Zwischen die Fronten gehen und reden

Ich bin sicher, dass die Kirchen in diesen Monaten einen erheblichen Anteil daran hatten, dass die Proteste friedlich blieben. Die Gewalt der Demonstrierenden im Januar und Februar 2014 ist als Reaktion auf die Gewaltmaßnahmen der Organe der Regierung zu sehen, gegen die Organe der Regierung, die sich jedweden Verhandlungen entzog. An manchen Stellen konnten wir als Kirchen mit Gottes großer Hilfe und Gnade Gewalt und damit Opfer verhindern. Nicht nur ich stand mehrmals zwischen den Fronten. Auch andere Geistliche, anderer Konfessionen haben versucht, durch ihr Auftreten, durch Gebete und friedliches Verhalten, durch Vermitteln den Protest friedlich zu halten und erste gewaltsame Handlungen einzudämmen.

Ich erinnere mich mit Entsetzen an den 9. Dezember 2013. Plötzlich strömten Hunderte Sicherheitskräfte an der Kirche vorbei und kesselten das Lager der Protestierenden ein, das direkt vor der Kirche und zwischen uns und dem Präsidentenpalast stand. Der Präsidentenpalast ist ja nur durch eine Kreuzung von uns getrennt. Dieser Aufmarsch der Sicherheitskräfte ließ nichts Gutes ahnen. Plötzlich waren Hunderte Menschen eingeschlossen. Ich hatte kurz Zeit, den Aufmarsch und das Umzingeln zu filmen und den deutschen Botschafter zu informieren. Doch schnell war klar, dass es hier zur Konfrontation kommen würde. Dann zogen sie auch schon auf, junge Menschen voller Wut kamen vom Maidan und es war klar, dass diese die Sicherheitskette durchbrechen wollten. Und dann standen sie sich auch schon wie an vielen anderen Stellen in den kommenden Wochen Auge in Auge gegenüber. Zeit zum Überlegen blieb nicht. Weder konnte ich darüber nachdenken, was zu tun ist, noch was zu sagen ist. Ich bin sicher, dass es Gottes Führung war. Zwischen die Fronten, Luft schaffen, reden und reden und reden.

Dazu habe ich mir einen von den jungen Protestierenden geschnappt, den ich für einen der Anführer hielt, und auf ihn eingeredet, in meiner Verzweiflung. Ich weiß nicht mehr alles, aber ich weiß, dass ich ihm von unseren Erfahrungen in der friedlichen Revolution 1989 in der DDR erzählte. Ich weiß nicht, wie viele Minuten oder Stunden vergingen. Letztlich aber kam es an dieser Stelle dann Gott sei Dank nicht zum großen Blutvergießen. Die Fronten trennten sich.

Wie sehr haben wir alle gehofft, dass es friedlich bleiben würde. Wie sehr haben wir gehofft, dass sich der Konflikt friedlich lösen ließe. Doch immer wieder sind diese Hoffnungen enttäuscht worden. Es kam zu immer weiteren und härteren Übergriffen des Staates. Und die Menschen haben verstanden: Die andere Seite will den Konflikt gar nicht friedlich lösen. Die andere Seite hat überhaupt nicht verstanden, dass sich die Menschen nicht mehr einschüchtern lassen. Sie haben nicht verstanden, dass es hier um Würde ging. Warum haben sie das nicht verstanden? Weil sie nicht mit ihnen geredet haben, weil niemand sich traute, tatsächlich in einen Dialog einzutreten, und sie stattdessen auf gewaltsame Nadelstiche setzten, die dann im Morden endeten.

## »Sie schießen auf uns!«

Das Regime setzte Gewalt gegen friedlich Demonstrierende ein und für den Erhalt der eigenen Macht. Sie setzte auf Gewalt, um sich Zeit zu erkaufen für das ungehinderte Plündern der Staatskassen. Diese Menschen spuckten auf die Würde der Menschen, für die sie als Politiker verant wortlich zeichneten. Sie haben sich zutiefst versündigt. Die einfachen Gebote »Du sollst nicht stehlen und du sollst nicht falsch Zeugnis reden und du sollst nicht begehren« haben sie hunderttausendfach gebrochen. Ihre ganze Macht war darauf ausgerichtet, sich zu bereichern und andere zu demütigen und in Abhängigkeit zu halten. Dafür setzten sie Gewalt ein. Ungerechtfertigt. Denn den Frieden im Land haben sie selbst bedroht. Nicht etwa das Volk, das plötzlich und überraschend für alle auf der Straße stand.

Die Verbrecher setzten auf Gewalt. In den schrecklichen Tagen des Mordens vom 18. bis 20. Februar 2014 fühlte ich mich wie gelähmt, als ich über den Maidan ging. Ich hörte die Rufe von der Bühne: »Sie schießen auf uns. Mit automatischen Waffen. Vorsicht, Vorsicht, Scharfschützen.« Und ich sah die Verletzten und Toten. Mir ging nur ein einziges biblisches Wort durch den Kopf: HERR, erbarme dich. HERR, erbarme dich.

Die Menschen in der Ukraine haben es verdient, in Frieden und Freiheit zu leben. Leider überzieht das Nachbarland Russland unter Bruch des Völkerrechts und aller Verträge das Land heute mit einem verbrecherischen Vernichtungskrieg. Das Grauen ist unvorstellbar. Die Verbrechen der russischen Terrortruppen sind maßlos. Der Zynismus der Russisch-Orthodoxen Kirche und ihres Patriarchen Kyrill ist bodenlos. Die Wankelmütigkeit westlicher Partner, wenn es um die Unterstützung der Ukraine mit Waffen für ihren Kampf um die Freiheit geht, ist tödlich. Das freie demokratische Europa muss - wenn schon nicht aus demokratischer Solidarität, so doch aus einem Eigeninteresse - alles dafür tun, die Ukraine in die Lage zu versetzen, den Angriffskrieg abzuwehren und den von Russland aufgezwungenen Krieg siegreich zu beenden. Das freie demokratische Europa muss sodann dafür sorgen, dass die Verbrecher zur Verantwortung gezogen werden - denn auch das gehört zu einem gerechten Frieden dazu.

# Über die Autorinnen und Autoren

**Aust, Prof. Dr. Martin** (* 1971), Historiker, Professor für Geschichte und Kultur Osteuropas an der Universität Bonn, Vorsitzender des Verbands der Osteuropahistorikerinnen und -historiker (VOH). Zuletzt als Co-Autor beteiligt am Buch *Osteuropa zwischen Mauerfall und Ukrainekrieg. Besichtigung einer Epoche* (2022).

**Barvinska, Prof. Dr. Polina** (* 1966), Professorin am Lehrstuhl für ukrainische Geschichte an der Südukrainischen Nationalen Pädagogischen K.D. Uschynskyj-Universität, Mitglied der Deutsch-Ukrainischen Historischen Kommission, der Österreichisch-Ukrainischen Historikerkommission und des Redaktionsbeirats der Zeitschrift *Jahrbücher für Geschichte Osteuropas*. Forschungsschwerpunkt: europäische Geschichte des 20. und 21. Jahrhunderts.

**Beck, Marieluise** (* 1952), Osteuropaexpertin, Senior Fellow und Mitgründerin des Zentrums Liberale Moderne. Sie war Sprecherin der ersten grünen Bundestagsfraktion im Jahr 1983 und bis 2017 Mitglied des Deutschen Bundestags, zuletzt im Auswärtigen Ausschuss. In der rot-grünen Bundesregierung war sie Parlamentarische Staatssekretärin im Bundesfamilienministerium.

**Behrends, Prof. Dr. Jan Claas** (* 1969), Professor an der Europa-Universität Viadrina Frankfurt (Oder) mit den Schwerpunkten Zeitgeschichte Osteuropas, Stadtgeschichte, europäische Diktaturen sowie Gewaltforschung. Projektleiter am Leibniz-Zentrum für zeithistorische Forschung, Potsdam. Er veröffentlichte zahlreiche Bücher sowie Artikel in wissenschaftlichen Zeitschriften in verschiedenen Sprachen.

**Bienert, Oleksandra** (* 1983), Menschenrechtsaktivistin und politische Bildnerin. Sie ist Vorstandsvorsitzende der Allianz Ukrainischer Organisationen e.V., Leiterin der Organisation CineMova Ukrainian Empowerment Network e.V. und Mitglied des Berliner Landesbeirats zur Partizipation. Ihre Hauptthemen sind Institutionalisierung und Stärkung der politischen Teilhabe von Menschen mit ukrainischer Migrationsgeschichte in Deutschland.

**Boeckh, Prof. Dr. Katrin** (* 1967), apl. Professorin für Geschichte Ost- und Südosteuropas an der LMU München und Leiterin der Forschungsstelle „Kultur und Erinnerung. Heimatvertriebene und Aussiedler in

Bayern"; Autorin zahlreicher Publikationen zur Geschichte der Ukraine und der Sowjetunion. Neuestes Buch: *Back to the USSR. Russlands sowjetische Vergangenheit* (2023).

**Fücks, Ralf** (* 1951) ist geschäftsführender Gesellschafter des Zentrums Liberale Moderne. Von 1991 bis 1995 war er Senator der Freien Hansestadt Bremen, danach leitete er über 20 Jahre die den Grünen nahestehende Heinrich-Böll-Stiftung. Er ist Autor und Herausgeber zahlreicher Schriften zu seinen Schwerpunktthemen grüne Ökonomie und ökologische Transformation, Außen- und Sicherheitspolitik, Liberalismus neu denken und Erneuerung der Demokratie.

**Golczewski, Prof. Dr. Frank** (* 1948), Professor i.R. für Osteuropäische Geschichte an der Universität Hamburg. Publikation: *Deutsche und Ukrainer 1914–1939* (2010).

**Grinchenko, Prof. Dr. Gelinada** (* 1971), wissenschaftliche Mitarbeiterin am Historischen Seminar der Ludwig-Maximilians-Universität München und Professorin am Lehrstuhl für Weltgeschichte an der Nationalen O-les-Hontschar-Universität Dnipro (bis 2023 am Lehrstuhl für Ukrainistik an der Nationalen V.N. Karasin-Universität Charkiw). Chefredakteurin der wissenschaftlichen Zeitschrift *Ukrajina Moderna*, Co-Vorsitzende der Deutsch-Ukrainischen Historischen Kommission und der *Ukrainian Oral History Association* (UOHA). Forschungsschwerpunkte: Oral History, Geschichte und Erinnerung des Zweiten Weltkriegs, Memory Studies, Holocaust- und Genozidforschung.

**Haska, Ralf** (* 1966), verheiratet, 3 Kinder. 1985–1987 Bausoldat, 1987–1993 Studium der Theologie in Naumburg und Berlin. Pfarrer im Oderbruch und der Niederlausitz. 2009–2015 Pfarrer der Deutschen Gemeinde in Kyjiw und Mitglied der Kirchenleitung. Seit 2015 Pfarrer in Oberfranken. 2019 Bundesverdienstkreuz.

**Kebuladze, Prof. Dr. Vakhtang** (* 1972), Professor an der philosophischen Fakultät der Taras-Schewtschenko-Universität Kyjiw, Mitglied des Redaktionskollegiums der ukrainischen Zeitschrift *Filosofska dumka* (Philosophisches Denken), Mitglied des wissenschaftlichen Beirats der Buchreihe *LIBRI VIRIDES* (Deutschland), Preisträger des Ukrainischen Zentrums vom Internationalen PEN-Club, Mitglied des Ukrainischen Zentrums vom Internationalen PEN-Club, Mitglied des wissenschaftlichen Beirats der polnischen Zeitschrift *The Interlocutor*. Bücher: *Fenomenolohija doswidu* (2011), *Tscharunky doli* (2016).

**Kohut, Dr. Andriy** (* 1980), Historiker, Direktor des Sektoralen Staatsarchivs des Sicherheitsdienstes der Ukraine (HDA SBU), Sekretär der Nationalen Kommission für die Rehabilitierung der Opfer der Repression des kommunistischen totalitären Regimes von 1917 bis 1991. Forschungsgebiete: die sowjetischen Deportationen und die Geschichte der kommunistischen Geheimdienste. Zu seinen Forschungs- und fachlichen Interessen gehören ferner die Erinnerungspolitik, der Zugang zu Archiven und die Kulturdiplomatie.

**Lazarenko, Dr. Olesia** (* 1973), Slawistin und Dozentin für Ukrainisch als Fremdsprache am Sprachenzentrum der Europa-Universität Viadrina Frankfurt (Oder). Forschungsschwerpunkte: ukrainisch-polnische und ukrainisch-deutsche Sprach- und Kulturkontakte, Geschichte der ukrainischen Wissenschaft in Deutschland. Mitglied der Deutsch-Ukrainischen Akademischen Gesellschaft (DUAG) und Koordinatorin der Regionalgruppe Berlin-Brandenburg, Mitorganisatorin der Vorlesungsreihe »Wissenschaft aus erster Hand«.

**Masliychuk, Dr. Volodymyr** (* 1974), Dozent am Lehrstuhl für Geschichte an der Nationalen Universität Kyjiwer Mohyla-Akademie, Mitglied des Vorstands der Ukrainischen Gesellschaft für das Studium des 18. Jahrhunderts, Autor einer Reihe von Büchern und Veröffentlichungen zur ukrainischen Geschichte des 17. bis 19. Jahrhunderts.

**Mikheieva, Prof. Dr. Oksana** (* 1971), Historikerin und Soziologin mit Schwerpunkt Migration, einschließlich Zwangsmigration und der Situation verschiedener vom Krieg betroffener Gruppen. Wissenschaftliche Mitarbeiterin am Zentrum für Osteuropa- und internationale Studien (ZOiS) in Berlin, Professorin am Fachbereich Soziologie der Ukrainischen Katholischen Universität (Lwiw), außerdem Dozentin an der Europa-Universität Viadrina Frankfurt (Oder).

**Myeshkov, Dr. Dmytro** (* 1967), Historiker, wissenschaftlicher Mitarbeiter am Institut für Kultur und Geschichte der Deutschen in Nordosteuropa an der Universität Hamburg (Nordost-Institut). Autor der Bücher *Schyttjewyj swit prytschornomorskych nimziw* (2017) und *Alltag im Spiegel von Konflikten: die Deutschen und ihre Nachbarn im nördlichen Schwarzmeergebiet und in der südwestlichen Peripherie des Zarenreiches bis zum Ersten Weltkrieg* (2020).

**Mykhaleyko, PD Dr. Andriy** (* 1976), Kirchenhistoriker und Privatdozent am Lehrstuhl für Mittlere und Neue Kirchengeschichte an der Katholischen Universität Eichstätt/Ingolstadt mit dem Schwerpunkt mittel- und osteuropäische Kirchengeschichte, Geschichte der Katholischen Ostkirchen, Konfessionskunde und Ökumene zwischen Ost und West. Er ist Mitherausgeber der wissenschaftlichen Reihe *Eastern Church Identities.*

**Obertreis, Prof. Dr. Julia** (* 28. September 1969; † 11. Oktober 2023) war Osteuropahistorikerin und Inhaberin des Lehrstuhls für Neuere und Neueste Geschichte mit Schwerpunkt Osteuropa an der FAU Erlangen-Nürnberg. Sie galt als eine der führenden Expert:innen für die Geschichte des Alltags in der Sowjetunion sowie der Infrastruktur- und Umweltgeschichte Osteuropas, der Sowjetunion und Zentralasiens.

**Portnov, Prof. Dr. Andrii** (* 1979), Professor für Entangled History of Ukraine an der Europa-Universität Viadrina Frankfurt (Oder), Direktor des *Viadrina Centre of Polish and Ukrainian Studies,* Direktor des *Prisma Ukraïna – Research Network Eastern Europe* in Berlin, Mitglied des Ukrainischen PEN-Clubs.

**Posokhova, Prof. Dr. Liudmyla** (* 1966), Professorin der Abteilung für ukrainische Geschichte an der Fakultät für Geschichte der Nationalen V.N. Karasin-Universität Charkiw, erforscht die Bildungs- und Kulturgeschichte der Ukraine vom 17. bis 19. Jahrhundert. Autorin mehrerer Monografien, darunter *Na perechresti kultur, tradyzij, epoch: prawoslawni kolehiumy Ukrajiny naprykinzi XVII – na potschatku XIX st.* (2011).

**Sereda, Dr. Ostap** (* 1970), Historiker, Dozent an der Ukrainischen Katholischen Universität in Lwiw, Gastdozent am *Bard College Berlin,* Leiter des Programms »Invisible University for Ukraine«. Forschungsschwerpunkte: die Narodowzi-Bewegung, das öffentliche Leben und die Herausbildung nationaler Identitäten in Ostgalizien in der zweiten Hälfte des 19. Jahrhunderts sowie ukrainische Studien in Nordamerika während des Kalten Krieges.

**Simon, Prof. Dr. Gerhard** (* 1937) ist pensionierter Professor für Osteuropäische Geschichte an der Universität zu Köln. Von 1967 bis 2000 war er leitender Mitarbeiter im Bundesinstitut für ostwissenschaftliche und internationale Studien in Köln. Seine wichtigsten Arbeitsgebiete waren Nationalismus und Nationen in der Sowjetunion sowie der Untergang der Sowjetunion. Seit 1991 zahlreiche Veröffentlichungen zur neueren ukrainischen Geschichte und Zeitgeschichte, publiziert vor allem in der Zeitschrift *Osteuropa*.

**Umland, Dr. Andreas** (* 1967) ist Dozent am Fachbereich Politologie der Nationalen Universität Kyjiwer Mohyla-Akademie, Herausgeber der Buchreihen *Soviet and Post-Soviet Politics and Society* und *Ukrainian Voices* beim ***ibidem***-Verlag (Hannover und Stuttgart) sowie Analyst am Stockholmer Zentrum für Osteuropastudien (SCEEUS) des Schwedischen Instituts für Internationale Angelegenheiten (UI).

**Venger, Dr. Albert** (* 1985), Dozent, Leiter des Lehrstuhls für Weltgeschichte an der Nationalen Oles-Hontschar-Universität Dnipro. Redaktionsmitglied der der ukrainischen Zeitschrift *Sutschasni doslidschennja s nimezkoji istoriji* (Moderne Studien zur deutschen Geschichte), Mitglied der *Ukrainian Association for Oral History* (UOHA), Mitglied der Wissenschaftlichen Schewtschenko-Gesellschaft. Forschungsgebiete: Geistesgeschichte, Oral History, Geschichte des Zweiten Weltkriegs, Geschichte der ethnischen Gemeinschaften der Ukraine.

**Wendland, PD Dr. Anna Veronika** (* 1966), Osteuropa- und Technikhistorikerin am Herder-Institut für historische Ostmitteleuropaforschung in Marburg und Mitglied der Deutsch-Ukrainischen Historikerkommission. Zu ihren Forschungsschwerpunkten zählen Nationalismus- und Sicherheitsforschung mit dem Schwerpunkt Kerntechnik. Wendland ist häufige Ansprechpartnerin für Medien und Politik zu Fragen der Nuklearsicherheit in der Ukraine. Ihre neueste Monografie zum Thema Ukraine lautet *Befreiungskrieg. Nationsbildung und Gewalt in der Ukraine* (2023).

**Worschech, Dr. Susann** (* 1979) ist Sozialwissenschaftlerin an der Europa-Universität Viadrina Frankfurt (Oder) und forscht zur politischen Soziologie Europas mit besonderem Fokus auf die Ukraine. Seit 2024 koordiniert sie an der Viadrina den Kompetenzverbund Interdisziplinäre Ukrainestudien Frankfurt (Oder) – Berlin. Für ihre wissenschaftliche Arbeit in Forschung und Lehre wurde sie mehrfach ausgezeichnet, zuletzt mit dem Brandenburgischen Postdoc-Preis 2019 für herausragende Forschung in den Geistes- und Sozialwissenschaften.

# UKRAINIAN VOICES

Collected by Andreas Umland

1 *Mychailo Wynnyckyj*
Ukraine's Maidan, Russia's War
A Chronicle and Analysis of the Revolution of Dignity
With a foreword by Serhii Plokhy
ISBN 978-3-8382-1327-9

2 *Olexander Hryb*
Understanding Contemporary Ukrainian and Russian Nationalism
The Post-Soviet Cossack Revival and Ukraine's National Security
With a foreword by Vitali Vitaliev
ISBN 978-3-8382-1377-4

3 *Marko Bojcun*
Towards a Political Economy of Ukraine
Selected Essays 1990–2015
With a foreword by John-Paul Himka
ISBN 978-3-8382-1368-2

4 *Volodymyr Yermolenko (ed.)*
Ukraine in Histories and Stories
Essays by Ukrainian Intellectuals
With a preface by Peter Pomerantsev
ISBN 978-3-8382-1456-6

5 *Mykola Riabchuk*
At the Fence of Metternich's Garden
Essays on Europe, Ukraine, and Europeanization
ISBN 978-3-8382-1484-9

6 *Marta Dyczok*
Ukraine Calling
A Kaleidoscope from Hromadske Radio 2016–2019
With a foreword by Andriy Kulykov
ISBN 978-3-8382-1472-6

7 *Olexander Scherba*
Ukraine vs. Darkness
Undiplomatic Thoughts
With a foreword by Adrian Karatnycky
ISBN 978-3-8382-1501-3

8 *Olesya Yaremchuk*
Our Others
Stories of Ukrainian Diversity
With a foreword by Ostap Slyvynsky
Translated from the Ukrainian by Zenia Tompkins and Hanna Leliv
ISBN 978-3-8382-1475-7

9 *Nataliya Gumenyuk*
Die verlorene Insel
Geschichten von der besetzten Krim
Mit einem Vorwort von Alice Bota
Aus dem Ukrainischen übersetzt von Johann Zajaczkowski
ISBN 978-3-8382-1499-3

10 *Olena Stiazhkina*
Zero Point Ukraine
Four Essays on World War II
Translated from the Ukrainian by Svitlana Kulinska
ISBN 978-3-8382-1550-1

11 *Oleksii Sinchenko, Dmytro Stus, Leonid Finberg (compilers)*
Ukrainian Dissidents
An Anthology of Texts
ISBN 978-3-8382-1551-8

12 *John-Paul Himka*
Ukrainian Nationalists and the Holocaust
OUN and UPA's Participation in the Destruction of Ukrainian Jewry, 1941–1944
ISBN 978-3-8382-1548-8

13 *Andrey Demartino*
False Mirrors
The Weaponization of Social Media in Russia's Operation to Annex Crimea
With a foreword by Oleksiy Danilov
ISBN 978-3-8382-1533-4

14 *Svitlana Biedarieva (ed.)*
Contemporary Ukrainian and Baltic Art
Political and Social Perspectives, 1991–2021
ISBN 978-3-8382-1526-6

15 *Olesya Khromeychuk*
A Loss
The Story of a Dead Soldier Told by His Sister
With a foreword by Andrey Kurkov
ISBN 978-3-8382-1570-9

16 *Marieluise Beck (Hg.)*
Ukraine verstehen
Auf den Spuren von Terror und Gewalt
Mit einem Vorwort von Dmytro Kuleba
ISBN 978-3-8382-1653-9

17 *Stanislav Aseyev*
Heller Weg
Geschichte eines Konzentrationslagers im Donbass 2017–2019
Aus dem Russischen übersetzt von Martina Steis und Charis Haska
ISBN 978-3-8382-1620-1

18 *Mykola Davydiuk*
Wie funktioniert Putins Propaganda?
Anmerkungen zum Informationskrieg des Kremls
Aus dem Ukrainischen übersetzt von Christian Weise
ISBN 978-3-8382-1628-7

19 *Olesya Yaremchuk*
Unsere Anderen
Geschichten ukrainischer Vielfalt
Aus dem Ukrainischen übersetzt von Christian Weise
ISBN 978-3-8382-1635-5

20 *Oleksandr Mykhed*
„Dein Blut wird die Kohle tränken"
Über die Ostukraine
Aus dem Ukrainischen übersetzt von Simon Muschick und Dario Planert
ISBN 978-3-8382-1648-5

21 *Vakhtang Kipiani (Hg.)*
Der Zweite Weltkrieg in der Ukraine
Geschichte und Lebensgeschichten
Aus dem Ukrainischen übersetzt von Margarita Grinko
ISBN 978-3-8382-1622-5

22 *Vakhtang Kipiani (ed.)*
World War II, Uncontrived and Unredacted
Testimonies from Ukraine
Translated from the Ukrainian by Zenia Tompkins and Daisy Gibbons
ISBN 978-3-8382-1621-8

23 *Dmytro Stus*
Vasyl Stus
Life in Creativity
Translated from the Ukrainian by
Ludmila Bachurina
ISBN 978-3-8382-1631-7

24 *Vitalii Ogiienko (ed.)*
The Holodomor and the Origins of the Soviet Man
Reading the Testimony of Anastasia Lysyvets
With forewords by Natalka Bilotserkivets and Serhy Yekelchyk
Translated from the Ukrainian by Alla Parkhomenko and Alexander J. Motyl
ISBN 978-3-8382-1616-4

25 *Vladislav Davidzon*
Jewish-Ukrainian Relations and the Birth of a Political Nation
Selected Writings 2013-2021
With a foreword by Bernard-Henri Lévy
ISBN 978-3-8382-1509-9

26 *Serhy Yekelchyk*
Writing the Nation
The Ukrainian Historical Profession in Independent Ukraine and the Diaspora
ISBN 978-3-8382-1695-9

27 *Ildi Eperjesi, Oleksandr Kachura*
Shreds of War
Fates from the Donbas Frontline 2014-2019
With a foreword by Olexiy Haran
ISBN 978-3-8382-1680-5

28 *Oleksandr Melnyk*
World War II as an Identity Project
Historicism, Legitimacy Contests, and the (Re-)Construction of Political Communities in Ukraine, 1939–1946
With a foreword by David R. Marples
ISBN 978-3-8382-1704-8

29 *Olesya Khromeychuk*
Ein Verlust
Die Geschichte eines gefallenen ukrainischen Soldaten, erzählt von seiner Schwester
Mit einem Vorwort von Andrej Kurkow
Aus dem Englischen übersetzt von Lily Sophie
ISBN 978-3-8382-1770-3

30 *Tamara Martsenyuk, Tetiana Kostiuchenko (eds.)*
Russia's War in Ukraine During 2022
Personal Experiences of Ukrainian Scholars
ISBN 978-3-8382-1757-4

31 *Ildikó Eperjesi, Oleksandr Kachura*
Shreds of War. Vol. 2
Fates from Crimea 2015–2022
With an interview of Oleh Sentsov
ISBN 978-3-8382-1780-2

32 *Yuriy Lukanov*
The Press
How Russia Destroyed Media Freedom in Crimea
With a foreword by Taras Kuzio
ISBN 978-3-8382-1784-0

33 *Megan Buskey*
Ukraine Is Not Dead Yet
A Family Story of Exile and Return
ISBN 978-3-8382-1691-1

34 *Vira Ageyeva*
Behind the Scenes of the Empire
Essays on Cultural Relationships between Ukraine and Russia
With a foreword by Oksana Zabuzhko
ISBN 978-3-8382-1748-2

35 *Marieluise Beck (ed.)*
Understanding Ukraine
Tracing the Roots of Terror and Violence
With a foreword by Dmytro Kuleba
ISBN 978-3-8382-1773-4

36 *Olesya Khromeychuk*
A Loss
The Story of a Dead Soldier Told by His Sister, 2nd edn.
With a foreword by Philippe Sands
With a preface by Andrii Kurkov
ISBN 978-3-8382-1870-0

37 *Taras Kuzio, Stefan Jajecznyk-Kelman*
Fascism and Genocide
Russia's War Against Ukrainians
ISBN 978-3-8382-1791-8

38 *Alina Nychyk*
Ukraine Vis-à-Vis Russia and the EU
Misperceptions of Foreign Challenges in Times of War, 2014–2015
With a foreword by Paul D'Anieri
ISBN 978-3-8382-1767-3

39 *Sasha Dovzhyk (ed.)*
Ukraine Lab
Global Security, Environment, and Disinformation Through the Prism of Ukraine
With a foreword by Rory Finnin
ISBN 978-3-8382-1805-2

40 *Serhiy Kvit*
Media, History, and Education
Three Ways to Ukrainian Independence
With a preface by Diane Francis
ISBN 978-3-8382-1807-6

41 *Anna Romandash*
Women of Ukraine
Reportages from the War and Beyond
ISBN 978-3-8382-1819-9

42 *Dominika Rank*
Matzewe in meinem Garten
Abenteuer eines jüdischen Heritage-Touristen in der Ukraine
ISBN 978-3-8382-1810-6

43 *Myroslaw Marynowytsch*
Das Universum hinter dem Stacheldraht
Memoiren eines sowjet-ukrainischen Dissidenten
Mit einem Vorwort von Timothy Snyder und einem Nachwort von Max Hartmann
ISBN 978-3-8382-1806-9

44 *Konstantin Sigow*
Für Deine und meine Freiheit
Europäische Revolutions- und Kriegserfahrungen im heutigen Kyjiw
Mit einem Vorwort von Karl Schlögel
Herausgegeben von Regula M. Zwahlen
ISBN 978-3-8382-1755-0

45 *Kateryna Pylypchuk*
The War that Changed Us
Ukrainian Novellas, Poems, and Essays from 2022
With a foreword by Victor Yushchenko
Paperback
ISBN 978-3-8382-1859-5
Hardcover
ISBN 978-3-8382-1860-1

46 *Kyrylo Tkachenko*
Rechte Tür Links
Radikale Linke in Deutschland, die Revolution und der Krieg in der Ukraine, 2013-2018
ISBN 978-3-8382-1711-6

47 *Alexander Strashny*
The Ukrainian Mentality
An Ethno-Psychological, Historical and Comparative Exploration
With a foreword by Antonina Lovochkina
Translated from the Ukrainian by Michael M. Naydan and Olha Tytarenko
ISBN 978-3-8382-1886-1

48 *Alona Shestopalova*
From Screens to Battlefields
Tracing the Construction of Enemies on Russian Television
With a foreword by Nina Jankowicz
ISBN 978-3-8382-1884-7

49 *Iaroslav Petik*
Politics and Society in the Ukrainian People's Republic (1917–1921) and Contemporary Ukraine (2013–2022)
A Comparative Analysis
With a foreword by Mykola Doroshko
ISBN 978-3-8382-1817-5

50 *Serhii Plokhy*
Der Mann mit der Giftpistole
Eine Spionageschichte aus dem Kalten Krieg
ISBN 978-3-8382-1789-5

51 *Vakhtang Kipiani*
Ukrainische Dissidenten unter der Sowjetmacht
Im Kampf um Wahrheit und Freiheit
Aus dem Ukrainischen übersetzt von Christian Weise
ISBN 978-3-8382-1890-8

52 *Dmytro Shestakov*
When Businesses Test Hypotheses
A Four-Step Approach to Risk Management for Innovative Startups
With a foreword by Anthony J. Tether
ISBN 978-3-8382-1883-0

53 *Larissa Babij*
A Kind of Refugee
The Story of an American Who Refused to Leave Ukraine
With a foreword by Vladislav Davidzon
ISBN 978-3-8382-1898-4

54 *Julia Davis*
In Their Own Words
How Russian Propagandists Reveal Putin's Intentions
With a foreword by Timothy Snyder
ISBN 978-3-8382-1909-7

55 *Sonya Atlantova, Oleksandr Klymenko*
Icons on Ammo Boxes
Painting Life on the Remnants of Russia's War in Donbas, 2014-21
Translated from the Ukrainian by Anastasya Knyazhytska
ISBN 978-3-8382-1892-2

56 *Leonid Ushkalov*
Catching an Elusive Bird
The Life of Hryhorii Skovoroda
Translated from the Ukrainian by Natalia Komarova
ISBN 978-3-8382-1894-6

57 *Vakhtang Kipiani*
Ein Land weiblichen Geschlechts
Ukrainische Frauenschicksale im 20. und 21. Jahrhundert
Aus dem Ukrainischen übersetzt von Christian Weise
ISBN 978-3-8382-1891-5

58 *Petro Rychlo*
„Zerrissne Saiten einer überlauten Harfe ...“
Deutschjüdische Dichter der Bukowina
ISBN 978-3-8382-1893-9

59 *Volodymyr Paniotto*
Sociology in Jokes
An Entertaining Introduction
ISBN 978-3-8382-1857-1

60 *Josef Wallmannsberger (ed.)*
Executing Renaissances
The Poetological Nation of Ukraine
ISBN 978-3-8382-1741-3

61 *Pavlo Kazarin*
The Wild West of Eastern Europe
A Ukrainian Guide on Breaking Free from Empire
Translated from the Ukrainian by Dominique Hoffman
ISBN 978-3-8382-1842-7

62 *Ernest Gyidel*
Ukrainian Public Nationalism in the General Government
The Case of Krakivski Visti, 1940–1944
With a foreword by David R. Marples
ISBN 978-3-8382-1865-6

63 *Olexander Hryb*
Understanding Contemporary Russian Militarism
From Revolutionary to New Generation Warfare
With a foreword by Mark Laity
ISBN 978-3-8382-1927-1

64 *Orysia Hrudka, Bohdan Ben*
Dark Days, Determined People
Stories from Ukraine under Siege
With a foreword by Myroslav Marynovych
ISBN 978-3-8382-1958-5

65 *Oleksandr Pankieiev (ed.)*
Narratives of the Russo-Ukrainian War
A Look Within and Without
With a foreword by Natalia Khanenko-Friesen
ISBN 978-3-8382-1964-6

66 *Roman Sohn, Ariana Gic (eds.)*
Unrecognized War
The Fight for Truth about Russia's War on Ukraine
With a foreword by Viktor Yushchenko
ISBN 978-3-8382-1947-9

67 *Paul Robert Magocsi*
Ukraina Redux
Schon wieder die Ukraine ...
ISBN 978-3-8382-1942-4

68 *Paul Robert Magocsi*
L'Ucraina Ritrovata
Sullo Stato e l'Identità Nazionale
ISBN 978-3-8382-1982-0

69 *Max Hartmann*
Ein Schrei der Verzweiflung
Aquarelle zum Krieg von Danylo Movchan und Gespräche mit ihm und Julian Chaplinsky
ISBN 978-3-8382-2011-6

70 *Vakhtang Kebuladze (Hg.)*
Die Zukunft, die wir uns wünschen
Essays aus der Ukraine
ISBN 978-3-8382-1531-0

71 *Marieluise Beck, Jan Claas Behrends, Gelinada Grinchenko und Oksana Mikheieva (Hg.)*
Deutsch-ukrainische Geschichten
Bruchstücke aus einer gemeinsamen Vergangenheit
ISBN 978-3-8382-2053-6

72 *Pavlo Kazarin*
Der Wilde Westen Ost-Europas
Aus dem Ukrainischen übersetzt von Christian Weise
ISBN 978-3-8382-1843-4

73 *Radomyr Mokryk*
Ukrainian Sixtiers
Against the Empire
ISBN 978-3-8382-1873-1

74 *Leonid Finberg*
My Ukraine—Rethinking the Past, Building the Present
ISBN 978-3-8382-1974-5

75 *Joseph Zissels*
Consider My Inmost Thoughts
Texts and Interviews on Ukrainian Matters at the Turn of the Century
ISBN 978-3-8382-1975-2

76 *Margarita Yehorchenko, Iryna Berlyand, Ihor Vinokurov (eds.)*
Jewish Addresses in Ukraine
A Guide-Book
With a foreword by Leonid Finberg
ISB 978-3-8382-1976-9

77 *Viktoriia Grivina*
Kharkiv—A War City
A Collection of Essays from 2022–23
ISBN 978-3-8382-1988-2

78 *Hjørdis Clemmensen, Viktoriia Grivina, Vasylysa Shchogoleva*
Kharkiv Is a Dream
Public Art and Activism 2013–2023
With a foreword by Bohdan Volynskyi
ISBN 978-3-8382-2005-5

79 *Olga Khomenko*
The Faraway Sky of Kyiv
Ukrainians in the War
With a foreword by Hiroaki Kuromiya
ISBN 978-3-8382-2006-2

80 *Daria Mattingly, Jonathon Vsetecka (eds.)*
The Holodomor in Global Perspective
How the Famine in Ukraine Shaped the World
ISBN 978-3-8382-1953-0

81 *Olga Khomenko*
Ukrainians beyond Borders
Nine Life Journeys Through the History of Eastern Europe
With a foreword by Zbigniew Wojnowski
ISBN 978-3-8382-2007-9

82 *Mykhailo Minakov*
From Servant to Leader
Chronicles of Ukraine under the Zelensky presidency, 2019–2024
ISBN 978-3-8382-2002-4

83 *Wolodymyr Hromov (ed.)*
A Ruined Home
Sketches of War, 2022–2023
ISBN 978-3-8382-2008-6

84 *Olha Tatokhina (ed.)*
Why do they kill our people?
Russia's war against Ukraine as told by Ukrainians
ISBN 978-3-8382-2056-7

Sergiy Korsunsky, Kobe Gakuin University, Japan
Nadiia Koval, Kyiv School of Economics, Ukraine
Volodymyr Kravchenko, University of Alberta, Edmonton
Oleksiy Kresin, NAS Koretskiy Institute of State and Law, Kyiv
Anatoliy Kruglashov, Fedkovych National University, Chernivtsi
Andrey Kurkov, PEN Ukraine, Kyiv
Ostap Kushnir, Lazarski University, Warsaw
Taras Kuzio, National University of Kyiv-Mohyla Academy
Serhii Kvit, National University of Kyiv-Mohyla Academy
Yuliya Ladygina, The Pennsylvania State University, USA
Yevhen Mahda, Institute of World Policy, Kyiv
Victoria Malko, California State University, Fresno, USA
Yulia Marushevska, Security and Defense Center (SAND), Kyiv
Myroslav Marynovych, Ukrainian Catholic University, Lviv
Oleksandra Matviichuk, Center for Civil Liberties, Kyiv
Mykhailo Minakov, Kennan Institute, Washington, USA
Anton Moiseienko, The Australian National University, Canberra
Alexander Motyl, Rutgers University-Newark, USA
Vlad Mykhnenko, University of Oxford, United Kingdom
Vitalii Ogiienko, Ukrainian Institute of National Remembrance, Kyiv
Olga Onuch, University of Manchester, United Kingdom
Olesya Ostrovska, Museum "Mystetskyi Arsenal," Kyiv
Anna Osypchuk, National University of Kyiv-Mohyla Academy
Oleksandr Pankieiev, University of Alberta, Edmonton
Oleksiy Panych, Publishing House "Dukh i Litera," Kyiv
Valerii Pekar, Kyiv-Mohyla Business School, Ukraine
Yohanan Petrovsky-Shtern, Northwestern University, Chicago
Serhii Plokhy, Harvard University, Cambridge, USA
Andrii Portnov, Viadrina University, Frankfurt-Oder, Germany
Maryna Rabinovych, Kyiv School of Economics, Ukraine
Valentyna Romanova, Institute of Developing Economies, Tokyo
Natalya Ryabinska, Collegium Civitas, Warsaw, Poland
Darya Tsymbalyk, University of Oxford, United Kingdom
Vsevolod Samokhvalov, University of Liege, Belgium
Orest Semotiuk, Franko National University, Lviv
Viktoriya Sereda, NAS Institute of Ethnology, Lviv
Anton Shekhovtsov, University of Vienna, Austria
Andriy Shevchenko, Media Center Ukraine, Kyiv
Oxana Shevel, Tufts University, Medford, USA
Pavlo Shopin, National Pedagogical Dragomanov University, Kyiv
Karina Shyrokykh, Stockholm University, Sweden
Nadja Simon, freelance interpreter, Cologne, Germany
Olena Snigova, NAS Institute for Economics and Forecasting, Kyiv
Ilona Solohub, Analytical Platform "VoxUkraine," Kyiv
Iryna Solonenko, LibMod - Center for Liberal Modernity, Berlin
Galyna Solovei, National University of Kyiv-Mohyla Academy
Sergiy Stelmakh, NAS Institute of World History, Kyiv
Olena Stiazhkina, NAS Institute of the History of Ukraine, Kyiv
Dmitri Stratievski, Osteuropa Zentrum (OEZB), Berlin
Dmytro Stus, National Taras Shevchenko Museum, Kyiv
Frank Sysyn, University of Toronto, Canada
Olha Tokariuk, Center for European Policy Analysis, Washington
Olena Tregub, Independent Anti-Corruption Commission, Kyiv
Hlib Vyshlinsky, Centre for Economic Strategy, Kyiv
Mychailo Wynnyckyj, National University of Kyiv-Mohyla Academy
Yelyzaveta Yasko, NGO "Yellow Blue Strategy," Kyiv
Serhy Yekelchyk, University of Victoria, Canada
Victor Yushchenko, President of Ukraine 2005-2010, Kyiv
Oleksandr Zaitsev, Ukrainian Catholic University, Lviv
Kateryna Zarembo, National University of Kyiv-Mohyla Academy
Yaroslav Zhalilo, National Institute for Strategic Studies, Kyiv
Sergei Zhuk, Ball State University at Muncie, USA
Alina Zubkovych, Nordic Ukraine Forum, Stockholm
Liudmyla Zubrytska, National University of Kyiv-Mohyla Academy

## Friends of the Series



*[Please send address requests for changes, corrections, and additions to this list to andreas.umland@stanforalumni.org.]*

*ibidem*.eu

MIX
Papier | Fördert gute Waldnutzung
FSC® C083411

Zeitfracht Medien GmbH
Ferdinand-Jühlke-Straße 7
99095 Erfurt, Deutschland
produktsicherheit@kolibri360.de